THIRD EDITION

DEUTSCHE WIRTSCHAFTSSPRACHE FÜR AMERIKANER

Doris Fulda Merrifield

California State University, Fullerton

John Wiley & Sons, Inc.

New York · Chichester · Brisbane · Toronto · Singapore

Text Photos: *Page 44:* Courtesy German Information Center; *Page 60:* Courtesy German Information Center; *Page 107:* Pierre Berger/Photo Researchers; *Page 108:* Courtesy German Information Center; *Page 127:* Courtesy German Information Center; *Page 167:* Courtesy German Information Center; *Page 199:* Ulrike Welsch; *Page 201:* Uta Hoffmann; *Page 229:* Courtesy German Information Center.

All other in text photos courtesy of Doris F. Merrifield.

ACQUISITIONS EDITOR   Mary Jane Peluso
MARKETING MANAGER   Debra Riegert
SENIOR PRODUCTION EDITOR   Micheline Frederick
TEXT DESIGNER   Marsha Cohen/Parallelogram
MANUFACTURING MANAGER   Andrea Price
PHOTO RESEARCHER   Lisa Passmore
ILLUSTRATION COORDINATOR   Eugene P. Aiello
COVER DESIGNER   Carolyn Joseph
COVER ILLUSTRATOR   Roy Wiemann

This book was set in New Caledonia by CRWaldman Graphic Communications and printed and bound by Hamilton Printing. The cover was printed by Phoenix Color.

Library of Congress Cataloging in Publication Data:

0471-30947-8

Printed in the United States of America

10 9 8 7 6 5 4 3 2

GENERAL PREFACE

This book is about the German language used in business and economics, not about German economics per se. I am not an economist, but a professor of German language and literature. Since the book is intended to teach students the language they need in order to do business with people in German speaking-countries it deals naturally with German business and economics. I keep myself informed about the German economy by reading pertinent annual publications by the Federal Department of Economy in Bonn (*Bundeswirtschaftsministerium*), business weeklies and newspapers, and other pertinent materials, and, last but not least, by personally interviewing policy-making representatives of various sections of the Federal Department of Economy, business people, and men and women in various segments of the economy. These taped interviews were integrated into the second and third editions of 1989 and 1994, in response to the request of several universities and schools across the country for an added component to develop listening comprehension skills.

Since the primary objective of the book is the facilitation of the business language, it concentrates on Germany, without going into differing business practices in Austria and Switzerland. Such an expansion was beyond the intended scope of this textbook, which was originally designed as a one-semester course in third-year college German. However, with the newly integrated recordings and computer program and the increased offering in vocabulary, the book can be expanded to fill a two-semester course of study. A sample lesson plan for a one-semester curriculum, are given in the section called To the Instructor. The book, complemented by the computer files and recordings, also lends itself well to independent study.

This book grew out of several years' experience of teaching business German—and out of the frustration over the lack of suitable textbooks with German-English and English-German vocabulary lists provided for each chapter, other than books for correspondence classes.

Since the Spring of 1985, Americans can have their sound knowledge of Business German certified via the *Diplom Wirtschaftsdeutsch für die USA*. This exam is a cooperative project by the American Association of Teachers of German; the German American Chamber of Commerce, Inc., New York; the Goethe Institute; the Carl Duisberg Centren Gemeinnützige Gesellschaft mbH; and the Carl Duisberg Society, Inc. Along with 26 other instructors of business German, I was invited by the Goethe Institute to learn about methods for preparing students to pass the exam. This text reflects some of those methods and can take students a considerable distance to the goal. The book emphasizes the first and most important prerequisite to success in passing the exam: the mastery of business terminology. It also sharpens the skills of speaking, listening, and reading comprehension and makes a significant contribution toward better writing.

PREFACE TO THE THIRD EDITION

Deutsche Wirtschaftssprache für Amerikaner, Third Edition, offers an up-to-date introduction to the major areas of the German economy. The text can be used by instructors with little or no experience in Business German, because it contains extensive teaching and learning apparatus.

The text aims at developing all four language skills.

1. **Reading.** Chapter introduction texts and authentic reading material, usually newspaper articles, are always followed by various exercises that check comprehension.

2. **Writing.** Although business correspondence is not specifically covered by this text, students learn to write correct sentences by practicing regularly on a computer, where they receive immediate feedback to mistakes in translation and other grammar points. The book also contains other regular writing assignments, such as answering questions and writing brief summaries.

3. **Speaking.** All class activities are oral and gradually lead to free conversations between two or more partners.

4. **Listening.** Each chapter is accompanied by one or two authentic interviews with German government representatives or business partners, which are followed by exercises that check comprehension.

This text is designed to help students acquire an extensive business and everyday vocabulary by soliciting related lexical items in increasingly challenging exercises. Students are guided gradually from the initial fill-in exercises to free conversations on the same subject. It capitalizes on integrating English-German cognates into the German vocabulary. Students are probably familiar with these cognates and need to learn only a small difference in spelling, along with the article (in case of nouns). Each chapter is followed by a vocabulary list correlated with paragraphs in the text, and a list of cognates used in the chapter is provided in one of the vocabulary-building exercises.

The accompanying computer program helps students perfect their mastery of German grammar by responding to common errors with the appropriate grammar rules.

The Appendix contains a list of the most important German grammar and punctuation rules, accompanied by a tool for instructors for more effective correcting and grading of papers. There is also an alphabetical listing (with articles and plural endings) of all cognates used in the text.

Following the Appendix is a German-English and an English-German Glossary. The German-English Glossary is an alphabetical list of the words introduced in the reading texts, and it includes commonly used words from the interviews and newspaper articles. The English-German Glossary contains basically the same words, but adds other frequently used related words and idiomatic expressions to offer students a study in German synonyms.

Deutsche Wirtschaftssprache für Amerikaner is designed to start preparing the student for the major examination *Diplom Wirtschaftsdeutsch für die USA.*

Deutsche Wirtschaftssprache für Amerikaner has been the market leader. According to an Infoblatt of the **AATG** (February 1989), this text is used in 52% of all German Business courses.

Major changes in the Third Edition: 1. The chapter texts have been rewritten to reflect the new economic reality of a reunited Germany. 2. The addition of the computer program (tested with great success at California State University at Fullerton) provides the student with a valuable learning device, gives immediate feedback, and relieves the instructor of much tedious paper grading. 3. All activities following the chapter text and vocabulary list have been reorganized into six sections: *Wortschatz erweitern; Information erarbeiten; Korrektes Schreiben; Sprechen; Lesen und verstehen; Hören und verstehen.* 4. The Appendix includes now a list of important German grammar and punctuation rules. 5. Approximately 50% of the newspaper articles have been replaced by up-to-date material.

Additional changes: 1. Specific business terminology is no longer highlighted in the vocabulary lists to avoid the impression that only those should be studied. 2. The vocabulary lists were shortened, where possible, by glossing non-high-frequency words. 3. The correlation between listed vocabulary and vocabulary exercises was tightened (e.g., *all* fill-in items are on the vocabulary lists). 4. Cognates are now listed by word groups (nouns, adjectives, verbs) to show their commonalities. 5. An alphabetical list of cognates, with articles and plural endings in the case of nouns, was added to the Appendix.

ACKNOWLEDGMENTS

Several leading German newspapers and magazines have graciously given permission to reprint some of their articles (or excerpts from them), advertisements, and TV programs in this textbook. They are listed below:

CAPITAL (Gruner und Jahr AG & Co, Eupener Straße 70, 50933 Köln): "Karriere-Börse," August 1987.

DEUTSCHLAND NACHRICHTEN, (German Information Center, 950 Third Ave, New York, N.Y. 10022)
"Glänzende deutsche Auto-Halbzeitbilanz." July 22, 1987.
"Der Strom kommt aus der Steckdose–Aber wie kommt er in die Steckdose?" September 11, 1992.
"Sinkende Preise und steigende Umsätze im Textilhandel." July 6, 1983.
"Gatt-Verhandlungen in kritischer Phase: EG will Handelskrieg mit den USA vermeiden." October 30, 1992.
"Deutschland braucht den freien Welthandel." October, 30, 1992.
"IG Metall beschließt Urabstimmung." April 23, 1993.
"Bonner Koalition beschließt Sparprogramm im Gesundheitswesen." June 5, 1992.

FRANKFURTER ALLGEMEINE ZEITUNG (G.m.b.H., Postfach 10 08 08, 60267 Frankfurt am Main).
"Die Schuhfabriken leistungsfähiger machen" by Brigitte Koch-Frickenhaus, March 12, 1987.
"Drei Ostereier für europäische Bauern" by Peter Hort, April 16, 1987.

"Jeder dritte kommt lieber zu früh" by Dr. Gerold Lingnau, April 29, 1987.
"Die Umsätze im Einzelhandel normalisieren sich" by Georg Giersberg, December 10, 1992.
"Europa drängt Japan zu höheren Importen" by Barbara Odrich, February 22, 1993.
"Clinton trifft Delors zu Handelsgesprächen" by Michael Stabenow and Carl von Hohenthal, March 17, 1993.
"Unternehmerin des Jahres" by Kerstin Holzer, March 19, 1993.
"Krause plant eine Autobehnabgabe in zwei Schritten" by Lothar Julitz, February 19, 1993.

PAN AM CLIPPER (East/West Network, 34 East 51st Street, New York, N.Y. 10022).
"Observing the Formalities" by Dawn Bryan, June 1987.

DER SPIEGEL (Axel Springer Verlag AG, Kaiser-Wilhelm-Straße 6, 20355 Hamburg)
"Hohe Ansprüche." January 4, 1993.

DER STERN (Gruner & Jahr AG, Am Baumwall 11, 20459 Hamburg)
Advertisement "Unter der Brause sind wir zu Hause," May 9, 1983.
Advertisement "Die Miniquadrate für viele nette Schokoladenideen,"
copyright granted by Alfred Ritter, GmbH & Co.KG, Schokoladenfabrik (7035 Waldenbuch b. Stuttgart).
TV-Program of August 31, 1992.

SÜDDEUTSCHE ZEITUNG (Postfach 20 22 20, 80331 München).
"Oft reizt Macht Führungskräfte mehr als Geld" by ifi, May 11, 1987.

WIRTSCHAFTSWOCHE (Postfach 3734, 40213 Düsseldorf).
"Geldwoche/Der Rat des Bankiers" by Günter Käppler, August 14, 1987.

DIE ZEIT (Zeitverlag Gerd Bucerius G.m.b.H. & Co., Postfach 10 68 20, 20079 Hamburg).
"Die 100 größten Industrie-Unternehmen in der Bundesrepublik." August 21, 1992.

GLOBUS-KARTENDIENST GmbH, Wandsbeker Zollstr. 5, 22041 Hamburg.
The rights to reprint their graphs (always identified by G and a number in the lower right corner of the graph) were acquired.

I also want to express my gratitude to the BERTELSMANN VERLAG for the permission to reprint their graphs to illustrate the "Rechte des Betriebsrats" and the "Zusammensetzung des Aufsichtsrats," published in *Tatsachen über Deutschland*, Bertelsmann, Lexikothek Verlag, Gütersloh 1984 D 2, and the SOCIETÄTS-VERLAG, the publisher of the 1992 edition of *Tatsachen über Deutschland*, Societätsverlag (Frankenallee 71–81, 60327 Frankfurt am Main) for allowing me to reprint page 327 with the "Verkaufsauflage wichtiger Presseorgane." Likewise I want to thank the WIRTSCHAFTSVEREINIGUNG BERGBAU (Zittelmannstraße 9–11, 53113 Bonn) for sending me, in response to my request for information on German mining activities beyond coal mining, the very informative book *Das Bergbau Handbuch*, edited by the Wirtschaftsvereinigung Bergbau e.V., Bonn, Verlag Glückauf GmbH, Essen, 1976.

Special thanks go to the anonymous reviewers of this text before it went into print. They are colleagues at some college or university who have taught business German with the previous editions of this text. Their constructive criticism as well as their encouragement have been very helpful. One of them to whom I am particularly indebted for a very detailed and insightful analysis, made himself known to me upon request. It is due to his suggestions that I have added flow-charts and tables as an added comprehension test wherever possible and have correlated fill-in exercises and questions with the numbers of the corresponding paragraph in the text. This way an instructor can easily break up the text into smaller portions and work through their language with the help of some of the exercises. Thank you very much, Dr. Mark W. Rectanus from Iowa State University!

TO THE INSTRUCTOR

Most universities and colleges that offer a certificate in a business language or have an integrated degree program require business language and culture courses on the 300 level. At the California State University at Fullerton, for example, an interdisciplinary degree—a "B.A. in International Business with a Concentration in French, German, Spanish, Portuguese, or Japanese"—requires two 3-unit upper division courses of culture and two 3-unit courses of business language with three weekly contact hours each. One of the business language courses concentrates on correspondence and conversation. This textbook was written for the other one, which introduces students to the world of German business and economics.

You can use **Deutsche Wirtschaftssprache für Amerikaner** as a one-semester or, supplemented by additional material, as a two-semester text. With very advanced or exceptional students you can cover all the material thoroughly in one semester. For the average third-year German student you may need to skip a few newspaper articles and perhaps a couple of interviews, too. It is not advisable to omit any of the other exercises because they reinforce the same vocabulary and build on one another. The other option would be to skip a couple of chapters. Perhaps some of the material is covered in another course offered by your school. For example, if you require a correspondence course, Chapter 3A on the wholesale and retail business could be omitted. Chapter IIC on mining and energy policies is perhaps of secondary interest and could be skipped. However, the study of important vocabulary could be missed. Therefore, in the **SAMPLE LESSON PLAN**, I chose to omit only parts of Chapters II-C and III-A.

CHAPTER COMPONENTS

The Text.   Each section starts with a text on the subject of the section and introduces vocabulary commonly used in that area. Read the text in class by paragraphs, or a couple of paragraphs. Then ask students to read out loud, and correct their pronunciation. Reading fluently is an important step toward speaking fluently. Help students clarify the text where needed. If necessary, you may also want to update information at this point, if new data is available, or have a student who is prepared do it. After a paragraph has been worked through, you could ask students to discuss it (in German) with a partner and create a title for it. Such an activity gets everyone involved. As an alternative or additional exercise, flow charts are provided in several chapters to test students' comprehension.

Wortschatz.   Important words are listed under *Wortschatz* in the order of their appearance in the text. So words can be located easily, *Wortschatz* sections are numbered identically with the corresponding paragraph. The lists contain many words that students may have already learned at the intermediate level, but I have listed them because students come to such a course with widely differing language backgrounds. The instructor will be the best judge of how many and which words to expect students to commit to memory for active use. The exercises, all designed to build vocabulary, give general guidelines. (For my course I assign all items on the *Wortschatz* lists, expecting the students to know many of them already, but I do not request them to memorize the listed vocabulary items that accompany interviews and newspaper articles. To facilitate learning I ask students to highlight unfamiliar words on the *Wortschatz* list.) To encourage students to study the vocabulary without delay, I give regular quizzes, but never before I have assigned the vocabulary at least twice.

Wortschatz erweitern. Exercise #1, meant to be done after an initial study of the words, paraphrases part of the text in easier sentences, and asks students to fill in key words. It is both a vocabulary exercise and a good preparation for reading and understanding the text. To help students find the word in context, the appropriate paragraph in the text is indicated by numbers in the left-hand margin of the exercise. The matching section of the vocabulary list has the same number.

Exercise #2 is a study of cognates that appear in the text and have not been presented before. (Here is an opportunity to expand one's vocabulary with relatively little effort!) Students are asked to become aware of the small deviations from the English counterpart and notice the gender. Brief oral sentences with these cognates reinforce their proper form.

Exercises #3 to 5 are often additional vocabulary-building exercises: matching synonyms or antonyms, looking for words of the same family, or recognizing an unrelated word in a group of related ones.

Information erarbeiten. These exercises are based on reading comprehension, but aim at more: the ability to retain the information and express it in good German. There are usually several exercises, graded in difficulty, starting with the easiest one, such as filling in missing information in a flowchart, continuing with a more demanding activity, such as defining a concept or writing a summary in English or German, and finally, answering questions in proper German. While working through the text in class, it is often suggested that students discuss the paragraph with a partner and create a heading for it. It is very helpful to the students when the German answers or summaries are collected and graded, especially when the corrections are handled as suggested in the Appendix. Exercises other than those requiring written answers and summaries can be done in pairs, including asking and answering the questions orally.

Korrektes Schreiben. This section usually contains a written grammar and a translation exercise. Computer files that coach the students with feedback to their common errors are available for these exercises. With this program, there is no need for instructors to collect them. A quiz with a few verbatim sentences is a powerful encouragement to work on the sentences until students can reproduce them correctly.

Sprechen. While most exercises so far have included some oral activities (with the exception of *Korrektes Schreiben*), this section concentrates on developing conversational skills. To maximize "talking time" for everyone in class, most conversations were designed for two. They range from being very structured to being completely free. Many of them are based on interpreting and discussing illustrated statistics, and some involve role-play.

Lesen und verstehen.   This section presents authentic reading material, mostly newspaper articles, which students must read for certain information. Here the student is not expected to understand everything. The style of newspaper and magazine articles, in spite of careful selection here, is often difficult. Moreover, business people usually peruse them for no more than relevant information. Students will be guided by the comprehension checks that follow; they vary in their form and level of difficulty.

Hören und verstehen.   This section consists of the interviews and comprehension tests that were introduced in the Second Edition. Most interviews are still as valid in their content, and as for training the ear to understand a conversation in a foreign language at a natural pace, they are as useful now as ever. These interviews present a challenge to students, and I have been amazed at how well students can follow the gist of these conversations, with the help of the interview word and phrase list printed in the textbook. These interviews are recorded on tapes, which are provided free of charge to the schools adopting this textbook. Students should listen to these interviews actively, or even while driving or doing boring manual work in order to gain maximum listening time.

Because business and economic issues are changing rapidly in Germany, you may find it helpful to build a file of updated statistics. For my own teaching, I keep a file for each chapter with relevant newspaper articles and graphs that supply new information. Much of it can also be found in the weekly issues of the DEUTSCHLAND NACHRICHTEN which you and your students can request free of charge from the German Information Center, 950 Third Ave, New York, N.Y. 10022. The Bundeswirtschaftsministerium in Bonn publishes an annual *Leistung in Zahlen,* which is free of charge when picked up in person. The *Statistisches Jahrbuch* im Metzler/Poeschel Verlag, issued by the Statistisches Bundesamt in Wiesbaden, is helpful but very expensive.

SAMPLE LESSON PLAN

Covering the text in one semester

Note: Please read **Chapter Components**

Abbreviations: WE = Wortschatz erweitern   SP = Sprechen
                      IE = Information erarbeiten   LuV = Lesen und Verstehen
                      KS = Korrektes Schreiben   HA = Hausaufgaben

ERSTE WOCHE

1. Einführung in den Kursus// Text Kapitel 1 so weit wie möglich absatzweise erarbeiten. (Zu empfehlende Methode: Wortschatz zum Paragraphen durchgehen. Den Absatz vorlesen lassen. Schwierige Stellen klären. Dann den Absatz zu zweit diskutieren und eine passende Überschrift dazu finden lassen = IE 1. In manchen Kapiteln füllen die Gesprächspartner ein Flußdiagramm aus und suchen dann gewöhnlich nicht nach Überschriften.)
HA: Wortschatz Kapitel I mit WE 1. SP 1 vorbereiten. (Bitte zwei neue Tonbänder für die Interviews mitbringen und abgeben.)

2. Den Rest des Textes (wie oben angegeben)   absatzweise erarbeiten.// IE 2 zu zweit erarbeiten und Ergebnisse mit Nachbarpartnern vergleichen. Bei Diskrepanzen Prof. fragen.// IE 3 mündlich mit allen (keiner darf Notizen machen).// WE 1 (jeder liest einen Satz).// SP 1 zu zweit.
HA: Wortschatz wiederholen. IE 3 schriftlich. KS am Komputer. (Wer will, kann 6–10 Dias von Deutschland mitbringen.)

3. Wortschatzquiz.// WE 2 zu zweit. (Methode: Die Gesprächspartner sagen abwechselnd einen Satz. Die verwandten Wörter werden vorher auf die Studenten verteilt, die einen Satz mit ihrem Wort an die Tafel schreiben. Diese Sätze werden später vor der Klasse überprüft.)// Die Dias von den Studenten vorführen lassen.// Wenn Zeit, LuV zu zweit erarbeiten und die Fragen vor der Klasse beantworten lassen.
HA: Interview zu Kapitel I mit Aufgabe. Wortschatz Kapitel II-A mit WE 1.

ZWEITE WOCHE

1. WE 1 (jeder liest einen Satz).// Text II-A erarbeiten mit IE 1 (Methode wie in Kapitel I).// WE 2 zu zweit (Methode wie in Kapitel I).
HA: Wortschatz wiederholen. LuV 1 und 2.

2. Vokabelquiz.// WE 3a und 3b zu zweit und dann vor der Klasse überprüfen.// IE 2 zu zweit.// IE 3 von allen mündlich (ohne Notizen machen) beantworten lassen.
HA: IE 3 schriftlich. KS 1 und 2 am Komputer.

3. Quiz über KS 1 und 2 (3–5 Sätze verbatim).// SP 1 und 2 zu zweit. Prof. stellt danach Fragen über SP 2 an individuelle Studenten.// Aufholen und Wiederholen.
HA: Interview II-A oder II-B mit Aufgabe (Extrapunkte für Studenten, die beide Interviews durcharbeiten?). Wortschatz II-B.

DRITTE WOCHE

1. WE 1 erst zu zweit, dann liest jeder einen Satz.// Text II-B erarbeiten, danach IE 1 zu zweit./
/ WE 2 (übliche Methode) und WE 3 zu zweit.
HA: Wortschatz wiederholen. KA 1 und 2 am Komputer.

2. Quiz über Wortschatz II-B und KS 1 und 2.// IE 2 mündlich.// SP 1 zu zweit.
HA: IE 2 schriftlich. LuV mit Aufgabe. SP 2 und 3 zu zweit vorbereiten.

3. Etwa drei Paare SP 2 und drei andere Paare SP 3 vorspielen lassen.// Allgemeine Wiederholung.
HA: Interview II-B mit Aufgabe. Kapitel I, II-A und II-B wiederholen.

VIERTE WOCHE

1. Prüfung über Kapitel I bis II-B.
HA: Wortschatz II-C mit WE 1.

2. (Kapitel II-C wird nur zum Teil erarbeitet.) WE 1 (jeder liest einen Satz).// Prof. ergänzt in wenigen Minuten die Information über deutschen Bergbau und deutsche Energiepolitik. (Kurze Zusammenfassung des Textes?)// WE 2 und 3 (übliche Methode). Grammatikwiederholung (Passiv) mit KS 1.
HA: Wortschatz III-A mit WE 1. Den Text lesen.

3. WE 1 (jeder liest einen Satz).// Grammatikwiederholung (Relativsätze).// WE 2 zu zweit// IE 3 zu zweit, dann mit allen überprüfen.
HA: Wortschatz wiederholen. KS 1 und 2 am Komputer.

FÜNFTE WOCHE

1. Quiz über Wortschatz und KS 1 und 2.// WE 3 zu zweit. (Wörter verteilen und Sätze an die Tafel schreiben lassen.) LuV 2 zu zweit.
HA: Tonband-Interview III-A mit Aufgabe. Wortschatz III-B mit EW 1.

2. WE 1 (jeder liest einen Satz).// Text III-B so weit wie möglich erarbeiten. (Übliche Methode, aber statt des Titelsuchens für jeden Absatz sollte das Flußdiagramm gleichzeitig ausgefüllt werden = IE 1.)
HA: Wortschatz wiederholen. KS.

3. Quiz über Wortschatz und KS.// WE 2 und 3 (übliche Methode).// SP 1 und 2.
HA: LuV 1 oder 2. Tonband-Interview III-B mit Aufgabe.

SECHSTE WOCHE

1. SP 3 und 4.// LuV 1 und 2 überprüfen.// Aufholen und wiederholen.
HA: Wortschatz III-C mit WE 1.

2. WE 1 (jeder liest einen Satz).// Text III-C erarbeiten.// Grammatikwiederholung (Partizipialkonstruktionen). "Partizipialkonstruktionen verstehen" besprechen und Sätze 1–7 übersetzen.
HA: IE schriftlich. LuV 1 und 2.

3. LuV 1 und 2 überprüfen.// WE 2 zu zweit (übliche Methode).// Partizipialkonstruktionen verstehen Sätze 8–13 erst zu zweit, dann mit allen.
HA: Wortschatz wiederholen. KS am Komputer.

SIEBTE WOCHE

1. Quiz über Wortschatz III-C und KS.// SP 1 und 2.// Aufholen und Wiederholen.
HA: Tonband-Interview III-C mit Aufgabe. Wiederholung von Kapitel II-C–III-C.

2. Prüfung über Kapitel II-C bis III-C.
HA: Wortschatz IV-A mit WE 1.

3. WE 1 (jeder liest einen Satz).// Den Text erarbeiten (mit IE 1).// WE 2 (übliche Methode).
HA: IE 2 schriftlich. LuV schriftlich.

ACHTE WOCHE

1. Grammatikwiederholung (Konjunktionen) mit KS 1.// SP 1 und 3.// Bereiten Sie SP 2 zu zweit vor.
HA: Wortschatz IV-A wiederholen. KS 2 am Komputer.

2. Quiz über Wortschatz und KS 1 und 2.// SP 2 vorspielen lassen.// Grammatikwiederholung (Adjektivendungen).
HA: Tonband-Interview IV-A mit Aufgabe. Wortschatz 4-B mit WE 1.

3. WE 1 (jeder liest einen Satz).// Text IV-B so weit wie möglich erarbeiten (mit Flußdiagramm IE).
HA: Wortschatz wiederholen. LuV 1–3.

NEUNTE WOCHE

1. Text IV-B zu Ende erarbeiten und das Flußdiagramm überprüfen.// WE 2 und 3 (übliche Methode).
HA: KS 1 und 2. Nochmalige Wiederholung von Wortschatz IV-B.

2. Quiz über Wortschatz IV-B und KS 1 und 2.// SP 1, 2 und 3 (eventuell auf verschiedene Gruppen verteilen).
HA: Tonband-Interview I-B. Wortschartz IV-C mit WE 1.

3. WE 1 (jeder liest einen Satz).// Text IV-C erarbeiten (übliche Methode, mit IE 1; IE 2 nur, wenn es die Zeit erlaubt).
HA: WE/KS 1 am Komputer. Wortschatz IV-C wiederholen.

ZEHNTE WOCHE

1. Quiz über Wortschatz IV-C und WE/KS 1.// WE 2 zu zweit (übliche Methode).// WE 3 und 4 mit allen.// Grammatikwiederholung (Präpositionen) mit KS 2.
HA: LuV schriftlich. Tonband-Interview IV-C.

2. SP 1, 2, 3. Aufholen und wiederholen.
HA: Wiederholung von Kapitel IV-A bis IV-C.

3. Prüfung über Kapitel IV-A, IV-B und IV-C.
HA: Wortschatz IV-D mit WE 1.

ELFTE WOCHE

1. WE 1 (jeder liest einen Satz).// Text IV-D erarbeiten mit IE 1.
HA: Wortschatz IV-D wiederholen. KS am Komputer. IE 2.

2. Quiz über Wortschatz IV-D und KS.// WE 2 (übliche Methode).// Grammatikwiederholung (doppelter Infinitiv) mit Übersetzen.
HA: Tonband-Interview IV-D. Eine Reklame Ihrer Wahl mitbringen und darüber sprechen.

3. SP 1–4.// Sprechen Sie auch zu zweit über die Reklame, die Sie mitgebracht haben.
HA: LuV schriftlich. Wortschatz V-A mit WE 1.

ZWÖLFTE WOCHE

1. WE 1 (jeder liest einen Satz).// Text V-A erarbeiten.// Grammatikwiederholung (Verben mit trennbaren und nicht-trennbaren Vorsilben).
HA: Wortschatz V-A wiederholen. KS 1 und 2 am Komputer.

2. Quiz über Wortschatz V-A und KS 1 und 2.// WE 2 (übliche Methode).// SP 2 (erst den Artikel laut vorlesen lassen und klären). LuV 1 vorlesen lassen und besprechen.
HA: Den Artikel "Observing the Formalities" (SP 1) lesen. LuV 2 mit Aufgabe. IE schriftlich.

3. SP 1.// LuV 2 überprüfen.// Aufholen und wiederholen.
HA: Tonband-Interview V-A schriftlich.

DREIZEHNTE WOCHE

1. Wortschatzliste V-B in Abschnitten durchgehen und die dazugehörenden Absätze lesen und besprechen.// Wenn Zeit, mit der Wiederholung von Zeitformen des Verbs beginnen.
HA: Wortschatz V-B mit WE 1. IE 1, 2, 3.

2. WE 1 (jeder liest einen Satz).// WE 2 (übliche Methode).// Zu zweit die gemachten Übungen IE 1, 2, 3 vergleichen. Diskrepanzen mit allen besprechen.// Grammatikwiederholung (Zeitformen des Verbs) mit KS 1.
HA: KS 2 am Komputer. Wortschatz V-B wiederholen.

3. Quiz über Wortschatz V-B und KS 1 und 2.// SP 3 (2 oder 3 Gruppen vorspielen lassen).// Wenn Zeit, SP 1 und 2.
HA: Tonband-Interview V-B mit Aufgabe. Wiederholung von Kapitel IV-D bis V-B.

VIERZEHNTE WOCHE

1. Prüfung über Kapitel IV-D, V-A und V-B.
HA: Wortschatz V-C mit WE 1.

2. WE 1 (jeder liest einen Satz).// Text 5-C erarbeiten mit IE 1 und 2.// Wenn Zeit, IE 3 zu zweit.
HA: Wortschatz wiederholen. KS am Komputer. LuV 2 mit Aufgabe.

3. Quiz über Wortschatz und KS.// WE 2 zu zweit (übliche Methode).// SP 1, 2, 3, 4.// Wenn Zeit, die Antworten zu LuV 2 besprechen.
HA: Tonband-Interview V-C mit Aufgabe. Wortschatz V-D mit WE 1.

FÜNFZEHNTE WOCHE

1. WE 1 (jeder liest einen Satz).// Text V-D so weit wie möglich durcharbeiten und gleichzeitig das Flußdiagramm IE 1 ausfüllen lassen.
HA: Wortschatz wiederholen. LuV mit Aufgabe.

2. Text 5-D zuende durcharbeiten.// IE 2 und 3 mit allen.
HA: KS am Komputer. Tonband-Interview V-D mit Aufgabe.

3. Quiz über Wortschatz V-D und KS.// SP 1 und 2.// Aufholen.
HA: Wiederholung fürs Schlußexamen.

Note: The final should have two parts: Part 1 covering Chapters V-C and V-D, and part 2 being a (selectively) comprehensive exam.

INHALT

eins

WIRTSCHAFTSGEOGRAPHIE

1 / Seit der *Wiedervereinigung* der **B**UNDES**R**EPUBLIK **D**EUTSCHLAND mit
der **D**EUTSCHEN **D**EMOKRATISCHEN **R**EPUBLIK am 3. Oktober 1990
hat Deutschland 16 Länder. Es sind der Größe nach: Bayern (Hauptstadt:
München), Niedersachsen (Hannover), Baden-Württemberg (Stuttgart),
Nordrhein-Westfalen (Düsseldorf), Brandenburg (Potsdam), Mecklenburg-
Vorpommern (Schwerin), Hessen (Wiesbaden), Sachsen-Anhalt (Magdeburg),
Rheinland-Pfalz (Mainz), Sachsen (Dresden), Thüringen (Erfurt), Schleswig-
Holstein (Kiel), das Saarland (Saarbrücken) und die drei Stadt-Staaten Berlin,
Hamburg und Bremen. Diese Länder haben dem Bund gegenüber ähnliche
Rechte und *Verpflichtungen* wie die fünfzig USA Staaten ihrer zentralen Re-
gierung gegenüber.

> reunification

> privileges/obligations

2 / Deutschland liegt im Zentrum Europas und ist an allen Seiten von anderen
Ländern umgeben. Im Norden grenzt es an Dänemark, im Westen an die
Niederlande, Belgien, Luxemburg und Frankreich, im Osten an Polen und die
Tschechische und Slowakische Republik und im Süden an die Schweiz und
Österreich.

3 / Wer sich schon zwei Jahre oder mehr mit der deutschen Sprache beschäftigt
hat, hat längst irgendwo gelesen, daß es (von Norden nach Süden) in Deutschland drei große Landschaften gibt, nämlich die Norddeutsche *Tiefebene*, das
Mittelgebirge und das Hochgebirge: die Alpen mit ihrem Vorland. Er kennt
zumindest vom Hörensagen mittelalterliche, romantische Städte wie Heidelberg oder Rothenburg, Wernigerode oder Stolberg, den Rhein mit den *malerischen Schlössern und Burgen*, München mit seinem jährlichen Oktoberfest,
Köln mit dem berühmten Karneval und Bayreuth mit den Wagner-Festspielen.
Er hat von Garmisch-Partenkirchen als dem Traum der Skifahrer gehört und

> low flat land

> at least
> picturesque/castles
> and fortresses

1

Das Brandenburger Tor ist wieder offen

vielleicht sogar von der *berüchtigten* Reeperbahn auf St. Pauli in Hamburg. Er   notorious
weiß von Berlin als einer aufregenden Weltstadt, die berühmt ist für Kunst,
Theater, Musik und ihre Geschichte, und von Weimar als der idyllischen
Goethe- und Schillerstadt. Er hat über die Wartburg in Eisenach gelesen, auf
der Luther die Bibel übersetzt hat, und hat vielleicht von den *Kreidefelsen* der   chalk cliffs
Insel Rügen gehört—um nur ein paar bekannte Touristenattraktionen zu nen-
nen. Möglicherweise hat er aber noch gar keine Vorstellung von der Wirtschaftsgeographie Deutschlands, weiß nicht, wo die dicht besiedelten Industriegebiete liegen und wo Ackerbau und Viehzucht getrieben werden. Davon

Rothenburg ob der Tauber an der Romantischen Straße

soll hier *in großen Zügen* ein Überblick gegeben werden, bevor wir auf die   along general lines
verschiedenen Zweige der Wirtschaft eingehen.

4 / Das wiedervereinigte Deutschland hat rund 80 Millionen Einwohner (davon
16 Millionen in den neuen Ländern) und ist mit seinen fast 357 000 Qua-
dratkilometern (= 137,838 square miles) viel kleiner als Kalifornien und nur
fast so groß wie Kansas und Iowa zusammen. Es ist also viel dichter besiedelt

Die Wartburg in Eisenach (Hier hat Luther die Bibel übersetzt)

Kreidefelsen auf Rügen

als die USA. Zunächst interessieren uns die großen, von Industriegebieten umgebenen Städte mit mehr als 500 000 Einwohnern. Es sind (von Norden nach Süden): Hamburg (1 626 000), Bremen (544 000), Berlin (3 410 000), Hannover (506 000), Dortmund (594 000), Essen (624 000), Duisburg (532 000), Düsseldorf (574 000), Leipzig (530 000), Dresden (501 000), Köln (946 000), Frankfurt am Main (635 000), Stuttgart (571 000) und München (1 207 000). Dortmund, Essen und Duisburg befinden sich in dem größten der deutschen Industriegebiete, dem Ruhrgebiet. Es gibt aber auch noch andere für die Industrie bedeutende Städte, die nicht so groß sind, Saarbrücken z.B., die Hauptstadt des stark industrialisierten Saarlandes. Wolfsburg ist bekannt als der *Sitz* des größten deutschen *Autofabrikanten*, des *Volkswagenherstellers*. In den neuen Bundesländern gibt es außer Dresden und Leipzig noch andere kleinere Städte, die von großen Industriegebieten umgeben sind wie Schkopau, Magdeburg, Halle, Bitterfeld und Chemnitz. (Berlin ist mit seinen 3 410 000 Einwohnern die größte Stadt und soll wieder Hauptstadt werden. Noch ist der Sitz der Regierung in Bonn).

location/car manufacturer/VW manufacturer

5 / Nicht zufällig liegen die meisten Großstädte an einem Fluß, auf dem Naturprodukte und *hergestellte Waren* transportiert werden konnten, noch ehe es andere Transport*mittel* gab. Die wichtigsten Flüsse sind (von Westen nach

manufactured goods
means of

Der alte Reichstag in Berlin soll in Zukunft wieder Parlamentsitz werden.

Osten) der Rhein mit seinen Nebenflüssen Neckar, Mosel, Main und Ruhr; die Ems, die Weser mit der Aller, die Elbe mit der Saale, Mulde und Havel und die Oder mit der Neisse. Die Hauptflüsse fließen von Süden nach Norden. Nur die Donau, nach dem Rhein der wichtigste Wasserweg für den *Güterverkehr*, fließt (durch acht verschiedene Nationen!) von Westen nach Osten. Die Altmühl, Naab und Regen fließen vom Norden in die Donau, und ihre andern

freight traffic

Ein großer Bauplatz neben dem Abgeordnetenhaus: In Bonns Regierungsviertel baut man weiter, obwohl es feststeht, daß Berlin wieder Hauptstadt wird.

Nebenflüsse Iller, Lech, Isar, Inn entspringen in den südlich gelegenen Alpen. Mehrere *künstliche* Kanäle schaffen wichtige Verbindungen zwischen den Flüssen. Es gibt an der Nordsee leistungsfähige Seehäfen für den Überseetransport von Gütern und *Passagieren*: Hamburg, Bremerhaven, Wilhelmshaven und Emden. Kiel, Lübeck und Rostock haben bedeutende Häfen an der Ostsee. Duisburg hat den größten Binnenhafen Europas. Heutzutage sind die Großstädte natürlich durch moderne Transportmittel schnell zu erreichen. Sie sind durch *Autobahnen*, ein leistungsfähiges *Eisenbahnnetz* und *Fluglinien* miteinander verbunden. Der zentral *gelegene* Flughafen von Frankfurt am Main ist bei weitem der größte und modernste.

man-made

passengers

freeways/railway net/
  airlines
located

Hamburger Landungsbrücken

6 / Acker- und *Weide*land und Wälder findet man über ganz Deutschland *verstreut*. In den *fruchtbaren* Ebenen und Tälern werden *Gerste, Roggen, Weizen, Hafer*, Kartoffeln, *Zuckerrüben*, Obst und Gemüse angebaut. Nur der *Anbau* von Wein ist den südlich gelegenen und sonnigeren *Hängen vorbehalten*, von denen man auf einer Schiffahrt den Rhein oder die Mosel entlang manche bewundern kann. Auch im malerischen Unstruttal im Lande Sachsen-Anhalt wird seit tausend Jahren Wein angebaut. Es ist das nördlichste Weingebiet Europas. Pferde, *Rinder*, Milchkühe und Schweine sieht man sowohl im flachen Norden als auch in den Tälern zwischen den südlichen Hügelketten. Schafe begnügen sich mit den weniger fetten Weiden im Heideland des Nordens und auf den *steinigen* Hügeln des Südens. An *Geflügel* fehlt es nirgends auf dem Land.

pasture/scattered
fertile/barley/rye/
wheat/oat/sugar
beets/cultivation
slopes/reserved

cattle

rocky/fowl

7 / Von den 10 alten Bundesländern hat Bayern (mit 3 429 800 ha) die größte landwirtschaftlich genutzte Fläche. Danach folgen Niedersachsen (2 730 800 ha), Nordrhein-Westfalen (1 617 700 ha), Baden-Württemberg (1 498 000) und Schleswig-Holstein (1 089 200 ha). *In weitem Abstand* folgen Hessen und Rheinland-Pfalz (mit 771 100 und 721 800 ha). Ungefähr die Hälfte von der landwirtschaftlich genutzten Fläche ist Ackerland, der Rest *Dauergrünland*. Hauptsächlich wird Getreide angebaut. Nordrhein-Westfalen züchtet das meiste Gemüse, Baden-Württemberg hat die größte Obsternte und Rheinland-Pfalz die größte Weinmosternte. In Bayern werden die meisten Rinder und Schafe und in Niedersachsen die meisten Schweine gezüchtet.

far behind

grassland

Ländliche Szenen in Bayern. (Schloß Elmau bei Mittenwald im Hintergrund)

8 / Von den rund 17 Millionen ha landwirtschaftlich genutzter Fläche fallen etwa 5 Millionen auf die neuen Bundesländer. Ansonsten lassen sich zur Zeit keine Zahlen angeben, weil in der ehemaligen DDR die Landwirtschaft, ebenso wie die ganze Industrie, umstrukturiert und modernisiert wird, um konkurrenzfähig zu werden. Aber soviel *steht fest*, daß die Länder Mecklenburg-Vorpommern

is for sure

und Brandenburg mehr von Landwirtschaft und Forstwirtschaft leben als von Industrie. Dort gibt es große Kornfelder und *Viehkoppeln*.

pasture land

9 / Der Tourismus spielt auch eine wichtige Rolle in der deutschen Wirtschaft. Allein in den alten Bundesländern schafft er etwa eineinhalb Millionen Arbeitsplätze, und die neuen Bundesländer arbeiten *eifrig* daran, den Defizit im Tourismus aufzuholen. Über zwei Millionen Betten *stehen* den Besuchern *zur Verfügung*, nicht nur in Hotels, sondern auch in Privathäusern (Achten Sie auf "ZIMMER FREI" Schilder!), in Jugenherbergen, auf Bauernhöfen und Campingplätzen. Die Hälfte der reiselustigen Deutschen bleiben im eigenen Land, das immerhin viele *reizvolle* Landschaften, Sport- und Erholungsmöglichkeiten anzubieten hat, wie auch unzählige *Stätten* mit interessanter Geschichte und Kulturgeschichte, die sich in verschiedenen Baustilen und Kunstwerken *niedergeschlagen haben*.

eagerly

are available

charming
places

are reflected

10 / Beliebte Reiseziele für Freunde des Meers sind die Nordsee- und die Ostseeküste, die friesischen Inseln und Fehmarn und Rügen, die im Sommer von Badegästen und Wassersportlern *überlaufen*, aber auch im Frühling und Herbst nicht verödet sind, weil die Luft dann besonders *kräftigend* auf die Atmungsorgane wirken soll. Ähnlich wird Mecklenburg-Vorpommern, das Land der tausend Seen, in Zukunft mit viel Tourismus rechnen können, wie auch die Märkische Schweiz in Brandenburg und die Sächsische Schweiz in Sachsen. Die Mittelgebirge wie das Erzgebirge, der Harz und Taunus, der Odenwald, Schwarzwald und Thüringerwald sind immer zum Wandern und zur Erholung begehrt. Überall gibt es Kurorte, von denen viele eine natürliche *Mineralquelle* haben und das *lockende* Wörtchen "Bad" vor ihren Namen setzen dürfen (z.B. Bad Hersfeld, Bad Homburg, Bad Kissingen, Bad Godesberg, Bad Heilbrunn). Die Deutschen *gehen* gerne und regelmäßig *zur Kur* und *versprechen sich* von den Bädern große *Heilkraft*. Das Hochgebirge, die Alpen, haben besonders starke *Anziehungskraft*. Dort wandert und *klettert* man im Sommer, läuft Ski im Winter und glaubt sich der Sonne näher.

crowded
invigorating

mineral spring
alluring
take a cure
expect/healing power/
   power of attraction/
   climbs

11 / Jahrhunderte alte Geschichte findet man im Norden wie im Süden, im Osten wie im Westen. Fast überall kann man Schlösser, Burgen, Kirchen und *Dome* besichtigen. Wer mittelalterliche Städte besuchen will, fährt besonders gern die Romantische Straße entlang und sieht sich u.a. Heidelberg, Rothenburg ob der Tauber und Nürnberg an, wo noch viele alte *Fachwerkbauten* und Teile von *Stadtmauern erhalten* sind und *Kunsthandwerker* ihre attraktiven Waren *anbieten*. Oder er fährt nach Sachsen-Anhalt und sieht sich Städte wie Wernigerode, Quedlinburg und Halberstadt an, die allerdings noch sehr *renovierungsbedürftig* sind.

cathedrals

wood-frame structures
city walls/preserved/
   artisans

in need of repair

12 / Bei Ausländern ist Deutschland als Reiseziel so beliebt wie Österreich und die Schweiz. Deutschland verdient viele Millionen DM mit ausländischen Gästen. Allerdings ist das bei weitem nicht genug, um die *Reiseausgaben* der Deutschen im Ausland *auszugleichen*.

travel expenses
to balance

WORTSCHATZ

1 / das Land, ¨er	state; country
der Größe nach	in order of size, from the biggest to the smallest
die Regierung, -en	government
2 / umgeben	surrounded
grenzen an	to border on
3 / sich beschäftigen mit	to occupy oneself with
die Landschaft, -en	scenery, landscape
das Gebirge, -	mountain range
vom Hörensagen	by hearsay
mittelalterlich	medieval
aufregend	exciting
die Insel, -n	island
die Vorstellung, -en	idea, imagination; performance
dicht besiedelt	densely populated
die Industrie, -n	industry
das Gebiet, -e	area
der Ackerbau	agriculture, farming
die Viehzucht	cattle raising
treiben, ie, ie	to pursue, practice, do; push, drive
der Überblick, -e	overview, survey
der Zweig, -e	branch, department, section
die Wirtschaft, -en	economy
4 / der Einwohner,-	inhabitants
sich befinden	to be located
zufällig	accidental(ly)
Haupt-	main
5 / Neben-	side; tributary
der Kanal, ¨e	canal; channel
schaffen, u, a	to create; accomplish
die Verbindung, -en	connection
leistungsfähig	productive, efficient
der Hafen, ¨	port, harbor
der Flughafen, ¨	airport
bei weitem	by far
6 / der Wald, ¨er	forest, woods
die Ebene, -n	plain, flatland; level
das Tal, ¨er	valley
das Obst	fruit
das Gemüse	vegetables
das Obst und Gemüse	= grammatically a collective singular noun
anbauen	to plant, cultivate
flach	flat, level
sich begnügen mit	to be satisfied with
7 / das Bundesland, ¨er	federal state
landwirtschaftlich	agricultural

nutzen	to use; here: cultivate
die Fläche, -n	area
ha = Hektar	1 Hektar = 2.5 acres
hauptsächlich	main(ly)
das Getreide, -	grain
züchten	to raise
die Ernte, -n	crop; harvest
8 / konkurrenzfähig	competitive
9 / eine wichtige Rolle spielen	to play an important part
der Arbeitsplatz, ̈e	job
aufholen	to catch up
das Schild, -er	(posted) sign
die Jugendherberge, -n	youth hostel
der Bauernhof, ̈e	farm
die Erholung, -en	recreation; relaxation
anbieten, o, o	to offer
unzählig	countless
die Geschichte, -n	history; story
10 / beliebt	popular
das Reiseziel, -e	travel destination
die Küste, -n	coast, seashore
wirken auf (acc.)	to have an effect on
rechnen mit	to count on
wandern	to hike
der Kurort, -e	spa
11 / besichtigen	to sightsee, visit
12 / verdienen	to earn (money)
der Gast, - ̈e	guest

WORTSCHATZ ERWEITERN 1.

1. *Vervollständigen Sie die Sätze.* / FILE # WE1A1.CAL

1 / 1. Die 16 deutschen Bundesländer haben dem Bund gegenüber ähnliche Rechte und Verpflichtungen wie die 50 USA Staaten ihrer _____ gegenüber (*government*).

2 / 2. Deutschland ist von allen Seiten von anderen Ländern _____ (*surrounded*).

3. Im Norden _____ Deutschland _____ Dänemark (*borders on*).

3 / 4. In Deutschland gibt es drei verschiedene _____ (*landscapes*).

5. Im Süden findet man hohe _____ (*mountain ranges*).

6. Viele Amerikaner kennen deutsche Touristenattraktionen wenigstens _____ _____ (*by hearsay*).

4 / 7. Deutschland hat rund 78 Millionen _____ (*inhabitants*).

8. Deutschland ist viel dichter als die USA _____ (*populated*).

9. Die meisten _____ liegen in der Nähe von Großstädten (*industrial areas*).

10. Dortmund, Duisburg und Essen _____ _____ im Ruhrgebiet (*are located*).

11. Berlin ist eine _____ Weltstadt (*exciting*).

5 / 12. Der Rhein und die Donau haben viele _____ (*tributaries*).

13. Künstliche _____ schaffen wichtige Verbindungen zwischen den Flüssen (*canals*).

14. Hamburg ist ein großer und sehr _____ Hafen (*efficient*).

15. Fast alle deutschen Großstädte haben einen _____ (*airport*).

6 / 16. In Deutschland gibt es viele schöne _____ (*woods*).

17. In den fruchtbaren Ebenen und Tälern wird _____ angebaut (*fruit and vegetables*).

18. Wein wird am Rhein und der Mosel und im Unstruttal _____ (*cultivated*).

7 / 19. Von den alten 10 _____ hat Bayern die größte landwirtschaftlich genutzte Fläche (*federal states*).

20. Ungefähr die Hälfte der _____ genutzten Fläche ist Ackerland (*agriculturally*).

21. Hauptsächlich wird _____ angebaut (*grain*).

8 / 22. In den neuen Bundesländern wird die Landwirtschaft jetzt modernisiert, um _____ zu werden (*competitive*).

9 / 23. Der deutsche Tourismus schafft viele _____ (*jobs*).

24. In Deutschland gibt es viele Möglichkeiten für Sport und _____ (*recreation*).

10 / 25. Die Nordsee- und Ostseeküste sind _____ _____ (*popular travel destinations*).

26. Besonders im Schwarzwald gibt es viele _____ mit Mineralquellen (*spas*).

11 / 27. Fast überall kann man Schlösser und Burgen, Kirchen und Dome _____ (*visit = inspect as a sightseer*).

2. *Verwandte Wörter*

Diese Wörter sind fast identisch mit den englischen derselben Bedeutung. Merken Sie sich die geringen Abweichungen vom Englischen und das grammatische Geschlecht. Machen Sie mit jedem Wort einen einfachen Satz. (To help you recognize the similarities of these cognates, they will always be listed separately as nouns, adjectives and verbs. See how many nouns there are among cognates and how few other words. Notice the endings, particularly with verbs as seen in later chapters. When the stress does not fall according to German rules, it will be superimposed. Many of the same cognates occur in future texts also, but they will only be listed when they appear for the first time. Otherwise the lists would grow very long, e.g., 45 cognates in the relatively short text of Chapter 5A. This tells you something about how closely related the two Germanic languages, English and German, are. Recognizing that, you can build a large vocabulary with relative ease and speed.)

der Artíkel   modérn
die Attraktión
die Industrié

der Kanál
die Kultúr
das Land
die Millión
die Natión
das Natúrprodúkt
der Passagíer
die Saisón
der Touríst
der Transpórt
der Wein

INFORMATION ERARBEITEN

1. *Suchen Sie für jeden Absatz eine passende Überschrift.*

1. _____   7. _____

2. _____   8. _____

3. _____   9. _____

4. _____   10. _____

5. _____   11. _____

6. _____   12. _____

2. *Liefern Sie durch Deduktion die fehlende Information und ziehen Sie Verbindungslinien zwischen zusammenpassenden Paaren.*

Deutsche Landschaften

Im Norden:	Südlich davon:	Im _____:
_____	Mittelgebirge	Hochgebirge

München   Karneval
Weimar   Kreidefelsen
Wernigerode   Goethe- und Schillerstadt
Köln   Wagner-Festspiele
Hamburg   Oktoberfest
Garmisch-Partenkirchen   die Reeperbahn
Bayreuth   Schiparadies
Rügen   mittelalterliche Stadt

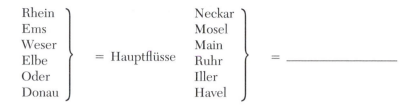

Rhein
Ems
Weser
Elbe
Oder
Donau
} = Hauptflüsse

Neckar
Mosel
Main
Ruhr
Iller
Havel
} = _____

Frankfurt
Rostock
Hamburg
Essen
Leipzig/Halle/Bitterfeld
Bad Nauheim
Rhein

Stadt im Ruhrgebiet
Stadt mit größter Einwohnerzahl
Hafen an der Ostsee
Größter deutscher Überseehafen
Wichtigster Fluß für den Güterverkehr
Industriegebiet in Sachsen-Anhalt
Modernster deutscher Flughafen

3. Beantworten Sie die Fragen.

1 / 1. Was ist das Datum der deutschen Wiedervereinigung?
2 / 2. Wo in Europa liegt Deutschland?
3 / 3. Welche Touristenattraktionen kennen Sie vom Hörensagen?
4. Haben Sie irgendwelche Touristenattraktionen in Deutschland persönlich kennengelernt?
5. Haben Sie eine Vorstellung von der deutschen Wirtschaftsgeographie?
4 / 6. Nennen Sie ein paar deutsche Großstädte.
7. Wie heißt das größte deutsche Industriegebiet?
8. Welche ostdeutschen Städte sind von Industriegebieten umgeben?
9. Welche Stadt hat die größte Einwohnerzahl?
5 / 10. Welche Hauptflüsse fließen von Süden nach Norden?
11. Welches ist der größte und modernste Flughafen der BRD?
12. Suchen Sie auf der Landkarte die dreizehn größten Städte Deutschlands, die wichtigsten Flüsse und Seehäfen.
6 / 13. Wo wird in Deutschland Wein angebaut?
7 / 14. In welchen vier Bundesländern wird am meisten Landwirtschaft getrieben?
10 / 15. Was sind beliebte Reiseziele in Deutschland?
16. Welche Teile Deutschlands interessieren Sie am meisten?
17. Was bedeutet das Wörtchen „Bad" vor dem Namen eines Ortes?
11 / 18. Wo kann man in Deutschland mittelalterliche Städte finden, und was ist daran attraktiv?

KORREKTES SCHREIBEN

Übersetzen Sie. / FILE # KS1A.CAL

1. Germany is surrounded on all sides by other countries.
2. He knows Munich and the Oktoberfest only by hearsay.
3. Berlin is an exciting metropolis.
4. The reunited Germany has about 79 million inhabitants.
5. The scenery in southern Germany is beautiful.

6. The Ruhr area is densely populated.
7. He is interested in big industrial areas.
8. Most major cities have an airport.
9. Many old cities are located by a river.
10. The Ruhr is a tributary of the Rhine.
11. Hamburg has Germany's biggest seaport.
12. Agriculture is an important branch of the German economy.
13. A lot of grain is grown in the BRD.
14. Most of the cattle is bred in Bavaria.
15. There are many spas in Germany, especially in the Black Forest.

SPRECHEN

1. Mein Heimatort

Wiederholen Sie die folgenden Wörter (nur die, die nicht auf der Voka-
belliste dieses Kapitels verzeichnet sind, sind hier übersetzt) und be-
schreiben Sie dann der Klasse oder einem Partner Ihre Heimatstadt mit
der Umgebung. Geben Sie soviel Detail wie möglich. Wenn Sie schon in
Deutschland gewesen sind, können Sie auch stattdessen Ihren Lieblings-
ort in Deutschland beschreiben.

das Tal, ̈er   die Ebene, -n (Hochebene und Tiefebene)   der Hügel, -der
Berg, -e (*mountain*)   das Gebirge,-   der Fluß, ̈sse   der Bach, ̈e (*brook*)
der Wald, ̈er   die Wiese, -n   die Küste, -n   die Insel, -n   der Ort, -e
(*small town*)   das Dorf, ̈er (*village*)   die Stadt, ̈r   die Großstadt   die
Kleinstadt   die Vorstadt (*suburb*)   die Gegend, -en   das Gebiet, -e   die
Umgebung, -en

2. Wenn Sie Dias von Deutschland haben, halten Sie einen kurzen Diasvortrag (= slide lecture) vor der Klasse.

LESEN UND VERSTEHEN

1. *Lesen Sie den Ausschnitt (excerpt) aus dem Spiegel-Artikel vom 4. Januar 1993 und beantworten Sie die Fragen.*

HOHE ANSPRÜCHE

Endlich ein Boom im deutschen Osten: Das
Touristikgewerbe floriert, selbst teure Reisen sind
begehrt.

Die Hochzeitsreise endete mit einer Überraschung. Als Uta Kanzler aus But-
telstedt bei Weimar auf dem Leipziger Flughafen landete, hatte sie eine zwei-
wöchige Reise nach Florida gewonnen.

Die Passagierin des Condor-Flugs Teneriffa–Leipzig war Anfang Dezember der einmillionste Gast, der im vergangenen Jahr den Flughafen der Messestadt benutzte. Und das war für Sachsens Wirtschaftsminister Kajo Schommer Grund genug, der *Urlauberin* und ihrem Ehemann ein Ticket für eine *Gratis-Reise* zu überreichen. Der Flug nach Florida wurde von der Chartergesellschaft Condor und dem *Reiseveranstalter* NUR *gespendet*: Beide zusammen bieten von diesem Frühjahr an einen wöchentlichen Direktflug von Leipzig nach Fort Lauderdale.

women on vacation

free
trip organizer/donated

Der rege Verkehr auf dem sächsischen Flughafen ist ein Indiz dafür, daß die Bürger der ehemaligen DDR nun auch beim Reisen den Nachbarn aus Deutschland-West *nacheifern*.

try to catch up

Die Zahl derer, die von Leipzig, Dresden oder Berlin-Schönefeld aus mit einer Chartermaschine in die Ferien flogen, *stieg* innerhalb eines Jahres auf das Doppelte. Die großen Reiseveranstalter *verbuchen Zuwächse*, die teilweise noch höher liegen. NUR Touristik, mit 392 000 *Kunden* im Osten die Nummer eins, *steigerte* den *Absatz* gegenüber dem Vorjahr um 127 Prozent. Die TUI verkaufte mit 380 000 Reisen doppelt soviel wie im Jahr davor. Und bei der zum Kaufhof Konzern gehörenden ITS-Gruppe nahm die Zahl der Gäste gar von 66 000 auf 170 000 zu, um mehr als das Zweieinhalbfache.

rose
book/increases
customers
increased/sales

Die deutsche Urlaubsindustrie, so zeigt sich schon jetzt, hat mit den neuen Bundesländern einen *ertragreichen* neuen Markt gewonnen. Es scheint paradox: Zwischen Ostseeküste und Thüringer Wald *brechen* ganze Industrieregionen *zusammen*. Immer mehr Menschen verlieren ihre Arbeitsplätze, die Zukunftsangst *schürt Fremdenhaß*. Und gleichzeitig erlebt das *Reise-Gewerbe* einen gewaltigen Boom. Die zum Teil noch nicht *üppigen* Löhne und *Gehälter* dürften vielfach für weite Reisen nicht reichen. Ganz offensichtlich können viele Menschen in den neuen Ländern trotz *Währungsumstellung* auf gute *Ersparnisse* aus DDR-Zeiten zurückgreifen.

rich

collapse
gives fuel to/hate of
  foreigners
trade/high
salaries
change of currency
savings

Schon jetzt, so ermittelten die Marktforscher der NUR Touristik, verreisen in den neuen Bundesländern mehr Menschen als in Westdeutschland. Im alten Teil der Republik fahren 66 Prozent der Bevölkerung mindestens einmal jährlich in den Urlaub, im neuen sind es inzwischen 70 Prozent.

1. Hatte Uta Kanzler, als sie auf dem Leipziger Flughafen landete, eine angenehme oder eine unangenehme Überraschung?
2. Was hatte sie gewonnen und warum?
3. Wer hatte die Reise gespendet?
4. Geht es dem Tourismus in Ost-Deutschland zur Zeit gut oder schlecht?
5. Warum könnte man sich darüber wundern?
6. Woher kommt wahrscheinlich ein Teil des Urlaubsgeldes?
7. Wer reist mehr: Die Westdeutschen oder die Ostdeutschen?

HÖREN UND VERSTEHEN

Hören Sie sich das Tonband-Interview zu Kapitel 1 (Kassette 1) an. Die "Verständnishilfen" sind hier wie auch in allen folgenden Interviews chronologisch aufgezeichnet, so daß Sie beim Anhören der Gespräche die weniger bekannten Wörter und ihre Bedeutung mitlesen können.

VERSTÄNDNISHILFEN

zum Gespräch mit der Leiterin eines Reisebüros

Frau Vondenhoff

Die Autorin

VERSTÄNDNISHILFEN

Schlangen von Kunden	long lines of customers
befriedigen	please
Reiseziele	travel destinations
laut	according to
woran liegt das	how come
Ausflugsfahrten	excursions
Sehenswürdigkeiten	sights
lauter Gutes	lots of good things

empfehlen	recommend
reichhaltig	rich (food)
sich selbst verpflegen	to provide one's own meals
auffällig	noticeable

Hören Sie sich das Gespräch zum zweiten Mal an. Machen Sie dabei mit Hilfe der folgenden Stichwörter Notizen.

Name der Gesprächspartnerin

Beruf

Die beliebtesten Reiseziele der Deutschen
   a) außerhalb von Deutschland:
   b) innerhalb von Deutschland:
Attraktionen in Schleswig-Holstein:
Reiseziele von Amerikanern in Deutschland:
Vorteile der Halbpension:
Der Vorteil einer Ferienwohnung, besonders für Familien:
Der Hauptgrund, warum in diesem Jahr so viele Deutsche nach den USA reisen:

Lesen Sie die folgenden Fragen und beantworten Sie sie, nachdem Sie sich das Gespräch zum dritten Mal angehört haben.

1. Wohin, sagt Frau Vondenhoff, reisen die Deutschen am liebsten? Was ist wohl der Grund dafür?
2. Welches Land ist ein neues populäres Reiseziel?
3. Wovon hängt es ab, wieviele Deutsche nach den USA reisen?
4. Was sind für die Deutschen die beliebtesten Reiseziele innerhalb der deutschsprachigen Länder?
5. In welchem deutschen Land befindet sich dieses Reisebüro?
6. Warum reisen die Deutschen gern nach Schleswig-Holstein?
7. Helfen deutsche Gäste auf Bauernhöfen bei der Farmarbeit mit?
8. Warum sind Ferienwohnungen besonders beliebt?
9. Warum wollen viele Touristen kein Hotel mit Vollpension?
10. Wofür würden Sie sich entscheiden: für Zimmer mit Frühstück, Halbpension oder Vollpension? Warum?
11. Wofür bezahlt ein Amerikaner nicht gern in einem deutschen Restaurant?
12. Warum sind letztes Jahr wenige Amerikaner nach Deutschland gereist, und warum so viele in diesem Jahr (1987)?

PRODUKTION

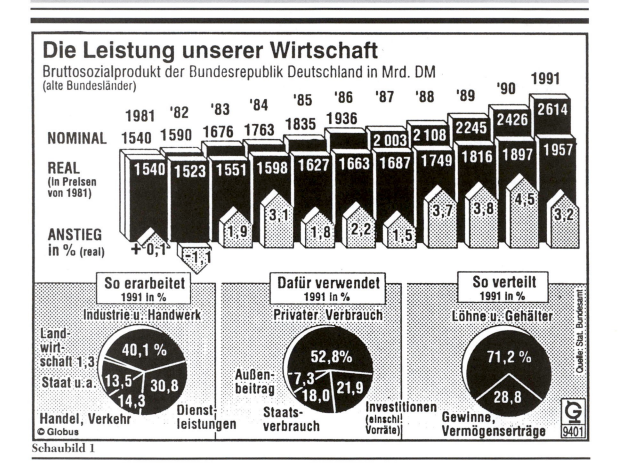

Die Leistung unserer Wirtschaft
Bruttosozialprodukt der Bundesrepublik Deutschland in Mrd. DM
(alte Bundesländer)

	1981	'82	'83	'84	'85	'86	'87	'88	'89	'90	1991
NOMINAL	1540	1590	1676	1763	1835	1936	2 003	2 108	2245	2426	2614
REAL (in Preisen von 1981)	1540	1523	1551	1598	1627	1663	1687	1749	1816	1897	1957
ANSTIEG in % (real)	+0,1	-1,1	1,9	3,1	1,8	2,2	1,5	3,7	3,8	4,5	3,2

So erarbeitet
1991 in %

Industrie u. Handwerk
Land-wirt-schaft 1,3
Staat u.a.
40,1 %
13,5
14,3
30,8
Handel, Verkehr
Dienst-leistungen
© Globus

Dafür verwendet
1991 in %

Privater Verbrauch
Außen-beitrag
52,8%
7,3
18,0
21,9
Staats-verbrauch
Investitionen (einschl. Vorräte)

So verteilt
1991 in %

Löhne u. Gehälter
71,2 %
28,8
Gewinne, Vermögenserträge

Quelle: Stat. Bundesamt

9401

Schaubild 1

A. INDUSTRIE UND HANDWERK

1 / Wie Schaubild 1 zeigt, hat die Industrie den größten Anteil an der Brutto-Wertschöpfung (= Bruttosozialprodukt) in der BRD. Industrie und Handwerk bestreiten also zusammen fast die Hälfte der gesamten wirtschaftlichen Leistung. Dieser Anteil ist höher als in allen andern Ländern der Welt. Solche Zahlen sind natürlich nicht konstant. Wie alle *hochentwickelten* Nationen wird Deutschland *zunehmend* eine *Dienstleistungsgesellschaft*. Das bedeutet, daß immer mehr Geld mit nicht-produzierendem Gewerbe verdient wird, und weniger in anderen Sektoren der Wirtschaft. Diese Entwicklung hat schon vor Jahren begonnen und geht in derselben Richtung weiter. Das zeigt Schaubild 2 mit seiner Prognose der Arbeitswelt bis zum Jahre 2000. Bis dahin wird die Industrie voraussichtlich 16% weniger Erwerbstätige haben als 1980, während es in allen Dienstleistungsbereichen – mit Ausnahme von *Verkehr* und *Post* – *kräftigen Zuwachs* geben soll. Das hat sich in den letzten 12 Jahren schon stark *bewahrheitet*. Dennoch werden Industrie und Handwerk in *absehbarer Zukunft* einen wesentlichen, wenn nicht den wesentlichsten Anteil an Deutschlands Wirtschaft behalten.

highly developed
increasingly/service
economy

traffic
strong growth
proven true/the near
future

Die Arbeitswelt bis zum Jahre 2000

Veränderung der Zahl der Erwerbstätigen zwischen 1980 und 2000 in %

Werbung, Beratung +46
Medien, Kunst, Unterhaltung 32
Verbände, Organisationen 22
Staat 20
Gastgewerbe 20
Gesundheitswesen 17
Banken, Versicherungen 14
Bildung, Wissenschaft 13
übrige Dienstleistungen 26
Verkehr, Post –1
Handel 10
Energie, Bergbau 12
Industrie 16
Landwirtschaft 24
Baugewerbe 24

Quelle: IAB/Prognos
© Globus 5816

Schaubild 2

2 / Vor der Wiedervereinigung gehörte die Bundesrepublik Deutschland zu den wichtigsten und modernsten Industrieländern, obwohl sie arm an Rohstoffen war und im zweiten Weltkrieg fast alle Industrieanlagen verloren hatte. Dazu hatten das Niveau der Ausbildung und des Wissens entscheidend beigetragen, wie auch die hohe Leistung aller Beteiligten, vom kleinsten Arbeiter an bis zur obersten Führung. Der *Ansporn* zur Leistung war bei allen groß, weil nach

incentive

dem sozialen marktwirtschaftlichen System jeder am Gewinn beteiligt sein soll. In den neuen Bundesländern, die nach dem 2. Weltkrieg unter die *Herrschaft* des Kommunismus geraten waren, fehlte dieser Ansporn, und es fehlten vor allen Dingen auch die Gelder des Marshall-Plans, die dem Westen beim Wiederaufbau halfen. Solche Gelder müssen nun von den alten Bundesländern und anderen willigen Investoren *verschafft* werden, um die veralteten und *umweltsfeindlichen* Industrieanlagen zu modernisieren und rationalisieren. Die dafür ins Leben gerufene *Treuhandanstalt*, die größte "holding company" der Welt, hat die Aufgabe, früher *volkseigene* Betriebe (rund 13 000!) , soweit ihre Produkte noch einen *Absatzmarkt* haben, an *Privatbesitzer* zu verkaufen. In den meisten Fällen müssen diese Betriebe mit dafür eigens zur Verfügung gestellten Geldern *saniert* werden, bevor sich potentielle Käufer finden lassen. Das Angebot für den Käufer ist umso besser, je mehr Arbeitsplätze er zu erhalten verspricht. Betriebe ohne Zukunft müssen von der Treuhandanstalt aufgelöst werden. Besonders *schwer betroffen* sind davon die *Verbrauchsgüterindustrie* und die Chemische Industrie, wo mit der Produktion in den veralteten Betrieben *schwere Umweltschäden* verbunden sind und die *Herstellungskosten* weit über denen der *marktführenden Billiganbieter* liegen.

> rule
>
> raised/environmentally unsound
>
> trust company
> owned by the people
> market, outlet/private owners
> stabilized
>
> hard hit/industry of perishables
> damage of the environment
> manufacturing costs/ low-price leaders

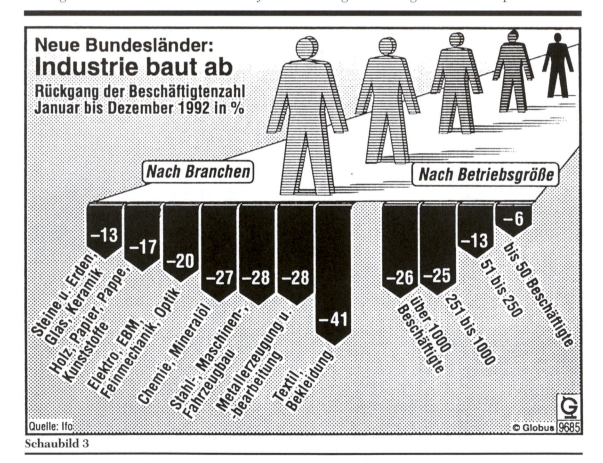

Schaubild 3

3 / Die Transaktionen der Treuhandanstalt werden *zunehmend* stark kritisiert. Z.B. wurde im September 1992 in einer **ZEIT**-Serie von einer "deutschen Krise" gesprochen. Die *vorgenommenen Sanierungen* hätten hauptsächlich im

> increasingly
>
> completed reorganizations

Stillegen von Produktionen und massiven *Abbau* von Personal oder im Einsparen von Kosten für Forschung und Entwicklung bestanden. Für Investitionen in neue Produkte, *Vertriebsstrukturen* oder *Produktionsverfahren* würde dagegen viel weniger Geld bereitgestellt. Bei vielen der bisher 9 000 privatisierten Betriebe würden die Arbeitsplatzgarantien nicht eingehalten und die verhandelten Preise nicht gezahlt, und für die noch nicht privatisierten Betriebe fänden sich keine Käufer. So wachsen die schon viel zu hohen Zahlen der Arbeitslosigkeit, und die große Sorge besteht, daß immer mehr Leute von den bereits *entvölkerten* östlichen Ländern in den überlaufenen westlichen Ländern Arbeit suchen.

reduction/shut-down

sales structures/production methods

depopulated

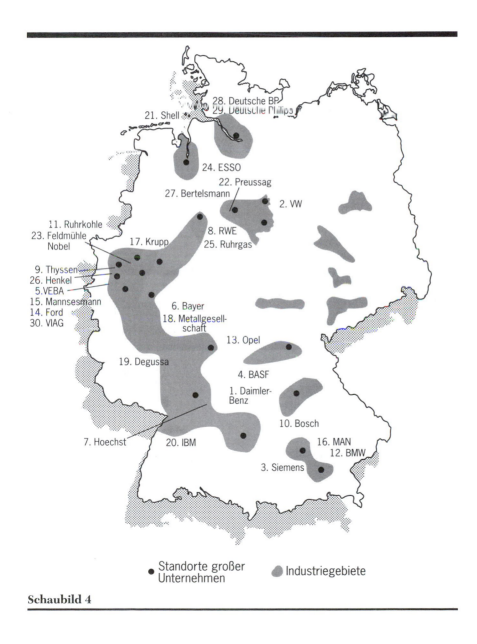

Schaubild 4

Die ZEIT-Rangliste der führenden deutschen Industrieunternehmen: im Zeichen der Investitionen

Die 100 größten Industrie-Unternehmen in der Bundesrepublik

Rang 1991	Rang 1990	Unternehmen	Branche	Umsatz 1991 in Millionen Mark	Umsatz Veränderung in Prozent	Gewinn (−Verlust) in Millionen Mark 1991	Gewinn 1990	Beschäftigte 1991	Beschäftigte Veränderung in Prozent
1	1	Daimler-Benz	Auto/Luftfahrt	95 010	11,1	1942	1795	379 252	0,7
2	2	VW	Auto	76 315	12,1	1114	1086	260 137	− 0,3
3	3	Siemens	Elektronik/Elektro	73 008	15,5	1792	1668	406 000	8,8
4	4	Veba	Energie/Chemie	57 201	8,5	1223	1209	114 537	7,2
5	6	Hoechst	Chemie	47 186	5,2	1357	1696	179 332	3,7
6	5	BASF	Chemie	44 799	− 1,0	1056	1111	129 434	− 3,9
7	8	RWE	Energie	44 100	− 0,2	1200[1]	1145	105 840	3,6
8	7	Bayer	Chemie	42 401	1,8	1835	1903	164 200	− 4,0
9	9	Thyssen	Stahl/Masch./Handel	36 562	1,0	520	690	148 557	− 0,7
10	10	Bosch	Elektro	33 600	5,6	540	560	177 200	− 1,4
11	11	BMW	Auto	29 830	10,0	783	696	74 238	4,6
12	13	Opel	Auto	27 149	14,5	1075	1327	56 782	− 1,2
13	10	Preussag	Stahl/Energie/Handel	25 455	33,7	425	350	71 654	− 0,8
14	14	Ruhrkohle	Bergbau	24 700	7,8	83	171	122 469	2,5
15	12	Mannesmann	Maschinen/Stahl	24 315	1,6	263	464	125 188	1,0
16	17	VIAG	Holding	23 587	21,4	405	336	74 122	32,7
17	15	Ford	Auto	22 360	7,7	142	270	48 171	− 3,9
18	16	Metallgesellschaft	Metall/Anlagen	21 180	6,8	179	262	38 173	18,5
19	19	M.A.N.	Maschinen/Fahrzeuge	19 031	0,5	406	328	64 170	− 2,7
20	26	Ruhrgas	Energie	15 275	25,3	789	664	10 105	9,4
21	20	Krupp	Stahl/Maschinen	15 133	− 2,8	305	217	53 115	− 2,4
22	22	IBM Deutschland	Elektronik	14 802	11,1	473	692	31 536	− 0,7
23	23	Bertelsmann	Medien	14 483	8,8	540	510	45 110	3,7
24	24	Deutsche Shell	Mineralöl/Chemie	13 687	7,0	547	358	3 294	1,2
25	21	Degussa	Chem./Edelmetalle	13 305	− 4,1	99	147	34 482	− 1,5
26	27	Henkel	Chemie	12 950	7,4	443	429	42 040	6,7
27	28	Esso	Mineralöl	12 610	9,9	507	441	2 366	0,0
28	31	Philipp Holzmann	Bau	11 003	18,5	51	17	40 410	9,7
29	25	Hoesch	Stahl	10 108	− 19,6	127	103	44 200	− 15,3
30	32	Deutsche Unilever	Konsumgüter	9 799	6,5	348	339	29 046	6,1
31	33	Deutsche Philips	Elektro/Elektronik	9 729	11,3	464	− 339	28 300	− 6,3
32	30	Deutsche BP	Mineralöl	9 552	1,6	58[1]	102	4 199	n.v.
33	34	Continental	Reifen	9 377	9,7	− 128	93	49 877	− 2,3
34	29	Feldmühle Nobel	Chemie	9 215	− 2,1	225	192	32 998	3,0
35	37	ABB Deutschland	Elektro/Anlagen	8 029	20,8	209	170	41 471	18,6
36	46	Deutsche Babcock	Industrieanlagen	7 325	26,2	32	− 81	35 549	19,9
37	35	Klöckner	Stahl/Maschinen/Kunststoffe	7 013	1,1	2	75	31 772	3,5
38	42	Linde	Maschinen/Anlagen	6 912	13,9	252	212	28 535	3,1
39	39	VEW	Energie	6 728	6,3	165	171	7 956	− 0,6
40	41	Nestlé Deutschland	Nahrungsmittel	6 599	7,3	147	154	18 050	3,4

41	44	**Hochtief**	Bau	**6 440**	7,2	**93**	83	**26 941**	3,7
42	–	**VEAG**	Energie	**6 405**	62,4	**17**	– 16	**24 909**	– 16,6
43	45	**Schering**	Pharma/Chemie	**6 360**	7,3	**274**	260	**26 339**	1,2
44	38	**Mobil Oil**	Mineralöl	**6 321**	– 0,6	**316**	258	**2 016**	– 2,4
45	36	**Dillinger Hütte Saarstahl**	Stahl	**6 278**	– 6,8	**50**	151	**21 695**	– 2,0
46	43	**Bayernwerk**	Energie	**6 250**	3,9	**346**	302	**9 700**	1,4
47	40	**ZF-Friedrichshafen**	Maschinen	**5 796**	– 6,5	**267**	266	**33 182**	– 4,1
48	67	**SEL**	Elektronik	**5 389**	37,3	**192**	116	**23 824**	16,9
49	59	**Bilfinger + Berger**	Bau	**5 295**	25,8	**65**	43	**56 376**	26,4
50	53	**Boehringer-Ingelh.**	Pharma	**5 225**	12,8	**127**	125	**24 347**	4,3
51	49	**W.C. Heraeus**	Metalle	**5 205**	4,5	**62**	59	**9 538**	0,0
52	61	**Procter & Gamble**	Konsumgüter	**5 066**	23,7	**46**	50	**8 298**	12,7
53	51	**Rütgerswerke**	Chemie	**5 046**	5,2	**– 8**	39	**14 040**	2,8
54	47	**Saarbergwerke**	Kohle/Energie	**4 940**	– 3,9	**– 59**	5	**22 332**	– 3,8
55	55	**Südzucker**	Zucker/Nahrung	**4 934**	8,7	**236**	170	**10 621**	– 6,5
56	n.v.	**Oetker-Gruppe** [1]	Nahrungsmittel	**4 650**	16	**k.A.**	k.A.	**11 900**	6,8
57	70	**Merck**	Chemie/Pharma	**4 605**	29,2	**161**	176	**25 517**	14,1
58	56	**Zeiss-Stiftung**	Optik	**4 600**	5,3	**78**	2	**32 382**	1,7
59	63	**Hewlett-Packard**	Elektronik	**4 591**	13,1	**64**	59	**6 118**	– 1,3
60	58	**Freudenberg**	Kunststoffe	**4 495**	5,2	**77**	144	**25 848**	– 2,8
61	66	**Beiersdorf**	Chemie/Kosmetik	**4 488**	13,5	**147**	118	**18 521**	3,8
62	50	**ITT-Beteiligung**	Holding	**4 408**	– 10,3	**25**	146	**22 376**	– 15,2
63	62	**PWA**	Papier	**4 395**	8,2	**85**	108	**13 051**	12,9
64	54	**Grundig**	Elektro	**4 243**	– 6,8	**– 19**	190	**20 473**	– 5,9
65	64	**KHD**	Maschinen	**4 122**	1,5	**10**	30	**13 603**	– 9,4
66	75	**Strabag**	Bau	**4 080**	28,4	**48**	– 24	**18 618**	16,1
67	–	**A. Moksel**	Fleischverarbeitung	**4 010**	10,0	**42**	42	**1 556**	34,5
68	65	**FAG-Kugelfischer**	Kugellager	**3 885**	– 4,0	**– 81**	59	**34 675**	– 14,8
69	57	**Akzo**	Kunstfasern/Chemie	**3 781**	– 12,2	**103**	81	**21 130**	– 17,4
70	86	**Dyckerhoff & Widman**	Bau	**3 699**	33,2	**17**	9	**21 859**	68,8
71	71	**Axel Springer**	Medien	**3 681**	4,2	**11**	65	**12 620**	4,2
72	72	**Energie-Vers. Schwaben**	Energie	**3 562**	4,1	**56**	67	**4 565**	– 0,4
73	76	**Liebherr**	Maschinen	**3 475**	12,0	**k.A.**	96	**9 500** [1]	
74	79	**Rheinmetall**	Rüstung/Maschinen	**3 471**	16,8	**94**	94	**13 662**	– 2,9
75	73	**adidas**	Sportartikel	**3 353**	0,3	**15**	52	**8 329**	– 8,1
76	67	**Bremer Vulkan**	Schiffbau/Maschinen	**3 329**	– 13,0	**74**	35	**15 021**	38,7
77	74	**Wacker**	Chemie	**3 252**	0,3	**42**	82	**14 493**	– 1,9
78	–	**Jacobs-Suchard Deutschland**	Nahrungsmittel	**3 250**	11,7	**k.A.**	k.A.	**3 881**	– 3,6
79	83	**Miele**	Elektro	**3 189**	11,6	**k.A.**	k.A.	**14 700**	1,6
80	n.v.	**Solvay**	Chemie	**3 167**	3,0	**k.A.**	k.A.	**10 122**	7,7
81	77	**Porsche**	Auto	**3 102**	– 1,4	**17**	57	**9 005**	1,9
82	81	**Diehl**	Uhren/Metall	**3 016**	4,9	**k.A.**	k.A.	**15 909**	7,1
83	96	**Readymix**	Bau	**2 992**	30,1	**126**	135	**8 000**	28,2
84	84	**J.M. Voith**	Maschinen/Anlagen	**2 980**	5,3	**69**	87	**17 203**	– 2,3
85	92	**Iveco Magirus**	Fahrzeugbau	**2 896**	18,0	**52**	42	**6 295**	– 3,1
86	87	**Stadtwerke München**	Energie	**2 879**	5,3	**– 156**	– 109	**10 200**	1,0
87	85	**Badenwerk**	Energie	**2 837**	1,6	**49**	70	**3 776**	2,0
88	78	**Deutsche ICI**	Chemie	**2 804**	– 6,3	**26**	61	**5 038**	– 3,1
89	82	**Du Pont Deutschland**	Chemie	**2 762**	– 3,3	**52**	91	**4 424**	– 1,5
90	98	**Walter Thosti Boswau**	Bau	**2 753**	22,2	**44**	23	**10 962**	17,8
91	89	**Bewag**	Energie	**2 732**	5,8	**109**	97	**7 423**	– 0,5
92	90	**Wella**	Kosmetik	**2 705**	5,6	**82**	76	**15 000**	1,4
93	91	**Bauer**	Verlag	**2 700** [1]	5,0	**k.A.**	k.A.	**8 247**	11,4
94	95	**Altana**	Mischkonzern	**2 573**	11,0	**80**	63	**9 833**	6,7
95	94	**HEW**	Energie	**2 539**	6,5	**79**	63	**5 725**	2,0
96	99	**Benteler**	Stahl/Maschinen	**2 518**	11,9	**52**	58	**11 104**	11,2
97	93	**Michelin Deutschland**	Reifen	**2 466**	2,3	**4**	– 28	**8 841**	– 7,1
98	88	**Alusuisse**	Aluminium	**2 413**	– 8,9	**– 11**	41	**9 287**	– 2,3
99	–	**Varta**	Batterien	**2 207**	3,9	**52**	49	**13 723**	1,8
100	–	**EWE**	Energie	**2 178**	19,3	**39**	32	**1 404**	4,0

Umsatz ohne Verbrauchersteuern (Mineralölsteuer, Tabaksteuer, Biersteuer)

1) Zahlen von Redaktion geschätzt

Gewinn = Jahresüberschuß

k. A. keine Angabe

n. v. wegen Umstrukturierung nicht vergleichbar

4 / Schaubild 4 verzeichnet die 100 größten Industrie-Unternehmen in der BRD, die mit Umsatz und Beschäftigtenzahl *an der Spitze liegen*. Die vier wichtigsten deutschen Industriezweige sind der Maschinen- und Fahrzeugbau, die Elektrotechnik mit der Herstellung von Büromaschinen und *Datenverarbeitungsanlagen* und die chemische Industrie. In diesen Branchen sind die meisten industriellen Arbeitnehmer beschäftigt. Wie schon der Vergleich der beiden angegebenen Jahre zeigt, sind das keine konstanten Zahlen. Z.B. sind Firmen, die mehr im Ausland als im Inland absetzen, stark abhängig vom Stand der DM anderen Währungen gegenüber. Die folgende Liste zeigt, wo in den 16 Ländern des wiedervereinigten Deutschlands sich wichtige Industriebranchen niedergelassen haben.

are leading

data processing equipment

Das deutsche Ruhrgebiet bei Essen

Land	Hauptindustrie branche(n)	Die wichtigsten Standorte	Die bekanntesten Firmen
Bayern Baden-Württemberg	Elektro- u. Automobil-Werkzeugmaschinen, Microchips, Elektrotechnik, Chemie, Automobile, Präzisions instrumente	München, Nürnberg Stuttgart	Siemens, AEG, BMW Daimler-Benz
Rheinland-Pfalz	Chemie, Maschinenbau, Leder- u. Schuhindustrie, Schmuckgewerbe	Ludwigshafen, Idar-Oberstein	BASF (= Badische Anilin- und Soda-Fabrik)
Saarland	Kohle und Stahl, Automobilindustrie		

Land	Hauptindustrie branche(n)	Die wichtigsten Standorte	Die bekanntesten Firmen
Hessen	Chemie, Automobilindustrie	Rhein-Main-Dreieck	Farbwerke Hoechst, Adam Opel AG
Nordrhein- Westfalen	Kohle und Stahl, Chemie, Entwicklung auf neue Technologien	Ruhrgebiet (Dort- mund, Duisburg, Essen), Leverkusen	Ruhrkohle, Krupp, Thyssen, Mannes- mann, Henkel, Veba, Bayer AG
Niedersachsen	Volkswagen, Erdgas, Abbau von Eisenerzen	Wolfsburg, Emden, Salzgitter	
Freie Hansestadt Bremen	Schiffbau, Maschinen	Bremen	Bremer Vulkan
Freie Hansestadt Hamburg	Schiffbau, Raffinerien, Verbrauchsgüterindustrie	Hamburg	
Schleswig-Holstein	Werften, Nahrungsmittel- industrie	Kiel, Lübeck	
Berlin	Elektrotechnik, Nahrungs- und Genußmittelgewerbe, Maschi- nenbau, Chemie	Berlin	
Mecklenburg- Vorpommern	Schiffbau	Schwerin	
Brandenburg	Stahl, Braunkohle, Chemie, Automobilindustrie	Eisenhüttenstadt, Cott- bus, Schwedt, Lud- wigsfelde	Mercedes-Benz
Sachsen-Anhalt	Schwermaschinenbau, Kunststoffproduktion	Schkopau, Bitterfeld, Magdeburg, Halle	
Thüringen	Automobilindustrie	Eisenach	Opel AG
Freistaat Sachsen	Elektrotechnik, Chemie, Automo- bil- und Textilindustrie	Dresden, Chemnitz	

5 / Die deutsche Industrie hat einen vitalen Mittelstand. Die meisten Betriebe beschäftigen 5–49 Arbeitskräfte. Die nächstgrößte Kategorie sind Betriebe mit 50–499 Arbeitern und Angestellten. Dagegen gibt es sehr wenige Firmen mit mehr als 1000 Beschäftigten.

6 / Das Handwerk, das zu Beginn der industriellen Entwicklung verdrängt zu wer- den drohte, hat sich gut behauptet und sogar neue Bedeutung gewonnen. Viele Handwerker arbeiten mit der Industrie zusammen. Sie liefern ihr handgear- beitete Teile zu, wie z.B. *handgewebte* Stoffe, die dann maschinell verarbeitet werden. Besonders wichtig ist der Kundendienst, den sie übernehmen: die Wartung und Reparatur von industriell hergestellten Fabrikaten, wie z.B. Kühlschränken, Fernsehern usw. Es gibt rund 600 000 handwerkliche Betriebe mit durchschnittlich acht Angestellten im vereinigten Deutschland, die über 10% zum Bruttosozialprodukt beitragen. Die meisten Handwerker sind in der Elektro- und Metallbranche beschäftigt. Es folgen in der Größenordnung Bau- und Ausbauhandwerke, danach Gesundheits- und *Körperpflege*, chemi-

hand-woven

hygiene

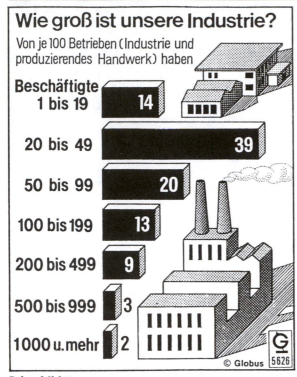

Wie groß ist unsere Industrie?

Von je 100 Betrieben (Industrie und produzierendes Handwerk) haben

Beschäftigte	
1 bis 19	14
20 bis 49	39
50 bis 99	20
100 bis 199	13
200 bis 499	9
500 bis 999	3
1000 u. mehr	2

© Globus 5626

Schaubild 5

sche- und *Reinigungshandwerke*, dann Nahrungsmittelhandwerke, Beklei- cleaning operations
dungs-, Textil- und Lederhandwerke, Holzhandwerke und schließlich Glas-,
Papier-, keramische und sonstige Handwerke.

7 / Touristen, besonders ausländische Touristen, sind von der Vielfalt des
deutschen Handwerks fasziniert, wie auch von den dekorativen Schildern der
Handwerkerzunft, die über der Tür hängen und viel zu der malerischen At-
mosphäre mittelalterlicher Straßen beitragen. So sind z.B. Schwarzwälder
Kuckucksuhren, *geschnitzte Nußknacker* und andere Weihnachtsfiguren und carved nutcrackers
Meißener Porzellan weltbekannt.

WORTSCHATZ (2A)

1 / das Handwerk	handicraft
der Anteil,-e	share
die Brutto-Wertschöpfung	gross national product
das Brutto-Sozialprodukt,-e	gross national product
leisten	to achieve
bestreiten	here: to supply; also: to dispute
die Leistung, -en	achievement, output

die Dienstleistung, -en	services rendered
das Gewerbe,-	business, trade
die Entwicklung, -en	development
die Richtung, -en	direction
erwerbstätig	(gainfully) employed
voraussichtlich	probably
der/die Erwerbstätige, -n	employee
der Bereich, -e	area, branch
mit Ausnahme von	with the exception of
wesentlich	essential
2 / der Rohstoff, -e	raw material
die Anlage, -n	here: plant, installation
das Niveau, -s	level, standard
die Ausbildung	education, training
entscheidend	decisively
beitragen (ä),u,a	to contribute
alle Beteiligten	all parties involved

die Führung, -en	management
der Ansporn	stimulus, motivation
das System, -e	system
der Gewinn, -e	profit
beteiligt sein an (*Dat.*)	to participate in
veraltet	outdated, obsolete
der Betrieb, -e	company
auflösen	to dissolve
erfahren, (*Adj.*)	experienced
3 / die Forschung, -en	research
das Produkt, -e	product
bereitstellen	to make available
der Preis, -e	price
verhandeln	to negotiate
4 / verzeichnen	to list
das Unternehmen, -	enterprise, business firm, corporation
der Umsatz, ̈-e	sales
die Beschäftigten, *pl.*	employees
das Fahrzeug, -e	motor vehicle
die Herstellung, -en	production
beschäftigen	to employ; to occupy
absetzen	to sell
abhängig von	dependent on
5 / der Arbeiter, -die Arbeiterin -nen	(blue collar) worker
der/die Angestellte, -n	employee
die Firma, Firmen	company, firm
6 / verdrängen	to push aside, replace
drohen (Dat.)	to threaten
sich behaupten	to assert oneself
liefern	to supply; deliver
der/das Teil, -e	part
der Stoff, -e	cloth, material
maschinell	by machine
verarbeiten	to manufacture, process
der Kundendienst, -e	customer service
die Wartung	maintenance
die Reparatur, -en	repair
das Fabrikat, -e	product, manufactured goods
der Kühlschrank, ̈-e	refrigerator
der Fernseher, -	TV
durchschnittlich	on average
beitragen (ä), u, a	to contribute
die Nahrungsmittel, *pl.*	food stuffs
7 / die Vielfalt	variety
die Zunft, ̈-e	guild

Der Hamburger Hafen-ein geschäftiger Umschlaghafen

WORTSCHATZ ERWEITERN

1. Vervollständigen Sie Die Sätze. / FILE # WE2A1

1 /   1.   Die Industrie hat den größten _____ an dem Brutto-Sozialprodukt in der BRD. (*share*)

      2.   Industrie und Handwerk bestreiten zusammen fast die Hälfte der gesamten wirtschaftlichen _____. (*output*)

      3.   Die _____ geht in derselben Richtung weiter. (*development*)

      4.   Die Industrie wird voraussichtlich in der Zukunft weniger _____ haben als jetzt. (*employees*)

2 /   5.   Die Bundesrepublik gehörte zu den wichtigsten und modernsten _____. (*industrial countries*)

      6.   Sie ist aber arm an _____. (*raw material*)

      7.   Deutschland hat im 2. Weltkrieg fast alle _____ verloren. (*industrial plants*)

      8.   Dazu haben Ausbildung und Wissen entscheidend _____. (*contributed*)

      9.   Im sozialen marktwirtschaftlichen System ist jeder am Gewinn _____. (*shares in*)

    10.   Unter der Herrschaft des Kommunismus fehlte in Ostdeutschland der _____ zur Arbeit. (*motivation*)

    11.   Die _____ Industrieanlagen müssen modernisiert werden. (*outdated*)

12. Viele _____ der Verbrauchsgüterindustrie müssen aufgelöst werden. (*companies*)

3 / 13. Die Sanierungen dürfen nicht nur im Einsparen von Kosten für
   _____ bestehen. (*research*)

14. Investitionen für neue Produktionsverfahren müssen _____
   werden. (*made available*)

4 / 15. Die Maschinen- und Fahrzeugbauindustrien liegen mit _____
   und Beschäftigtenzahl an der Spitze. (*sales*)

16. Viele Arbeitskräfte sind auch mit der _____ von Büromaschinen beschäftigt. (*production*)

17. Exportfirmen sind vom Stand anderer Währungen stark _____.
   (*dependent*)

5 / 18. Die meisten Firmen beschäftigen fünf bis neunundvierzig _____.
   (*employees*).

6 / 19. Viele Handwerker können _____. (*assert themselves*)

20. Handwerker machen den _____ für die Industrie. (*customer service*)

21. Sie übernehmen die_____und die _____ von
   industriell hergestellten Waren. (*maintenance; repair*)

22. Es gibt rund 600 000 handwerkliche Betriebe mit _____
   acht Angestellten. (*on average*)

7 / 23. Ausländische Touristen sind von der _____ des deutschen
   Handwerks fasziniert. (*variety*)

2. Verwandte Wörter.

*Sie sind fast identisch mit den englischen derselben Bedeutung. Merken
Sie sich die geringen Abweichungen vom Englischen wie auch ihr gram-
matisches Geschlecht. Machen Sie mit jedem Wort einen einfachen Satz:*

Nomen	Adjektive	Verben
die Atmosphäre	chemisch	faszinieren
die Branche	dekorativ	kritisieren
das Brutto-Sozialprodukt	industriell	modernisieren
die Daten, pl.	keramisch	privatisieren
die Elektrotechnik	konstant	rationalisieren
die Figur	maschinell	
die Firma	massiv	
die Garantie	sozial	
das Glas	vital	
der Investor		
die Kategorie		

Nomen	Adjektive	Verben
der Kommunismus		
die Kosten, pl.		
die Maschine		
die Nation		
das Papier		
das Porzellan		
die Post		
der Preis		
das Produkt		
die Prognose		
die Reparatur		
der Sektor		
das System		

3a. Suchen Sie auf der Liste zu jedem Wort ein Wort von gleicher oder ähnlicher Bedeutung.

Arbeiter	beschäftigt	leisten
Arbeitnehmer	angestellt	mithelfen
Branche	vital	sich beteiligen
Fabrikat	gesund	herstellen
Produkt		teilnehmen
Sorte		schaffen
Typ		beitragen
Zweig		

3b. Schreiben Sie zu jedem Wort auf der Liste zu 3a ein Wort aus derselben Familie. Z.B. leisten–die Leistung; leistungsfähig

INFORMATION ERARBEITEN

1. Suchen Sie im Gespräch mit einem Partner für jeden Absatz eine passende Überschrift.

1. _____

2. _____

3. _____

4. _____

5. _____

6. _____

7. _____

2. Vervollständigen Sie die Notizen zum Text.

Die Entwicklung geht von einer Industriegesellschaft zu einer _____
gesellschaft.

Die hohe Leistung aller Beteiligten basiert auf

hohem Niveau der Ausbildung und des Wissens	

Die vier wichtigsten Industriezweige

Maschinenbau			

Wenn der Dollar im Wert gegen die DM sinkt, steigt/fällt
der deutsche Export nach den USA.

Das Handwerk überlebt durch

Zusammenarbeit mit der Industrie	

Machen Sie eine Liste von Handwerkern, die Sie kennen:

Bäcker
Schlachter
Schneider

_____
_____
_____
_____
_____
_____

3. Beantworten Sie die Fragen.

1 / 1. Wieviel Anteil hat die Industrie am Bruttosozialprodukt der BRD?

2. Wieso wird immer mehr Geld mit nicht-produzierendem Gewerbe verdient?

2 / 3. Wie kommt es, daß ein rohstoffarmes und verhältnismäßig kleines Land
wie die BRD zu den wichtigsten Industrieländern der Welt gehört?

4. Wieso war vor der Wiedervereinigung in Ostdeutschland der Ansporn zur Leistung bei allen Arbeitern und Angestellten groß?
5. Warum werden in den neuen Bundesländern willige Investoren gesucht?
6. Was ist die Hauptaufgabe der Treuhandanstalt?
7. Wann ist das Angebot für den Käufer besonders gut?

3 / 8. Warum wird die Treuhandanstalt stark kritisiert?
9. Welche Sorge besteht?

4 / 10. Welche vier Industriezweige beschäftigen die meisten Arbeitskräfte?
11. Wovon sind Exportfirmen stark abhängig?

5 / 12. Gibt es mehr große oder kleine Betriebe in Deutschland?
6 / 13. Wie konnte sich das Handwerk in dem Industriestaat gut behaupten?
7 / 14. Wovon sind viele ausländische Touristen fasziniert?

KORREKTES SCHREIBEN

1. Folgen Sie bei der Übersetzung dem Muster. / *FILE # KS2A1*

Deutschland *gehört zu* den wichtigsten Industrieländern.

1. Germany is part of (= belongs to) the Common Market (= EG).
2. The employees of his firm belong to a labor union (= Gewerkschaft).
3. Do you belong to a union?

Alle *sind am* Gewinn *beteiligt.*

4. They are participating in the competition.
5. We are participating in the profit.
6. Are you participating in the sale?

Der Export von Autos *hat zum* Handelsüberschuß *beigetragen.*

7. The standard of education has contributed to the high achievement of the industry.
8. The outdated methods of production have contributed to the environmental pollution (Umweltsverschmutzung).
9. Handcraft has contributed much to the beauty (Schönheit) of the city.

2. Übersetzen Sie.

1. Industry and craftsmanship supply almost half of the total economic output.
2. Less money is earned in other sectors of the economy.
3. Germany lost most of its industrial plants during the war.
4. The motivation to work hard was strong with everybody.
5. The old industrial plants have to be modernized.
6. The buyer must promise many jobs.
7. Production costs in outdated plants are too high.
8. Many companies have to be dissolved.
9. Most of the industrial plants employ less than fifty workers.
10. Craftsmanship has not become obsolete.
11. Many craftsmen take on the repair and maintenance for the industry.
12. Some craftsmen work completely independently of the industry.

SPRECHEN

1. Gespräch zu zweit.

Interpretieren Sie Schaubild 2. Beginnen Sie z.B. so: Die Arbeitswelt wird sich bis zum Jahre 2000 ändern. Es werden mehr Leute in der Bildung und Wissenschaft beschäftigt sein und weniger in... Den größten Zuwachs wird...

2. Gespräch zu zweit.

Wissen Sie etwas über eine oder mehrere der Industrien, die mit Standort und Namen auf S. 24–25 verzeichnet sind? Für welche Branche könnten Sie sich interessieren? Sprechen Sie darüber zu zweit.

Z.B.: Student 1: Ich interessiere mich für Schiffbau und würde gern eine Weile in Hamburg oder Bremen arbeiten.

Student 2: Du bist wohl gern an der Küste? – Mir sind die Berge lieber, und ich interessiere mich sehr für die Auto-Industrie. Vielleicht kann ich bei Mercedes Benz in Stuttgart ein Praktikum (*internship*) machen.

LESEN UND VERSTEHEN

1. Lesen Sie den Artikel aus der FRANKFURTER ALLGEMEINEN ZEITUNG und entscheiden Sie, ob die darauf folgenden Aussagen darin gemacht werden oder nicht.

DIE SCHUHFABRIKEN LEISTUNGSFÄHIGER MACHEN*

Mit niedrigeren Lohnkosten gegen Importe/Produktion kaum höher

B.K. DÜSSELDORF, 12. März. Die deutschen Schuhhersteller können nur dann das an die *Billiglohnländer* verlorene *Terrain* zurückgewinnen, wenn sie in den kommenden Jahren mit moderner Technik die Produktivität erhöhen. Das sagte Peter Verhuven, der *Vorsitzende* des *Hauptverbandes* der Deutschen Schuhindustrie, kurz vor der GDS-Internationale *Schuhmesse*, die vom 21. bis 23. März in Düsseldorf *veranstaltet* wird.

  Heute erreichen die Löhne noch 20 Prozent der Produktionskosten, doch es sei durchaus denkbar, daß diese Quote durch den *Einsatz* moderner Technik auf etwa 5 Prozent gesenkt werden könne. Bisher hätten allerdings erst 10 der gut 300 Betriebe mit der Entwicklung solcher Produktionsanlagen

*low-wage countries/ territory
chairman
general association
shoe fair
held*

use

°FAZ (13.3.87)

begonnen. Die notwendigen *Investitionen* in einem Betrieb mit einer Tages-
produktion von etwa 3000 Paar Schuhen lägen bei rund 2.5 Millionen DM.

Im Geschäftsjahr 1986 konnten die deutschen *Schuhfabrikanten* zwar ihre
Produktion um knapp 1 Prozent auf fast 88 Millionen Paar Schuhe steigern.
Dabei mußten allerdings die *Hersteller* von Lederschuhen einen erheblichen
Rückgang von 8 Prozent hinnehmen, während die Produzenten von Sport-
schuhen, Sandalen und Hausschuhen um bis zu 20 Prozent *zulegen* konnten.
Diese *Verschiebung* zu den billigeren Schuhgruppen *spiegelt sich* auch im
Umsatz *wider*, der um fast 2 Prozent auf gut 6,4 Milliarden DM fiel.

Die Zahl der *Betriebe schrumpfte* 1986 um 7,3 Prozent auf 304. Einen
neuen *Höchststand* erreichten im vergangenen Jahr die Importe: Sie stiegen
um 7,6 Prozent auf 240 Millionen Paar Schuhe, was beinahe dem Drei-
fachen der deutschen Produktion entspricht.

investments

shoe manufacturers

manufacturers

add
shift/is reflected

plants/shriveled
all-time high

1. Die deutschen Schuhhersteller müssen mit moderner
   Technik ihre Produktivität erhöhen, wenn sie mit Billig-
   lohnländern konkurrieren (=*compete*) wollen.   **JA   NEIN**
2. Bisher haben nur wenige Betriebe mit der Entwicklung
   solcher Produktionsanlagen angefangen.   **JA   NEIN**
3. 1986 ist die deutsche Schuhproduktion gesunken.   **JA   NEIN**
4. Weniger Lederschuhe und mehr Sportschuhe, Sandalen
   und Hausschuhe wurden hergestellt.   **JA   NEIN**
5. Die Importe sind 1986 fast um das Dreifache gestiegen   **JA   NEIN**

**2. Lesen Die den Artikel aus DEUTSCHLAND
NACHRICHTEN, und beschreiben Sie in drei Sätzen die
Konjunktur der Autoindustrie im 1. Halbjahr von 1987.
Berücksichtigen (=consider) Sie dabei sowohl die Inlands-
als auch die Auslandsnachfrage.**

GLÄNZENDE DEUTSCHE
AUTO-HALBZEITBILANZ

Entgegen den eigenen *Erwartungen* kann die Autoindustrie für 1987 eine
glänzende Halbzeit-Bilanz präsentieren: Nach dem bisherigen Rekordjahr
1986 wurde die Auto-Produktion in den ersten sechs Monaten noch einmal
um zwei Prozent auf 2,307 Millionen Einheiten gesteigert. Die Auto-Nach-
frage ist seit April gewachsen und erreichte im Juni saisonbereinigt den
höchsten Bestell-Eingang, berichtete der Hauptgeschäfts führer des Verban-
des der Automobilindustrie, Achim Dickmann, in einem *dpa*-Gespräch. Im
1. Halbjahr 1987 ist demgegenüber die *Ausfuhr* von deutschen Autos um
vier Prozent auf 1,278 Millionen *Einheiten* zurückgegangen. Die USA
bleiben das wichtigste *Abnehmerland*: In den ersten fünf Monaten wurden
171 000 Autos vor allem der Nobelklasse geliefert. Das waren 13,6 Prozent
weniger als in der gleichen Zeit im vergangenen Jahr. Der Marktanteil
deutscher Autos in den USA lag mit 4,2 Prozent kaum unter dem Vorjahres-
niveau von 4,5 Prozent.

expectations
brilliant

Deutsche Presse Agentur
export
units
customer
(*lit.*: buyer country)

(22.7.87)

Herr Dr. Reichow

HÖREN UND VERSTEHEN

1. Hören Sie sich das 1. Tonband-Interview zu Kapitel IIA an.

VERSTÄNDNISHILFEN

zum Gespräch mit einem Unternehmensberater

Unternehmensberater	corporate consultant
Forschung	research
Raumakustik	space acoustics
Atomphysik	nuclear physics
Entwicklung	development
Erprobung	testing and evaluation
Unterwasserschallanlagen	sonar testing equipment
Marinewaffensysteme	navy weapon systems
Bereich	territory
Verantwortung	responsibility
Vertrieb	sales
Geschäftsführer	top manager
Qualitätswesen	quality control
verantwortlich zu zeichnen	to sign as the person responsible
man ... verfügt	one has at one's disposal
Vorbereitung	preparation
in diesem Umfang	to this extent

Dienstleistungsgesellschaft	society of services = a society whose biggest share of the GNP consists of services rendered
Bedarf	need
zugenommen	increased
unverkennbar	obvious
Stellenwert	place
des gehobenen Bedarfs	of the need for high quality products
machbar	achievable
ersetzen	replace
Dispositions- und Steuerungssysteme	planning and control systems
einsetzen	put in place
Wettbewerb	competition
kostengünstig produzieren	to produce at compatible cost
Handel	trade
Vorbildung	education and training
leugnen	deny
durchschnittlich	average
Arbeitslosenzahl	number of unemployed
Fachkräfte	skilled workers
entsprechend	corresponding
weisen eindeutig	show clearly
Schwerpunkte	highlights
angerissen	touched on
vertcufeln	think ill of
Leerlauf	running idle
es liegt viel zu viel Material rum	much too much material is lying around
bearbeitet	processed
Durchlaufszeiten	passing-through times = processing times
verkürzen	shorten, reduce
zwei Fliegen mit einer Klappe schlagen	kill two birds with one stone
reagieren	react
Zinsen	interest
Datenverarbeitung	data processing
abzusehen	to foresee
es lohnt sich	it pays off
geistig	mentally
Jahrzehnt	decade
ungeahnte Möglichkeiten	undreamt of possibilities
Kraftfahrzeugindustrie	auto industry
einen wesentlichen Anteil	a significant share
umweltverträglicher	more compatible with the environment
Qualitätssicherung	quality assurance
Qualitätskontrolle	quality control

gekennzeichnet	marked
eine führende Stellung	a leading position
sich errungen haben	have won
Erfolg	success
Kunde	customer
durchaus geneigt	very willing
in der Lage	able
seinen Wünschen voll entspricht	satisfies his wishes completely
Funktionssicherheit	functional safety
Befriedigung	satisfaction
gerechtermaßen	justifiedly
Leistungsmerkmale	performance data
sorgfältig	careful
Voraussetzung	prerequisite
Erziehungsaufgabe	educational goal
überlegen	superior
Anmerkung	footnote, remark
Germanisten	professors of German language and literature
die sie anzieht	which attracts them
konkurrenzfähig	competitive
bedeutend	significant
Ausbilder	training force
Lehrstellen	apprenticeship positions
unverzichtbar	indispensible
Ansprüche	demands
ausgeknautscht entwickelten Produkten	products developed perfectly in every way
kunsthandwerklich	with artistic craftsmanship
die sich den Preis leisten können	who can afford the price
besteht	exists
Dienstleister schlechthin	the performer of services, pure and simple
Schattenwirtschaft	shadow economy
Schwarzarbeit	moonlighting
geklagt	complained
prozentuale Anteile	percentage shares
werfen keine Steuer- und Sozialversicherungsbeiträge ab	do not yield taxes and social insurance contributions
nachlassen	will become less
hat sich verlangsamt	slowed down
versessen auf	intent on
angemessen	reasonable
wund	sore
spezialisiert	specialized
Beibehaltung	retention
Stilmerkmale	stylistic characteristics
restaurieren	restore
Rahmen	frame
ersetzt	replaced

Entwurf	design
Überbrückung	bridge over
vorgeschrieben	prescribed
Konstruktionszeichnungen	construction drawings
einmalig	unique
Neid	envy
Fähigkeiten	capabilities
gleichermaßen	equally
erleichtert	facilitates
Eintritt	entry
Berufssparte	professional line

Hören Sie sich das Gespräch zum zweiten Mal an und entscheiden Sie dann, ob die folgenden Aussagen darin gemacht werden:

1. Dr. Reichow war 1980–1986 Geschäftsführer der Firma Hagenuck im Bereich Produktion und Qualitätswesen. **JA NEIN**

2. Unsere Gesellschaft hat sich immer mehr zu einer Dienstleistungsgesellschaft hin entwickelt. **JA NEIN**

3. Die Produktion hat keine wichtige Rolle in der deutschen Wirtschaft mehr. **JA NEIN**

4. Wir müssen menschliche Arbeitskräfte durch maschinelle ersetzen, um kostengünstig produzieren zu können. **JA NEIN**

5. Die Industrie fühlt sich nicht mehr dafür verantwortlich, einer möglichst großen Anzahl von Menschen gute Arbeitsplätze zu beschaffen. **JA NEIN**

6. Trotz hoher Arbeitslosenzahl ist es z.Zt. schwierig, bestimmte hochqualifizierte Fachkräfte auf dem Markt zu finden. **JA NEIN**

7. Viele Arbeitslose sind nicht ausreichend qualifiziert. **JA NEIN**

8. Dr. Reichow findet, daß der Roboter keine Hilfe für uns ist. **JA NEIN**

9. Seiner Meinung nach müssen die Durchlaufszeiten in der Produktion drastisch verkürzt werden. **JA NEIN**

10. Schwerpunkte in der deutschen Industrie liegen in der Chemie und in Textilwaren. **JA NEIN**

11. Es lohnt sich, in Mikroelektronik zu investieren. **JA NEIN**

12. Kraftfahrzeuge müssen umweltfreundlicher gemacht werden. **JA NEIN**

13. Die Japaner haben sich nur wegen der billigeren Preise eine führende Stellung auf dem Weltmarkt errungen. **JA NEIN**

14. Für viele Kunden ist die Qualität der Ware wichtiger als der Preis. **JA NEIN**

15. Qualitätssicherung setzt einen hohen Grad der Eigenverantwortung am gesamten Erfolg eines Produktionsunternehmens bei jedem Mitarbeiter voraus. **JA NEIN**

16. Das Handwerk hat keine wichtige Rolle mehr in der deutschen Gesellschaft. **JA NEIN**

17. Das Handwerk stellt die meisten Lehrstellen zur Verfügung (= *makes available*).   JA   NEIN

18. Es besteht kein Markt für kunsthandwerkliche Produkte.   JA   NEIN

19. Das Handwerk sorgt für die Wartung und Reparatur von industriell hergestellten Gütern.   JA   NEIN

20. Es ist oft schwer, qualifizierte Fachkräfte auf dem Arbeitsmarkt zu finden.   JA   NEIN

21. Die meisten Arbeitslosen haben keine Ausbildung.   JA   NEIN

22. Heute findet man wieder leichter Handwerker für Reparaturen, weil sich das Baugeschäft verlangsamt hat.   JA   NEIN

23. Viele Länder bilden ihre Handwerker so gründlich aus wie die Deutschen.   JA   NEIN

24. Eine gründliche Handwerkslehre erleichtert einem den Eintritt in jede andere Berufssparte.   JA   NEIN

Hören Sie sich das Interview zum dritten Mal an, und vervollständigen Sie dabei die folgenden Notizen:

Name des Gesprächspartners:

Ausbildung:

Arbeitserfahrung: 30 Jahre Industrie

1.
2.
3.
4.

Gegenwärtige Position: _____

Die Produktion muß rationalisiert werden durch

	Einsetzen von Dispositions- und Steurungssystemen

Zur hohen Arbeitslosigkeit: Es ist trotzdem schwierig, _____ auf dem Markt zu finden. Die meisten Arbeitslosen sind nicht _____.

Zurück zur Produktion: Man kann schneller auf die Bedürfnisse des Marktes reagieren und Kosten bei der Produktion sparen, wenn _____.

Industriezweige mit Zukunft

Mikroelektronik	

Zur Qualitätssicherung der Produktion:

Führende Stellung der Japaner auf dem Weltmarkt durch

Billigere Preise	

Die Rolle des Handwerks ist immer noch wichtig.

Das Handwerk

ist der größte Ausbilder in der BRD		

Ein Spezialgebiet des Handwerks im Baubetrieb:

_____

Das Besondere an der deutschen Handwerksausbildung:

_____

Herr Westphal

Hören Sie sich das 2. Tonband-Interview zu Kapitel IIA an.

VERSTÄNDNISHILFEN

zum Gespräch mit einem Elektro-Installateur

Innungsmeister	guild master
Geselle	journeyman
Lehrling	apprentice
ausbilden	train
Konzession	license
um meinen Beruf auszuführen	to be active in my profession
Antrag	application

Energieversorgungsunternehmen	energy supply company
Genehmigung	permit
vorgeschrieben	prescribed
gründlich	thorough
Lehrgänge	courses
Lehrzeit	apprenticeship
Ausbildungswerkstatt	training workshop
für uns zuständigen	for our province
berechtigt	entitles
zugelassen	admitted
teilt ihn ein	assigns him
beauftragt	charges
Handwerkskammer	chamber of trades
Vater Staat	Uncle Sam
Zuschüsse	subsidies
Nachwuchs	new blood, recruits
betrifft das auch Ihr Fach?	does it concern your branch too?
Zulauf	influx
auserwählt	chosen
Klempner	plumber
verkannt	not realized
Aufträge	work orders
Anlagen	installations
Straßenbeleuchtungen	street lights
lukrativer	more lucrative
nach Aufwand	according to expenditure
den müssen Sie erst anbieten nach bestimmter Fragestellung	you have to make a bid first
schätzen	estimate
Pech	tough luck
technische Zeichnerin	draftsperson
einzigartig	unique
geopfert	sacrificed
Zwischenprüfungen	midterms
durchfallen	fail
darauf aufmerksam machen	point out
er schafft es nicht	he won't make it
Schwarzarbeit	moonlighting
Arbeitslose	the unemployed
dazu verdienen	make an extra buck
Vortrag	lecture
Auffassung	opinion

Hören Sie sich das Gespräch zum zweiten Mal an, und vervollständigen Sie dabei die Notizen.

Name des Gesprächspartners:

Beruf:

Sein Ausbildungsweg:

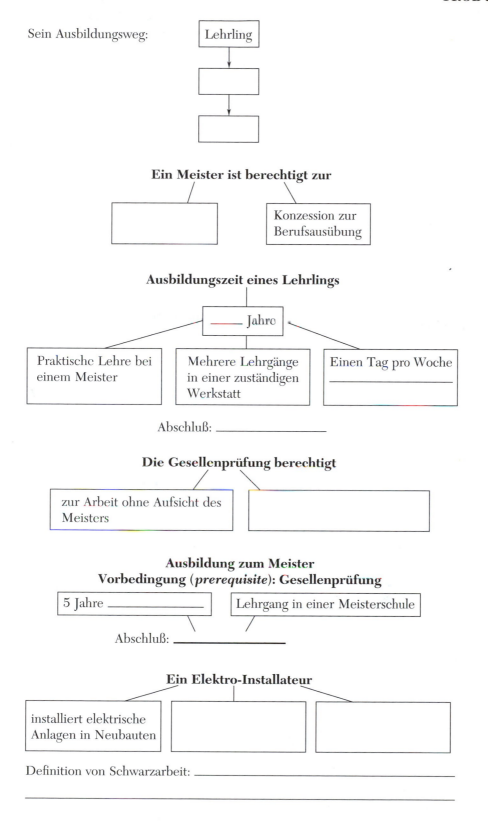

Lehrling

Ein Meister ist berechtigt zur

Konzession zur
Berufsausübung

Ausbildungszeit eines Lehrlings

_____ Jahre

Praktische Lehre bei
einem Meister

Mehrere Lehrgänge
in einer zuständigen
Werkstatt

Einen Tag pro Woche
_____

Abschluß: _____

Die Gesellenprüfung berechtigt

zur Arbeit ohne Aufsicht des
Meisters

Ausbildung zum Meister
Vorbedingung (*prerequisite*): Gesellenprüfung

5 Jahre _____

Lehrgang in einer Meisterschule

Abschluß: _____

Ein Elektro-Installateur

installiert elektrische
Anlagen in Neubauten

Definition von Schwarzarbeit: _____

_____

Hören Sie sich das Gespräch zum dritten Mal an, und beantworten Sie dann die Fragen:

1. Wie lange dauert die Lehrlingszeit in der Elektrobranche?
2. Welche Prüfung muß am Ende der Lehrlingszeit bestanden werden?
3. Wozu berechtigt einen die Gesellenprüfung?
4. Welche Voraussetzungen muß ein Geselle erfüllen, um die Meisterprüfung zu machen?
5. Wozu berechtigt der Meisterbrief?
6. Warum, glaubt Herr Westphal, gibt es keine Probleme mit dem Nachwuchs im Elektrikerberuf?
7. Woher bekommt Herr Westphal die meisten Aufträge?
8. Was ist lukrativer: Installationen auf einem Neubau oder Reparaturen in fertigen Häusern zu machen?
9. Ist der Elektroberuf Tradition in Herrn Westphals Familie?
10. Wer macht Schwarzarbeit und aus welchen Gründen?
11. Warum gibt es bei Neubauten keine Schwarzarbeit?

B. LAND- UND FORSTWIRTSCHAFT

1 / Typisch für moderne Industrieländer ist der verhältnismäßig kleine Anteil von Land- und Forstwirtschaft an dem gesamten Brutto-Sozialprodukt. In der BRD machen sie zusammen nur knapp 1,3 Prozent der Brutto-Wertschöpfung aus, wobei die Landwirtschaft in den neuen Bundesländern eine größere Rolle spielt. Die Landwirte der alten Bundesländer produzieren über 70 Prozent des Eigenbedarfs, und die Landwirte der neuen Bundesländer deckten den Nahrungsmittelbedarf der Einwohner vor der Wiedervereinigung Deutschlands sogar vollständig.

Vierländer Bauernhaus bei Hamburg

2 / Durch die fast vollständige Mechanisierung der Landwirtschaft konnte die Produktion gesteigert werden, obwohl immer mehr Arbeitskräfte vom Lande weggingen und besser bezahlte Arbeitsplätze in den Städten suchten. Heute erzeugt ein Landwirt sieben mal so viel wie vor vierzig Jahren und hat–mit Schwankungen–zunehmend sein Einkommen verbessert. Aber in den letzten Jahren hat sich die Lage verschlechtert. Der Landwirt mußte mehr für *Dünger* fertilizer und den *Betriebsstoff* seiner Maschinen ausgeben, und die Preise der land- fuel wirtschaftlichen Erträge sind nicht entsprechend gestiegen. Das Gesamteinkommen der Landwirte ist aber meistens besser als die Statistiken vermuten lassen. 50 Prozent aller Landwirte betreiben Landwirtschaft nur noch als Nebenberuf, und fast alle anderen haben Nebeneinnahmen. Für die Bauern in Schleswig-Holstein trifft das aber nicht zu, weil es dort fast keine Möglichkeiten zu Nebenverdiensten gibt, wie im Interview zu diesem Kapitel erklärt wird.

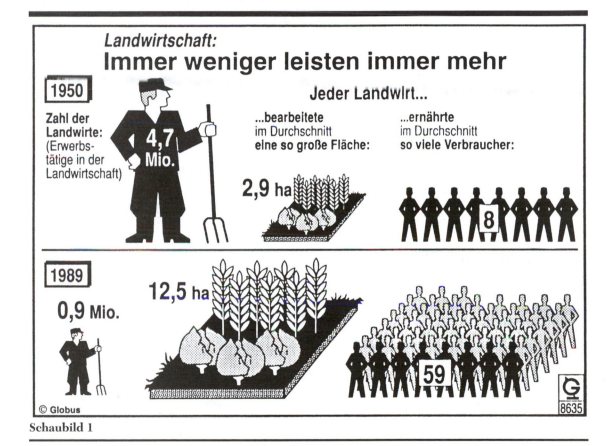

Schaubild 1

3 / Die Agrarpolitik der BRD hat es sich zum Ziel gemacht, daß das Einkommen der Landwirte und ihrer Arbeitskräfte dem Einkommen *vergleichbarer* Berufe comparable *angenähert* wird. Für die Agrarpreispolitik im Innen- und Außenhandel ist die approximated Bundesregierung nicht mehr zuständig, sondern die Europäische Wirtschaftsgemeinschaft (EWG), aber die Regierung hilft bei der Umstrukturierung von zu kleinen und *zersplitterten* Feldern, damit sie ergiebiger bewirtschaftet wer- splintered den können (= Agrarstruktur), sie fördert Erzeugergemeinschaften, die sich zur Selbsthilfe *zusammengeschlossen* haben, sie hilft bei der *Erneuerung* und united/renewal

Verschönerung von Dörfern, und sie zahlt einen Teil der *Sozialgelder*, die für die gesetzliche *Krankenversicherung*, für *Alters-* und *Waisenrenten* der Landbewohner nötig sind.

beautification/benefits/health insurance/social security/orphan benefits

Ländliche Szenen in Bayern

4 / Im Prozeß der *Anpassung* an die marktwirtschaftlichen Gesetze muß die Landwirtschaft in den neuen Bundesländern total umstrukturiert werden. Als 1945 dieser Teil Deutschlands unter kommunistisches Regime kam, wurden Bauern mit mehr als 1 000 Hektar Land *enteignet*, und der *Grundbesitz* wurde *verstaatlicht*. Vor der Wiedervereinigung bewirtschafteten Landwirtschaftliche Produktions-Genossenschaften 95% der *landwirtschaftlichen Nutzfläche* von 6,17 Millionen Hektar und erzeugten etwa 75% der tierischen Produktion. (Diese Bereiche waren in der Landwirtschaft der früheren DDR getrennt). Die restlichen 5% der Nutzfläche wurden von privaten Bauern bewirtschaftet. Inzwischen sind viele Genossenschaften der kommunistischen Form aufgelöst worden. Das Land ist in landwirtschaftlichen Privatbesitz übergegangen oder als *Boden* für industrielle Betriebe verkauft worden. Wie die Industrie hatte die Landwirtschaft mehr Angestellte als ihre Erzeugnisse rechtfertigten. Mit dem Fall der Mauer begann die Konkurrenz mit dem Westen, der *Einbruch* der Preise, und der *Absatzstau* wurde vorübergehend durch die Bevorzugung der westlichen Produkte durch die neuen Bundesbürger noch verschlimmert. Die Folge war großer *Abbau* von Arbeitskräften. Länder mit *vorwiegend* landwirtschaftlicher Struktur, wie Mecklenburg-Vorpommern und Brandenburg, sind davon besonders schwer betroffen.

adjustment

dispossessed/property/nationalized

farmland

real estate

collapse

slump in sales

reduction/predominantly

Landwirtschaft und Technik

5 / Ein USA-Farmer besitzt im Durchschnitt eine *Fläche* von hundertsiebenund-   acreage
zwanzig Hektar, und ein deutscher Bauer nur vierzehn. Der in den USA
gefährdete Bauernstand ist auch in Deutschland problematisch geworden. Es   endangered
gibt schon seit Jahren heftige Debatten um die staatliche Subvention der
Landwirtschaft, die den Steuerzahler ungeheure Summen kosten. Die einen
drängen, daß der landwirtschaftliche Sektor sich endlich dem freimarktwirt-   urge
schaftlichen Prinzip anpassen müsse. Das heißt, daß das *Überangebot* land-   oversupply
wirtschaftlicher Produkte *in Einklang* mit der Nachfrage gebracht werden   unison
müsse, und das heißt, daß nur *rentable* landwirtschaftliche Großbetriebe über-   profitable
leben können. Die anderen behaupten, daß die Regierung viel mehr helfen
müsse, daß der bäuerliche Familienbetrieb um jeden Preis erhalten bleiben
müsse. Der Bauer *sei unser Ernährer*. Er *schütze* Landschaft und Umwelt. Die   feeds us/protects
Gegner nennen das "Bauernromantik".

6 / Der Agrarpolitik wird der Vorwurf gemacht, daß sie durch *Preisstützungen* und   price subsidies
Preisgarantien die Überproduktion *angekurbelt* und den Bauern falsche Signale   cranked up
gegeben habe. Schaubild 1 zeigt den Versuch einer neuen Lösung. Statt den
Verkaufspreis der Agrarprodukte *künstlich* hochzuhalten, bekommen die Land-   artificially
wirte direkte Einkommenshilfen vom Staat. So sollen die ungeheuren Überschüsse abgebaut werden.

7 / In welchen Staaten der BRD am meisten Landwirtschaft getrieben und was
hauptsächlich angebaut und gezüchtet wird, ist schon in Kapitel 1 über Wirtschaftsgeographie erwähnt worden.

8 / Die Deutschen lieben ihre Wälder. Am 8. Mai 1975 ist ein „Gesetz zur Erhaltung des Waldes und zur *Förderung* der Forstwirtschaft" *in Kraft getreten*.   promotion/enacted
Das deutsche Bundesgebiet ist zu 29 Prozent mit Wäldern bedeckt, aber nach
einem Bericht in den Deutschland Nachrichten vom 20. November 1992 sind

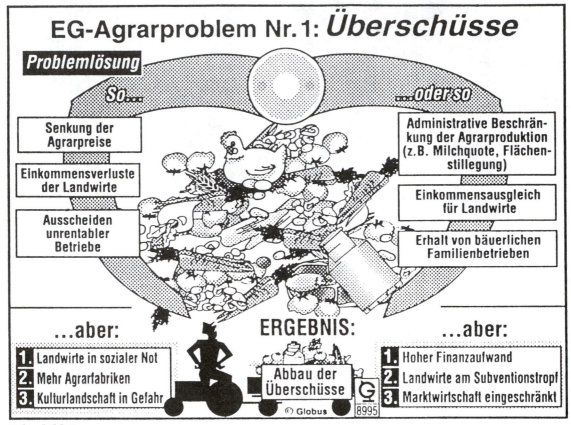

EG-Agrarproblem Nr. 1: *Überschüsse*

Problemlösung

So... ...*oder so*

Senkung der Agrarpreise

Einkommensverluste der Landwirte

Ausscheiden unrentabler Betriebe

Administrative Beschränkung der Agrarproduktion (z.B. Milchquote, Flächenstillegung)

Einkommensausgleich für Landwirte

Erhalt von bäuerlichen Familienbetrieben

...aber:

1. Landwirte in sozialer Not
2. Mehr Agrarfabriken
3. Kulturlandschaft in Gefahr

ERGEBNIS:

Abbau der Überschüsse

© Globus 8995

...aber:

1. Hoher Finanzaufwand
2. Landwirte am Subventionstropf
3. Marktwirtschaft eingeschränkt

Schaubild 2

nur noch 32% der Bäume ganz ohne Schäden. 27% Prozent der Bäume sind durch *Säureregen* und andere *Luftschadstoffe* wie auch die extreme Trockenheit und die *Spätfolgen* der Sturmschäden des Jahres 1990 deutlich geschädigt, und weitere 41% zeigten bereits schwache *Schädigungen*. Die am stärksten betroffene *Baumart* sei die *Buche* mit 38 Prozent, gefolgt von der *Eiche* mit 32 sowie der *Fichte* und der *Kiefer* mit jeweils 24 Prozent.

acid rain/air pollution
late results
damage
tree species/beech/oak
spruce/pine

9 / Mit den deutschen Wäldern wird nur ein geringer Prozentsatz des Bedarfs an Holz als *Heizungs-* und *Rohmaterial* gedeckt. Sie dienen den Deutschen hauptsächlich zur Erholung und werden auch geschont und gepflegt, weil sie günstig auf Boden, Luft und Klima wirken und darum wichtig für die Umwelt sind.

heating/raw material

WORTSCHATZ

1 / die Landwirtschaft   agriculture
die Forstwirtschaft   forestry
verhältnismäßig   relative(ly)
ausmachen   to add up
produzieren   to produce

der Landwirt, -e = Bauer, -n	farmer
der Bedarf	need
vollständig	complete(ly)
2 / die Mechanisierung	mechanization
die Produktion	production
steigern	to increase
die Arbeitskraft, ̈e	hand, laborer
das Einkommen	income
verbessern	to improve
die Lage, -n	situation
verschlechtern	to get worse
ausgeben (i), a, e	to spend
der Ertrag, ̈e	gain, proceeds
steigen, ie, ie	to climb, go up
Gesamt-	total
vermuten	to assume, suspect
der Nebenberuf, -e	additional occupation
die Nebeneinnahme, -n	side income
zutreffen (i), a, o	to be true
3 / das Ziel, -e	goal
der Innenhandel	domestic trade
der Außenhandel	foreign trade
zuständig	responsible, in charge
das Feld, -er	field
ergiebig	productive
bewirtschaften	to work (a farm), manage
fördern	to support, promote
die Gemeinschaft, -en	association
gesetzlich	legal, by law
die Krankenversicherung, -en	health insurance
4 / das Gesetz, -e	law
tierisch	(pertaining to) animal
trennen	to separate
rechtfertigen	to justify
die Bevorzugung, -en	preference; preferential treatment
betroffen	hit
5 / besitzen, besaß, besessen	to own
der Durchschnitt, -e	average
im Durchschnitt	on average
die Debatte, -n	debate
die Subvention, -en	subsidy
der Steuerzahler, -	tax payer
die Summe, -n	sum, amount
das Prinzip, -ien	principle
anpassen	to adjust
die Nachfrage, -n	demand
überleben	to survive
behaupten	to claim
um jeden Preis	at any price
die Umwelt	environment

6 / einen Vorwurf machen — to reproach, criticize
die Lösung, -en — solution
der Überschuß, -̈sse — surplus
abbauen — to reduce
8 / die Erhaltung, -en — preservation; conservation
bedecken — to cover
der Schaden, -̈ — damage
die Trockenheit — dryness
schädigen — to damage
9 / gering — small
der Prozentsatz, -̈e — percentage
dienen — to serve
schonen — to take good care of, spare
pflegen — to take care of; to nurse
günstig — favorable; reasonable, inexpensive
der Boden — here: soil
das Klima, -s — climate

WORTSCHATZ ERWEITERN

1. Vervollständigen Sie die Sätze. / FILE # WE2B1

1 / 1. Die deutschen Landwirte _____ über 70 Prozent von Deutschlands Nahrungsmittelbedarf. (*produce*)

2 / 2. Durch die Mechanisierung der Landwirtschaft konnte die Produktion _____ werden. (*increased*)

3. In den letzten Jahren hat sich die Lage _____. (*become worse*)

4. Die Preise der landwirtschaftlichen Erträge sind nicht entsprechend _____. (*gone up*)

5. Viele Landwirte haben heute noch ein _____. (*side income*)

3 / 6. Jetzt ist die EG für die Agrarpreispolitik _____. (*in charge*)

7. Die Regierung bezahlt einen Teil der gesetzlichen _____. (*health insurance*)

4 / 8. Jetzt müssen sich die neuen Bundesländer den marktwirtschaftlichen _____ anpassen. (*laws*)

9. Die Landwirtschaft hatte mehr Angestellte als ihre Produktion _____. (*justified*)

10. Von dem Abbau landwirtschaftlicher Arbeitskräfte sind Mecklenburg-Vorpommern und Brandenburg besonders _____. (*hit*)

5 / 11. Ein US Farmer _____ im Durchschnitt mehr Land als ein deutscher Bauer. (*possesses*)

12. Es gibt schon seit Jahren heftige _____ um staatliche Subventionen der Landwirtschaft. (*debates*)

13. Der bäuerliche Familienbetrieb soll _____ erhalten bleiben. (*at any price*)

6 / 14. In Zukunft sollen nationale _____ für überlebensfähige Bauern erlaubt werden. (*subsidies*)

6 / 15. Vielleicht gibt es eine neue _____. (*solution*)

16. Durch direkte Einkommenshilfen vom Staat sollen die großen _____ abgebaut werden. (*surplus*, pl.)

8 / 17. Im Jahre 1975 ist ein „Gesetz zur Erhaltung des _____ und zur Förderung der Forstwirtschaft" in Kraft getreten. (*forest*)

18. Säureregen und extreme Trockenheit haben die Wälder _____. (*damaged*)

19. Nur ein _____ _____ des Holzbedarfs wird aus deutschen Wäldern gedeckt. (*small percentage*)

20. Die Wälder _____ den Deutschen hauptsächlich zur Erholung. (*serve*)

2. Verwandte Wörter. Merken Sie sich die geringen Abweichungen vom Englischen wie auch ihr grammatisches Geschlecht. Machen Sie mit jedem Wort einen einfachen Satz.

Nomen	Adjektive	Verben
Einkommen	problematisch	produzieren
Klima		
Maschine		
Material		
Mechanisierung		
Politik		
Preisgarantie		
Prinzip		
Produktion		
Prozent		
Romantik		
Signal		
Summe		

3. Suchen Sie auf der Liste zu jedem Wort ein anderes Wort von ähnlicher Bedeutung.

Arbeiter	ergiebig	ausgeben
Arbeitskraft	ertragreich	ausmachen
Beihilfe	ganz	besitzen
Debatte	vollständig	bezahlen

Diskussion	ergeben
Subvention	fördern
	haben
	pflegen
	schonen
	steigern
	unterstützen
	vermehren
	verschlechtern
	verschlimmern

INFORMATION ERARBEITEN

1. Geben Sie für jede Aussage die Nummer des Paragraphen an, in dem die entsprechende Information zu finden ist.

1. Die Bundesregierung ist nicht mehr für die Agrarpreispolitik zuständig.
2. Die landwirtschaftliche Produktion konnte trotz Abwanderung (*migration*) vieler Arbeitskräfte in die Städte gesteigert werden.
3. Für viele ist Landwirtschaft nur noch ein Nebenberuf.
4. Wälder sind für die Umwelt wichtig.
5. Die Bundesregierung zahlt einen Teil der Sozialgelder für die Landbewohner.
6. Die Subvention der Landwirtschaft kostet den Steuerzahler enorme Summen.
7. Die Landwirtschaft in den neuen Bundesländern muß den marktwirtschaftlichen Gesetzen angepaßt werden.
8. In den letzten Jahren sind Dünger und Betriebstoff teurer geworden.
9. Viele Landwirte haben sich in Erzeugergemeinschaften zur Selbsthilfe zusammengeschlossen.
10. Säureregen und andere Schadstoffe zerstören viele Wälder in Deutschland.

2. Beantworten Sie die Fragen.

1 / 1. Warum spielt die Landwirtschaft in Deutschland eine große Rolle?
2 / 2. Wie kommt es, daß heute weniger Landleute mehr produzieren als vor dreißig Jahren?
   3. Warum haben viele Landleute Ackerbau und Viehzucht aufgegeben?
   4. Womit hat sich in den letzten Jahren die Lage für den Landwirt verschlechtert?
   5. Wie verbessern viele Landleute ihr Einkommen?
3 / 6. Wer ist heute für die Agrarpreispolitik zuständig?
   7. Wie hilft die Bundesregierung den Landleuten?
4 / 8. Warum muß die Landwirtschaft in den neuen Bundesländern total umstrukturiert werden?
5 / 9. Über welches Thema gibt es heftige Debatten?
   10. Warum sollen die Bauern weniger produzieren?

11. Weshalb soll der bäuerliche Familienbetrieb um jeden Preis erhalten bleiben?
6 / 12. Welcher Vorwurf wird der Agrarpolitik gemacht?
8 / 13. Wieviel Wald gibt es in Deutschland?
9 / 14. Wozu dienen die Wälder den Deutschen hauptsächlich?
15. Warum müssen Wälder geschont und gepflegt werden?

KORREKTES SCHREIBEN

1. Folgen Sie bei der Übersetzung dem Muster: / FILE # KS2B1

Die Preise sind nicht entsprechend gestiegen.

1. Their income did not improve accordingly.
2. He was not paid appropriately.
3. The merchandise was appropriately less expensive.

Deutschland ist für die Agrarpreispolitik nicht mehr zuständig.

4. We are no longer in charge of the customer service.
5. This office is no longer in charge.
6. They are no longer in charge of the transportation of the goods.

Die Wälder dienen den Deutschen hauptsächlich zur Erholung.

7. (The) fertilizer helps the farmers increase their crops.
8. (The) health insurance help us pay the hospital bills.
9. The new law helps people preserve the woods.

2. Übersetzen Sie. / FILE # KS2B2

1. Agriculture has a relatively small share in the GNP of modern industrial countries.
2. Because of the mechanization of (the) agriculture, the farmers have greater proceeds.
3. Many farmers have an additional occupation and a side income.
4. The government helps with the payment of the health insurance.
5. Fierce debates are going on about state subsidies of agriculture.
6. The farmer protects the environment.
7. Forestry has a relatively small share in the German economy.
8. The woods are important for the soil and the climate.

SPRECHEN

1. Gespräch zu zweit oder zu dritt.

Diskutieren Sie Schaubild 2 und schreiben Sie dann Ihre Vorschläge zur Lösung des Problems auf, z.B.: ST 1: "Ich bin für ..." ST 2: "Die Agrarpreise müssen ..." ST 3: „Ja, aber dann ..." Berichten Sie Ihre Vorschläge zur weiteren Diskussion der Klasse.

2. Zu zweit.

Bereiten Sie ein kurzes Gespräch vor, das Sie dann vor der Klasse halten: Ein(e) Tourist(in) aus dem Ausland befragt eine(n) Deutsche(n) über die deutsche Landwirtschaft. Er/sie möchte wissen, wieviel die Landwirtschaft zur deutschen Wirtschaft beiträgt, was für Probleme akut sind, wie der kleine Landwirt überlebt, wie hoch die Löhne sind im Vergleich zu anderen Berufen und was der Staat tut, um den Bauern zu helfen.

3. Zu zweit.

Riding the train through Germany, you just made an acquaintance. You are astounded about the many woods you are seeing. You have always heard that Germany was overpopulated. So you express your surprise and ask the German all kinds of questions: How extensive are the wooded areas? What are the trees mainly used for? Fuel or raw material for furniture? Who protects them etc. You are in luck. The German is very knowledgeable and talkative and also worried about the sick and dying forests.

LESEN UND VERSTEHEN

Lesen Sie den Artikel aus der FRANKFURTER ALLGEMEINEN ZEITUNG und entscheiden Sie dann, ob die im Anschluß daran gedruckten Aussagen darin gemacht werden oder nicht.

DREI OSTEREIER FÜR DIE EUROPÄISCHEN BAUERN*

Hilfen für die kleinen Landwirte / Nationale Subventionen nun möglich

Von Peter Hort

BRÜSSEL, 15. April. Die *vielgescholtene* Brüsseler FG-Kommission hat Europas Landwirten wenige Tage vor Ostern gleich drei Eier ins Nest gelegt, die besonders die Bauern in der Bundesrepublik aus ihrem *Schmollwinkel* herausholen sollen. Das erste Ei enthält Einkommensbeihilfen für ärmere Bauern, die aus der *Gemeinschaftskasse* bezahlt werden, das zweite ist mit *Prämien* für „Frührentner" gefüllt. Das dritte *schließlich* öffnet den *Mitgliedsregierungen* die Möglichkeit, nationale Beihilfen für ihren *notleidenden Nährstand* zu zahlen. Damit das dritte Osterei auch richtig *gewürdigt* werde, rückte Landwirtschaftskommissar Franz Andriessen den Beschluß der Kommission in ein vorösterliches Licht: „In dieser Woche, die zur *Auferstehung*

often chided

sulking-corner

*EG-budget
bonuses/early retirees/
finally/governments
of EG-member states/
suffering/nourishing
class = farmers/
appreciated*

°FAZ 16. April 1987

des Herrn führt, *hat* die Kommission *diesen weitreichenden Beschluß gefaßt.''*

Die Details der neuen *Regelung* müssen zwar noch geprüft werden, doch über eines *herrscht schon Klarheit:* Die *vorgeschene Ermächtigung* der nationalen Regierungen, nach eigenen Kriterien direkte Subventionen an *„überlebensfähige''* Bauern zu zahlen, ist eine kleine Revolution. Etwas Vergleichbares hat es, seit es die gemeinsame Agrarpolitik gibt, nicht gegeben, und manche sehen in diesem Schritt die beginnende Re-Nationalisierung (oder zumindest die Regionalisierung) der inzwischen unbezahlbar gewordenen EG-Agrarpolitik. Und auch darüber herrscht Klarheit: Dieses Osterei gilt besonders den Deutschen, die mehr nationale Hilfen für ihre *aufgebrachten* Bauern schon seit längerem zahlen wollen.

Trotz allem ist der *Zorn* der deutschen Bauern über die restriktiven *Preisvorschläge* und die vorgesehene *Abschaffung* des *Grenzausgleichs* noch nicht *verraucht,* noch ist Minister Ignaz Kiechle mit den Brüsseler „Eurokraten'' nicht *im reinen.* Dennoch könnten die neuen Beschlüsse zur *Entspannung* des Verhältnisses beitragen, denn sie sollen den kleinen bäuerlichen Familienbetrieb–der den Deutschen so am Herzen liegt—nicht nur als Produktionsbetrieb, sondern auch als ökologisches Unternehmen *im Dienste* des Landschafts- und *Umweltschutzes* sichern.

Für die kleineren EG-Länder ist freilich das erste Ei gedacht, das Einkommensbeihilfen aus der Gemeinschaftskasse *vorsieht.* Vier Förderstufen sind geplant: *Je nach Bedürftigkeit* können die Regierungen *auf* Brüsseler Hilfen von 70 Prozent (Portugal, Irland), 45 Prozent, 20 Prozent und 10 Prozent *rechnen;* den Rest müssen sie selbst *beisteuern.* Daß die Deutschen als reiches Land aus diesem „Topf'' *lediglich* 10 Prozent erhalten, soll ein Zeichen der höheren, *ausgleichenden Gerechtigkeit* sein. Denn alle erwarten, daß die „reichen Deutschen'' mehr als andere von den nationalen Beihilfen Gebrauch machen. Schließlich soll auch das „Frührentner-Programm'' die Bonner *besänftigen:* Landwirte im Alter von 55 bis 65 Jahren sollen eine *vorzeitige Rente* erhalten, wenn sie ihren Hof aufgeben, Felder an Nachbarhöfe *abtreten* oder Ackerland *aufforsten.* Die Kosten dieses Programms für die nächsten fünf Jahre werden auf mindestens 1,1 Milliarden DM geschätzt. Alle drei Maßnahmen zusammen werden den europäischen Steuerzahler, auf fünf Jahre verteilt, 5,2 Milliarden DM kosten.

Die von der Brüsseler Kommission beschlossenen zusätzlichen Einkommenshilfen für die Landwirtschaft sind vom Deutschen Bauernverband als reines Ablenkungsmanöver in der laufenden Agrarpreisrunde kritisiert worden. Den Bauern würde aus Brüssel Hilfe versprochen, damit sie die Politik des Preis- und Einkommensdrucks schlucken sollten. Diese Politik der Kommission führe aber zur Vernichtung bäuerlicher Familienbetriebe.   K.B.

1. Nach einem Beschluß der EG-Kommission sollen in Zukunft aus der Gemeinschaftskasse Einkommenshilfen für ärmere Bauern gezahlt werden   **JA   NEIN**
2. Frührentner sollen nicht belohnt (= *rewarded*) werden.   **JA   NEIN**

Margin glossary:

resurrection
made this farreaching decision
ruling
is clear/stipulated authorization
capable of survival

angry

anger/price proposals

repeal/adjustment at the borders
blown over
reconciled/easing

in the service
environmental protection

stipulates
according to need

count on/contribute
only
compensating justice

placate/early retirement

transfer/afforest

3. Nationale Regierungen dürfen in Zukunft ihren notleidenden Bauern Beihilfen geben.   **JA   NEIN**
4. Direkte Subventionen waren seit der gemeinsamen
   Agrarpolitik der EG bisher nicht erlaubt gewesen. **JA   NEIN**
5. Die Deutschen sind gegen nationale Hilfen der Bauern. **JA   NEIN**
6. Die neuen Beschlüsse sollen den kleinen bäuerlichen
   Familienbetrieb sichern.   **JA   NEIN**
7. Die kleineren EG-Länder erhalten weniger Beihilfen aus
   der Gemeinschaftskasse als die großen.   **JA   NEIN**
8. Alle Landwirte im Alter von 55 bis 65 sollen eine vorzeitige Rente erhalten.   **JA   NEIN**
9. Der europäische Steuerzahler muß die Kosten tragen. **JA   NEIN**

HÖREN UND VERSTEHEN

Hören Sie sich das Tonband-Interview zu Kapitel IIB an.

Herr Honnens

VERSTÄNDNISHILFEN

Zum Gespräch mit einem Landwirt

Heuernte	harvest (of hay)
es hat nicht geklappt	it did not work
verregnet	spoiled by rain
Wintergerste	winter barley
dreschen	thresh
Raps	turnip seeds
Getreide	grain
Kornfeuchte	water contents of the grain

allerhand	all kinds of things
am meisten zieht	is most effective
Kiechle	presently minister of agriculture
zugestimmt	agreed
Währungsausgleich	currency adjustment
vollkommen abzubauen	to do away with completely
aufgewertet	revaluated, appreciated
bekommen ihr Schärfchen dazu	get an extra bonus
Grenze	border
Preiserhöhungen	price increases
gesenkt	lowered
Maßnahme	measure
den Einstieg in den totalen Währungsausgleichsaubbau	starting the total removal of the currency adjustment
Spitzenposition	top position
Schlußlicht	bottom
dauernde	continuous
Beiträge	dues
gemeinsam	in common
Außenpolitik	foreign policy
sparen	to save
verwirklicht	realized
abfällt	loses in value
in vollem Umfang	to its full extent
zurückgeschraubt	reduced
beschnitten	pruned
sich erst mal durchringen könnten	could make up their minds
Familienbetrieb	family enterprise
überwiegend	predominantly
Vollerwerbsbetriebe	full-time operations
Nebenerwerbsbetriebe	part-time operations
Hauptarbeitgeber	leading employer
Bundeswehr	army
ausbaufähig	capable of expansion
Erzeugergemeinschaft	producers' cooperative
Lohnunternehmer	paid contractors
die Arbeit verrichten	do the work
anteilig	proportionally
Bedienungspersonal	operating personnel
angewiesen auf	dependent on
Grassilo	silo grass
verrechnet	charged
ausgelastet	working to capacity

Hören Sie sich das Interview zum zweiten Mal an und entscheiden Sie dann, ob die folgenden Aussagen darin gemacht werden.

1. Das Wetter ist in diesem Jahr gut gewesen.   **JA   NEIN**
2. Die Getreideernte ist verregnet.   **JA   NEIN**
3. Getreide darf nur 9% Feuchtigkeit haben.   **JA   NEIN**

Feuchtigkeit	water contents
Werte	values, standards
kostspielig	costly
kostenaufwendig	costly
(Bauern)Hof	farm
überliefert	handed down
stöhnen	complain
gerechtfertigt	justified
ironischerweise	ironically
die Preise gedrückt werden	prices go down
bloß	only
Wahlen	elections
Überschüsse	surplus
die Weichen stellen	set the course
Sparten	branches
regeln	regulate
das läßt sich politisch nicht durchsetzen	that cannot succeed politically
weil die Wähler dann nicht zur Stange halten	because the voters won't support it
liefern	supply
von 15 bis 8.5 Prozent wurden einem abgezogen	one's quota was cut by 15 to 8.5 percent
ausgedehnt	expanded
spielte gar keine Rolle	did not matter at all
gekürzt	cut
ein harter Schlag	a hard blow
abgebaut	reduced
läßt sich verkraften	can be coped with
knapp	scarce
die Preise ziehen etwas an	prices are on their way up
Anlieferungen	supplies
saisonmäßig	seasonally
gering	small
Meiereien	dairies
Lieferverträge	delivery contracts
einzuhalten	to comply with
Konzern	trust
lagern	store, stock
Milchpulver	dry milk
Eiweißüberschuß	protein surplus
Magermilch	non-fat milk
da wagt sich keiner ran	nobody dares to do it
zurückgeschnitten	cut back
subventioniert	subsidizes
Kürzung	cutback
bestraft	penalized
die übergelieferte Milch	milk in excess of the quota
erstattet	compensated for
Regierung	government

4. Nachtrocknen ist kostenaufwendig. JA NEIN

5. Dieser Bauernhof ist schon lange in der Familie. JA NEIN

6. Herr Honnens ist traurig, daß bisher keine seiner drei Töchter den Hof übernehmen will. JA NEIN

7. Die Bauernhöfe produzieren nicht genug. JA NEIN

8. Die Politiker tun nicht das sachlich Richtige, weil sie keine Wähler verlieren wollen. JA NEIN

9. Herr Honnens findet es nicht gut, daß die Milch quotiert wurde. JA NEIN

10. Milch kann nur in Form von Pulver oder Butter gelagert werden. JA NEIN

11. Wer mehr als seine Milchquote lieferte, dem wurden 50 Pfennig pro Liter abgezogen. JA NEIN

12. Die Regierung wagt nicht zu tun, was bei den Wählern nicht populär ist. JA NEIN

13. Ein Drittel des EG-Budgets wird in die Landwirtschaft hineingesteckt. JA NEIN

14. Eine der schlimmsten Entscheidungen von Bonn war, den Währungsausgleich vollkommen abzubauen. JA NEIN

15. Je stärker die DM wird, desto besser ist das für die deutsche Landwirtschaft. JA NEIN

16. Die EG-Länder haben weder eine gemeinsame Außenpolitik noch eine gemeinsame Währungspolitik. JA NEIN

17. Die Politiker wissen selber noch nicht, was sie wollen. JA NEIN

18. In Schleswig-Holstein haben viele Landwirte Nebeneinnahmen. JA NEIN

19. Die Bundeswehr ist die einzige Alternative für Landwirte in Schleswig-Holstein. JA NEIN

20. Herr Honnens gehört einer Maschinengemeinschaft an. JA NEIN

21. Die meisten Schleswig-Holsteiner Landwirte lassen die Maschinenarbeit von Lohnunternehmern verrichten. JA NEIN

22. Bei Herrn Honnens macht der Nachbar die Maschinenarbeit. JA NEIN

Die Kumpel werden nach der Arbeit aus
1000 Meter Tiefe ans Tageslicht gebracht

C. BERGBAU UND ENERGIEPOLITIK

1 / Wenn vom deutschen Bergbau die Rede ist, handelt es sich eigentlich immer
nur um Kohle. Denn die heimische Kohle spielt eine entscheidende Rolle in
der Energieversorgung. 1991 waren rund 125 000 Bergarbeiter im vereinten
Deutschland beim Abbau von Steinkohle und Braunkohle beschäftigt (1960
waren es noch 497 000).

2 / Im Vergleich dazu spielen andere Bodenschätze wirtschaftlich keine große
Rolle. Unter den Metallerzen werden nur noch von den *Blei-Zink-Erzgruben*   lead-zinc-ore mines
im Harz und im Rheinischen Schiefergebirge ins Gewicht fallende Mengen
gefördert. Die *Roheisengewinnung* aus *Brauneisenerz* war früher in Deutsch-   extraction of raw iron/
  hematide
land weit verbreitet, aber seit Ende der fünfziger Jahre wurden viele *Hütten*   ironworks
geschlossen, weil weltweit *eisenreiche Lagerstätten* erschlossen wurden, die fast   iron-rich deposits

ausschließlich im billigeren *Tagebau* abgebaut werden konnten. Sonst noch nennenswert ist die *Torfe*gewinnung aus norddeutschen Mooren. Der Torf wird als *Brennstoff* und vor allen Dingen als Mittel zur Verbesserung des Bodens gebraucht. Knapp 20 Prozent des Torfs werden ausgeführt, besonders an die Schweiz, an Frankreich und Italien. Es gibt viele *Kali-* und *Steinsalzbergwerke* über Deutschland verstreut. Die westdeutsche Kaliindustrie stellt aus Kalium das weltweit verwendete *Düngemittel* Kali her und ist mit 10 Prozent am Weltkaliexport beteiligt. Aus Steinsalz wird *Siedesalz* hergestellt, das früher hauptsächlich als Speisesalz verbraucht wurde und jetzt auch zunehmend Absatz in der chemischen Industrie findet.

3 / Seit Jahren gibt es in den deutschen Zeitungen *heftige* Debatten um die deutsche Kohle. Seit 1961 wird sie vom Staat subventioniert, um mit dem *Schweröl* und der billigen Einfuhrkohle konkurrenzfähig zu bleiben. Damals gab es dafür zwei Gründe: die deutsche Kohle als die einzig sichere nationale Energiequelle zu schützen und um den Bergarbeitern ihren Arbeitsplatz zu erhalten. Man erwartete auch, besonders seit der Energiekrise 1973/4, eine Art Renaissance der Kohle: sie würde allmählich Heizöl und Erdgas wieder ersetzen. Aber das geschah weniger als erwartet. Die Umstellung auf Kohle erwies sich als sehr teuer und erforderte hohe Investitionen, und die Kohle hat den Nachteil, daß sie nicht so sauber im Verbrauch ist. Stattdessen setzte eine andere nicht vorausgesehene Entwicklung ein: der Stromverbrauch ging durch Energie-*Sparmaßnahmen* wie durch eine weltweite Konjunkturflaute zurück. Mit der deutschen Stahlkrise, die durch diese Marktflaute (= Rezession) wie durch innere Strukturprobleme verurscht war, kam es zur Kohlenkrise. Die Stahlindustrie war neben den *Elektrizitätswerken* Hauptabnehmer der deutschen Kohle gewesen. Ende April 1983 waren die Kohlenreserven zu riesigen *Halden* angewachsen, weil nur 90% der Bergbauerzeugnisse Absatz fanden.

4 / Niemand unter den Politikern bestreitet die wichtige Rolle der Kohle in der deutschen Energie*versorgung*. Natürlich ist sie den Revierländern in der Rheinland-Pfalz und dem Saarland, Brandenburg, Sachsen und Sachsen-Anhalt wichtiger als revierfernen Ländern wie z.B. Schleswig-Holstein im Norden und Bayern im Süden, die stattdessen den wachsenden Anteil der billigeren Kernenergie gesichert sehen wollen. (Die Kernkraftwerke in Ostdeutschland sind stillgelegt worden).

5 / Die Regierung in Bonn hat ein klares Konzept für ihre Energiepolitik. Deutschland soll von ausländischen Energiequellen so weit wie möglich unabhängig sein. „*Versorgungssicherheit, Wirtschaftlichkeit, Umweltverträglichkeit* und *Ressourcenschonung* bleiben auch in Zukunft *unverzichtbare* und *gleichrangige* Ziele der Energiepolitik" (*Energiepolitik für das vereinte Deutschland.* Bundesministerium für Wirtschaft, März 1992)

6 / Deutschland deckt die Hälfte seines Energieverbrauchs, davon 90 Prozent der Elektrizität, aus eigenen Quellen: Steinkohle, Braunkohle, hydroelektrische Energie und Atomenergie. Die andere Hälfte muß eingeführt werden. Den größten Anteil am Energieverbrauch (35,8%) stellte 1990 Öl, hauptsächlich Heizöl, das zu 30 Prozent von der Nordsee, zu 50 Prozent von den OPEC-Ländern und zu 8 Prozent von der früheren Sovietunion eingeführt wurde.

Umweltbewußtes Deutschland: Hier eine Sammelstelle für Glas

Sammelstellen für Altpapier und Glas gehören zum deutschen
Straßenbild

7 / Der nächstgrößte Energie*träger* war die Braunkohle mit 21,1 Prozent, wovon der größte Anteil in der früheren DDR *verheizt* und in Form von Elektrizität verbraucht wurde. Der Abbau der Braunkohle soll aber zunehmend reduziert werden, weil er zu großen *Umweltbelastungen* geführt hat. Fachleute schätzen, daß das *Förderungsziel* in Zukunft etwa 150 Millionen Tonnen pro Jahr betragen wird (1988 waren es noch 310 Millionen Tonnen), wobei hauptsächlich die *schwefelärmere* Kohle im Lausitzer Revier (Cottbusser Raum) abgebaut werden soll. Daneben sollen im Raum Halle, Leipzig und Bitterfeld zwischen 25 und 50 Millionen Tonnen Braunkohle gefördert werden.

supplier
used as heating fuel

pollution
targeted output

with less sulphur

8 / Erdgas war die zweitwichtigste Energiequelle der alten Bundesländer. Sein Anteil im vereinten Deutschland war 1990 15,6 Prozent, und die neuen Bundesländer sollen so schnell wie möglich an die *Erdgasnetze* der alten Bundesländer und EG-Staaten *angeschlossen* werden.

gas pipelines
connected

9 / Der Anteil der Steinkohle am Energieverbrauch war mit 15,5 Prozent fast so groß wie der des Erdgases. Seit dem Preisverfall des Öls ist die Subvention der Kohle besonders teuer geworden. Die Regierung hat 1980 mit 44 Elektrizitätswerken einen Vertrag abgeschlossen, der ihnen verspricht, die Kohle zum Marktpreis des *Schweröls* zu bekommen. Dieser sogenannte Kohlepfennig, der die Differenz zu den realen Kosten der Kohle beträgt, ist inzwischen so gestiegen, daß der Stromverbraucher ihn nicht mehr allein tragen kann. Also muß die Regierung, d.h. der Steuerzahler, auch dafür noch aufkommen.

crude oil

10 / Der Anteil der Atomenergie oder Kernkraft an der Energieversorgung ist in den letzten Jahren gewachsen und liegt bei 10 Prozent. Viele Bürger sind gegen Atomenergie, zumal es noch keine sichere *Atommüllversorgung* gibt, aber die Regierung glaubt nicht, auf Atomenergie verzichten zu können, weil sie billig und sauber ist.–Wasserkraftwerke tragen 2 Prozent zur Engergieversorgung bei.

storage of radio-active waste

WORTSCHATZ

1 / der Bergbau — mining
es handelt sich um ... — it is about ...
heimisch — native
die Kohle, -n — coal
die Energie, -n — energy
die Versorgung, -en — supply
der Bergarbeiter, - — miner
die Steinkohle — pit-coal
die Braunkohle — soft coal, lignite
2 / im Vergleich dazu — by comparison
die Bodenschätze, *pl.* — natural resources

wirtschaftlich	economic(ally)
das Metall, -e	metal
das Erz, -e	ore
das Gewicht, -e	weight; importance
ins Gewicht fallen	to carry weight, be important
die Gewinnung	production, output, extraction
erschließen, o, o	to open up, develop
ausschließlich	exclusively
abbauen	here: to mine; reduce
nennenswert	worth mentioning
ausführen	to export
verwenden	to use
verbrauchen	to consume
3 / der Staat, -en	government; state, country
subventionieren	to subsidize
die Einfuhr, -en	import
der Grund, ¨e	reason; ground
die Quelle, -n	source
schützen	to protect
die Krise, -n	crisis
allmählich	gradually
ersetzen	to replace
geschehen (ie), a, e	to happen, take place
die Umstellung, -en	conversion, change-over; adjustment
sich erweisen, ie, ie	to prove
erfordern	to require
die Investition en, *pl.*	investment
der Nachteil, -e	disadvantage
der Verbrauch	consumption, use
einsetzen	to start
der Strom	here: current, electricity
die Konjunkturflaute, -n	slack market, recession
die Marktflaute, -n	slack market, recession
versursachen	to cause
der Abnehmer, -	buyer, consumer, customer
die Reserve, -n	reserves
4 / der Politiker, -	politician
bestreiten, bestritt, bestritten	here: to dispute; supply
die Kernenergie/die Atomkraft	nuclear energy
6 / einführen	to import
7 / zunehmend	increasing(ly)
der Fachmann, Fachleute	expert
schätzen	to estimate; value, esteem
betragen (ä), u, a	to amount to
9 / der Preisverfall	price collapse
der Vertrag, ¨e	contract; treaty
einen Vertrag abschließen	to make a contract
10 / verzichten auf (Acc.)	to do without, forego

WORTSCHATZ ERWEITERN

1. Vervollständigen Sie die Sätze. / FILE # WE2C1

1 / 1. Die heimische Kohle spielt eine entscheidende Rolle in der
_____. (*energy supply*)

2 / 2. Andere Bodenschätze fallen _____ nicht ins Gewicht. (*by comparison*)

      3. Eisenreiche Lagerstätten wurden im billigeren Tagebau _____.
(*opened up*)

      4. Kali wird weltweit als Dünger _____. (*used*)

3 / 5. Die Kohle wurde vom Staat stark _____. (*subsidized*)

      6. Man wollte damit die einzige sichere nationale Energiequelle
_____. (*protect*)

      7. Die Kohle hat den _____, daß sie nicht so sauber im Verbrauch ist. (*disadvantage*)

      8. Die Kohle sollte Heizöl und Erdgas _____. (*replace*)

      9. Der Stromverbrauch ging durch eine weltweite _____ zurück. (*recession*)

    10. Die Stahlkrise war teilweise durch die Marktflaute _____. (*caused*)

    11. Die Stahlindustrie war ein _____ der deutschen Kohle gewesen. (*main buyer*)

4 / 12. Niemand unter den Politikern _____ die wichtige Rolle der Kohle. (*disputed*)

    13. Die revierfernen Länder wollen den wachsenden Anteil der billigeren _____ gesichert sehen. (*nuclear energy*)

6 / 14. Deutschland muß die Hälfte der Energie, die es verbraucht,
_____. (*import*)

7 / 15. Der Abbau der Braunkohle soll _____ reduziert werden. (*increasingly*)

    16. _____ schätzen, daß in Zukunft jährlich etwa 150 Millionen Tonnen Braunkohle abgebaut werden sollen. (*experts*)

9 / 17. Seit dem _____ des Öls ist die Subvention der Kohle besonders teuer geworden. (*price collapse*)

    18. Die Regierung hat mit den Elektrizitätswerken _____.
(*made a contract*)

2. Verwandte Wörter. Machen Sie mit jedem Wort einen Satz.

Nomen	Verben
die Elektrizität	reduzieren
die Energie	subventionieren

Nomen	Verben
das Erdgas	
die Investition	
das Konzept	
die Krise	
das Metall	
das Öl	
der Politiker	
das Problem	
der Protest	
die Renaissance	
die Reserve	
die Ressourcen, pl.	
die Restriktion	
die Struktur	
die Substitution	

3. Suchen Sie zu jedem Wort ein ähnliches auf der Liste. Danach sammeln Sie Wörter derselben Familie, z.B. „der Verbraucher", „verbrauchen", „verbraucht", „der Verbrauch".

die (finanzielle) Unterstützung   gebrauchen
der Abnehmer
die Diskussion
die Elektrizität   verwenden
die Konjunkturflaute
die Marktflaute
der Strom   wichtig sein
die Subvention
der Verbraucher   ins Gewicht fallen

INFORMATION ERARBEITEN

1. Benutzen Sie den Text als Informationsquelle und ziehen Sie Verbindungsstriche zwischen den Bodenschätzen und ihrer speziellen Verwendung.

Bodenschätze	Verwendung
Kohle	Bodenverbesserung
Brauneisenerz	Export
Torf	Heizung/Elektrizität
Kalium	Energieversorgung
Steinsalz	Roheisen
	Düngemittel
Braunkohle	Speisesalz

2. Schreiben Sie einen Paragraphen auf englisch

a. über die Kohlenkrise in der BRD,
b. über die Argumente und Gegenargumente zum Thema
„staatliche Subventionen der Bergbauindustrie".

KORREKTES SCHREIBEN

1. Schreiben Sie die Sätze im Aktiv. / FILE # KS2C1

z.B: Billige Kohle wird importiert = Man importiert billige Kohle.

1. Nur Blei und Zink werden noch abgebaut.
2. Weltweit wurden eisenreiche Lagerstätten erschlossen.
3. Torf wird auch als Brennstoff verwendet.
4. Aus Kali wird Dünger hergestellt.
5. Torf und Kali sind ausgeführt worden.
6. Die Kohle wird vom Staat weiter subventioniert werden.
7. Kohle muß als einzige nationale Energiequelle geschützt werden.
8. Der Marktanteil der Kohle soll vergrößert werden.
9. Im Jahre 1986 ist mehr Kernenergie erzeugt und verbraucht worden.
10. Der Rohölimport war um ein Drittel reduziert worden.

2. Übersetzen Sie. / FILE # KS2C2

1. The topic is German mining.
2. Coal plays a decisive role in the energy supply of the country.
3. Peat (*Torf*) has always been used as fuel (*Brennstoff*).
4. It has also been used for the improvement of the soil.
5. New sources of iron were opened up.
6. The German potash industry produces fertilizer (*Dünger*).
7. The energy consumption was reduced.
8. The electricity plants are the main buyers of coal.
9. The government has a clear concept of its energy policies.
10. The share of nuclear energy in the energy consumption increased by 32%.

LESEN UND VERSTEHEN

*Lesen Sie den Artikel aus den DEUTSCHLAND
NACHRICHTEN vom 11. September 1992 und entscheiden
Sie, ob die Aussagen, die folgen, darin enthalten sind.*

DER STROM KOMMT AUS DER STECKDOSE-ABER WIE KOMMT ER IN DIE STECKDOSE?

Bezogen auf ganz Deutschland sind die Primärenergiequellen ziemlich
gleichmäßig verteilt, nämlich zu je etwa 30 Prozent auf Braunkohle, Steinkohle und Kernenergie. Den Rest teilen sich Heizöl, Erdgas, Wasserkraft,
Wind und Sonne.

Ganz anders sieht das Bild aus, wenn man die alten und die neuen Länder
getrennt betrachtet. In der ehemaligen DDR, die über keine Steinkohlevor-
kommen verfügt, werden über 90 Prozent der Elektrizitätsversorgung aus
Braunkohlekraftwerken *gespeist,* die vor allem in Sachsen stehen, wo die
Braunkohle abgebaut wird. Bei der *Verbrennung* dieses Rohstoffs wird zwar
auch Strom erzeugt, vor allem wird aber eine Menge *Schwefel* und *Staub*
über das Land verteilt.

*applied to
evenly distributed*

*fed, supplied
combustion
sulphur/dust*

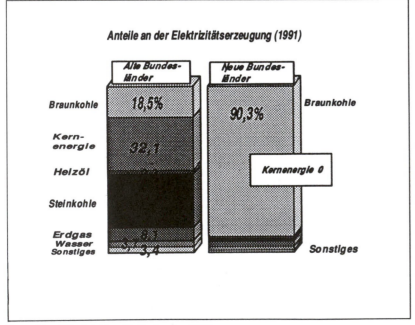

Anteile an der Elektrizitätserzeugung (1991)

Deutschland Nachrichten 11. September 1992

1990 wurde im Gebiet der damaligen DDR ein Sechstel der westdeutschen Strommenge erzeugt, aber die Schwefeldioxidemissionen waren zehnmal so hoch wie die der westdeutschen Kraftwerke, und die Staubemissionen sogar 25 mal so hoch.

Sämtliche Kernkraftwerke in der früheren DDR sind stillgelegt worden, weil sie den *Sicherheitsanforderungen* nicht *entsprachen.*

safety requirements/satisfied

Im alten Bundesgebiet kommt inzwischen ein Drittel der Elektrizität aus Kernkraftwerken.

1. In den alten und neuen Bundesländern sind die Primärenergiequellen Braunkohle, Steinkohle und Kernenergie.   **JA NEIN**
2. In der ehemaligen DDR wird fast alle Elektrizität aus Braunkohle gewonnen.   **JA NEIN**
3. In den alten Bundesländern heizt man hauptsächlich mit Erdgas.   **JA NEIN**
4. Die Verbrennung von Braunkohle erzeugt wenig Schwefel und Staub.   **JA NEIN**
5. In Zukunft soll auch in den neuen Bundesländern mehr saubere Kernenergie gebraucht werden.   **JA NEIN**
6. Man will die Kernkraftwerke in der ehemaligen DDR nicht stillegen.   **JA NEIN**

HÖREN UND VERSTEHEN

Hören Sie sich das Tonband-Interview zu Kapitel IIC.

Herr Jacobi

VERSTÄNDNISHILFEN

zum Gespräch über Energiepolitik

Bundeswirtschaftsministerium	Federal Department of Economics
Oberregierungsrat	councillor
Aufgabengebiet	area of competency
umreißen	outline
gegenwärtig	at this time
Referat	division
Abteilung	department
gesondert	separate
Kernstücke	center pieces
Kernenergie	nuclear energy
lösen	solve
Zielsetzungen	goals
Krise	crisis
anbetrifft	concerns
Erhöhung	increase
Schweröl	crude oil
auszugleichen	to compensate for
Vertrag	contract
daß ihr Preis dem des Schweröls entsprechen soll	that their price shall be the same as that of crude oil
den Unterschied ausmachen	make up for the difference
Ihr Eingangswort	your opening comments
zur Verfügung gehabt	had available
Herausforderungen	challenges
Ölpreissprünge	leaps in oil prices
weitgehend	largely
zu wettbewerbsfähigen und guten Preisen	at competitive and good prices
geschafft	managed
Benutzung	use
verringert	lowered
unabhängig	independent
Versorgungssicherheit	assured supply
ausgeschöpft	exhausted
Öl aus der sogenannten Verstromung herauszudrücken	to eliminate oil for the would-be generation of electricity
das heißt die deutsche Steinkohle in der Verstromung hineinzuführen	that is to use German pit coal instead
Stromversorgungsunternehmen	Corporation of Power Supply
Stromwirtschaft	power economy
ausläuft	runs out
Verlängerung	extension
Modalitäten	modalities
Subventionsbelastungen	fiscal burdens of subsidies

die revierfernen Länder	the federal states which are far away from the coal mines
Unglück	accident
Kohlegruben	coal mines
Zusammenhang	connection
gering	small
Verlust	loss
Arbeitsplätze	jobs
ein Zusammengehörigkeitsgefühl	a team-spirit
ein Ziehen am selben Strang	a concerted action
vorhanden waren	existed
Ausrichtung	orientation
einstimmig	unanimous
einheitlich	uniformly
gefahren	directed
aufgebrochen	broke open (here: fell apart)
Überlagerung	complication
gegen Kernenergie, für den mittellangfristigen Ausstieg	against nuclear energy and for getting out of it gradually
gegenüber	on the opposite front
letztlich	in the last analysis
nicht berührt	does not touch
Mehrheit	majority
neue Kredite aufzunehmen	to borrow more money
Ausgleichsabgabe	compensating surcharge
angehoben	raised
dafür Sorge tragen müssen	have to see to it
Regelungen	regulations
Verstromungsvertrag	contract for power supply
begrenzen	limit
Zechen	coal mines
umschulen	retrain
wie man sie anders unterbringen kann	how one can find other jobs for them
im Schnitt	on the average
auf Anhieb	at first
beträchtlich	considerable
Bergfreie	here: vacuum
Abfindungen	severance pay
Wechsel	change-over
Vollbeschäftigung	full employment
die darauf hinausliefen	which resulted in
Rentenalter	retirement age
in Pension geschickt	sent into retirement
Übergangsphase	transitional phase
in Rente geschickt	sent into retirement
Anpassungsgeld	compensation
Stellvertreterprinzip	principle of representation
ausscheiden	here: retire

ersetzt	replaced
auszukommen	to make due
sparsamer	more economical
Faustregel	rule of thumb
Energiezuwachs	energy increase
Bruttosozialanstieg	increase of the GNP
Primärenergieaufkommen	primary energy yield
Vorschriften	decrees
energiesparende Energiedämmung einzuführen	to introduce energy saving measures
Doppelfensterverglasung	double glass windows
überschätzt	overestimated
da wird einem angst und bange	one really gets scared stiff
statistische Messungen	statistical surveys

Hören Sie sich das Interview zum zweiten Mal an und entscheiden Sie dann, ob die folgenden Aussagen darin gemacht werden:

1. Herrn Oberrat Jacobis Aufgabe im Bundeswirtschafts-ministerium istes, die Energiepolitik zu koordinieren und zu formulieren.   **JA NEIN**

2. Es ist ein Problem für die deutsche Kohlepolitik, daß der Ölpreis so stark gesunken ist.   **JA NEIN**

3. Der Kohlepreis, den die Elektrizitätswerke zahlen, darf nicht mehr als doppelt so hoch wie der Preis für Schweröl sein.   **JA NEIN**

4. In der BRD gibt es augenblicklich eine große Ener-giekrise.   **JA NEIN**

5. Die BRD hat es inzwischen geschafft, die mit der Er-zeugung und dem Verbrauch von Energie verbundene Luftverschmutzung zu verringern.   **JA NEIN**

6. Die Regierung subventioniert die deutsche Steinkohle nur deshalb, weil das Öl zu teuer werden könnte.   **JA NEIN**

7. Die Regierung subventioniert die Steinkohle, weil es möglich wäre, daß eines Tages kein Öl mehr zur Ver-fügung stehen könnte.   **JA NEIN**

8. Bei der sogenannten Verstromung wird statt Öl Stein-kohle gebraucht.   **JA NEIN**

9. Die Regierung hat dem Stromversorgungsunternehmen versprochen, daß es die deutsche Steinkohle zu ähn-lichen Bedingungen (= Preisen) bekommt wie Öl.   **JA NEIN**

10. Der Vertrag läuft über hundert Jahre.   **JA NEIN**

11. Die Regierung denkt über die Verlängerung des Jahr-hundertvertrags nach.   **JA NEIN**

12. Es ist gegenwärtig eine der Hauptaufgaben der Re-gierung, die Subventionsbelastungen zu verringern.   **JA NEIN**

13. Die Revierländer, in denen Kohle abgebaut wird, sind gegen Kernenergie, und die vom Revier fernen Länder sind gegen hohe Subventionen der Kohle.   **JA NEIN**

14. Das Unglück in Tschernobyl hat keinen Einfluß auf deutsche Kernenergiepolitik gehabt.   **JA   NEIN**

15. Im Saarland und in Nordrhein-Westfalen ist die Kohle auch ein arbeitspolitisches Problem.   **JA   NEIN**

16. Im Augenblick gibt es keinen energiepolitischen Konsens mehr in der Bundersrepublik.   **JA   NEIN**

17. Der gegenwärtige Konflikt zwischen SPD und CDU/FDP ist nicht ernst, weil es eine komfortable Mehrheit für die Regierung gibt.   **JA   NEIN**

18. Manche Bundesländer haben sich gegen die Erhöhung des Kohlepfennigs von 4,5 auf 7,5% gestellt.   **JA   NEIN**

19. Seit den fünfziger Jahren haben durchschnittlich 15 000 Bergarbeiter pro Jahr ihren Arbeitsplatz verloren.   **JA   NEIN**

20. Die meisten sind arbeitslos geworden.   **JA   NEIN**

21. Das Rentenalter für Bergleute ist sechzig.   **JA   NEIN**

22. Viele Bergleute sind frühzeitig in Pension geschickt worden   **JA   NEIN**

23. In den letzten Jahren gibt es viel mehr junge als alte Bergarbeiter, und das ist ein Problem für Bonn.   **JA   NEIN**

24. Die Deutschen sind nicht sparsamer im Verbrauch von Energie geworden.   **JA   NEIN**

25. Der Zuwachs von Primärenergieaufkommen (= Verbrauch) ist seit 1973 nur um 2% gestiegen, das Bruttosozialprodukt aber um 27%.   **JA   NEIN**

26. In den Gebäuden wird nicht an Energie gespart.   **JA   NEIN**

27. Herr Jacobi sagt, daß man überall auf den deutschen Autobahnen mit unbegrenzter Geschwindigkeit fahren darf.   **JA   NEIN**

Hören Sie sich das Gespräch zum dritten Mal an, und vervollständigen Sie dabei die folgenden Notizen:

Name des Gesprächspartners:

Seine Stellung in Bonn:

Aufgabengebiet: Die Energiepolitik der BRD zu formulieren und zu

Gründe für die Subvention der Steinkohle

	Die Erhaltung von Arbeitsplätzen

Die Subvention der Kohle ist problematisch geworden durch

den Ölpreisverfall: je billiger das Öl, desto teurer der „Kohlepfennig"	

**Den vielen Bergarbeitern, die durch Stillegung von Zechen ihren
Arbeitsplatz verloren, wurde geholfen durch**

Anpassungsgelder und neue Arbeitsplätze		das sogenannte Stellvertreterprinzip

Die Faustregel vor den Ölkrisen war: Erlaubt ist soviel Energiezuwachs wie
_____. Aber seit 1973 gibt es nur knapp 2% Energiezuwachs bei
_____% Zuwachs im Bruttosozialprodukt.

Gründe für sparsameren Energieverbrauch

Energie einsparende Vorschriften in der Industrie	Bessere Isolierung der Gebäude, z.B. durch Doppelfenster	

drei

HANDEL

A. GROSSHANDEL UND KLEINHANDEL

1 / Der Großhändler bezieht seine Waren direkt von der Industrie oder vom Aufkaufhandel, der z.B. Agrarprodukte vom Erzeuger aufkauft und lagert. Der
Großhändler hat gewöhnlich ein Warenhaus mit viel Lagerraum und ein Kontor

Ka De We-Kaufhaus des Westens in Berlin. Nach Abschluß der Bauarbeiten wird es
das größte Kaufhaus Europas sein.

mit Angestellten, die den Ankauf der Waren wie auch den Weiterverkauf an den Kleinhändler abwickeln. Sie machen Angebote, nehmen Bestellungen auf, sie schreiben Rechnungen und Quittungen, kontrollieren laufend die Lagerbestände und sorgen für rechtzeitige Auslieferung der Waren. Oft haben Großhändler auch Handelsvertreter oder Handelsreisende, die einen Kundenkreis von Kleinhändlern besuchen, sie beim Einkauf von alten und neuen Waren beraten und möglichst große Aufträge für ihre Firma einholen. Ein Großhändler braucht viel Kapital, denn es ist üblich, daß er seine Zulieferer sofort bezahlt oder sogar Vorauskasse leistet, während seine Kunden von ihm ein Ziel von zwei bis drei Monaten eingeräumt bekommen.

2 / Ein Kleinhändler braucht nicht so viel Lagerraum und auch nicht so viel Kapital. Dafür ist sein Profit auch nicht so hoch. Er braucht aber einen attraktiven Laden, in dem die Waren so ausgestellt sind, daß seine Kunden sich zum Kaufen animiert fühlen. Und die Bedienung muß schnell und freundlich sein! Natürlich muß er genug Vorrat haben, um seine Kunden nicht zu enttäuschen und zu verlieren. Wenn er nur über sehr wenig Lagerraum verfügt, kann er bei einem besonderen Großhändler einkaufen, dem „Cash and Carry"-Betrieb. Dort braucht er die Waren nicht im voraus zu bestellen. Er kann sie sofort mitnehmen. Die Preise sind günstig. Allerdings kann er dort nicht auf Kredit kaufen, sondern er muß in bar bezahlen.

3 / Großhändler und Kleinhändler stehen zwischen dem Erzeuger oder der Industrie und dem Verbraucher. Sie werden deshalb auch Mittelmänner genannt. Ihre Dienste kosten den Verbraucher viel Geld, und es gibt verschiedene Versuche, ohne sie auszukommen. Konsumläden schalten den Großhändler aus, und Versandhäuser, wie das bekannte Quelle-Versandhaus, verkaufen direkt an den Konsumenten. Dafür bezahlt der aber direkt oder indirekt die Ver-

Leben auf dem Kurfürstendamm mit der Gedächtniskirche im Hintergrund

sandkosten (Porto und Verpackung) und auch den dicken Katalog, der jährlich an die Kunden geschickt wird. Wenn man noch die Unkosten bedenkt, die dadurch entstehen, daß viele Kunden die bestellten Waren zurückschicken, weil sie nicht passen oder Fehler haben oder sonst ihren Vorstellungen nicht entsprechen, wird am Ende nicht viel Geld gespart.

Markttag vor dem Aachener Dom

WORTSCHATZ

1 /	der Großhandel	wholesale trade
	der Kleinhandel = Einzelhandel	retail trade
	der Großhändler, -	wholesale dealer
	der Kleinhändler, - = Einzelhändler	retail dealer
	(Waren) beziehen von	to buy (regularly) from
	der Aufkaufhandel	buying-up trade
	lagern	to store, keep in stock
	das Kontor, -e	(merchant's) office
	der Ankauf	purchase
	abwickeln	to transact
	das Angebot, -e	offer
	die Bestellung, -en	order

die Rechnung, -en	bill
die Quittung, -en	receipt
laufend	constantly
das Lager, -	storehouse; storage, stock(pile)
der Bestand, ̈e	stock, supply
die (Aus)lieferung	delivery
der Handelsvertreter, -	sales representative (independent agent, draws commission)
der Handelsreisende, -n	traveling salesman (employee)
der Kundenkreis, -	clientel
beraten(ä), ie, a	to give advice
der Auftrag, ̈e	order
das Kapital	capital, big money
üblich	customary
der (Zu)lieferer, -	supplier
Vorauskasse leisten	to pay in advance
das Ziel	credit
einräumen	to concede, allow
2 / der Profit, -e	profit
der Laden, ̈	store, business, shop
ausstellen	to exhibit
der Kunde, -n	customer
die Bedienung, -en	service (in a store or restaurant)
der Vorrat, ̈e	stock, supply
verfügen über	to have at one's disposal
bestellen	to order
(in) bar bezahlen	to pay (in) cash
3 / der Verbraucher, -	consumer, buyer
der Dienst, -e	service
auskommen, a, o	to get along
der Konsumladen, ̈	co-operative store
ausschalten	to eliminate
das Versandhaus, ̈er	mail-order house
der Konsument, -en	consumer
das Porto	postage
die Verpackung, -en	packaging
die Kosten = Unkosten	expenses
bedenken	to consider, figure in
entstehen, a, a	to arise
passen	to fit
sparen	to save

WORTSCHATZ ERWEITERN

1. Vervollständigen Sie die Sätze. / FILE # WE3A1

1. Der Kleinhändler _____ seine Waren gewöhnlich vom Großhändler. (*buys*)

2. Ein Großhändler muß genügend _____ haben. (*storage space*)

3. Man nennt das Büro eines Geschäftsmannes das _____.

4. Im Kontor sitzen die Angestellten, die alle schriftlichen Arbeiten _____. (*transact*)

5. Der Kunde hat seine _____ bezahlt und möchte eine _____ dafür haben. (*bill; receipt*)

6. Der Kleinhändler fragt, ob er sich auf rechtzeitige _____ der Waren verlassen könne. (*delivery*)

7. Der _____ besucht regelmäßig seinen _____. (*sales rep; clientele*)

8. Er holt neue _____ für seine Firma ein. (*orders*)

9. Der Großhändler muß oft bei seinem Zulieferer _____ _____. (*pay in advance*)

10. Der Kleinhändler räumt seinen Kunden ein zwei bis drei Monate _____ ein. (*credit*)

11. Die _____ im Laden muß prompt und freundlich sein. (*service*)

12. Der Kleinhändler fragt seinen _____, ob sie noch genügend _____ an Zucker haben. (*employee; supplies*)

13. Die Preise sind beim „Cash and Carry"-Betrieb _____, aber man muß die Waren _____ bezahlen. (*reasonable; cash*)

14. Wenn der Verbraucher bei Versandhäusern einkauft, muß er für _____ und _____ zahlen. (*postage; packaging*)

15. Oft schicken Kunden die bei Versandhäusern bestellten Kleidungsstücke zurück, weil sie nicht _____. (*fit*)

2. Verwandte Wörter. Bilden Sie mit jedem Wort einen kurzen Satz.

Nomen	Verben	Adjektive
das Kapital	kontrollieren	animiert
der Katalog		
der Konsument		
der Kredit		
der Profit		
das Warenhaus		

3. Sehen Sie sich die Liste der Synonyme an. Wörter mit einem Sternchen werden nur in der Geschäftssprache gebraucht. Da werden sie vorgezogen.

beziehen° - kaufen
der Verbraucher - der Konsument
die Bestellung - der Auftrag°
Lagerbestände°- Reserven-Vorräte
Vorauskasse leisten°- im voraus bezahlen
der Lieferant - der Zulieferer
Kredit geben - ein Ziel einräumen°

das Büro - das Kontor°
abwickeln° - erledigen
der Profit - der Gewinn
animieren - anregen
der Dienst - die Bedienung
die Lieferung - die Auslieferung

In vielen Situationen sind die Synonyme auswechselbar, aber in anderen nicht, was durch leere Klammern angedeutet wird. Die folgenden Sätze zeigen ihre richtige Anwendung.

1. Der Gemüseladen in unserer Nachbarschaft bezieht (kauft) sein Gemüse direkt von einem Bauern. Ich kaufe ( ) mein Gemüse dort.
2. Der Kaufmann arbeitet in seinem Kontor (Büro). Der Schuldirektor sitzt in seinem Büro ( ) oder Sprechzimmer.
3. Die Mode wird oft geändert, damit der Verbraucher (Konsument) immer neue Wünsche hat.
4. Er muß noch ein Geschäft abwickeln (erledigen). Ich will noch die Hausarbeit erledigen ( ).
5. Ich muß noch eine Bestellung ( ) beim Bäcker machen. Die Industrie erhält regelmäßig Aufträge ( ) von Großhändlern.
6. Wenn die Konjunktur schwach ist, ist der Gewinn (Profit) der Geschäftsleute gewöhnlich klein.
7. Kontrollieren Sie bitte die Lagerbestände (Vorräte, Reserven) im Warenhaus. Unsere Familie hat im Keller Vorräte (Reserven) für schlechte Zeiten.
8. Die Waren müssen attraktiv verpackt sein, damit sie den Kunden zum Kaufen animieren (anregen).
9. Der Großhändler muß Vorauskasse leisten (im voraus bezahlen). Müssen Sie Ihre Musikstunden im voraus bezahlen ( )?
10. Der Dienst ( ) am Kunden ist äußerst wichtig. In guten Restaurants und Läden ist die Bedienung ( ) prompt und freundlich.
11. Die Auslieferung (Lieferung) der Waren muß pünktlich sein. Ist die Lieferung ( ) heil angekommen?
12. Unser Lieferant (Zulieferer) hat seinen Betrieb in München.
13. Die großen Kaufhäuser in Amerika geben ihren Kunden Kredit ( ).
14. Der Großhändler räumt dem Kleinhändler gewöhnlich ein zwei oder drei Monate Ziel ( ) ein.

Bilden Sie nun selbst mit jedem Wort einen Satz.

INFORMATION ERARBEITEN

1. Suchen Sie zusammen mit einem Partner zu jedem Paragraphen eine Überschrift.

1. _____

2. _____

3. _____

2. Vervollständigen Sie das Flußdiagramm.

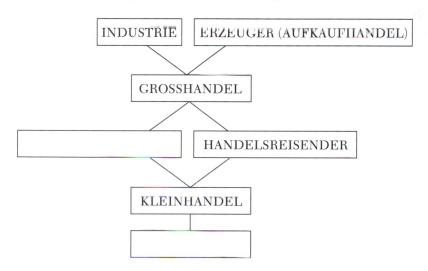

INDUSTRIE   ERZEUGER (AUFKAUFHANDEL)

GROSSHANDEL

[ ]   HANDELSREISENDER

KLEINHANDEL

[ ]

3. Beantworten Sie die Fragen.

1 / 1. Woher bezieht der Großhändler seine Waren?

2. Was machen seine Angestellten im Kontor?

3. Was ist die Aufgabe von Handelsvertretern?

4. Warum braucht ein Großhändler mehr Kapital und mehr Lagerraum als ein Kleinhändler?

2 / 5. Was ist im Laden eines Kleinhändlers wichtig?

6. Für wen ist der „Cash and Carry-"Betrieb eine große Hilfe?

3 / 7. Warum werden Großhändler und Kleinhändler auch Mittelmänner genannt?

8. Welche Möglichkeiten gibt es für den Verbraucher, einen Mittelmann auszuschalten?

9. Wird damit in jedem Fall Geld gespart?

KORREKTES SCHREIBEN

1. Verbinden Sie die beiden Sätze mit einem Relativpronomen. / FILE # KS3A1

Beispiel: Der Großhändler liefert die Waren an den Kleinhändler. Dieser verkauft sie weiter an den Verbraucher.

Der Großhändler liefert die Waren an den Kleinhändler, *der* sie an den Verbraucher weiterverkauft.

1. Er hat ein großes Kontor mit vielen Angestellten. Sie erledigen die schriftlichen Arbeiten.
2. Der Kleinhändler kann heute die Wünsche seiner Kunden nicht erfüllen. Sein Zulieferer hat die Waren nicht rechtzeitig ausgeliefert.
3. Der Handelsvertreter konnte heute nicht kommen. Herr Mayer wollte sich von ihm beraten lassen.
4. Unsere Apotheke macht kein gutes Geschäft. Ihre Bedienung ist nicht freundlich.
5. Ich kaufe nicht mehr bei Versandhäusern ein. Ich habe kein Glück damit gehabt.
6. Großhändler und Kleinhändler stehen zwischen der Industrie und dem Verbraucher. Sie werden auch Mittelmänner genannt.
7. Manche Kunden senden Waren ans Versandhaus zurück. Sie sind nicht mit ihnen zufrieden.

2. Übersetzen Sie. / FILE # KS3A2

1. This wholesaler buys his merchandise directly from the industry.
2. This merchant has a big office, because he needs many employees.
3. These employees take care of (= transact) the paperwork. They write offers, orders, bills and receipts.
4. Although he has many customers, his profit is not very high.
5. Because her store doesn't have much storage space, she buys her goods from „Cash and Carry"-outfits.
6. I don't find merchandise from mail order houses very cheap. You have to pay for postage and packaging.

SPRECHEN

1. Gespräch zu dritt oder zu viert.

Wenn Sie Kaufleute unter Ihren Verwandten oder Freunden haben (wenn nicht, wählen Sie irgendein Geschäft), beschreiben Sie ihren Betrieb. Sind sie Großhändler oder Einzelhändler? Wieviele Angestellte haben sie? Wie groß ist ihr Geschäft oder ihr Büro und Lagerraum? Was für Waren verkaufen sie? Erzählen oder schreiben Sie möglichst viele Details.

Wertheim: ein bekann-
tes Berliner Kaufhaus
am Ku(rfürsten)damm

2. Rollenspiel zu zweit.

*Eine(r) von Ihnen ist der/die Handelsvertreter(in) einer großen Firma,
der/die andere ein(e) Einzelhändler(in). Wählen Sie eine Branche (line of
merchandise). Handelsvertreter(in), bieten Sie neue Waren und Zahlungsbedingungen an! Einzelhändler(in), sprechen Sie über Kundenwünsche,
vielleicht über Mangel an (lack of) Lagerraum und andere Gründe,
warum Sie vorsichtig mit Bestellungen sein müssen.*

LESEN UND VERSTEHEN

**1. Lesen Sie den Artikel aus DEUTSCHLAND
NACHRICHTEN, und entscheiden Sie, ob die danach
gemachten Aussagen darin enthalten sind oder nicht.**

SINKENDE PREISE UND STEIGENDE UMSÄTZE IM TEXTILHANDEL*

Die Nachfrage im Textileinzelhandel hat sich im Juni wegen des sommer-
lichen Wetters belebt. Zugleich bedeutet der Beginn der Ferienzeit das Start-
signal für verstärkte Preisaktivitäten. Nach einer *Umfrage* der Zeitschrift   poll
„Textil-Wirtschaft" wollen 25 Prozent der befragten Einzelhandelsunternehmen früher als im Vorjahr mit Preisaktionen beginnen, 65 Prozent

*„DEUTSCHLAND-NACHRICHTEN", Nr.26, den 6.7.1983.

zur gleichen Zeit wie im Vorjahr und nur 10 Prozent später. Bei diesen Sonderangeboten handelt es sich nur zum Teil um reguläre Ware, die reduziert ist. Ein großer Teil dieser Preisaktionen wird auch mit gezielt eingekaufter Ware, *vornehmlich* Importen, bestritten. Wie die „Textil-Wirtschaft" schreibt, werden solche Aktionen sogar unter *Ertragsgesichtspunkten* günstig *beurteilt*, da die Artikel schnell verkauft werden. *Im Durchschnitt* liegt der *Aufschlag* sogar über der normalen Kalkulation, besonders dann, wenn es sich bei Nachkäufen um aktuelle, gute Waren handelt.

> especially
> aspects of gains/ judged/on the average
> markup

Auch die Reduzierung aktueller Ware setzt in diesem Jahr früh ein. Nach der Umfrage wollen 35 Prozent früher als im Vorjahr die Preise herabsetzen, 58 Prozent zur gleichen Zeit und 7 Prozent später. Die dabei erfolgenden *Abschläge* werden von 34 Prozent der Unternehmer als höher bezeichnet als im Vorjahr.

> discounts

1. Wegen des warmen Wetters wird diesen Juni weniger Kleidung gekauft. **JA   NEIN**

2. Manche Einzelhandelsunternehmen wollen schon früher als im Vorjahr Preise reduzieren. **JA   NEIN**

3. Bei den Sonderangeboten handelt es sich nur um reguläre Ware. **JA   NEIN**

4. Manche zum Sonderpreis angebotene Ware wird extra dafür eingekauft. Oft ist es importierte Ware. **JA   NEIN**

5. Die Einzelhändler verdienen wenig mit Sonderangeboten. **JA   NEIN**

2. Lesen Sie den Artikel aus der FRANKFURTER ALLGEMEINEN ZEITUNG vom 10. Dezember 1992, und beantworten Sie die danach gestellten Fragen.

DIE UMSÄTZE IM EINZELHANDEL NORMALISIEREN SICH

Erstmals über 600 Milliarden DM / Preise steigen langsamer / Obst und Computer billiger

geg. FRANKFURT, 9. Dezember. Zur Dramatisierung der Lage des Einzelhandels besteht kein *Anlaß*. Die nach den stürmischen *Wachstums* jahren 1990 und 1991 zur Zeit bescheidenen *Zuwächse* bedeuten nach Ansicht von Walter Deuss, Präsident der Bundesarbeitsgemeinschaft der Mittel- und Großbetriebe des Einzelhandels e. V. (BAG), Köln, eine „solide Konsolidierung auf einem hohen *Niveau*". Obwohl es keinen Einkaufstourismus aus den neuen Bundesländern in den Westen mehr gibt, kann nach den BAG-Zahlen auch der westdeutsche Einzelhandel seinen Umsatz in diesem Jahr noch um ein Prozent auf 602 Milliarden DM (ohne Kraftfahrzeug- und Mineralölhandel sowie Apotheken) *ausweiten*. In den neuen Bundesländern legt der Handel sogar fast acht Prozent auf knapp 90 Milliarden DM zu. Insgesamt kommt der Einzelhandel in Deutschland auf einen Umsatz von etwa 690 Milliarden DM in diesem Jahr.

> reason/growth increase
> level
> expand

Für das kommende Jahr erwartet die BAG eine weitere Zunahme des Einzelhandelsumsatzes von zwei Prozent im Westen und von *knapp* vier Prozent in den neuen Bundesländern. Wenn die *Lohnsteigerungen* der kommenden Jahre die Inflationsrate nicht *übersteigen*, kann nach den Worten von Deuss eine Rezession *vermieden* werden. Mehr Sorge als der zu erwartende Umsatz bereite die Kostenentwicklung. Zwar sei der diesjährige *Ertragsrückgang* eher „die Rückkehr zur Normalisierung, nachdem wir in den letzten Jahren *verwöhnt* waren", für das kommende Jahr sieht Deuss allerdings größere Kostenerhöhungen auf den Einzelhandel zukommen. Es sei nicht sicher, ob die *Mehrwertsteuererhöhung* zum 1. Januar auf den Verbraucher *überwälzt* werden könne. Außerdem schlügen die hohen *Lohnabschlüsse* aus 1992 erst 1993 voll durch, und die Portoerhöhungen der Post brächten vor allem für den *Versandhandel* Mehrkosten von mehr als 100 Millionen DM. Dieser Kostendruck werde zu weiterer Rationalisierung *zwingen*. Die in diesem Jahr um knapp ein Prozent auf 2,45 Millionen gesunkene Zahl der Beschäftigten werde daher weiter abnehmen.

Gute Nachrichten gibt es für die Verbraucher. Die Preise im Einzelhandel steigen nicht mehr so kräftig. Nachdem die Preise im ersten Halbjahr 1992 noch um drei Prozent gestiegen waren, hat sich der Preisanstieg im zweiten Halbjahr vor allem wegen der nach der guten Ernte niedrigeren Preise für Obst und Gemüse auf 2,5 Prozent verlangsamt. Im kommenden Jahr ist trotz Mehrwertsteuererhöhung eher eine noch geringere Preissteigerungsrate zu erwarten. Nach einer *Umfrage* der BAG bei ihren 2000 Mitgliedsbetrieben liegen die Einkaufspreise für das erste Halbjahr 1993 um zwei (zweites Halbjahr 1992: 3,5 Prozent) Prozent über den Einkaufspreisen für Herbst 1992. Als *Gründe* für die Verlangsamung des *Preisauftriebs* nennt Deuss die weltweite *Konjunkturschwäche* und die *Aufwertung* der D-Mark. Dadurch sei der Anteil der Direktimporte, vor allem aus Italien und Hongkong, um gut 10 Prozent gestiegen. Etwas überdurchschnittliche Preissteigerungen seien bei *Hausrat* und *Wohnbedarf* zu verzeichnen, während Bekleidung, Wäsche und Schuhe unterdurchschnittliche Zuwächse bei den Einkaufspreisen zeigen. Zum Teil, „drastisch billiger" als in diesem Jahr konnten vom Handel Personalcomputer, Geräte der Telekommunikation und elektronische Spielzeuge (Videospiele) eingekauft werden. Nachdem in den vergangenen Jahren die Lebensmittel überdurchschnittlich teurer wurden, liegen sie für das erste Halbjahr 1993 nach der Umfrage der BAG erstmals im Durchschnitt. Dafür seien die gleichbleibenden Preise bei *Genußmitteln* verantwortlich; Weine konnten wegen der hohen Lagerbestände und guten Ernte billiger eingekauft werden.

Glossary (right margin):
close to
pay increases
surpass
avoided
lower production
spoilt
increase in value-added tax/shifted
pay tariffs
mail order trade
force
poll
reasons/price increase
recession/increased value
household effects/housing requirements
semi-luxuries

1. Wann waren die Zuwächse im Einzelhandel größer: 1990/91 oder 1992?
2. Ist die augenblickliche Lage positiv oder negativ zu werten?
3. Was sind die Erwartungen für 1993?
4. Wie kann eine Rezession vermieden werden?
5. Wodurch sind in Zukunft Kostenerhöhungen zu erwarten?
   a.
   b.
   c.
6. Um wieviel höher liegen die Einkaufspreise im ersten Halbjahr 1993 über den Herbst 1992 Preisen?
7. Was sind die Gründe für die niedrige Inflationsrate?

HÖREN UND VERSTEHEN

Hören Sie sich das Tonband Interview zu Kapitel IIIA an.

Frau Kankelfitz

VERSTÄNDNISHILFEN

zum Gespräch mit der Besitzerin einer Boutique für Damenoberbekleidung

Damenmoden-Oberbekleidungsgeschäft	ladies fashions outer-wear store
anprobiert	tried on
zu ganz besonderem Anlaß	for a very special occasion
Vorausbedingungen	prerequisites
Bankauskunft	bank information
kreditwürdig	credit-worthy
dementsprechend gestaltet	set up accordingly
Zahlungsziel	payment terms, credit for a certain time span
auf Kommission	on consignment
Risiko	risk
wie treffen Sie die Auswahl	how do you make the selection
Messen	fairs
behauptet	claims
überwiegend	predominantly

von großen Geschäften bestückt	filled with large stores
Ausverkaufsware	sale items
Rathausmarkt	market place around or in front of City Hall
Fachwerkbauten	buildings with wood frame work
umgebaut	remodeled
Stammkundenkreis	regular clientele
Kurgäste	patients or visitors at spas
konkurrenzfähig	competitive
darbieten	offer
auf deren Typ passend zugeschneidert	tailored to their type
Kundenkartei	customer directory
bei künstlicher Beleuchtung	with artificial light
Vorteil	advantage
zur Ansicht	for approval

Hören Sie sich das Interview zum zweiten Mal an, und vervollständigen Sie die Notizen, indem Sie zutreffende Aussagen ankreuzen und leere Kästchen ausfüllen.

☐ Die Boutique ist ganz neu
☐ Frau K. hat sie vor einem Jahr übernommen
☐ Frau K. hat sie jugendlicher gestaltet
☐ Frau K. hat sie für einen älteren Kundenkreis aufgebaut

Vorbedingungen, die ihre Lieferanten stellen

	Der Laden muß attraktiv gestaltet sein

☐ Frau K. bekommt die Ware auf Kommission
☐ Sie hat ein gewisses Zahlungsziel
☐ Sie besucht die Lieferanten und kauft dort die Ware ein
☐ Sie kauft die Ware auf Messen ein
☐ Ihr Geschäft ist ungünstig gelegen
☐ Ihr Geschäft hat eine sehr günstige Lage

Frau K. hat starke Konkurrenz, denn

Eckernförde hat viele Boutiquen	

Trotzdem bleibt ihr Geschäft attraktiv, denn sie bietet besonderen Service an:

Frau K. ruft ihre Kunden an, wenn sie etwas Passendes für sie hat		

Hören Sie sich das Gespräch zum dritten Mal an, und beantworten Sie dann die Fragen.

1. Welche Veränderungen machte Frau Kankelfitz, nachdem sie die Boutique übernommen hatte?
2. Welche Vorausbedingungen verlangen ihre Lieferanten?
3. Muß sie für die gelieferten Waren Vorauskasse leisten?
4. Kann sie Ware auf Kommission bekommen?
5. Wo macht sie die meisten Bestellungen für die Ware?
6. Warum verkauft Frau Kankelfitz nicht das gleiche Kleid in verschiedenen Größen?
7. Wie findet sie die Lage ihres Geschäfts?
8. Warum ist das Einkaufen in der Kieler Straße nicht so gemütlich?
9. Macht Frau Kankelfitz das größere Geschäft mit Stammkunden oder mit Touristen, bzw. Kurgästen?
10. Wie bleibt Frau Kankelfitz' Boutique konkurrenzfähig?
11. Was für einen ganz besonderen Service bietet sie ihren Stammkunden an?

B. INNENHANDEL UND AUSSENHANDEL

1 / Das Handelssystem der BRD wird als „soziale Marktwirtschaft" bezeichnet: „Marktwirtschaft" im Gegensatz zur „Planwirtschaft", wie sie bis vor kurzem in den *Staatshandelsländern* des Ostens praktiziert wurde. Dort bestimmten die von der Regierung beauftragten Behörden, was produziert und an wen es verteilt wurde und zu welchen Preisen. Das sollte zur gerechteren Verteilung von *Verbrauchsgütern* wie zur *Beseitigung* von *Arbeitslosigkeit* führen. Die jüngste Geschichte hat gezeigt, daß dieses System nicht funktioniert und zum wirtschaftlichen Zusammenbruch führen kann. Leider sind nicht alle Menschen für Gerechtigkeit, und der Durchschnittsmensch ist nur arbeitswillig, wenn er für seine Mühe belohnt wird. Wenn die Faulen wie die Fleißigen gleich bezahlt werden, fehlt der *Antrieb* zur Arbeit. In der ehemaligen DDR produzierten drei Arbeitskräfte nicht mehr als eine in der BRD. Bei der jetzigen Umstellung auf die Marktwirtschaft müssen die Menschen *umlernen*: Wer konkurrenzfähig sein will, stellt möglichst viel mit möglichst wenigen Arbeitskräften her. Nur so kann er seine Preise niedrig halten.

> state trading nations
>
> commodities/elimination of unemployment
>
> motivation
>
> relearn

2 / Bei der Marktwirtschaft wird die Produktion, solange genügend Rohstoffe vorhanden sind, allein von der Nachfrage des Verbrauchers geregelt. Je mehr der Konsument kauft, desto mehr wird auf den Markt gebracht. Und so regeln sich auch die Preise. Bei Hochkonjunktur steigen die Preise, bei Marktflaute fallen

In Berlin steht Altes neben Neuem: links die Staatsbibliothek, rechts ein Flügel der Humboldt Universität. Davor die Reiterstatue Friedrichs des Großen und im Hintergrund das Internationale Handelszentrum.

sie gewöhnlich. In der Marktwirtschaft gilt freier Wettbewerb. Wer die preisgünstigsten Angebote macht, hat die besten Absatzchancen. Die Regierung *wacht darüber*, daß der freie Wettbewerb erhalten bleibt. Deshalb sind *Kartelle* nur im *Ausnahmefall* erlaubt, nämlich dann, wenn sie die Konkurrenz auf dem Markt nicht *ausschalten*. Auch sorgt die Regierung für Aufklärung der Käufer. Überall gibt es *Verbraucherzentralen,* die Auskunft über Qualitätsvergleiche und Preise und gute Einkauftips geben. Eine von der Regierung unabhängige „Stiftung Warentest" überprüft die Qualität der Konsumgüter und *veröffentlicht* die Ergebnisse in der Zeitschrift „Test", die dem amerikanischen „Consumer Report" *vergleichbar* ist. Die Bundesregierung *schreitet* auch *ein*, wenn die Umwelt von Marktinteressen bedroht wird.

> watches out for it/cartels
> exceptional cases
> eliminate
> consumer centers
> publishes
> comparable/intervenes

3 / „Soziale" Marktwirtschaft heißt das deutsche Handelssystem, weil die vorübergehend oder *dauerhaft Leistungsschwachen*, wie Arbeitslose, Kranke, Kinder oder Alte einen *umfangreichen* Schutz genießen, der ihnen das zum Leben Notwendige garantiert, auch wenn sie nichts oder nur wenig zum Bruttosozialprodukt beitragen können.

> permanent underachievers
> extensive

4 / Vor der Wiedervereinigung mit der DDR stand die BRD im Welthandel bei den Ausfuhren *an der Spitze*. Danach mußte erst der durch 40 Jahre Mangel *aufgestaute* Bedarf der neuen Bundesländer an Verbrauchs- und Luxusgütern *befriedigt* werden. Dennoch konnte das vereinte Deutschland eine führende Stelle im Export *behaupten*. (1991 stand es mit 11,4 Prozent des Welthandels an zweiter Stelle nach den USA mit 12 Prozent.) Die drei großen Grundsätze seiner *Außenwirtschaftspolitik* lauten: 1. Internationale Arbeitsteilung statt Autarkie. 2. Weltweiter Wettbewerb statt *Handelsbarrieren*. 3. *Interessenausgleich* statt ökonomischer Konfrontation. Nach dem Prinzip der Marktwirtschaft

> at the top
> accumulated
> satisfied
> maintain
> foreign economic policies
> trade barriers/balancing of interests

strebt Deutschland möglichst unbeschränkten Welthandel an. Als Mitglied der EG (= Europäische Gemeinschaft) oder EWG (= Europäische Wirtschaftsgemeinschaft) kann es aber nicht alle liberalen Ideen durchsetzen, denn die zwölf Mitgliedstaaten betreiben gemeinsame Außenpolitik.

5 / Die EG (s. Kapitel IIIC) ist eine Handelsmacht ersten Ranges. Sie bestreitet über ein Drittel des gesamten Weltexports. Zwischen den *Mitgliedstaaten* gibt   member states
es keine Zollschranken mehr, und der Handel wird außerdem durch das Europäische Währungssystem (EWS) erleichtert. Kein Wunder, daß Deutschland den größten Teil seines Handels mit EG-Ländern *abwickelt*. Schaubild 1 zeigt   transacts
Deutschlands Kunden und Lieferanten.

6 / Der Handel mit den Entwicklungsländern ist wichtiger, als der Prozentsatz es vermuten läßt, denn diese Länder haben Rohstoffe, die Deutschland fehlen, besonders Erdöl, und sie brauchen deutsche Maschinen und deutsches „Knowhow" beim Aufbau eigener Industrie. Es ist deshalb auch im eigenen Interesse, wenn Deutschland diesen Ländern beträchtliche Entwicklungsbeihilfe in Form von Zuschüssen und *zinsgünstigen* Krediten gibt. Auch gibt es allgemeine *Zoll-*   at a low interest rate/
vergünstigungen für Halb- und Fertigwaren aus Entwicklungsländern, und 57   lower custom rates
Entwicklungsländer in Afrika, der Karibik und im Pazifik haben freien Zugang zu den Märkten der EG-Länder. Der Grundsatz „Hilfe durch Handel" hat sich bewährt. Inzwischen haben die Entwicklungsländer (ohne die OPEC-Länder) der BRD gegenüber einen Exportüberschuß erreicht.

7 / Deutschlands Handel mit den GUS-Ländern (**G**emeinschaft **u**nabhängiger **S**taaten), den Ländern der ehemaligen Sovietunion, hat sich von 1986 bis 1991 fast verdoppelt (Einfuhr DM 14,6; Ausfuhr DM 18,2). Die GUS-Länder sind wichtige Handelspartner für Deutschland, und Deutschland hat von der gesamten Finanzhilfe für die GUS-Länder 55 Prozent übernommen! (USA 9,35 Prozent; Japan 2,7 Prozent). Zur Zeit ist der Handel mit ihnen durch ihren Mangel an harter Währung *gedrückt*, wie auch durch die Wirren, die mit ihrem   depressed
Versuch, sich auf Marktwirtschaft umzustellen, verbunden sind.

8 / Schaubild 2 zeigt die *Rangfolge* der Waren im Import und Export der BRD   ranking
aus dem Jahre 1991, wobei Straßenfahrzeuge, Maschinen, chemische und elektronische Produkte bei der Ausfuhr die bedeutendste Rolle spielen. In der Rangfolge der ein- und ausgeführten Produkte ist aber mit *Verschiebungen* zu   shifts
rechnen, denn die Produktion technisch einfacher Erzeugnisse wird zunehmend von Ländern mit weniger hohen *Arbeitslöhnen* übernommen.   wages

9 / Deutschland muß laufend seinen hohen Stand der Technik und seinen leistungsfähigen Produktionsapparat verbessern, um nicht nur ausreichend Devisen zu verdienen, um die notwendigen Einfuhrposten zu bezahlen, sondern um *darüber hinaus* wieder einen beachtlichen Aktivsaldo zu erzielen. Diese   beyond that
jährlichen Exportüberschüsse sind nötig: 1. um das hohe Defizit im Auslandsreiseverkehr auszugleichen, 2. um *Überweisungen* der Gastarbeiter in   transfers (of their
ihre Heimatländer zu decken, 3. um Beiträge für die EG, die UNO und andere   earnings)

internationale Organisationen zu zahlen und 4. um notwendige Devisenreserven zu haben.

10 / Wie in Deutschland vom Ausland Investitionen gemacht werden, so investiert Deutschland auch im Ausland, um *Rohstoffzufuhren* zu sichern, um den Vorteil niedrigerer Arbeitslöhne auszunutzen, und um neue Absatzmärkte auszubauen und zu sichern.

supplies of raw material

11 / Zur Zeit der *Neubearbeitung* dieses Textes im Winter/Frühjahr 1993 ist das vereinte Deutschland nicht mehr der wirtschaftliche *Riese*, der die BRD im Jahre 1990 mit einem Handelsüberschuß (= Aktivsaldo) von DM 135 Milliarden war. Das vereinte Deutschland zeigt jetzt nur einen bescheidenen Handelsüberschuß (siehe Schaubild 3°). Schlimmer sind die internen Probleme, für die viele hohe *Regierungsbeamte* den derzeitigen Chef der CSU und Finanzminister Deutschlands, Theo Waigel, zu einem großen Teil verantwortlich machen. Seine Zahlen wären von Anfang an unrealistisch gewesen und seien es noch. Er habe die Westdeutschen glauben lassen, daß die Wiedervereinigung nichts kosten würde, daß sie allein durch den neuen Absatzmarkt finanziert werden könne. Aber ein Jahr später schon sei die Regierung *gezwungen* gewesen, neue Steuern in Form eines „*Solidaritätszuschlags*" zu *erheben*, der im Jahr darauf unverständlicherweise wieder *gestrichen* wurde, obwohl zwei Drittel der Transfergelder, die jährlich in zwei bis dreistelligen Milliarden von den alten in die neuen Bundesländer flossen, durch Kreditaufnahmen bezahlt werden mußten. In wenigen Jahren ist der Berg der *staatlichen Verschuldung* Deutschlands höher gewachsen als das *berüchtigte* USA Budgetdefizit. Jetzt stehe Deutschland ratlos vor einer Krise (vor einer Katastrophe, sagen einige). Es sei ein großer Fehler gewesen, die bankrotte Ostmark eins zu eins in DM umzutauschen. Damit wären nicht nur die vom vereinten Deutschland übernommenen Schulden der ehemaligen DDR *unerträglich* teuer geworden. Dadurch sei auch der Handel mit den Comecon-Ländern zusammengebrochen, denen die harte Währung fehlt. Dieser Faktor hätte noch mehr zum Zusammenbruch der ostdeutschen Industrie beigetragen als ihre veralteten *Verfahrensmethoden* und die niedrige Produktivität. Ein weiterer katastrophaler Fehler wäre der Beschluß gewesen, die ostdeutschen Löhne viel zu schnell den westdeutschen Löhnen anzugleichen, obwohl die Produktivität nur zwischen 29 und 45 Prozent der westlichen Produktivität erreicht. Am 1. April 1993 sollen die ostdeutschen Löhne 80 Prozent der westlichen erreichen und ein Jahr später 100 Prozent. Wenn die Tarifpartner nicht vorher zu neuer Übereinstimmung kommen, wird befürchtet, daß weitere Betriebe, die sonst Überlebenschancen gehabt hätten, geschlossen werden müssen.

revision
giant

government officials

forced
levy solidarity surcharge
cancelled

national debt
notorious

unbearably

production methods

12 / Damit sind nur einige der großen Probleme berührt. Die Schwierigkeiten der Treuhandgesellschaft mit der Sanierung und Privatisierung von staatlichen Unternehmen wurde schon im letzten Kapitel erwähnt. Ungeheure Summen müssen zum Bau einer ganz neuen Infrastruktur im *Verkehrs- und Kommunikationswesen* bereitgestellt werden. Die Kassen sind umso leerer, als gleichzeitig

transportation/communication

°Nach den Angaben des Statistischen Bundesamts 1992 waren es 1990 nur 92,157 Milliarden und 1991 nur 15,309 Milliarden Mark. Für 1992 lagen noch keine Zahlen vor.

mit dem Wiederaufbau des Ostens *oben erwähnte*, hohe Geldsummen zur Un-   above mentioned
terstützung Gorbatschows und seiner Reformen nötig wurden wie auch die
finanzielle Unterstützung des Golfkriegs. Im März 1993 ist ein neuer Solidar-
pakt geschlossen worden. Die *Sozialleistungen* in den neuen Bundesländern   social benefits
werden weiter finanziert, und ab 1. Januar 1995 wird wieder ein sogenannter
Solidaritätszuschlag in der Höhe von 7,5 Prozent auf die Lohn- und Einkom-
mensteuer erhoben. Doch die Lage ist jetzt anders als zur Zeit der Wiedervereinigung im Oktober 1990, als die Wirtschaft durch 16 Millionen neue Abnehmer im eigenen Land stark *angekurbelt* wurde. Inzwischen hat die   cranked up
weltweite Rezession auch Deutschland *eingeholt*, und die Angst ist groß, daß   caught up with
eine erneute Steuererhöhung diese Marktflaute gefährlich *vertiefen* und *ver-*   deepen/lengthen
längern könnte.

13 / Es ist sehr bedauerlich, daß die ganz unerwartete, geradezu wunderbare Wiedervereinigung, die anfangs mit offenen Herzen und Armen zu beiden Seiten
der gefallenen Mauer begrüßt worden war, so schnell zu negativen Gefühlen
und Anklagen führte. Die „Ossis" klagen, daß die „Wessis" sie, die seit Kriegs-
ende ohne Freiheit und Luxus hätten leben müssen, zu Bürgern zweiter Klasse
degradierten, und die „Wessis" beschweren sich, daß die „Ossis", die es sich
nicht mit schwerer Arbeit verdient hätten, sofort soviel Wohlstand haben wollten wie die im Westen. Wäre es nicht möglich gewesen, eine Atmosphäre des
größeren Verständnisses für die Bitterkeit der Ostdeutschen über ihre jüngste
Vergangenheit, ihre Angst um oder *Zorn* über den *Verlust* ihres Arbeitsplatzes   anger/loss
zu schaffen? Und für die Angst der Westdeutschen, daß sie ihren Arbeitsplatz
an besser qualifizierte Ostdeutsche verlieren könnten, und für ihren Ärger über
den plötzlichen Mangel an Wohnungen, die obendrein viel teurer geworden
sind. Hat die Regierung keine Ahnung gehabt, w i e teuer die Wiedervereinigung werden würde, oder hat es ihr an *Mut* gefehlt, den westlichen Bürgern   courage
die Wahrheit zu sagen und sie zur *Opferbereitschaft* aufzufordern? Mag sein,   readiness to sacrifice
daß es zu diesem Zeitpunkt viel schwerer zu machen ist. Dennoch muß es getan
werden. Eine Alternative gibt es nicht. Deutschland hat mehr als einmal in der
Geschichte seine *Unverwüstlichkeit* und Tüchtigkeit gezeigt. Man denke an das   indestructibility
Wirtschaftswunder der fünfziger Jahre! Nikolaus Piper schreibt in der ZEIT
(22. Januar 1993) am Ende seines Artikels *Es wird Zeit für die Wende*: „Mehr   economic miracle
als zwei Jahre sind seit der Vereinigung Deutschlands vergangen. Die Institu-
tionen der alten Bundesrepublik–Bund, Länder, Bundesbank und zunächst
auch Gewerkschaften–haben seither konsequent gegeneinander gearbeitet
und eine neue Wirtschaftspolitik verhindert. Mit einem neuen Minister ist es
also nicht getan. Nötig ist nun eine konzertierte Aktion, denn je später die
Wende kommt, desto teurer wird sie."

WORTSCHATZ

1 / bestimmen   to determine
beauftragen   to put in charge
die Behörde, -n   public authority, agency
verteilen   to distribute
gerecht   fair, just

die Verteilung	distribution
die Mühe, -n	trouble, work
belohnen	to reward
niedrig	low
2 / genügend	sufficient
vorhanden	present, available
regeln	to regulate
die Hochkonjunktur, -en	booming market
der Wettbewerb, -e	competition
preisgünstig	budget-priced, reasonable
die Konkurrenz, -en	competition
sorgen für	to provide, care for
die Aufklärung, -en	enlightenment; explanation
der Käufer, -	buyer, customer, consumer
die Qualität, -en	quality
der Tip, -s	hint, suggestion
das Ergebnis, -se	result
die Zeitschrift, -en	periodical
überprüfen	to review, inspect
bedrohen	to threaten
3 / vorübergehend	temporari(ly)
umfangreich	extensive
genießen, o, o	to enjoy
4 / die Ausfuhr, -en	export
der Mangel	lack
der Grundsatz, ⁓e	principle
die Teilung, -en	division
ökonomisch	economic(al)
anstreben	to aim for
beschränkt	limited
EG = Europäische Gemeinschaft	European Community
EWG = Europäische Wirtschaftsgemeinschaft	European Economic Community = Common Market
das Mitglied, -er	member
durchsetzen	to carry out, enforce
die Außenpolitik	foreign policy
5 / die Macht, ⁓e	power
der Rang	rank, degree
ersten Ranges	first-rate
der Zoll, ⁓e	customs, duty, toll
die Schranke, -n	barrier
die Währung, -en	currency
erleichtern	to make easy, facilitate
6 / das Entwicklungsland, ⁓er	developing (Third World) country
fehlen (Dat.)	to be missing
beträchtlich	considerable
die Beihilfe, -n	support, subsidy
der Zuschuß, ⁓sse	subsidy
die Halbfertigware, -n	half-finished goods

	die Fertigware, -n	finished goods
	die Vergünstigung, -en	preferential treatment
	der Zugang	access
	sich bewähren	to prove effective
7 /	(sich) verdoppeln	to double
8 /	die Rangfolge	ranking, sequence
	technisch	technical
	das Erzeugnis, -se	product
9 /	Devisen, *pl.*	foreign currency
	die Einfuhr, -en	import
	der Posten, -	item
	beachtlich	considerable
	der Aktivsaldo	active (= credit) trade balance
	ausgleichen	to balance
	der Gastarbeiter, -	guest worker, foreign worker
	decken	to cover
	der Beitrag, ̈-e	dues; contribution
10 /	investieren	to invest
	sichern	to insure, assure
	der Vorteil, -e	advantage
	ausnutzen	to make use of; exploit
11 /	bescheiden	modest
	verantwortlich	responsible
	die Steuer, -n	tax
	ratlos	not knowing what to do
	umtauschen	to exchange
	der Beschluß, Beschlüsse	decision
	der Lohn, ̈-e	pay, wages
	die Übereinstimmung, -en	agreement
12 /	verlängern	to extend
13 /	klagen	to lament, complain
	sich beschweren	to complain (officially)
	der Wohlstand	wealth
	auffordern	to request, challenge
	die Tüchtigkeit	efficiency, great capability

WORTSCHATZ ERWEITERN

1. *Vervollständigen Sie die Sätze.* / FILE # WE3B1

1 / 1. Bei der Planwirtschaft bestimmt die Regierung, was _____ und an wen es _____ wird. (*produced; distributed*)

2. Das soll zur _____ _____ führen. (*fairer distribution*)

3. Der Durchschnittsmensch will für seine Mühe _____ werden. (*rewarded*)

2 / 4. Bei der Marktwirtschaft wird der Markt von der Nachfrage des Verbrauchers _____. (*regulated*)

5. In der Marktwirtschaft ist der freie _____ wichtig. (*competition*)

6. Wer die _____ Angebote macht, setzt die meisten Waren ab. (*most reasonable*)

7. Kartelle dürfen die _____ auf dem Markt nicht ausschalten. (*competition*)

8. Die Zeitschrift „Test" veröffentlicht die _____. (*results*)

4 / 9. Deutschland konnte eine führende Stellung in der _____ behaupten. (*export*)

10. Deutschland strebt möglichst _____ Welthandel an. (*unlimited*)

11. Die zwölf Mitgliedstaaten der EG betreiben gemeinsame _____ _____. (*foreign policy*)

5 / 12. Die EG ist eine _____ ersten Ranges. (*trading power*)

13. Zwischen den EG-Ländern gibt es keine _____ mehr (*customs barriers*)

6 / 14. Der Handel mit den _____ ist sehr wichtig. (*Third World Countries*)

15. Die Entwicklungsländer haben Rohstoffe, die Deutschland _____. (*lacks*)

16. Deutschland bezahlt Entwicklungshilfe in Form von _____. (*subsidies*)

7 / 17. Deutschlands Handel mit den GUS-Ländern hat sich _____. (*doubled*)

8 / 18. Die Herstellung technisch einfacher _____ wird von Ländern mit weniger hohen Löhnen übernommen. (*products*)

9 / 19. Deutschland braucht einen beachtlichen _____, um u.a.[1] die Gastarbeiter zu bezahlen. (*active trade balance*)

20. Es muß auch hohe _____ an die EG zahlen. (*dues*)

11 / 21. Viele machen den Finanzminister für die Probleme des vereinten Deutschlands _____. (*responsible*)

22. Neue _____ sollen erhoben werden. (*taxes*)

23. Der Beschluß, die ostdeutschen _____ den Westdeutschen so schnell anzugleichen, wäre ein Fehler gewesen. (*pay*)

12 / 24. Eine Steuererhöhung könnte die jetzige Rezession gefährlich vertiefen und _____. (*extend*)

13 / 25. Die „Wessis" _____ _____, daß die „Ossis" sofort ebenso viel _____ haben wollen wie sie. (*complain; wealth*)

26. Deutschland hat mehr als einmal in der Geschichte seine _____ gezeigt. (*efficiency*)

[1]unter anderem = *among other things*

2. Verwandte Wörter. Bilden Sie mit jedem Wort einen kurzen Satz.

Nomen	Verben	Adjektive
die Aktion		
die Alternative	degradieren	bankrott
die Atmosphäre	finanzieren	intern
das Defizit	funktionieren	konzertiert
der Export	garantieren	qualifiziert
die Katastrophe	praktizieren	unrealistisch
die Klasse	produzieren	
der Konsument		
der Kredit		
der Luxus		
die Methode		
der Pakt		
die Privatisierung		
die Produktion		
die Produktivität		
die Solidarität		
die Summe		
der Tarifpartner		
die Technik		

3. Synonyme. Suchen Sie zu jedem Wort ein ähnliches auf der Liste. Als 2. Übung sammeln Sie Wörter derselben Familie, z.B. „beträchtlich", „betrachten", „die Betrachtung".

der Aktivsaldo	erreichen	erheblich
die Ausfuhr	erzielen	beachtlich
die Beihilfe	kontrollieren	beträchtlich
der Betrag	richtig sein	
die Einfuhr	stimmen	
das Ergebnis	überprüfen	

der Export
der Exportüberschuß
die Handelsbarriere
der Import
der Käufer
die Konkurrenz
der Konsument
der Ratschlag
das Resultat
die Summe
der Tip
der Wettbewerb
die Zollschranke
der Zuschuß

INFORMATION ERARBEITEN

1. Vervollständigen Sie die Notizen zum Text.

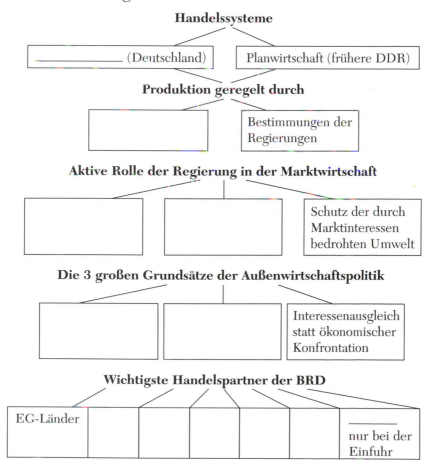

Wichtiger Handel mit Entwicklungsländern

Entwicklungsländer exportieren Rohstoffe, besonders Erdöl		Deutschland exportiert _____ _____

Wichtigste Export- und Importwaren im deutschen Gesamthandel

Export 1. Straßenfahrzeuge 2. 3. 4.	Import 1. Chemische Produkte 2. 3. 4.

Die BRD muß ausreichend Devisen verdienen zur Deckung von

Einfuhrposten	Defizit des Reiseausgleichs			Devisen- reserven

KORREKTES SCHREIBEN

Übersetzen Sie. / FILE # KS3B

1. In the market economy, the production is regulated by the consumer's demand.
2. Whoever makes the most reasonable offers sells most.
3. The government guards over free competition on the market.
4. There are no more custom barriers between the EC-countries.
5. Trade between the EC-countries is facilitated by the EWS.
6. The trade with the developing countries is very important.
7. Fifty-seven developing nations have free access to the markets of the EC-countries.
8. An active trade-balance is necessary to pay the dues for the EC and other international organizations.
9. Germany must also balance the high deficit in foreign travels.
10. Also, the pay for the guest workers is sent to other countries.
11. Germany invests in other countries to take advantage of lower pay (rates) for labor.

SPRECHEN

1. Interpretieren Sie Schaubild 1. Beginnen Sie etwa so: „Frankreich ist Deutschlands bester Kunde und steht auch als Lieferant (supplier) an erster Stelle." Sagen Sie wenigstens 5 Sätze.

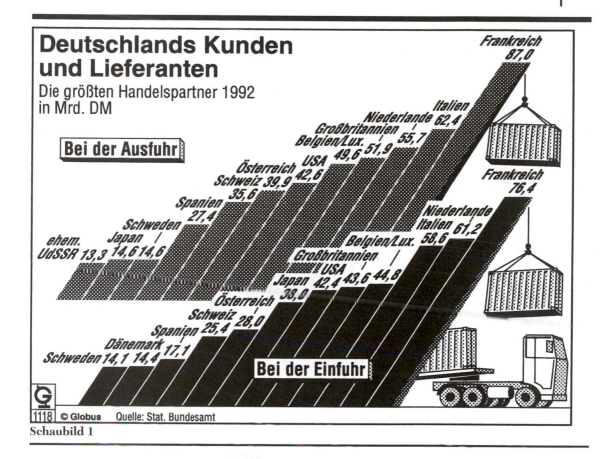

Deutschlands Kunden und Lieferanten

Die größten Handelspartner 1992 in Mrd. DM

Bei der Ausfuhr

Frankreich 87,0
Italien
Niederlande 62,4
Großbritannien | 55,7
Belgien/Lux. | 51,9
49,6
USA 42,6
Österreich 39,9
Schweiz 35,6
Spanien 27,4
Schweden
Japan | 14,6 14,6
ehem. UdSSR 13,3

Frankreich 76,4
Niederlande | 61,2
Italien 58,6
Belgien/Lux.
Großbritannien | 44,8
USA 43,6
Japan 42,4
38,0
Österreich 28,0
Schweiz 25,4
Spanien 17,1
Dänemark 14,4
Schweden 14,1

Bei der Einfuhr

1118 © Globus   Quelle: Stat. Bundesamt

Schaubild 1

2. Gespräch zu zweit. Sprechen Sie über das deutsche Export-Sortiment (Schaubild 2).

Z.B.: ST 1: 1991 führte Deutschland Straßenfahrzeuge im Werte von 11 Milliarden DM aus. Das war der größte Ausfuhr-Posten.

ST 2: Der kleinste Ausfuhr-Posten waren Agrarprodukte. Deutschland nahm damit nur 7 Milliarden DM ein.

3. Gespräch zu zweit. Vergleichen Sie Deutschlands Handel mit der Welt (Schaubild 3). Verwenden Sie Komparative und Superlative.

Z.B.: 1988 war Deutschlands Ausfuhr viel größer als seine Einfuhr, aber . . .

Oder: Im Jahre 1989 hatte Deutschland seinen größten Ausfuhr-Überschuß. 1991 . . .

4. Gespräch zu zweit. Interpretieren Sie Schaubild 4.

Z.B.: ST 1: Die Deutschen stellen nicht viele Schuhe her. Sie müssen 73 Prozent ihres Bedarfs einführen.

ST 2: Ja, sie importieren auch viele Textilien.

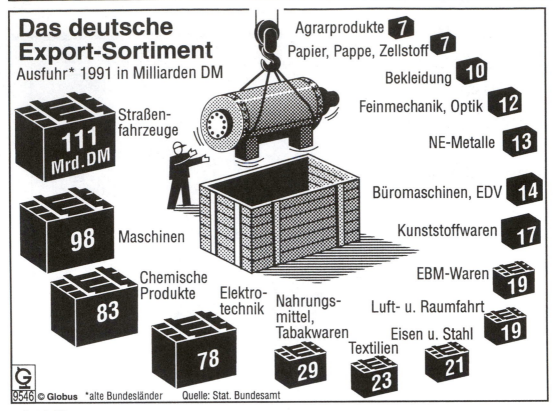

Das deutsche Export-Sortiment
Ausfuhr* 1991 in Milliarden DM

Straßenfahrzeuge **111 Mrd.DM**

Maschinen **98**

Chemische Produkte **83**

Elektrotechnik **78**

Nahrungsmittel, Tabakwaren **29**

Textilien **23**

Eisen u. Stahl **21**

Luft- u. Raumfahrt **19**

EBM-Waren **19**

Kunststoffwaren **17**

Büromaschinen, EDV **14**

NE-Metalle **13**

Feinmechanik, Optik **12**

Bekleidung **10**

Papier, Pappe, Zellstoff **7**

Agrarprodukte **7**

9546 © Globus   *alte Bundesländer   Quelle: Stat. Bundesamt

Schaubild 2

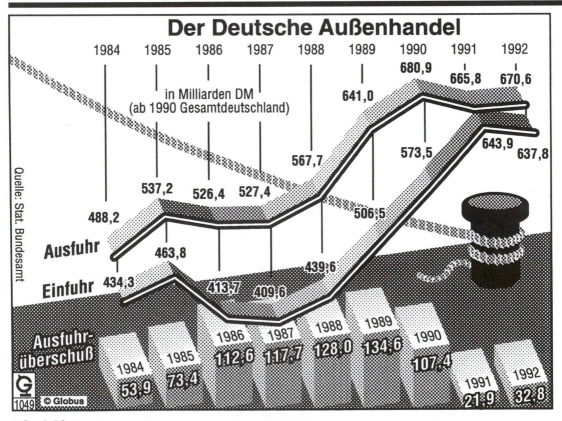

Der Deutsche Außenhandel

in Milliarden DM
(ab 1990 Gesamtdeutschland)

Quelle: Stat. Bundesamt

	1984	1985	1986	1987	1988	1989	1990	1991	1992
Ausfuhr	488,2	537,2	526,4	527,4	567,7	641,0	680,9	665,8	670,6
Einfuhr	434,3	463,8	413,7	409,6	439,6	506,5	573,5	643,9	637,8
Ausfuhrüberschuß	53,9	73,4	112,6	117,7	128,0	134,6	107,4	21,9	32,8

1049 © Globus

Schaubild 3

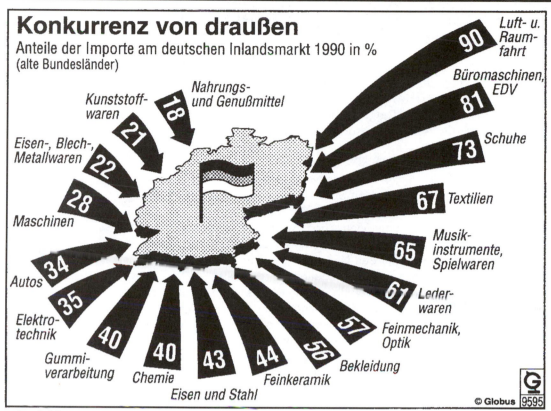

Konkurrenz von draußen

Anteile der Importe am deutschen Inlandsmarkt 1990 in %
(alte Bundesländer)

Luft- u. Raumfahrt **90**

Büromaschinen, EDV **81**

Schuhe **73**

Textilien **67**

Musikinstrumente, Spielwaren **65**

Lederwaren **61**

Feinmechanik, Optik **57**

Bekleidung **56**

Feinkeramik **44**

Eisen und Stahl **43**

Chemie **40**

Gummiverarbeitung **40**

Elektrotechnik **35**

Autos **34**

Maschinen **28**

Eisen-, Blech-, Metallwaren **22**

Kunststoffwaren **21**

Nahrungs- und Genußmittel **18**

© Globus 9595

Schaubild 4

LESEN UND VERSTEHEN

*1. Lesen Sie den Artikel über GATT-Verhandlungen in den
DEUTSCHLAND NACHRICHTEN vom 30. Oktober 1992,
und entscheiden Sie, ob die Aussagen, die folgen, darin
gemacht sind.*

GATT-VERHANDLUNGEN IN KRITISCHER PHASE: EG WILL HANDELSKRIEG MIT DEN USA VERMEIDEN

Regelmäßig erklären die Regierungschefs der sieben westlichen Industrieländer (G7) auf ihren jährlichen Weltwirtschaftsgipfeln, die Uruguay-Runde des
GATT (General Agreement on Trade and Tariffs), die sich seit sechs Jahren
um den weltweiten Abbau von Handelsschranken bemüht, müsse nun um-
gehend zu einem erfolgreichen Abschluß gebracht werden.

So auch in diesem Jahr: Nachdem es nicht gelungen war, die Verhandlungen, wie Bundeskanzler Helmut Kohl gewünscht hatte, vor dem Münche-

ner Gipfel im Juli abzuschließen, setzten sich die Gipfelteilnehmer eine *Frist*　*deadline*
zur *Erledigung* des Problems bis Ende dieses Jahres. Es sieht so aus, als wenn　*settling*
GATT auch beim G7-Treffen in Tokio im Juli 1993 auf der Tagesordnung
stehen könnte.

Kern des Konfliktes ist der Streit zwischen der Europäischen Gemeinschaft
und den USA um die EG-Subventionen für die europäische Landwirtschaft,
insbesondere für europäische Agrarexporte, die auf den Weltmärkten mit
den US-Exporten konkurrieren. Die USA verlangen von der EG eine Senkung
der subventionierten Getreide- und Ölsaatenexporte. Dagegen *sperrt sich* vor　*to fight against*
allem Frankreich.

Die USA argumentieren, daß die EG-Subventionen allein für die Ölsaaten
den amerikanischen Produzenten Milliardenverluste bringen, weil diese mit
ihren nicht subventionierten Produkten auf den Weltmärkten nicht mit den
EG-Preisen konkurrieren könnten. Ein GATT-*Schiedsgericht* hat der amerikan-　*arbitration*
ischen Klage gegen diese Subventionen schon zweimal *stattgegeben*.　*to permit*

Ein Sprecher der EG-Kommission dementierte am 22. Oktober in Brüssel
den Abbruch der Gespräche mit den USA, nachdem die US-Vertretung in
Brüssel erklärt hatte, die gesamte US-Delegation sei abgereist. Carla Hills,
die Handelsbeauftragte der US-Regierung, drohte bereits mit *Strafzöllen* auf　*customs*
EG-Exporte in die USA, falls die EG bei den Agrar-Subventionen nicht nach-　*penalty*
gebe. Nach Presseberichten erwägt die US-Regierung solche Zölle zunächst
für französische Produkte wie Wein, Spirituosen und Käse.

Der französische Außenminister Roland Dumas meinte, er rechne erst
einige Monate nach den amerikanischen Präsidentschaftswahlen mit
„ernsthaften Diskussionen". Der deutsche Wirtschaftsminister Jürgen Mölle-
mann forderte die EG-Kommission *eindringlich* auf, weiter zu verhandeln; es　*urgently*
gebe für einen Handelskrieg mit den USA keinen ungünstigeren Zeitpunkt
als den jetzigen.

Am 27. Oktober *unterrichtete* der EG-Agrarkommissar Ray MacSharry die　*here: to advise*
Landwirtschaftsminister der zwölf EG-Staaten über den Stand der Verhand-
lungen mit den USA. MacSharry sagte, er stehe weiter in engem Kontakt mit
US-Unterhändler Edward Madigan. ■

1. Die Regierungschefs der G7 treffen sich jährlich zu einem Wirtschaftsgipfel.　**JA　NEIN**
2. Jedesmal versuchen sie, die GATT-Runde zu einem
   Abschluß zu bringen.　**JA　NEIN**
3. Das Problem soll bis Ende des Jahres erledigt werden.　**JA　NEIN**
4. Die USA und die EG streiten sich über die EG-Subventionen der europäischen Landwirtschaft.　**JA　NEIN**
5. Die EG-Staaten wollen die Agrar-Exporte in Zukunft
   weniger oder gar nicht mehr subventionieren.　**JA　NEIN**
6. Subventionierte Getreide- und Ölsaatenexporte sind für
   die USA besonders schlimm.　**JA　NEIN**
7. Frankreich will Getreide und Ölsaaten zu niedrigeren
   Preisen exportieren.　**JA　NEIN**
8. Ein GATT-Schiedsgericht hat die amerikanische Klage
   schon als berechtigt beurteilt (*judged*).　**JA　NEIN**
9. Die US-Regierung drohte mit Strafzöllen auf EG-Exporte.　**JA　NEIN**

10. Deutschland hat keine Angst vor einem Handelskrieg
    mit den USA.

    JA NEIN

**2. Lesen Sie „Deutschland braucht den freien Welthandel"
in den DEUTSCHLAND NACHRICHTEN vom 30. Oktober
1992, und beantworten Sie die Fragen, die folgen.**

DEUTSCHLAND BRAUCHT DEN FREIEN WELTHANDEL

Deutschland ist mehr als die meisten anderen Länder an einem *Erfolg* der GATT-*Verhandlungen* interessiert, weil ein möglichst unbehinderter Welthandel für die deutsche Industrie lebenswichtig ist. Etwa ein Drittel des deutschen Bruttosozialproduktes wird durch Exporte erwirtschaftet; jeder vierte deutsche Arbeitsplatz ist exportabhängig.

success
negotiations

Die amerikanische Industrie ist wegen ihres *riesigen* Inlandsmarktes weniger von Exporten abhängig. Zwei Zahlen *verdeutlichen* dies: Deutschland erzielte im Außenhandel 1989 einen Überschuß von 134 Milliarden Mark - die *Außenhandelsbilanz* der USA *wies* im gleichen Jahr ein Defizit von 243 Milliarden Mark *aus*.

gigantic
to highlight

trade balance
to show

Dennoch liegen die USA und Deutschland in absoluten Zahlen des Außenhandels etwa gleichauf: 1991 erreichten die Exporte der USA mit einem Gesamtwert von 422 Milliarden Dollar einen Anteil von zwölf Prozent am *gesamten* Welthandel–die deutschen Exporte machten mit 403 Milliarden Dollar 11,4 Prozent des Welthandels aus. ∎

total

1. Warum ist für die deutsche Industrie ein unbehinderter Welthandel besonders wichtig?
2. Warum ist er für die USA nicht so lebenswichtig?
3. Wer hat 1991 mehr ausgeführt: Deutschland oder die USA?

Deutschland Nachrichten 30. Okt. 1992

HÖREN UND VERSTEHEN

Hören Sie sich das Tonband-Interview[zu] Kapitel IIIB an.

Fräulein von Appen

VERSTÄNDNISHILFEN

zum Gespräch mit einer Auslandskorrespondentin

Abitur	diploma of a „Wissenschaftliche Oberschule" or „Gymnasium" qualifying a student for admission to a university
„Mittlere Reife"	"Middle Maturity" (high school) diploma which is accomplished by either finishing a "Mittelschule" or "Technische Oberschule" or by finishing 10th grade of a "Wissenschaftliche Oberschule"
obendrauf	in addition
angefragt	requested
KFZ = Kraftfahrzeuge	motor vehicles
Sparte	field, branch
asiatisch	Asian
Chef	boss
vermissen Sie es	do you miss it
zusammenhalten	stick together

das kommt drauf an	that depends
zu einseitig	too specialized
was so anfällt	what needs to be taken care of
üblich	customary
voller Lohn	full pay
umgelegt auf	prorated to
moderne Anlagen	modern equipment
Schreibautomat	word processor
sonst rentiert es sich ja nicht	otherwise it does not pay off
Empfangsgerät	receiver
Mitteilungen	communications
gerechnet	computed
vereinbart	agreed upon
aber fünf Wochen steht lhnen zu	but you are entitled to five weeks
in dem Sinne	in that sense
ein dreizehntes Gehalt	a 13th (monthly) salary
mich . . . festlege	tie myself down

Hören Sie sich das Gespräch zum zweiten Mal an und schreiben Sie dann je ein paar Sätze über:

a. Frl. von Appens Ausbildung
b. die Firma, bei der sie arbeitet
c. ihr Aufgabengebiet
d. ihre Arbeitsstunden (*workload*) und Ferien und besondere Zulagen (*bonus pay*).

C. DIE EUROPÄISCHE GEMEINSCHAFT

1 / Die Europäische Gemeinschaft (EG) besteht aus zwölf Mitgliedstaaten (s. Schaubild 1), die sich zusammengetan haben, „in dem festen Willen, die *Grundlagen* für einen immer engeren Zusammenschluß der europäischen Völker zu schaffen, *entschlossen*, durch gemeinsames *Handeln* den wirtschaftlichen und sozialen Fortschritt ihrer Länder zu sichern, indem sie die Europa *trennenden* Schranken *beseitigen*, in dem *Vorsatz*, die stetige Besserung der Lebens- und *Beschäftigungsbedingungen* ihrer Völker als wesentliches Ziel *anzustreben* . . .“° foundations

determined/action separating eliminate intention employment conditions/to strive for

2 / Die ersten Mitglieder waren Belgien, Frankreich, Italien, Luxemburg, die Niederlande und die Bundesrepublik Deutschland. Dänemark, Irland und Großbritannien schlossen sich 1973 an. Griechenland kam 1981 dazu, und Portugal und Spanien sind im Jahre 1986 zugelassen worden.

°(Aus der Präambel der Verträge zur Gründung der Europäischen Wirtschaftsgemeinschaft, Luxemburg, 1973, S. 173 f.)

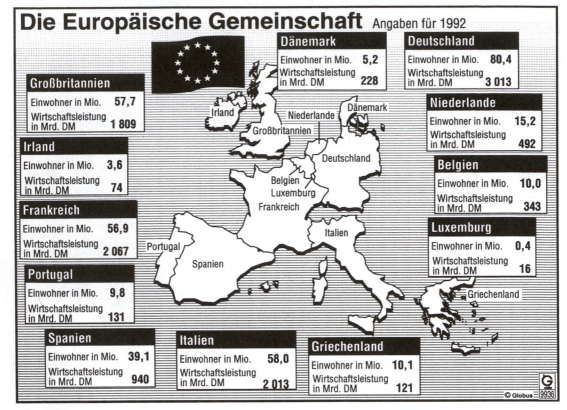

Die Europäische Gemeinschaft Angaben für 1992

Dänemark
Einwohner in Mio. **5,2**
Wirtschaftsleistung in Mrd. DM **228**

Deutschland
Einwohner in Mio. **80,4**
Wirtschaftsleistung in Mrd. DM **3 013**

Großbritannien
Einwohner in Mio. **57,7**
Wirtschaftsleistung in Mrd. DM **1 809**

Niederlande
Einwohner in Mio. **15,2**
Wirtschaftsleistung in Mrd. DM **492**

Irland
Einwohner in Mio. **3,6**
Wirtschaftsleistung in Mrd. DM **74**

Belgien
Einwohner in Mio. **10,0**
Wirtschaftsleistung in Mrd. DM **343**

Frankreich
Einwohner in Mio. **56,9**
Wirtschaftsleistung in Mrd. DM **2 067**

Luxemburg
Einwohner in Mio. **0,4**
Wirtschaftsleistung in Mrd. DM **16**

Portugal
Einwohner in Mio. **9,8**
Wirtschaftsleistung in Mrd. DM **131**

Spanien
Einwohner in Mio. **39,1**
Wirtschaftsleistung in Mrd. DM **940**

Italien
Einwohner in Mio. **58,0**
Wirtschaftsleistung in Mrd. DM **2 013**

Griechenland
Einwohner in Mio. **10,1**
Wirtschaftsleistung in Mrd. DM **121**

© Globus 9936

Schaubild 1

---

3 / 1951 geschah der erste *Schritt* zum wirtschaftlichen Zusammenschluß durch   step
die *Errichtung* der Europäischen Gemeinschaft für Kohle und Stahl (= Mon-   founding
tanunion). 1958 traten die Verträge zur Gründung der Europäischen Wirtschaftsgemeinschaft und zur Europäischen Atomgemeinschaft (= Eurotom) in
Kraft. Die Mitglieder hofften, allmählich alle Schranken gegen freie Bewegung
von Kapital, Gütern, Leistungen und Arbeitern innerhalb ihrer Staaten *aufzu-*   to lift
heben. Das langfristige Ziel war damals schon ein wirtschaftlich und politisch
vereintes Europa.

4 / Im Jahre 1985 wurde von den Regierungschefs der Mitgliedstaaten vertraglich
festgelegt, daß bis 1992 ein ganz freier Binnenmarkt geschaffen werden sollte.
Dieser Binnenmarkt ist am 1. Januar 1993 Wirklichkeit geworden, aber nicht
mit Erfüllung aller Hoffnungen. Zwar gibt es keine Zolltarife mehr zwischen
den Mitgliedstaaten und keine *mengenmäßigen* Beschränkungen an Ein- und   quantitative
Ausfuhrwaren, aber Personen werden manchmal noch beim Übergang der
Grenzen kontrolliert, was nicht *vorgesehen* war. Andere Probleme bleiben of-   planned
fen. Damit den Arbeitern *Freizügigkeit* von einem Staat zum andern gewährt   free movement
werden kann, müssen Löhne, Steuern und Sozialleistungen in den verschiedenen Mitgliedstaaten einander angeglichen werden. Das ist noch nicht erreicht worden.

Das Gebäude der Europäischen Gemeinschaft in Brüssel

5 / Die EG hat einen gemeinsamen Agrarmarkt geschaffen mit freiem Warenverkehr und einem gemeinsamen Preisniveau, was den Handel innerhalb der Mitgliedstaaten sehr erleichtert und gesteigert und die EG zur stärksten Wirt-
schaftsmacht der Welt gemacht hat. Das *angestrebte* Gleichgewicht von   aimed for

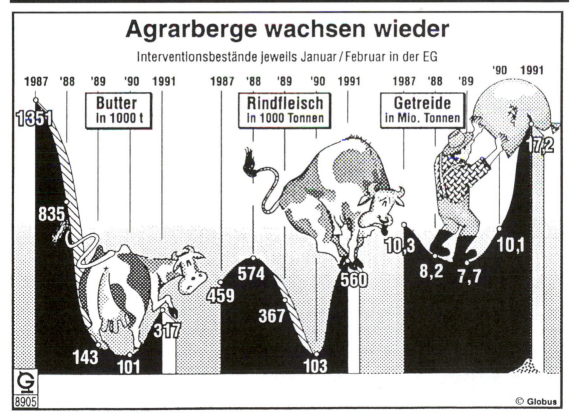

Schaubild 2

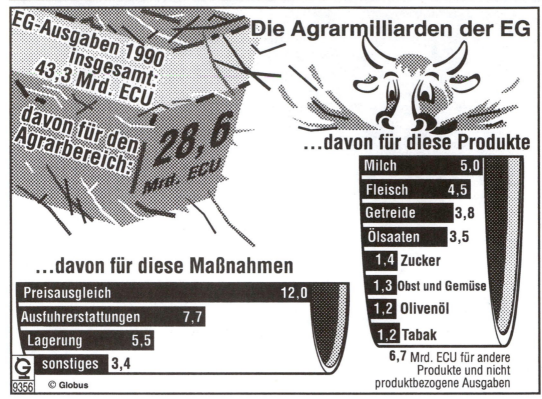

Die Agrarmilliarden der EG

EG-Ausgaben 1990 insgesamt: 43,3 Mrd. ECU

davon für den Agrarbereich: **28,6** Mrd. ECU

...davon für diese Produkte

Milch	5,0
Fleisch	4,5
Getreide	3,8
Ölsaaten	3,5
Zucker	1,4
Obst und Gemüse	1,3
Olivenöl	1,2
Tabak	1,2

6,7 Mrd. ECU für andere Produkte und nicht produktbezogene Ausgaben

...davon für diese Maßnahmen

Preisausgleich	12,0
Ausfuhrerstattungen	7,7
Lagerung	5,5
sonstiges	3,4

9356 © Globus

Schaubild 3

Angebot und Nachfrage ist aber nicht erreicht worden. Der Agrarmarkt leidet unter enormen Überschüssen (s. Schaubild 2), und die Agrarpolitik der EG kostet sie rund zwei Drittel ihres Budgets (s. Schaubild 3). Die diesbezüglichen Probleme sind schon in Kapitel II B angesprochen worden und werden im Tonband-Interview zu diesem Kapitel von einem *Mitarbeiter* des Zentrums für Europäische Politik in Bonn noch weiter *ausgeführt*.

staff member
explained

Hier in Strassburg tagt das Europaparlament

6 / Hauptregierungsorgane der EG sind die Kommission, der Rat, bzw. *Minister-rat*, der Europäische Rat und der *Gerichtshof*, der die letzte Rechtsinstanz für Streitigkeiten der EG-Länder ist. Die Kommission, bestehend aus 17 Mitgliedern, die alle vier Jahre von ihren Regierungen *ernannt* werden, ist die eigentliche Exekutive. Sie schlägt aber auch, in Zusammenarbeit mit *Fachvertretern* der einzelnen Staaten, Gesetze vor, die dann vom Rat akzeptiert oder abgelehnt werden. Zu den Sitzungen des (Minister)rats entsenden die nationalen Regierungen ihren für die *anstehenden* Fragen jeweils *zuständigen Fachminister*. Sie treffen die eigentlichen Entscheidungen über die Vorschläge der Kommission. Eine *qualifizierte Mehrheit* genügt für die meisten Beschlüsse. Als höchstes Entscheidungsgremium tagt seit 1975 mindestens zweimal jährlich der Europäische Rat, der aus den Staats- und Regierungschefs der Mitgliednationen besteht. Sowohl Kommission als auch Ministerrat werden vom Europäischen Parlament beraten (Schaubild 4). Es hat die Macht, bei zwei Drittel Stimmenmehrheit die ganze Kommission abzusetzen. Das Parlament tagt in Luxemburg, der Hauptstadt des *winzigen* Landes Luxemburg, das zwischen den Grenzen von Deutschland, Frankreich und Belgien liegt, oder in Straßburg, der

Council of Ministers/ Court of Justice

nominated specialists

up for debate/minister of the appropriate department

qualified majority

tiny

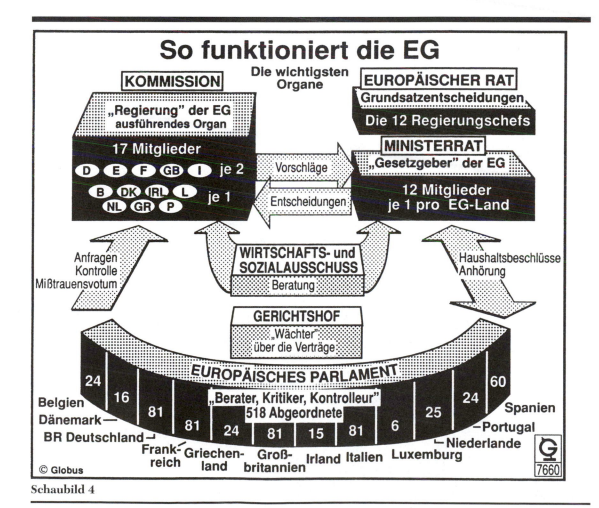

So funktioniert die EG

Die wichtigsten Organe

KOMMISSION

„Regierung" der EG ausführendes Organ

17 Mitglieder

D E F GB I je 2

B DK IRL L je 1

NL GR P

Vorschläge

Entscheidungen

EUROPÄISCHER RAT

Grundsatzentscheidungen

Die 12 Regierungschefs

MINISTERRAT

„Gesetzgeber" der EG

12 Mitglieder je 1 pro EG-Land

Anfragen Kontrolle Mißtrauensvotum

WIRTSCHAFTS- und SOZIALAUSSCHUSS

Beratung

Haushaltsbeschlüsse Anhörung

GERICHTSHOF

„Wächter" über die Verträge

EUROPÄISCHES PARLAMENT

„Berater, Kritiker, Kontrolleur" 518 Abgeordnete

24 16 81 81 24 81 15 81 6 25 24 60

Belgien Dänemark BR Deutschland Frankreich Griechenland Großbritannien Irland Italien Luxemburg Niederlande Portugal Spanien

© Globus 7660

Schaubild 4

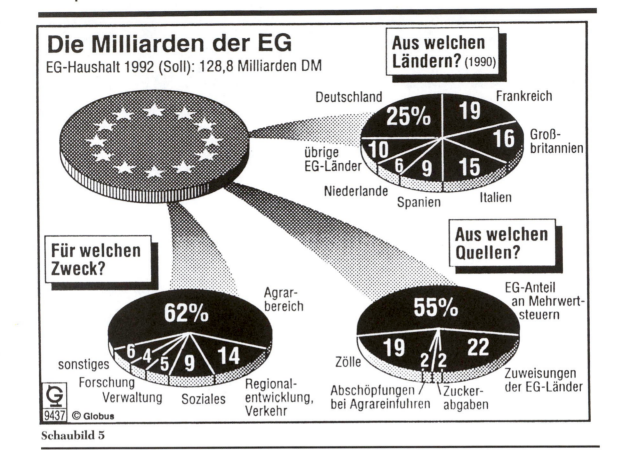

Die Milliarden der EG
EG-Haushalt 1992 (Soll): 128,8 Milliarden DM

Aus welchen Ländern? (1990)

Deutschland 25%
Frankreich 19
Groß-britannien 16
übrige EG-Länder 10
6 9 15
Niederlande
Spanien
Italien

Für welchen Zweck?

62%
Agrar-bereich
6 4 5 9 14
sonstiges
Forschung
Verwaltung Soziales
Regional-entwicklung, Verkehr

Aus welchen Quellen?

55%
EG-Anteil an Mehrwert-steuern
19 2 2 22
Zölle
Abschöpfungen bei Agrareinfuhren
Zucker-abgaben
Zuweisungen der EG-Länder

9437 © Globus

Schaubild 5

französischen Stadt am linken Rheinufer. Kommission und Rat tagen in Brüssel, Belgien.

7 / Die EG finanziert sich nicht mehr hauptsächlich aus Mitgliedsbeiträgen (Schaubild 5). Ihre größte Einnahme wird durch den *Mehrwertsteueranteil* bestritten. 1,4% der eingenommenen Mehrwertsteuer müssen die Staaten an die EG *abführen*. Die Zollgelder in ihrem Haushalt stammen von Zöllen, die Nicht-Mitgliedstaaten bei der Einfuhr von Waren in die EG *entrichten* müssen. Die „Agrarabschöpfungen" sind die Differenz zwischen den meist billigeren Agrar-Einfuhrprodukten und den EG Preisen.

share of value-added tax

transfer
pay

8 / Im Jahre 1979 wurde das Europäische Währungssystem gegründet, dem sich – mit Ausnahme von Großbritannien – alle Länder, die zu der Zeit Mitglieder der EG waren, anschlossen. Es sollte die verschiedenen Währungen stabiler machen und sie gegen Inflation schützen. Es wurde abgemacht, daß die Währungen im *festgesetzten* Wert nicht mehr als 2,25 Prozent gegeneinander fluktuieren dürften (nur der schwachen Währung Italiens wurden 6 Prozent gestattet). Sonst müßten die *betroffenen* Länder Änderungen schaffen. Die *Recheneinheit* der EG ist die ECU (= European Currency Unit). Die ECU

fixed

affected
monetary unit

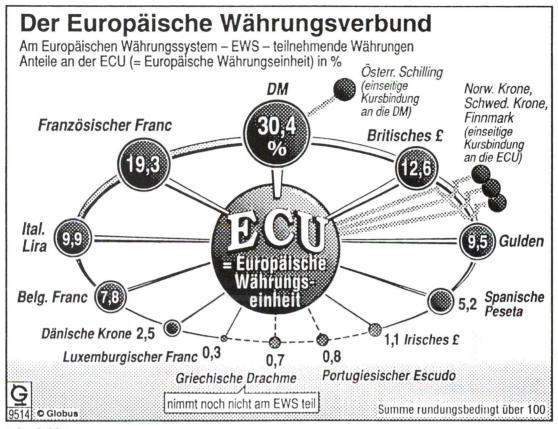

Der Europäische Währungsverbund

Am Europäischen Währungssystem – EWS – teilnehmende Währungen
Anteile an der ECU (= Europäische Währungseinheit) in %

DM
30,4 %

Österr. Schilling
(einseitige Kursbindung an die DM)

Norw. Krone, Schwed. Krone, Finnmark
(einseitige Kursbindung an die ECU)

Französischer Franc
19,3

Britisches £
12,6

ECU = Europäische Währungseinheit

Ital. Lira
9,9

9,5 *Gulden*

Belg. Franc
7,8

5,2 *Spanische Peseta*

Dänische Krone 2,5

1,1 *Irisches £*

Luxemburgischer Franc 0,3

0,7   0,8

Griechische Drachme   *Portugiesischer Escudo*

nimmt noch nicht am EWS teil

Summe rundungsbedingt über 100

9514 © Globus

Schaubild 6

---

ist noch nicht als Geldschein oder Münze erhältlich, aber die ECU dient heute als

—*gemeinsamer Nenner* zur *Festlegung* der Leitkurse und Währungen, *(common denominator/fixing)*

—Grundlage zur *Berechnung* des *Abweichungsindikators*, der *Spannungen* im Kurssystem signalisiert, *(calculation/deviation indicator/tensions)*

—*Rechengröße* im Zahlungsverkehr zwischen den EG-Notenbanken und mit den Fonds für währungspolitische Zusammenarbeit, *(monetary unit)*

—Rechengröße für die Zahlungsbilanzhilfen der Gemeinschaft,

—„*Zahlungsmittel*" der Notenbanken bei Interventionen am Devisenmarkt.[1] *(currency)*

9 / Das EWS hat sich nur teilweise bewährt und wird inzwischen nur als Stufe zu einer größeren Einheit gesehen. Am 11. Dezember 1991 schlossen die Regierungschefs der 12 Mitgliedstaaten in Maastricht einen Vertrag, der bis spätestens 1999 die Bildung der Europäischen Wirtschafts- und Währungsunion mit einheitlicher Währung und gemeinsamer Zentralbank *vorsieht*. Das soll später zur Gründung einer Europäischen Politischen Union führen mit *abgestimmter* *(plans for coordinated)*

[1]Aus INFORMATIONEN ZUR POLITISCHEN BILDUNG: DIE EUROPÄISCHE GEMEINSCHAFT, Nr. 213 (1986), S. 14.

Außenpolitik und eigenständiger Verteidigungspolitik. Dieser Vertrag ist, wie erforderlich, inzwischen von allen Migliedstaaten ratifiziert worden, mit Ausnahme von Dänemark und Großbritannien. Dänemark hatte das Volk *abstimmen* lassen und einen negativen Beschluß hinnehmen müssen, aber ein neues Referendum soll im Mai 1993 durchgeführt werden. In Großbritannien ist der Vertrag besonders in der regierenden, konservativen Partei umstritten, und die Entscheidung ist auf die Zeit nach dem zweiten dänischen Referendum verschoben worden. Manche Politiker sind dafür, den Maastrichter Vertrag *zur Not* auch ohne Dänemark und England in Kraft treten zu lassen, aber dem Gesetz nach kann die EG ihren Plan nicht ohne Zustimmung der Länder durchsetzen, die den Vertrag nicht ratifiziert haben.°

vote

if necessary

10 / Der einzig sichere Weg zu einem vereinten Europa ist wohl eine bessere Aufklärung der Bevölkerung über die Notwendigkeiten und Vorteile des Maastrichter Vertrags. Wenn er verwirklicht wird, erhält ein Markt von fast 380 Millionen Verbrauchern eine einheitliche Währung und spart allein dadurch, daß kein Geld mehr umgetauscht werden muß, jährlich 30 Millarden DM. Neunzehn Staaten gehören zu dem größten Wirtschaftsraum der Welt, denn die EFTA-Staaten Finnland, Island, Liechtenstein, Norwegen, Österreich, Schweden und die Schweiz erhielten am 1. Januar 1993 denselben freien Zugang zum Markt wie die EG-Staaten. Österreich und Schweden, sowie drei weitere Länder: Malta, Zypern und die Türkei haben den Beitritt zur EG beantragt, und mit mittel- und osteuropäischen Staaten wie Polen, Ungarn und der CSFR bestehen schon Assoziations-Abkommen.

WORTSCHATZ

1 /	bestehen aus, a, a,	to consist of
	der Zusammenschluß, ⁻sse	union, integration
	die Gründung, -en	founding
2 /	sich anschließen, o, o	to join
	zulassen, (ä), ie, a	to admit; permit, allow
3 /	der Vertrag, ⁻e	treaty; contract
	langfristig	long-term
4 /	schaffen, u, a	to create
	die Erfüllung, -en	fulfilment
	der Tarif, -e	tariff, rates, charges
	die Beschränkung, -en	limitation
	vorgesehen	intended, planned
	gewähren	to grant, permit
	Sozialleistungen, *pl.*	insurance benefits
	angleichen, i, i	to adjust
	erreichen	to reach (a goal)
5 /	das Gleichgewicht	balance
	leiden unter (Dat.), litt, gelitten	to suffer from
6 /	Streitigkeiten, *pl.*	quarrels, fights

°N.B.: Der Vertrag ist noch vor Redaktionsschluß von allen Mitgliedstaaten ratifiziert worden.

vorschlagen (ä), u, a	to suggest, propose
ablehnen	to turn down, refuse
zuständig	in charge
eine Entscheidung treffen, i, o	to make a decision
der Vorschlag, ̈-e	suggestion, proposal
genügen	to suffice
jemanden beraten	to advise someone
absetzen	to dismiss; sell
die Mehrheit, -en	majority
tagen	to hold meetings
7 / die Mehrwertsteuer, -n	value added tax
8 / Europäisches Währungssystem	European Monetary System
gründen	to found
etwas abmachen	to agree upon s.th.
die Änderung, -en	change, alteration
der Geldschein, -e	bill (money)
die Münze, -n	coin
9 / die Stufe, -n	step
die Einheit, -en	unit
einheitlich	uniform
vorsehen	to intend, plan
erforderlich	required
der Beschluß, Beschlüsse	decision
umstritten	controversial
verschieben, o, o	to delay, postpone
die Zustimmung, -en	agreement
10 / die Notwendigkeit, -en	necessity
der Vorteil, -e	advantage
verwirklichen	to realize, make come true
der Beitritt	joining up
beantragen	to apply for
bestehen	to exist

Übungen

WORTSCHATZ ERWEITERN

1. Vervollständigen Sie die Sätze. / FILE # WE3C1

1 / 1. Die Europäische Gemeinschaft _____ _____
zwölf Mitgliedstaaten. (*consists of*)

2 / 2. Portugal und Spanien sind 1986 _____ worden. (*admitted*)

3 / 3. 1958 traten die _____ zur Gründung der EWG in Kraft.
(*treaties*)

4. Das _____ Ziel war damals schon ein vereintes Europa.
(*long-term*)

5. Es gibt keine Zolltarife und keine mengenmäßigen _____ im Warenverkehr mehr innerhalb der Mitgliedstaaten. (*limitations*)

4 / 6. Daß die Menschen beim Grenzübergang immer noch kontrolliert werden, war nicht _____. (*intended*)

7. In den verschiedenen Mitgliedstaaten sollen Löhne und Steuern und _____ einander angeglichen werden. (*insurance benefits*)

5 / 8. Der freie Warenverkehr und das gemeinsame Preisniveau sollen ein _____ von Angebot und Nachfrage schaffen. (*balance*)

9. Der Agrarmarkt _____ _____ enormen Überschüssen. (*suffers from*)

6 / 10. Die Kommission _____ Gesetze _____. (*proposes*)

11. Der Rat kann die vorgeschlagenen Gesetze akzeptieren oder _____. (*reject*)

12. Die Fachminister _____ die eigentlichen _____ über die Vorschläge der Kommission. (*make decisions*)

13. Das Parlament _____ in Luxemburg. (*holds its meetings*)

8 / 14. Im Jahre 1979 wurde das Europäische Währungssystem _____. (*founded*)

15. Die ECU ist noch nicht als _____ oder Münze erhältlich. (*bill*)

9 / 16. Bis 1999 soll eine Europäische Wirtschafts- und Währungsunion mit _____ _____ geschaffen werden. (*uniform currency*)

17. Großbritannien hat die Entscheidung bis nach dem zweiten dänischen Referendum _____. (*postponed*)

18. Das Gesetz fordert die _____ aller Länder. (*agreement*)

10 / 19. Die Bevölkerung muß über die _____ und den _____ des Maastrichter Vertrags besser aufgeklärt werden. (*necessity; advantage*)

20. Österreich und Schweden haben den Beitritt zur EG schon _____. (*applied for*)

2. Verwandte Wörter. Bilden Sie mit jedem Wort einen kurzen Satz.

Nomen	Adjektive	Verben
die Differenz	enorm	akzeptieren
(das) Europa	national	ratifizieren
die Exekutive	negativ	signalisieren
das Gremium	stabil	
die Intervention		
die Kommission		

Nomen	Adjektive	Verben
der Lebensstandard		
das Parlament		
der Plan		
das Referendum		
der Tarif		
die Union		
der Wille		

PARTIZIPIALKONSTRUKTIONEN VERSTEHEN

German participle-constructions are unusual and difficult for native speakers of English. Therefore some limited help will be offered here. You may have to go back to your grammar book for basics.

1) A participle-construction can be recognized by the fact that the article of a noun is separated by more than adjectives.

$$\#1 \qquad \#4 \qquad \#3 \quad \#2$$

Ich spreche über **die** aus zwölf Staaten bestehende **EG**.

2) The participle adjective (here: **bestehende**) could be either a present participle which is always active, or a past participle which is always passive. It has retained its qualities as a verb and can therefore govern objects, adverbs, and prepositional phrases.

3) Translate sentences with participle-constructions in the following order: First translate the sentence up to where the article is separated from the noun (#1), then the noun that goes with the article (#2). If it is preceded by adjectives other than the participle, translate them before the noun. Now pick up the participle (#3) and then the rest of the sentence (#4). Stick to that sequence when translating the following sentences.

1. Ich spreche über die aus zwölf Staaten bestehende EG.
2. Das 1981 zugelassene Griechenland war der zehnte Staat.
3. Die inzwischen aufgehobenen Zolltarife waren hoch.
4. Es gibt auch ein noch zu erreichendes Ziel gleicher Löhne und Steuern.
5. Die oft umstrittene EWG erhöht den Lebensstandard aller Mitglieder.
6. Die immer größer werdenden Butterberge machen der EG Sorge.
7. Der Europarat muß die von der Kommission vorgeschlagenen Gesetze akzeptieren oder ablehnen.

(Wiederholen Sie den Wortschatz von Kapitel III-A.)

8. Die den ganzen Tag im Kontor sitzenden Angestellten wickeln die schriftlichen Arbeiten ab.
9. Die heute vom Großhandel gelieferten Waren sind leider defekt.
10. Der von ihm beratene Kundenkreis ist sehr zufrieden mit den neuen Angeboten.
11. Der die Lagerbestände im Warenhaus prüfende Angestellte ist nicht mehr jung.
12. Der seine Ware auf der Messe ausstellende Chef der Firma kommt morgen von Frankfurt zurück.
13. Die Kunden finden die in hübschen Kästen (*boxes*) verpackten Waren besonders attraktiv.

INFORMATION ERARBEITEN

Schreiben Sie einen Abschnitt über die EG. Benutzen Sie dabei die folgenden Fragen als Richtlinien.

1. Wieviele Mitgliedstaaten hat die EG zur Zeit?
2. Welche Staaten sind zuletzt zugelassen worden?
3. Was war der erste Schritt zum wirtschaftlichen Zusammenschluß der Länder?
4. Was ist das langfristige Ziel der EG?
5. Was ist schon und was ist noch nicht erreicht worden?
6. Was soll durch einen gemeinsamen Agrarmarkt erreicht werden?
7. Welches sind die Hauptregierungsorgane der EG?
8. Wozu ist das Europäische Währungssystem eingerichtet worden?

KORREKTES SCHREIBEN

Übersetzen Sie. / FILE # KS3C

1. The Common Market consists of 12 member states.
2. All customs barriers among the member states were lifted.
3. The long-term goal is a united Europe.
4. Pay, taxes, and social benefits must be adjusted in the various member states.
5. They want to create a balance between supply and demand.
6. The commission and the council hold their meetings in Brussels, whereas the parliament meets in Luxembourg or Strasbourg.
7. The EG-Kommission proposes laws that must be accepted or rejected by the council of ministers (Ministerrat).
8. The ECU is not available yet as bill or coin.
9. People must be better enlightened about the advantages of the Maastrichter treaty.

SPRECHEN

1. Gespräch zu zweit.

Interpretieren Sie Schaubild 2. Beginnen Sie etwa so: „Die Butterreserven der EG waren 1987 sehr groß, aber 1990 . . . ." Können Sie sich denken, warum 1989 und1990 alle Reserven viel kleiner waren als in den anderen Jahren?

2. Gespräch zu dritt.

Interpretieren Sie Schaubild 5. ST 1 spricht darüber, aus welchen Ländern die EG ihre Milliarden erhält, ST 2 aus welchen Quellen, und ST 3 erklärt, für welche Zwecke die EG ihr Geld ausgibt.

LESEN UND VERSTEHEN

1. Lesen Sie den Artikel aus der FRANKFURTER ALLGEMEINEN ZEITUNG „Europa drängt Japan zu höheren Importen" und entscheiden Sie, ob die danach gedruckten Aussagen darin gemacht wurden oder nicht.

EUROPA DRÄNGT JAPAN ZU HÖHEREN IMPORTEN

Unzufriedenheit mit den japanischen Überschüssen im Außenhandel

Odr. TOKIO, 21. Februar. *Unzufriedene* Stimmen über die ständig wachsenden japanischen Außenhandelsüberschüsse werden zunehmend in Europa laut. Nachdem bereits die Amerikaner ihr *Mißfallen* über diese Entwicklung im Handel mit Japan ausgedrückt haben, fordern nun auch führende europäische *Unternehmensrepräsentanten* die japanische Regierung dazu auf, mehr als bisher dazu beizutragen, das fehlende *Gleichgewicht* im Handel zu korrigieren. Angesichts zahlreicher „kultureller" Barrieren, die auf dem japanischen Markt bestehen, drängt die europäische Seite im Namen des „Council of the European Business Community" nun darauf, daß Japan stärker in die Marktmechanismen *eingreifen* solle.

    Diese *Haltung* zu den gigantischen japanischen Handelsüberschüssen mit seinen großen Handelspartnern findet sowohl in den Vereinigten Staaten als auch in Europa immer mehr *Anhänger*. Ein wesentlicher Grund hierfür wird darin gesehen, daß sich trotz diverser *Bemühungen* der Japaner, ausländischen Firmen den Marktzutritt zu erleichtern, nichts geändert habe. Viel-

dissatisfied

displeasure

corporate representative
balance

intervene

attitude

followers
efforts

mehr habe sich das Handelsungleichgewicht weiter *zugunsten* Japans entwickelt. Daher befürworten nun viele Unternehmen ein sogenanntes „Sector-by-sector"-Vorgehen. Dabei ist daran gedacht, einzelnen Branchen einen bestimmten Marktanteil *zuzusagen*. Die amerikanische *Halbleiterbranche* arbeitet bereits mit solchen Maßnahmen. Sie versucht – bisher nicht mit großem Erfolg – mit Hilfe bestimmter *Zusagen* von seiten der Regierung und zahlreicher japanischer Chip-Produzenten, in Japan einen Marktanteil von 20 Prozent *zu erzielen*.

   Daneben fordern die Europäer, daß die japanische Regierung mehrere *Zusatzbudgets verabschiede*, die auch bestimmte Summen für Importkäufe der Regierung vorsehen. Diese Kaufentscheidungen sollten vor allem nach kommerziellen *Gesichtspunkten* getätigt werden und nicht politisch motiviert sein. Japans Außenhandelsüberschüsse mit der Europäischen Gemeinschaft erreichten 1992 einen Wert von 32 Milliarden Dollar. Gleichzeitig fielen die europäischen Importe nach Japan um 1,6 Prozent, während die japanischen Exporte um 14 Prozent anstiegen.

in favor of

to promise/branch of semiconductors

promises

reach

additional budget/pass

point of view

1. Sowohl Europa als auch Amerika ist unzufrieden mit Japans Handelsüberschüssen.   **JA   NEIN**
2. Die japanische Regierung hat bisher nichts getan, um das fehlende Gleichgewicht im Handel zu korrigieren.   **JA   NEIN**
3. Es gibt viele „kulturelle" Barrieren auf dem japanischen Markt.   **JA   NEIN**
4. Die Japaner haben sich nicht bemüht, ausländischen Firmen den Zutritt zu ihrem Markt zu erleichtern.   **JA   NEIN**
5. Viele Unternehmen befürworten, daß Japan einzelnen Branchen Marktanteile zusagt.   **JA   NEIN**
6. Die japanische Regierung soll in Zukunft bestimmte Summen für Importkäufe der Regierung ins Budget einplanen.   **JA   NEIN**
7. Japans Handelsüberschuß mit der EG ist 1992 noch gestiegen.   **JA   NEIN**

2. Lesen Sie den Artikel „Clinton trifft Delors zu Handelsgesprächen" aus der FRANKFURTER ALLGEMEINEN ZEITUNG und beantworten Sie die Fragen, die folgen.

CLINTON TRIFFT DELORS ZU HANDELSGESPRÄCHEN

now./hal. BRÜSSEL/BONN, 16. März. Der amerikanische Präsident Bill Clinton und EG-Kommissionspräsident Jacques Delors werden am Donnerstag erstmals zusammentreffen. Delors besucht derzeit Südamerika. Im Mittelpunkt der kurzfristig *vereinbarten* Gespräche in Washington sollen die

agreed upon

gegenwärtigen transatlantischen *Handelsstreitigkeiten* und der *Beratungsstand* der Uruguay-Runde des Allgemeinen Zoll- und *Handelsabkommens* (Gatt) stehen. In der Kommission wurden am Dienstag Hoffnungen auf rasche Fortschritte zur *Beilegung* des Streits *gedämpft*. Die Behörde habe mit der Prüfung von *Vergeltungsschritten* für den Fall begonnen, daß die Amerikaner die zum 22. März *angedrohten* Sanktionen gegen die Gemeinschaft verwirklichten. In der Behörde besteht allerdings die Erwartung, daß die Gespräche zwischen Clinton und Delors zu einer *Entspannung* im transatlantischen Verhältnis führen könne, das durch die jüngste *Absage* eines Treffens mit *EG-Unterhändlern* durch den amerikanischen Handelsbeauftragten Mickey Kantor *besonders belastet* worden ist. So sagte Bundeswirtschaftsminister Günter Rexrodt (FDP) am Dienstag in Bonn, er habe mit großer Sorge von der Absage der für den 15. und 16. März vereinbarten Fortsetzung der bilateralen *Verhandlungen* zwischen der Europäischen Gemeinschaft und den Vereinigten Staaten über *öffentliche Beschaffungen* Kenntnis erhalten. Die Bundesregierung sei immer noch bereit, *alles in ihren Kräften Stehende* zu einer Verhandlungslösung beizutragen. Bei der letzten Verhandlungsrunde im Februar hatte Amerika die EG aufgefordert, die Verhandlungsthemen über Telekommunikation hinaus auch auf andere Sektoren der öffentlichen Beschaffung wie etwa die Wasserwirtschaft, das Transport- und Elektrizitätswesen *auszuweiten*.

trade disputes
level of advice
trade agreement

settlement/lowered
steps of retaliation
threatened

easing
cancellation
negotiators
strained

negotiations/public
procurements
whatever is in their power

to expand

1. Warum kommt Delors nach Washington?
2. Besteht große Hoffnung, daß der Handelsstreit schnell beigelegt wird?
3. Womit haben die Amerikaner gedroht?
4. Was plant die Behörde im Fall, daß die Amerikaner die Drohung verwirklichen?
5. Wodurch ist das transatlantische Verhältnis kürzlich belastet worden?
6. Was ist der Standpunkt der Bundesregierung?
7. Über welche Themen will Amerika mit der EG verhandeln?

HÖREN UND VERSTEHEN

Hören Sie sich das Tonband-Interview zu Kapitel III-C an.

Herr Schmuck

VERSTÄNDNISHILFEN

zum Gespräch über die EG und Europapolitik

angesiedelt	housed
Einigung	unification
Zeitschrift	periodical
Forschungsprojekte	research projects
betreuen	take care of
beschränkt sich nicht nur auf	is not limited only to
Vereinigung	uniting
Ziel	goal
erheblich	considerably
Maßnahmen	measures
Wohlstand	high living standard

Mitbürger	fellow citizens
etwas Alltägliches	something ordinary
Grenzen	borders
Anforderungen	demands
eng	narrowly
Bereich	area
konzipiert	conceived
die Wirtschaftsstärkeren	the economically stronger ones
Mittel	means
den Anschluß nicht verlieren	not miss the connection
Gesichtspunkt	aspect
betont	emphasized
Überfluß	surplus
Halden	piles, dumps
verschleudert	dumped
um die Wähler bei der Stange zu halten	in order not to lose the voters
Haushalt	budget
vorhanden	available
fördern	promote
Hauptursache	main cause
als etwas gelten	are respected
was man eben versäumt hat	what one has failed to do
umzudenken	to change one's thinking
Saatsorten	kinds of seeds
drosseln	throttle
die gleiche Fläche	the same acreage
anzubauen	to cultivate
Schädlingsbekämpfungsmittel	pesticides
verträglich	compatible
Feuchtwiesen	wetlands
Soja	soya
Schrot	groats = hulled and crushed wheat or oats
Fettsteuer	taxes on fats (other than butter)
Selbstversorgungsgrad	self-sufficiency in supplies
festgelegt	fixed
Mindestpreise	minimum prices
ursprünglich	originally
Mindestschwelle	minimum threshold (price)
Notbehelf	stopgap
Circulus vitiosus	vicious circle
tragbar	bearable
neue Ansätze	new beginnings
Widerstände	opposition
Kontingentierungen	rationing
ankurbeln	stimulate
die Initiative eindämmen	curb the incentives
anzupflanzen	to grow

wenn die Preise nach unten genommen würden	if the prices were lowered
Volkswirtschaftler	economists
errechnet	calculated
Überlegung	consideration
abschaffen	get rid of
gezielt	targeted
Umweltschutz	environmental protection
die sinnvoll sind	which make sense
langfristig	gradually
abzubauen	to reduce
Empörung	outrage
Cholesteringehalt	cholesterol content
verkalkt die Adern	plugs up the arteries with calcium deposits
zur Kenntnis genommen	acknowledged
Gremien	panels, committees
Bauernverbände	farmers' associations
verteuern	jack up the price
Finanzfachleute	financial experts
Einnahmequelle	source of income
ungerecht	unjust, unfair
Steuern werden . . . erhoben	taxes are levied
vom Markt zu verdrängen	to push from the market
Angriff	attack
absehbar	predictable
Anreize	incentives
einen Riegel zuschiebt	puts an end to it
in absehbarer Zeit	in the near future
Weinseen	"seas" of wine
angelegt ist	is meant to
ihre Stimme zu Gehör bringen kann	can make herself heard
mitberücksichtigen	consider also

Hören Sie sich das Gespräch noch einmal oder zweimal an und entscheiden Sie dann, ob die folgenden Aussagen darin gemacht wurden oder nicht.

1. Das Institut für Europäische Politik gehört nicht zum Europazentrum. **JA NEIN**
2. Herr Schmuck hat nur die Aufgabe, die Zeitschrift *Integration* zu betreuen. **JA NEIN**
3. Er ist primär politikwissenschaftlich beschäftigt. **JA NEIN**
4. Für die jüngeren Leute in Deutschland ist die europäische Einigung etwas Alltägliches geworden. **JA NEIN**
5. Die Eltern finden es selbstverständlich, daß die Grenzen in Europa gefallen sind. **JA NEIN**
6. Man versucht, europäisch statt deutsch zu denken. **JA NEIN**
7. Die Wirtschaftsstärkeren haben weniger Vorteile von einem großen Binnenmarkt. **JA NEIN**

8. Spanien, Portugal und Griechenland sind zuletzt der EG beigetreten. **JA NEIN**

9. Sie erhoffen sich neue Impulse von der Forschungs-und Technologiepolitik der EG. **JA NEIN**

10. Das Problem der EG ist, daß sie keine Überschüsse hat. **JA NEIN**

11. Man verschleudert Überschüsse, um die Preise zu senken. **JA NEIN**

12. Die Regierung subventioniert die Landwirtschaft, um die Wähler nicht zu verlieren. **JA NEIN**

13. Leider bleibt nicht genug Geld vom EG-Budget für Forschung, Technologien und Jugendaustausch. **JA NEIN**

14. Die Bauern haben in der Bevölkerung kein gutes Image. **JA NEIN**

15. Durch bessere Saatsorten, Dünger und Maschinisierung ist mehr produziert worden. **JA NEIN**

16. Man hat rechtzeitig die gesteigerte Produktion gedrosselt. **JA NEIN**

17. Man sollte Flächen stillegen. **JA NEIN**

18. Man sollte ökologisch anbauen: statt Quantität Qualität. **JA NEIN**

19. Die Fettsteuer soll eingeführt werden, um die Butter teurer zu machen. **JA NEIN**

20. Durch die Fettsteuer soll die Margarine teurer werden. **JA NEIN**

21. Es gibt keine freie Marktwirtschaft in der Agrarpolitik. **JA NEIN**

22. Herr Schmuck befürchtet eine Weiterführung der Politik der kleinen Schritte. **JA NEIN**

23. Niedrige Preise kurbeln die Produktivität an. **JA NEIN**

24. Niedrige Preise schaden den kleinen Bauern am meisten. **JA NEIN**

25. Kontingierung der Milch hilft beim Abbau der Überschüsse. **JA NEIN**

26. Es brauchen keine Flächen stillgelegt zu werden. **JA NEIN**

27. Die Agrarpolitik ist das einzige Ziel der EG. **JA NEIN**

28. Ein vereinigtes Europa könnte sich in der Welt besser Gehör verschaffen. **JA NEIN**

DIENSTLEISTUNGEN

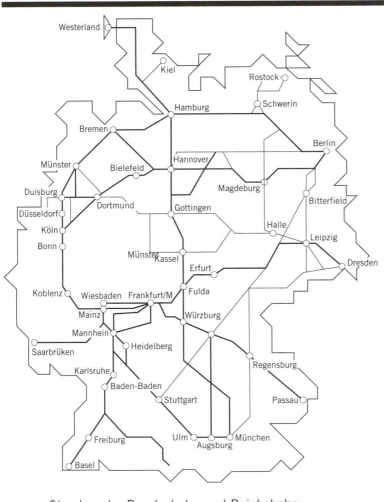

Strecken der Bundesbahn und Reichsbahn

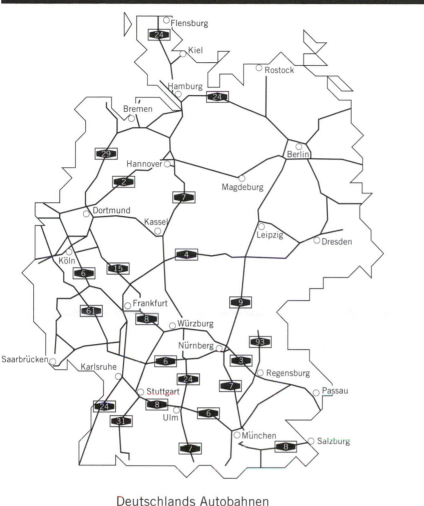

Deutschlands Autobahnen

A. MITTEL DER BEFÖRDERUNG

1 / Deutschland hat zur schnellen Beförderung von Personen und Gütern eines der besten *Verkehrsnetze* der Welt. Viele Großstädte sind per Flugzeug zu erreichen (siehe Karte). Der Frankfurter Flughafen ist nicht nur das Zentrum vom deutschen Flugverkehr, sondern auch vom kontinentalen Europa. Von dort gibt es Direktverbindungen zu 99 Ländern und 220 Städten. Kein anderer europäischer Flughafen befördert so viel Frachtgut. 1990 waren es 1,2 Millionen Tonnen. Im gleichen Jahr diente er 29,6 Millionen Fluggästen und macht mit dem Anbau eines neuen *Abfertigungsgebäudes* bis Ende 1994 für weitere zehn bis zwölf Millionen Passagiere Raum. Der Frankfurter Flughafen ist eine

transportation networks

terminal

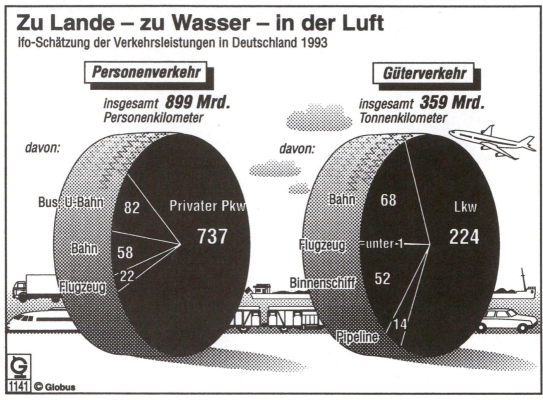

Zu Lande – zu Wasser – in der Luft
ifo-Schätzung der Verkehrsleistungen in Deutschland 1993

Personenverkehr

insgesamt **899 Mrd.**
Personenkilometer

davon:

Bus U-Bahn   82   Privater Pkw
                      737
Bahn   58
—22
Flugzeug

Güterverkehr

insgesamt **359 Mrd.**
Tonnenkilometer

davon:

Bahn   68   Lkw
              224
Flugzeug = unter 1
Binnenschiff   52
                    14
Pipeline

1141 © Globus

Schaubild 1

Mini-Stadt mit Geschäften, Banken, Cafés, einem Notkrankenhaus, einer Polizeistation und sogar einer Kirche für alle *Konfessionen*. Er ist mit allem, was Kaufleute brauchen könnten' ausgerüstet, inklusive Sekretär- und Übersetzungsdiensten und einem ausgezeichneten Konferenzzentrum mit allen *Vorrichtungen* für weltweite Videokonferenzen. Die nächstgrößten Flughäfen sind in Düsseldorf und München. Berlin hat drei Flughäfen, die *ausgebaut* werden sollen. Die Flughäfen in den neuen Bundesländern sollen allmählich dem westlichen Standard angeglichen werden.

creeds

facilities

enlarged

2 / In Deutschland reisende amerikanische Kaufleute stellen sehr schnell fest, daß sie für ihre Geschäftsreisen nicht aufs Auto oder Flugzeug angewiesen sind. Die Deutsche Bundesbahn (DB) in den alten Bundesländern und die Deutsche Reichsbahn (DR) in den neuen Bundesländern bieten im integrierten Fahrplan häufige, schnelle und bequeme Beförderung. Dreihundertvierzig Inter-City Züge (IC) verbinden sechzig größere Städte in ganz Deutschland. Sie fahren *im Stundentakt* von früh morgens bis spät abends. Ihre „Großraumwagen", in denen Sitze und Tische wie im Flugzeug angeordnet sind, nur mit viel mehr Platz, erleichtern den Fahrgästen berufliche Arbeiten während der Reise. Telefone stehen zur Verfügung, und man kann im Zugrestaurant angenehm essen oder Getränke und Kleinigkeiten zum Essen im eigenen Abteil kaufen. Die Interregio-Züge (IR) halten auch in kleineren Städten und haben längere Fahrzeit. Für längere Reisen steigen die Fahrgäste gewöhnlich sobald wie möglich

every hour

Frankfurter Hauptbahnhof

in einen IC oder ICE um. Der ICE, Inter-City Express, ist der neueste Superzug der DB mit Geschwindigkeiten zwischen 250 und 280 Stundenkilometern. Er befährt bisher drei Strecken: von Hamburg nach München über Kassel, Frankfurt, Mannhein und Stuttgart; von Hamburg nach München über Nürnberg; von Hamburg nach Basel in der Schweiz über Frankfurt und Mannheim. Der ICE fährt *im Zweistundentakt* und kostet, wie der IC, sechs Mark | every two hours
Zuschlag. Er bietet das Neueste an „high-tech": voll ausgerüstete Büros mit Telefonen, Fax, und in zwei der dreizehn Wagen sogar Videos.—Die Euro-City Züge (EC) sorgen für ähnliche empfehlenswerte Beförderung im kontinentalen Europa.—Für den Stadt- und Vorortsverkehr stehen in ganz Deutschland verschiedene öffentliche *Transportmittel zur Verfügung: U-Bahnen, S-Bahnen,* | subways/city trains
Busse und Straßenbahnen.

3 / Trotz ihrer hohen Leistungsfähigkeit müssen die DB und DR stark subventioniert werden. Die Regierung ist gewillt, die hohen Verluste zu tragen, weil die Bahn Energie spart, umweltfreundlich und auch in Krisenzeiten gesichert ist. Außerdem ist sie unverzichtbar für Leute ohne Auto. Die Regierung sucht dennoch nach Wegen, die hohen roten Zahlen abzubauen. Die neuesten Pläne sind, die Bahn teilweise oder ganz zu privatisieren, sie *in Aktiengesellschaften* | corporations
umzubilden. | to restructure

4 / Wie im Personenverkehr das Auto oder der PKW (= Personenkraftwagen) der stärkste Konkurrent der DB geworden ist—vor dreißig Jahren war ein Familienauto eine Seltenheit, und heute gibt es fast in jedem Haushalt einen Wagen—so im Güterverkehr der LKW (= Lastkraftwagen). Nach den USA hat Deutschland mit seinen berühmten wie *berüchtigten* Autobahnen und all den | notorious
anderen Schnellfahrstraßen und Landstraßen das längste Autobahnnetz der Welt und damit auch die Probleme, die gewöhnlich mit starkem Autoverkehr

Neuer Maßstab

verbunden sind: Umweltschäden, vor allen Dingen Luftverschmutzung und Lärm, *Verkehrsstauungen* und viele Unfallstote und -verletzte und natürlich hohen Energieverbrauch. In alten Städten, bei deren Bau kein oder wenig Autoverkehr eingeplant war, wirkt sich der Verkehr umso schädlicher auf die Umwelt aus. Je enger die Straßen und je höher die Häuserfronten, desto gesundheitsschädlicher wirken *Abgase* und Lärm auf Gesundheit und Nerven der Menschen. Man ist sich seit einiger Zeit in Deutschland der immer stärker bedrohten Lebensqualität bewußt und bemüht sich, auch bei hohen Kosten die Umwelt vor weiterer Zerstörung zu schützen und wenn möglich sogar zu verbessern. So werden z.B. in Stadtzentren Fußgängerzonen *eingerichtet*, wo der Bürger, *unbelästigt* und ungefährdet von Autos, seine Einkäufe machen, sich zu einem Imbiß draußen hinsetzen und ein Straßenleben mit Ansprachen, mit musikalischen und anderen *Darbietungen* mitten unter den Fußgängern beobachten kann.

    traffic jams

    exhaust fumes

    established
    undisturbed

    presentations

5 / Außer Bahn und LKW sind, wie Schaubild 1 zeigt, auch Wasser und Luftwege an der Beförderung von Gütern beteiligt. Binnenschiffahrt, der billigste Transport, eignet sich besonders für große und nicht *verderbliche* Frachten. Viele Flüsse und Kanäle, die sich zum Teil noch im Bau befinden, bilden das Binnenschiffahrtsnetz. Der größte Teil der Binnenschiffahrt (84%) spielt sich auf dem Rhein ab, und die Hälfte davon wird von *Schiffern* bestritten, die nur ein Schiff besitzen, auf dem sie mit ihrer Familie wohnen. Diese langen flachen *Schuten*, oft mit Kohlen, Baumaterial oder Öltonnen beladen, sind ein vertrautes Bild auf deutschen Wasserwegen. Fast immer ist darauf eine *Leine* mit im Winde *flatternder* Wäsche gespannt.

    perishable

    shipowners

    barges
    clothes line
    flapping

Binnenschiffahrt auf dem Rhein

6 / Für den Überseetransport von Einfuhr- und Ausfuhrfrachten spielt die deutsche Seeschiffahrt eine wichtige Rolle. Die größten Seehäfen sind Hamburg, Bremerhaven, Wilhelmshaven, Emden und Rostock. Sie haben sich als schnelle *Umschlagshäfen* einen Namen gemacht. Die deutsche Handelsflotte ist modern. Die meisten ihrer Schiffe sind in den letzten 14 Jahren gebaut worden, aber auch die *Werften* sind auf finanzielle Unterstützung angewiesen.

ports of transshipment

shipyards

7 / Der Transport durch *Rohre* eignet sich nur für Öl und Gas, und der Warentransport auf dem Luftwege rentiert sich nur für hochwertige Expreßgüter von leichtem Gewicht.

pipe lines

8 / Seit es den Container als Warenbehälter gibt, ist das Umladen der Güter einfacher und billiger geworden, so daß sich oft eine Kombination von Transportmitteln empfiehlt. So können z.B. Güter vom Schiff mit wenig Mühe auf einen LKW umgeladen und zur Weiterbeförderung zur Bahn gebracht und vom *Bestimmungsbahnhof* wieder per LKW zum Händler gefahren werden. Oder der LKW kann im *Huckepackverkehr* den größten Teil der Strecke per Bahn zurücklegen (s. Schaubild 2). Eine solche *Transportkette entlastet* die Straßen und wird darum vom Staat unterstützt.

station of destination

piggyback traffic
chain of transport
relieves

WORTSCHATZ

1 / die Mittel, *pl.*   means
die Beförderung, -en   transportation
die Güter, *pl.*   freight; goods
das Flugzeug, -e   airplane

das Frachtgut, ⸚er	freight (goods)
der Fluggast, ⸚e	air passenger
ausgerüstet	equipped
2 / der Kaufmann/die Kauffrau, die Kaufleute	businessman/woman
feststellen	to realize, establish
die Geschäftsreise, -n	business trip
angewiesen auf (Acc.)	dependent on
bieten, o, o	to offer
der Fahrplan, ⸚e	schedule
häufig	frequent
angeordnet	arranged
der Fahrgast, ⸚e	passenger (on a train)
das Abteil, -e	compartment
umsteigen, ie, ist ie	to change (trains)
der Zuschlag, ⸚e	surcharge
der Vorort, -e	suburb
öffentlich	public
zur Verfügung stehen	to be available
3 / die Leistungsfähigkeit	efficiency
gewillt	willing
4 / der LKW (Lastkraftwagen, -)	truck
die Autobahn, -en	freeway
die Landstraße, -n	highway
die Luftverschmutzung	air pollution
der Lärm	noise
der Unfall, ⸚e	accident
verletzt	hurt, wounded
schädlich	harmful
sich auswirken auf (Acc.)	to have an effect on
bewußt (Gen.)	aware of, conscious of
sich bemühen	to make an effort
die Zerstörung, -en	destruction
die Fußgängerzone, -n	pedestrian zone
der Imbiß	snack
die Ansprache, -n	speech, address
5 / die Binnenschiffahrt	inland shipping
sich eignen für	to lend itself to
weitaus	by far
die Fracht, -en	freight
beladen	loaded
vertraut	familiar
6 / der Hafen, ⸚	port, harbor
7 / sich rentieren	to pay off
hochwertig	of high value, costly
8 / der Container, -	container
der Behälter, -	container
umladen (ä), u, a	to reload
unterstützen	to support

WORTSCHATZ ERWEITERN

1. Vervollständigen Sie die Sätze. / FILE # WE4A1

1 / 1. Deutschland hat eines der besten Verkehrsnetze zur _____ von Gütern. (*transportation*)

2. Viele größere Städte sind per _____ zu erreichen. (*airplane*)

3. Über 30 Millionen _____ benutzen jährlich den Frankfurter Flughafen. (*passengers*)

2 / 4. In Deutschland ist man nicht so stark aufs Auto _____ wie in Amerika. (*dependent*)

5. Man kann fast überallhin mit der _____ fahren. (*train*)

6. Die Anordnung der Tische und Sitze in den Großraumwagen erleichtert den _____ die Erledigung von beruflichen Arbeiten während der Reise. (*passengers*)

7. In den Zügen _____ Telefone _____ _____. (*are available*)

8. Entschuldigen Sie bitte, wo _____ ich in den ICE _____? (*transfer*)

3 / 9. Trotz ihrer hohen _____ müssen die DB und DR stark subventioniert werden. (*efficiency*)

4 / 10. Beim Gütertransport ist der _____ der stärkste Konkurrent der DB. (*truck*)

11. Der starke Autoverkehr verursacht _____ und _____. (*air pollution; accidents*)

12. Man bemüht sich jetzt sehr, die Umwelt vor weiterer _____ zu schützen. (*destruction*)

13. In vielen Stadtzentren sind attraktive _____ eingerichtet worden. (*pedestrian zones*)

5 / 14. Binnenschiffahrt _____ _____ besonders gut für große und nicht verderbliche Frachten. (*lends itself*)

15. Die langen flachen Schuten sind meistens mit Kohle, Baumaterial oder Öl _____. (*loaded*)

6 / 16. Hamburg hat einen großen _____. (*seaport*)

7 / 17. Lufttransport ist teuer und _____ _____ nur für hochwertige Expreßgüter. (*pays off*)

8 / 18. Im _____ können Frachten leicht vom Schiff auf die Bahn und auf einen LKW umgeladen werden. (*container*)

2. Verwandte Wörter. Bilden Sie mit jedem Wort einen kurzen Satz.

Nomen	Verben
der Container	beladen
der Diesel	elektrisch
die Fracht	
der Kanal	
die Kombination	
die Kosten (*pl.*)	
die Lokomotive	
das Material	
die Nerven (*pl.*)	
das Schiff	
der Überseetransport	
die Zone	

INFORMATION ERARBEITEN

1. Suchen Sie zu zweit eine Überschrift zu jedem Paragraphen des Textes.

2. Schreiben Sie ungefähr eine Seite über die Mittel der Beförderung in der BRD. Benutzen Sie dabei die folgenden Fragen als Richtlinien:

1 / 1. Welches ist der größte Flughafen im Zentrum Europas?
2. Was hat der Frankfurter Flughafen reisenden Kaufleuten anzubieten?
2 / 3. Warum ist der deutsche Kaufmann nicht auf sein Auto angewiesen?
4. Wie oft fahren die IC-Züge?
5. Welche deutschen Züge sind am schnellsten?
3 / 6. Ist die DB ein wirtschaftlich erfolgreiches Unternehmen?
7. Warum ist die Regierung gewillt, die Bahn zu unterstützen?
4 / 8. Was ist der stärkste Konkurrent der DB?
9. Was für Umweltschäden verursacht ein starker Autoverkehr?
10. Warum wirkt er sich in alten Städten besonders schlimm aus?
5 / 11. Wofür eignet sich die Binnenschiffahrt besonders gut und warum?
8 / 12. Was hat der Container als neue Verpackungsform erleichtert?

KORREKTES SCHREIBEN

1. Wiederholen Sie die nebenordnenden und unterordnenden Konjunktionen, und verbinden Sie dann jedes Satzpaar durch die angegebene Konjunktion. / FILE # KS4A1

1. In Deutschland reisen viele Kaufleute per Bahn. Sie ist schnell und bequem. (weil)
2. Die Intercity-Züge fahren alle Stunden. Sie bieten wirklich eine Alternative zum Auto. (damit)
3. Ja, Sie können mit dem Interregio nach Karlsruhe durchfahren. Sie kommen schneller hin, wenn Sie einen IC oder ICE nehmen. (aber)
4. Der Bund ist gewillt, die DB zu subventionieren. Sie ist energiesparend und umweltfreundlich. (denn)
5. Heute hat fast jeder Haushalt ein Auto. Vor dreißig Jahren war ein Familienauto eine Seltenheit. (während)
6. Es ist allen bekannt. Die Abgase der Autos sind gesundheitsschädlich. (daß)
7. Es gibt in Deutschland immer noch viele Unfallstote. Die Geschwindigkeitsbegrenzung ist herabgesetzt worden. (obgleich)
8. In den Fußgängerzonen kann man unbelästigt von Autolärm und -gestank seine Einkäufe machen. Man kann draußen sitzen und essen. (oder)
9. Die Binnenschiffahrt eignet sich zur Beförderung von Massengütern. Sie ist billiger. (da)
10. Die meisten Schiffer sind keine Großbesitzer. Sie haben nur ein Frachtschiff und wohnen mit ihrer Familie darauf. (sondern)

2. Übersetzen Sie. / FILE # KS4A2

1. The traveling businessman is not dependent on his automobile.
2. The DB is quick and comfortable, but unfortunately it has high losses.
3. The ICE and IC cost a surcharge.
4. Germany has excellent freeways and highways.
5. Next to the USA it has the most extensive freeway system of the world.
6. The many cars cause air pollution, noise and many fatal accidents.
7. Big cities now have pedestrian zones where no cars are allowed.
8. There you can shop, and eat in the street, and watch people.
9. Trucks have the biggest market share (= Marktanteil) in transporting goods.
10. Containers can easily be reloaded from boats to trucks and freight cars (= Güterwagen).
11. Transportation by boat within the country is cheapest and lends itself to transportation of mass goods.
12. Germany has several important seaports. Hamburg is the biggest.

SPRECHEN

1. Öffentliche Verkehrsmittel. Zu zweit.

Sind Sie schon einmal mit einem deutschen Zug gefahren? Vielleicht mit einem „Eurail Pass" or „German Rail Pass"? Erzählen Sie von Ihrer Reise und Ihren Eindrücken von der Bundesbahn/Reichsbahn als Verkehrsmittel. Sprechen Sie auch über andere öffentliche Verkehrsmittel, die Sie in Deutschland benutzt haben, wie z.B. den Bus, die Straßenbahn oder die U-Bahn. Vergleichen Sie sie mit öffentlichen Verkehrsmitteln in den USA und anderen Ländern, in denen Sie gereist sind.

Berlin Zoologischer Garten. Nach der Arbeit fahren Tausende mit der S-Bahn nach Hause.

2. Mit der Bahn oder mit dem Auto? Rollenspiel zu zweit.

Bereiten Sie ein Gespräch vor, um es Ihrer Klasse oder Gruppe vorzuspielen. Einer/eine von Ihnen reist lieber per Zug, der/die andere lieber per Auto. Sprechen Sie über die Vor- und Nachteile von Zug und Auto.

3. Tägliche Ausgaben. Zu dritt.

Sprechen Sie über Schaubild 2. Vergleichen Sie, was die Deutschen für ihr Auto und andere Verkehrsmittel ausgeben mit Ihren eigenen Ausgaben. Wenn es die Zeit erlaubt, besprechen Sie auch andere Ausgaben der Deutschen, besonders solche, über die Sie sich wundern (z.B.: „Die Deutschen geben sehr viel Geld für ... aus. Ich gebe nicht soviel für ... aus, aber dafür mehr für ...“). Bemerken Sie auch die Unterschiede zwischen den West- und Ostdeutschen, die z.T. erheblich sind).

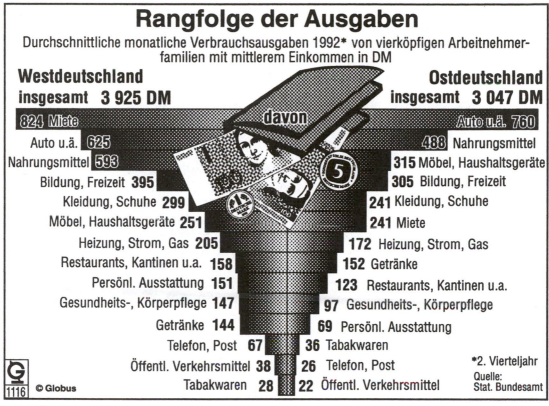

Rangfolge der Ausgaben

Durchschnittliche monatliche Verbrauchsausgaben 1992* von vierköpfigen Arbeitnehmer-
familien mit mittlerem Einkommen in DM

Westdeutschland insgesamt 3 925 DM	Ostdeutschland insgesamt 3 047 DM
824 Miete	Auto u.ä. 760
Auto u.ä. 625	488 Nahrungsmittel
Nahrungsmittel 593	315 Möbel, Haushaltsgeräte
Bildung, Freizeit 395	305 Bildung, Freizeit
Kleidung, Schuhe 299	241 Kleidung, Schuhe
Möbel, Haushaltsgeräte 251	241 Miete
Heizung, Strom, Gas 205	172 Heizung, Strom, Gas
Restaurants, Kantinen u.a. 158	152 Getränke
Persönl. Ausstattung 151	123 Restaurants, Kantinen u.a.
Gesundheits-, Körperpflege 147	97 Gesundheits-, Körperpflege
Getränke 144	69 Persönl. Ausstattung
Telefon, Post 67	36 Tabakwaren
Öffentl. Verkehrsmittel 38	26 Telefon, Post
Tabakwaren 28	22 Öffentl. Verkehrsmittel

davon

*2. Vierteljahr
Quelle:
Stat. Bundesamt

G 1116 © Globus

Schaubild 2

LESEN UND VERSTEHEN

*Lesen Sie den Artikel „Krause plant eine Autobahnabgabe
in zwei Schritten", und beantworten Sie die Fragen, die
folgen.*

KRAUSE PLANT EINE AUTOBAHN*ABGABE* IN ZWEI SCHRITTEN*

toll

**Einer Zeit*gebühr* soll eine *Streckenbelastung* folgen / Private
Autobahn-Gesellschaft soll Beiträge selbst *einziehen***

fee/fee determined by
   mileage
collect

J1. FRANKFURT, 18. Februar. Ziel der Bundesregierung ist es, die Autobahngebühr in zwei Schritten einzuführen. Das hat Bundesverkehrsminister
Günther Krause in Braunschweig vor der Schmidt-Stiftung für Umwelt und

°Frankfurter Allgemeine Zeitung, 19.2. 1993

Verkehr gesagt. Danach soll vom 1. Januar 1994 an für Personenkraftwagen und Lastkraftwagen eine *zeitbezogene Gebühr, gestaffelt* nach Jahr, Monat und Woche, erhoben werden. Bis 1998 soll dann die zeitbezogene Gebühr in einem zweiten Schritt in eine *streckenbezogene Gebühr umgestellt* werden. „Unter Nutzung modernster Technologien werden wir dabei ein möglichst einfaches elektronisches Modell der Gebühren*erhebung* entwickeln", sagte Krause.

fee for time periods/ staggered

fee determined by mileage/restructured

raising

Langfristig sei die Gründung einer privaten Autobahn-Gesellschaft vorgesehen. Hierzu sollten die Autobahnen durch den Verkauf von *Aktien* privatisiert werden. Die Aktiengesellschaft übernehme dann auch die Einziehung der streckenbezogenen Gebühren für „ihre" Autobahn. Im Güterverkehr sei die Erhebung von Gebühren einer *Mineralölsteuererhöhung vorzuziehen.* Durch niedrigere Steuersätze sowie Dieselpreise seien heute ausländische Transportunternehmen gegenüber den deutschen *Wettbewerbern* im Vorteil. Diese Wettbewerbs*verzerrungen* würden durch eine nationale Mineralölsteuererhöhung erheblich verstärkt: Ein im Ausland voll betankter Lastkraftwagen könne ohne zu tanken im Transit Deutschland *durchqueren.*

stocks

gasoline tax increase/to prefer to

competitors

distortions

cross

Der *umweltgerechte Ausbau* der Verkehrsinfrastruktur erfordert *nach den Angaben von* Krause in den kommenden zwanzig Jahren Investitionen in Höhe von 500 Milliarden DM. Wegen der begrenzten öffentlichen Haushaltsmittel solle die Privatfinanzierung der öffentlichen Infrastruktur *vorangetrieben* werden. Kurzfristig *anwendbar* sei das sogenannte Konzessionsmodell, wonach Bauausführung und Finanzierung in der Europäischen Gemeinschaft *ausgeschrieben* werden. Die Refinanzierung solle zunächst durch Zahlungsraten aus Haushaltsmitteln erfolgen. Die Option zur späteren Umwandlung in eine Privatfinanzierung nach dem *Betreibermodell* mit Gebührenerhebung sei vorgesehen.

environmentally sound/ expansion according to

promoted

applicable

up for bids

operator model

Die jetzt vom Kabinett beschlossene Bahnreform *bezeichnete* der Verkehrsminister „als eine der wichtigsten *Säulen* eines integrierten Gesamtverkehrssystems der Zukunft". Nur eine *unternehmerisch geführte* Bahn habe gute Chancen im Wettbewerb mit den anderen Verkehrsträgern. Bei den Planungen für einen möglichen *Einsatz* der Magnetbahn Transrapid sei vor allem die Verbindung zwischen Hamburg und Berlin aus verkehrstechnischer und wirtschaftlicher *Sicht* positiv zu *beurteilen.* Die Fahrzeit zwischen den beiden Städten würde dann noch nicht einmal eine Stunde betragen. Krause hat das Investitionsvolumen mit 7,5 Milliarden DM für die Infrastruktur und 700 Millionen DM für die Fahrzeuge angegeben. Die Bundesregierung *sei bestrebt,* auch hier private und teilprivate Finanzierungsmöglichkeiten für Bau und *Betrieb* zu entwickeln.

characterized

corner stones

operated like a corporation

employment

view/to judge

intends

operation

Vom Bundesverkehrswegeplan '92, der für den Aus- und Neubau der Bundesverkehrswege im „*Vordringlichen Bedarf*" bis zum Jahre 2010 rund 222 Milliarden DM vorsehe, werde die Bahn mit einem Anteil von fast der Hälfte am meisten profitieren. Beim Ausbau der Straßeninfrastruktur liege der *Schwerpunkt* auf dem Bau von *Ortsumgehungen.* Es seien rund 1000 Ortsumgehungen geplant, mit überproportionalem Anteil der neuen Bundesländer. Rund jede zehnte Mark werde beim Straßenbau für Umweltschutzmaßnahmen ausgegeben. So seien 1978 bis 1992 rund 3,5 Milliarden DM allein für den Lärmschutz an Bundesfernstraßen *aufgewendet* worden.

urgent need

emphasis/detours around small towns and villages

spent

> *Deutschland ist nach den Angaben von Bundesverkehrsminister Günther Krause schon heute „Transitland Nummer eins" in Europa. Bis zum Jahre 2010 würden im Transitverkehr Steigerungsraten von 100 Prozent beim Güterverkehr und von 180 Prozent beim Personenverkehr erwartet. In Deutschland werde sich der Güterverkehr auf der Straße und in der Binnenschiffahrt jeweils rund verdoppeln, auf der Bahn um 55 Prozent zunehmen. Dabei werde sich der Güterverkehr innerhalb Deutschlands in West-Ost-Richtung mehr als versiebenfachen, der Personenverkehr nahezu verachtfachen.*

rate increases

increases seven-fold

1. Wer soll die Gebühren für die Autobahnbenutzung einziehen?
2. Warum ist eine Autobahngebühr fairer als eine Mineralölsteuererhöhung?
3. Was macht den Ausbau der Verkehrsinfrastruktur so teuer?
4. Was für eine Bahnreform ist geplant?
5. Wie groß soll der Anteil der Bahn am Verkehr werden?
6. Wo sind die meisten Ortsumgehungen geplant?

HÖREN UND VERSTEHEN

Hören Sie sich das Tonband-Interview zu Kapitel IV-A an.

Herr Raasch

VERSTÄNDNISHILFEN

zum Gespräch über die Deutsche Bundesbahn

Verkehrsministerium	Department of Transportation
brummendes Geräusch	humming noise
apropos	appropriate
abgespult	transacted
umreißen	outline
Haushaltsreferat	budgetary office
Finanz- und Haushaltsrecht	financial and budgetary law
Fachgebiete	special areas
Flugsicherung	air safety
Verkehrsträger	carriers
begrenzt	limited
Sorgenkind	problem child, worry
verschlingt	gobbles up
über die Hälfte des Ansatzes des Verkehrshaushaltes	more than half of the original transportation budget
von Neubaustrecken und Ausbaustrecken	of new and extended routes
ersetzt	replaced
Bezeichnung	name
Nachfolgesystem	successor system
zusätzlich zum	in addition to
ausgeschaltet	eliminated
das sich sehr bewährt hat	which has proven very successful
vorgesehen	planned
ab nächsten Fahrplanwechsel	starting with the new train schedule
im Zweistundentakt	running every two hours
im Einstundentakt	running every hour
Vollmitglied	full member
nicht mehr bedarfsgerecht	no longer keeps pace with the demand
vornehmlich	especially
Bundesbahnvorstand	management of the Bundesbahn
Entfernungen	distances
Anreiz	incentive
einhaken	cut in
Vorreiter	pioneer
pauschalierten Karten	tickets at a flat rate
Rückfahrkarten	round-trip tickets
Geburtshelfer	midwife
probehalber	for a trial period
haben sich jetzt niedergeschlagen	are now reflected
kundenbewußt	customer-conscious
Umfragen	polls
Bedarfsermittlung	ascertainment of demand
Berücksichtigung	consideration

Pendlerkarten	commuter tickets
Zwischenbilanz	interim balance sheet
sind sehr gut angeschlagen	have had a very good response
Pauschalpreis	flat rate
zum Zuge gekommen wäre	were successful (subjunctive)
andeutete	mentioned

Hören Sie sich das Gespräch ein zweites Mal an, und entscheiden Sie dann, ob darin die folgenden Aussagen gemacht werden:

1. Herr Raasch ist im Verkehrsministerium in Bonn angestellt. **JA NEIN**
2. Sein besonderes Fachgebiet ist die Bundesbahn. **JA NEIN**
3. Die Bundesbahn verschlingt einen großen Teil des Verkehrsbudgets. **JA NEIN**
4. Die Bundesbahn muß stark subventioniert werden. **JA NEIN**
5. Der D-Zug soll durch das Interregio-System ersetzt werden. **JA NEIN**
6. D-Zug und IC-Zug sind dasselbe. **JA NEIN**
7. Das IC oder Intercity-Netz ist bisher sehr erfolgreich gewesen. **JA NEIN**
8. Der Interregio soll im Einstundentakt fahren. **JA NEIN**
9. Das Interregio-System soll die verschiedenen Länder der EG miteinander verbinden. **JA NEIN**
10. Der D-Zug ist in roten Zahlen gelaufen. Er war ein Verlustgeschäft. **JA NEIN**
11. Der Intercity-Zug bedeutete kein Verlustgeschäft. **JA NEIN**
12. Das neue Tarifsystem ist für Familien und Gruppen ungünstig. **JA NEIN**
13. „Die rosaroten Zeiten" waren Rückfahrkarten zu einem billigen Pauschalpreis. **JA NEIN**
14. Die Bundesbahn hat aus den Erfahrungen mit den „rosaroten Zeiten" nichts gelernt. **JA NEIN**
15. Bevor das neue Tarifsystem eingeführt wurde, hat man durch Umfragen herausgefunden, was den einzelnen Kunden interessiert. **JA NEIN**
16. Pendlerkarten sind sehr gut angenommen worden. **JA NEIN**
17. Der Superspartarif von 120 Mark für eine Rückfahrkarte für eine Entfernung über 201 km hat sich als sehr beliebt erwiesen. **JA NEIN**
18. Mit dem Superspartarif kann man zu jeder Zeit fahren. **JA NEIN**
19. In der BRD werden sowohl unrentable Strecken stillgelegt, wie auch bereits existierende Strecken ausgebaut. **JA NEIN**
20. Die BRD arbeitet noch an einem anderen Projekt: Dem Intercity-Express, um mit anderen Verkehrsträgern konkurrenzfähig zu sein. **JA NEIN**

21. Die Geschwindigkeit des ICE soll so hoch sein wie die eines Flugzeugs.   JA   NEIN

22. Die Beförderung mit dem ICE wird nicht mehr Zeit kosten als ein Flug. Man ist gleich in der Innenstadt und braucht nicht lange am Flughafen zu warten.   JA   NEIN

23. Herr Raasch sagt, daß der ICE viel billiger sein wird als ein Flug.   JA   NEIN

24. Die Bundesbahn muß nicht so rentable Strecken stillegen.   JA   NEIN

25. Sie sorgt dann, zusammen mit dem Land und der Gemeinde, für Alternativen.   JA   NEIN

26. Taxis können keine Alternative sein, denn sie sind zu teuer.   JA   NEIN

B. INDIVIDUELLE KOMMUNIKATION UND MASSENMEDIEN

1 / Die Deutsche Bundespost umfaßt einen viel größeren Dienstleistungsbereich als das amerikanische Postamt, weil sie auch für den ganzen Bereich der Telekommunikation zuständig ist und *obendrein* einen Bankdienst anbietet, der es Kunden erlaubt, ein Sparkonto und ein Girokonto bei der Post zu führen.   *on top of that*

2 / Vor der Postreform 1989 *unterstanden* 522 Tausend Arbeitskräfte (Die BP als der größte deutsche Arbeitgeber!) der direkten obersten Leitung des Bundespostministers. Jetzt ist die DBP in drei Teilbereiche aufgeteilt, die als öffentliche Unternehmen geführt werden. Der erste Bereich ist die eigentliche Post (Postdienst). Dieser Bereich ist zuständig für den Transport der eigentlichen Postgüter (Briefe, Pakete, Päckchen usw.). Der zweite Bereich ist zuständig für das Fernmeldewesen (Telekom). Er umfaßt alle Formen der Telekommunikation, d.h. die *Bereitstellung* von *Übertragungswegen* für den Transport von Ton-, Bild- und Datenmaterial. Den dritten Bereich bildet das Postbankwesen (Postbank). Im Wesentlichen wird hier der Postgiro- und Postsparkassendienst abgewickelt. (Die Postbank macht keine Kreditgeschäfte.) Alle drei Bereiche werden jeweils durch *Vorstände* geführt. Die Vorstandsvorsitzenden bilden das sogenannte Direktorium. Es koordiniert sowohl die materiellen als auch die finanziellen Dinge der drei Unternehmen. Der Postminister kann nicht mehr direkt *eingreifen*.   *were employees*   *placing at disposal/ telecasting facilities*   *boards*   *intervene*

3 / Der Postdienst bietet alle die Dienste an, die ein Amerikaner erwartet. Ein größeres Postamt ist gewöhnlich kundenfreundlich eingerichtet. Das heißt, es gibt Schalter, an denen man nur Postwertzeichen (= Briefmarken) kaufen kann, sodaß man schnell bedient wird. An anderen Schaltern kann man auch Briefe per Einschreiben und Eilbriefe erledigen, Ferngespräche anmelden,

Telegramme aufgeben oder Geldtransaktionen machen usw., und für den Paketdienst gibt es fast immer einen besonderen Schalter. Es steht über den verschiedenen Schaltern angezeigt, was Sie dort erledigen können. Ein für Touristen oder reisende Geschäftsleute besonders wichtiger Dienst ist, daß man die Postämter als Adresse für Post, die man empfangen möchte, angeben kann. Der Absender adressiert den Brief ganz einfach mit seinem Namen, der Stadt, wo er die Post abholen will, und dem Wort *postlagernd*, oder wenn die Stadt mehrere Postämter hat, *hauptpostlagernd*. Dort kann man dann seinen Pass vorzeigen und nach Post fragen.

> c/o Post Office
> c/o Main Post Office

4 / Die Postbank war ursprünglich für Leute gedacht, die ihr weniges erspartes Geld unter der Matratze aufbewahrten, weil es nicht genug war, damit ein Bankkonto zu eröffnen, oder die auf dem Lande wohnten, wo es in der Nähe keine Bank gab. Aber die Postbank zog auch viele andere Kunden an, vielleicht weil es bequem ist, bei der Post Geldgeschäfte zu erledigen. Es gibt gewöhnlich ein Postamt in der Nähe, und es ist viel mehr Stunden geöffnet als eine deutsche Bank, die oft vormittags nur drei und nachmittags zwei Geschäftsstunden hat. Die Postbank ist heute das größte Geldinstitut, bei dem etwa jeder dritte Deutsche ein Sparkonto hat.

5 / Die Telecom hat den *Vertrieb* aller *Endgeräte*, d.h. Telefonapparate, Telex-, Teletex-, Telefax- und alle anderen durch Telefonleitungen verbundenen *Empfangsgeräte* dem internationalen Wettbewerb *freigegeben*. Dennoch wird in ihrem Bereich eine zweite Reform gefordert, denn bei der *Neuregelung* der Postbereiche blieben Telefondienst und Telefonnetz im Monopol der DBP. Die EG fordert aber auch hier Öffnung für den freien Wettbewerb, und wenn Deutschland konkurrenzfähig bleiben oder werden will, muß auch dieser Dienstbereich privatisiert werden. In der *Karriere* eines *Beamten* der DBP und seiner *Vergütung* gibt es keine Möglichkeiten, durch besonders hohe Bezahlung besondere Talente heranzuziehen. Ebenso wenig gibt es die Möglichkeit, unproduktive Arbeitskräfte zu entlassen. Dementsprechend ist der deutsche Telefondienst weniger kundenfreundlich als der anderer Länder. Man kann in Deutschland keine detaillierten Telefonrechnungen bekommen, etwa mit genauen *Angaben* über Zeit und *Dauer* der Gespräche. Man kann auch an Wochenenden keine Reparaturdienste gestörter Leitungen verlangen, und auf einen neuen Telefon*anschluß* muß man im Durchschnitt fünf Wochen warten. Auch gibt es weniger öffentliche Fernsprecher als in vergleichbaren anderen Ländern, und wenn man einen findet, kann man u.U. trotzdem nicht telefonieren, weil nur wenige von ihnen Münzen akzeptieren und die anderen nur mit Telefonkarten funktionieren, die aber nicht am Ort erhältlich sind. Allerdings kann man zum Postamt gehen und sich dort mit dem Inland und Ausland verbinden lassen, ohne Sorge zu haben, daß die Münzen nicht ausreichen, denn man kann für Gespräche am Schalter bezahlen.

> sales/terminals
> receivers/opened up
>
> restructuring
>
> career/official with tenure
> compensation
>
> statements/duration
>
> installation

6 / Bei der *Vernetzung* von Computern und Mobiltelefonen gibt es kein intaktes Staatsmonopol auf Nachrichtentechnik mehr. Ein Konsortium unter der Führung des *Röhren*- und Maschinenbaukonzerns Mannesmann erhielt 1989 als erste Privatfirma die Lizenz, im Wettbewerb mit der Telecom, zum Aufbau eines bundesweiten Netzes für mobile Funktelefone. Zum *Datenaustausch* zwischen Firmen gibt es etwa 200 sogenannte Diensteanbieter, die bei der Post

> networking
>
> pipes
>
> exchange of data

Festleitungen mieten, sie mit *maßgeschneiderten* Zusatzangeboten *versehen* und ihre Dienste bei Banken, *Versicherungen*, Reisebüros usw. anbieten.

complete with/ customized
insurance companies

7 / An den Massenmedien war die Post schon immer beteiligt. Für jedes Radio und *Fernsehgerät* in Gebrauch kassierte sie monatliche Gebühren. Heute werden die Gebühren direkt an die Fernseh- und *Rundfunkanstalten* bezahlt, die dann der Post ihren Anteil *überweisen*. Das Monopol der Telecom in der Medienlandschaft beschränkt sich auf das *Verteilungsnetz*, die Verbreitung über Satelliten, bzw. über *Richtfunk*. Seit 1982 bietet sie Kabelanschluß an und verkauft zu dem Zweck *Übergabepunkte* des *Breitbandverteilnetzes*, das sie aber nur bis vors Haus legen kann, weil nur private Handwerker die Anschlüsse im Haus machen dürfen.

TV-set
broadcasting stations
remit
distribution network
directional transmitter
points of delivery/
 broad cable distri-
 bution network

8 / Die Telecom hat keinerlei Einfluß auf die *Programmgestaltung*. Die deutschen Rundfunkanstalten–wobei „Rundfunk" ein *Sammelbegriff* für Hörfunk und Fernsehen ist–sind unabhängige Anstalten des öffentlichen Rechts, die gesetzlich damit beauftragt wurden, ihre Teilnehmer zu informieren, zu bilden und kulturell *aufzuklären*. In einem wichtigen Urteil des Bundesverfassungsgerichts von 1961 heißt es, daß Rundfunkanstalten weder vom Staat noch von einzelnen gesellschaftlichen Gruppen beherrscht werden dürfen und daß alle

programming
collective term

to enlighten

relevanten gesellschaftlichen Kräfte in ihren Organen Einfluß haben und in ihren Programmen zu Wort kommen müssen. Repräsentanten dieser Gruppen bilden den *Rundfunkrat*, der *Grundsatzfragen* der Anstalt behandelt und den *Intendanten* wählt. Der leitet die gesamte Geschäftsführung einschließlich der Programmgestaltung. So geschieht das in den neun Landesrundfunkanstalten der alten Bundesländer (Schleswig-Holstein hat keine), die in der ARD (= Arbeitsgemeinschaft der öffentlichen Rundfunkanstalten Deutschlands) *zusammenwirken* und für alle Länder das erste Programm (offiziell „Deutsches Fernsehen" genannt) produzieren. Nur ein kleiner Prozentsatz des Gesamtprogramms wird regionalen Interessen *gewidmet*. Der ARD ist ein Drittes Programm *angeschlossen*, das von Land zu Land verschieden ist und hauptsächlich Kultur- und Bildungsprogramme sendet. Ein zweites Deutsches Fernsehen (ZDF) *beruht auf* einem Staatsvertrag aller Bundesländer. Es wird von Mainz an alle Bundesländer *abgestrahlt*. Die Programme dieser Sender werden hauptsächlich durch die Gebühren der *Rundfunkteilnehmer* finanziert und nur zu 3 Prozent durch Werbung, die insgesamt nicht mehr als 30 Minuten pro Tag in Anspruch nehmen darf. Anders steht es mit den zusätzlichen Programmen, die seit 1986 mit Kabel empfangen werden können. Den Kabelteilnehmern stehen bis zu 38 Programmen zur Verfügung. Darunter sind private Sender, die, wie amerikanische Sender, durch Werbung finanziert werden.

> Broadcasting Council/ basic questions
> director
>
> to cooperate
>
> devoted to
> linked up with
>
> based on
> transmitted
> subscribers

9 / In den neuen Bundesländern ist das Fernsehen *in der Umbildung begriffen*. Das staatliche Fernsehen Ostdeutschlands (DFF) wurde 1990 aufgelöst und die Programme unter das sogenannte Erste und Zweite Programm (ARD und ZDF) und ein neues, die „Länderkette", aufgeteilt. Das ARD und ZDF können inzwischen in allen neuen Bundesländern empfangen werden. Die Länderkette hat viele der populärsten Programme des früheren DFF übernommen. Die Ostdeutschen sind auch dabei, regionale Fernsehprogramme zu bilden, die in die Kette der ARD-Programme aufgenommen werden sollen. Einige verbinden sich mit anderen regionalen Sendern, wie Mecklenburg-Vorpommern mit dem Norddeutschen Rundfunk, der bereits drei nördliche Länder des Westens verbindet. Andere, wie Sachsen, wollen selbständig sein. Die beiden größten Privatsender, Sat 1 und RTL, erreichen mit ihrer Satellitenübertragung bisher nur 25 Prozent der ostdeutschen Haushalte.

> in the process of being restructured

10 / Jeder Landesrundfunk bietet mehrere Hörsendungen. Hörer mit Kabelanschluß können darüber hinaus zahlreiche Sender über Satelliten in CD-Tonqualität empfangen. Der „Deutschlandfunk" kann in vierzehn Sprachen in ganz Europa gehört werden, und die „Deutsche Welle" sendet auf *Kurz- oder Mittelwelle* deutschsprachige Programme für die im nicht europäischen Ausland lebenden Deutschen. Sie kann Übersee auch in dreißig Fremdsprachen gehört werden.

> short- or medium-wave

11 / Die Deutschen sind und waren eifrige Zeitungsleser. Im 17. Jahrhundert hielten sie mehr Zeitungen als alle andern europäischen Länder zusammen. Nach dem Zeitalter der *Aufklärung* im 18. Jahrhundert kämpften sie lange um größere Freiheit von der *Zensur* des Staates. Mit dem Reichspressegesetz von 1874 wurden der Presse einige Rechte dem Staat gegenüber garantiert. Daraufhin vermehrten sich und *gediehen* deutsche Zeitungen bis zum Anfang des dritten Reiches.

> enlightenment
> censorship
>
> thrived

12 / Wie beim Rundfunk wurde auch bei der Neugestaltung der Presse nach dem Ende des zweiten Weltkriegs sehr darauf geachtet, daß sie dem staatlichen Einfluß *entzogen* wurde. Goebbels, der Propagandaminister der Nazis, der zur Meinungsmanipulation den Rundfunk verstaatlicht und auf ein einziges Programm dezimiert und dem deutschen Hörer bei Todesstrafe verboten hatte, ausländische Sender zu hören, hatte nur die Zeitungen überleben lassen, die bereit waren, die Propaganda der Nazis zu drucken. *Im Vergeben der Lizenzen* sorgten die Alliierten dafür, daß Mannigfaltigkeit der Meinungen gefördert wurde, und daß Verleger, die während der Nazizeit gewirkt hatten, nicht wieder aktiv wurden. Damals wurden „Der Spiegel" und „Die Zeit" gegründet, eine wöchentliche Illustrierte und eine liberale wöchentliche Zeitung, die noch heute zu den wichtigsten Publikationen der Presse gehören.

removed

When giving licenses

Verkaufsauflage wichtiger Presseorgane *	
Tageszeitungen (1991, z.T. mit Anschlußzeitungen)	
Bild (Hamburg)	4506700
Westdeutsche Allgemeine (Essen)	724900
Hannoversche. Allgemeine (Hannover)	513000
Sächsische Zeitung (Dresden)	499400
Rheinische Post (Düsseldorf)	396000
Frankfurter Allgemeine (Frankfurt)	391000
Süddeutsche Zeitung (München)	389000
Südwestpresse (Ulm)	370000
Augsburger Allgemeine (Augsburg)	363000
Berliner Morgenpost (Berlin)	337000
B.Z. (Berlin)	336000
Hessische/Niedersächsische Allgemeine (Kassel)	290000
Kölner Stadtanzeiger (Köln)	285000
Berliner Zeitung (Berlin)	275000
Rheinpfalz (Ludwigshafen)	247000
Westdeutsche Zeitung (Düsseldorf)	246000
Braunschweiger Zeitung (Braunschweig)	240000
Märkische Allgemeine (Potsdam)	235000
Ostsee-Zeitung (Rostock)	228000
Lausitzer Rundschau (Cottbus)	227000
Ruhr-Nachrichten (Dortmund)	225000
Die Welt (Bonn)	224000
Frankfurter Rundschau (Frankfurt)	190000
Die Tageszeitung (Berlin)	61000
Wochenblätter und aktuelle Sonntagszeitungen	
Bild am Sonntag (Hamburg)	2665000
Die Zeit (Hamburg)	495000
Welt am Sonntag	406000
Bayernkurier (München)	158000
Rheinischer Merkur (Bonn)	112000
Deutsches Allg. Sonntagsblatt (Hamburg)	93000
Nachrichtenmagazin	
Der Spiegel (Hamburg)	1083000

°Aus *Tatsachen über Deutschland*, 1992

13 / Nach dem *Rückzug* der Alliierten und dem *Erlaß* des „Grundgesetzes" 1949, in dem die Freiheit der Presse und anderer Medien verfassungsmäßig garantiert wurde, erlebte die Presse Hochkonjunktur, aber viele der neu entstandenen *Veröffentlichungen* überlebten die mittleren fünfziger Jahre nicht, obwohl die Leserschaft erstaunlich wuchs. In den Jahren zwischen 1954 und 1969 steigerte sich der Umsatz von Tageszeitungen von 13 Millionen auf 19 Millionen. Davon profitierten einige große Verleger, wie der Axel Springer und der Bertelsmann Verlag, DIE ZEIT, die Heinrich Bauer und die Burda AG. Die größten und bekanntesten deutschen Verleger sind im Privatbesitz, und mit Ausnahme von DIE ZEIT, die nur eine Wochenzeitung herausgibt, folgen sie dem Trend diversifizierter, auch internationaler Produktionsprogramme, und seit dem Beschluß des Bundesgerichts 1986 investieren sie auch im privaten Fernsehen. An den zwei Hauptprogrammen des privaten Fernsehens RTL (Ra-

withdrawal/decree

publications

dio Television Luxemburg) und Sat 1 sind z.B. Bertelsmann (am RTL) und Axel Springer (am Sat 1) mitbeteiligt.

14 / Die Zeitung mit der bei weitem höchsten Auflage von über fünf Millionen ist die berühmte wie *berüchtigte* Bild Zeitung, die größte Boulevard Zeitung Europas, die alle Sensationen des Tages verbreitet. *Anspruchsvollere* Leser suchen sich ihre Informationen woanders. Überregionale Presseorgane, die entscheidend an der Meinungsbildung der Leute beteiligt sind und geholfen haben, sie zum demokratischen Denken zu erziehen, sind die wöchentliche Zeitschrift DER SPIEGEL (konservativ), die Wochenzeitung DIE ZEIT (liberal), die Tageszeitungen FRANKFURTER ALLGEMEINE ZEITUNG (konservativ/liberal) und die SÜDDEUTSCHE ZEITUNG (liberal). Dazu kommen andere wichtige Tagesblätter wie DIE WELT (konservativ) und die FRANKFURTER RUNDSCHAU (linksliberal). Sie alle enthalten einen wirtschaftlichen Teil. Besonders umfangreich ist er in der Wochenzeitung „DIE ZEIT". In Ostdeutschland haben alte Staatszeitungen ihre Leserschaft verloren. NEUES DEUTSCHLAND, JUNGE WELT und TRIBÜNE können sich kaum noch über Wasser halten. Dagegen haben sich manche regionalen Zeitungen, mit täglichen Auflagen von 400 000 bis 600 000, erstaunlich gut gehalten, allerdings meistens von westlichen Investitionen unterstützt. Axel Springers BILD ZEITUNG hat im Osten über eine Million neue Leser gefunden. Allerdings macht ihr jetzt eine neue Zeitung, mit Namen SUPER-ZEITUNG, ernsthafte Konkurrenz. Sie ist billiger und richtet sich ausschließlich an Ostdeutsche und ihren anderen Geschmack. Die BERLINER ZEITUNG ist mit einer Auflage von über 300 000 in Ostberlin allein die größte Zeitung der Stadt. Gruner & Jahr, die Verleger des Nachrichtenmagazins STERN, und Robert Maxwell haben den Berliner Verlag direkt von der PDS für 250 Millionen DM gekauft. Die Treuhandanstalt hat die zwei nächstgrößten ostdeutschen Zeitungen, die CHEMNITZ FREIE PRESSE mit einer Auflage von über 600 000 und die MITTELDEUTSCHE ZEITUNG mit 528 000 Lesern an westliche Firmen verkauft, und zwar unter sehr *verdächtigen* Umständen, die untersucht werden.

15 / Es gibt vier tägliche Veröffentlichungen, die ausschließlich der Wirtschaft *gewidmet* sind: 1. Das HANDELSBLATT ist mit einer Auflage von 90 000 Exemplaren das wichtigste Organ für nationale und internationale Wirtschaft. Es enthält als *Beilage* die „Finanzzeitung" mit Nachrichten über die *Börsen*. Alle großen *Aktiengesellschaften* veröffentlichen ihre Bilanzen darin. 2. Die FRANKFURTER BÖRSENZEITUNG ist spezialisierter als das HANDELSBLATT. 3. Der „Blick durch die Wirtschaft" ist eine Beilage der FRANKFURTER ALLGEMEINEN. 4. Die NACHRICHTEN FÜR DEN AUSSENHANDEL werden von der Bundesstelle für Außenhandelsinformation veröffentlicht. Diese Zeitung hat als wöchentliche Beilage „Auslandsanfragen", in denen Geschäftsleute des Auslands kostenlos Kontakte in Deutschland suchen können.

16 / In der BRD werden erstaunlich viele (etwa 9500) Zeitschriften gedruckt und gelesen. Die aktuellen Unterhaltungszeitschriften sind auf vier Titel *zusammengeschrumpft*, von denen der STERN und die BUNTE die höchsten Auflagen haben. Die beiden der Wirtschaft gewidmeten Illustrierten mit Beiträgen über alle Wirtschaftsbereiche sind WIRTSCHAFTSWOCHE und CAPITAL.

Karriere-Börse

Die deutschen Personalberater nennen Capital monatlich die neuesten, von ihnen ausgeschriebenen Positionen. Interessenten können sich unmittelbar mit der Beratungsfirma in Verbindung setzen.

Geschäftsführung

Vorstand, Dipl.-Kfm. für deutsches Großunternehmen des Maschinen- und Anlagenbaus, bis 50 Jahre; EK um 350 000 DM *(Mönnekemeyer, Bremen, 04 21/32 18 48)*.

Kaufmännischer Geschäftsführer für stark expandierendes, konzernunabhängiges Unternehmen der Automobilzulieferindustrie, Süddeutschland; EK 220 000 DM plus *(Trottnow, Stuttgart, 07 11/65 20 58)*.

Vorstand Finanz- und Rechnungswesen für Handelskonzern mit über 2 Mrd. DM Umsatz, Dipl.-Kfm., Schwerpunkt Finanzierung, um 40 Jahre; EK ab 200 000 DM *(Hofmann, Herbold, Königstein, 0 61 74/29 05-24)*.

Hauptgeschäftsführer Gießerei, Grauguß, Stahlguß, Ferroguß und Feinguß, 1000 MA, Sitz NRW, bis 50 Jahre; EK 200 000 DM *(M. S., München, 089/1 74 54 50)*.

General Manager Deutschland, Hotel, verantwortlich für expansive Kette mit mehreren Hotels, Englisch, regionale Verantwortung Voraussetzung; EK 180 000 DM *(GKR, Düsseldorf, 02 11/59 20 51)*.

Technischer Geschäftsführer für ein SF-Bauunternehmen, Dipl.-Ing., bis 50 Jahre, branchenerfahren; EK ab 150 000 DM *(Interprocon, Düsseldorf, 02 11/45 10 06)*.

Kaufmännischer Geschäftsführer/Controller mit technischer Ausrichtung, internationales Unternehmen der Hydraulik-Branche, 1000 MA; EK um 150 000 DM *(Dr. Welsch, Kirschner, Leinfelden-Echterdingen, 07 11/7 97 90 53)*.

Vice-President, Chemiker als zukünftiger Vice-President und Technischer Leiter für Tochter eines deutschen Chemie-Unternehmens; EK ab 130 000 DM *(Inklusiv, Krefeld, 0 21 51/5 80 46)*.

Geschäftsführer in spe für Unternehmen des Mineralölverkaufs in NRW, BWL-Studium, vertriebsstark, Englisch, bis 40 Jahre; EK 100 000 DM plus *(H. Chiaradia, Moers, 0 28 41/3 42 85)*.

Kaufmännischer Bereich

Informations-(MIS-)Manager, Akademiker, Mrd.-Nahrungsmittel, Erfahrung aus Controlling, Bw., EDV, Englisch, berichtet an Sprecher; EK um 200 000 DM *(AMC, Frankfurt, 069/72 46 58)*.

Import-Export-Profi für namhafte süddeutsche Import-/Exportgesellschaft, Erfahrung im Ostblock, Kenntnisse im Lebensmittelbereich; EK um 130 000 DM plus *(Vollmer + Kuhn, Stuttgart, 07 11/42 00 27)*.

Leiter Materialwirtschaft für intern. Unternehmen der Kunststoffverarbeitung, Logistik, Kenntnisse in EDV-gestützten Systemen; EK um 130 000 DM *(Praxis Personal Marketing, Saarbrücken, 06 81/5 84 60 63)*.

„Jetzt brauchen Sie nur noch ein oder zwei wohlwollende Kollegen, die herunterspringen und Sie an die Führungsspitze katapultieren."

Leiter Beschaffung und Disposition, Hersteller passiver elektronischer Bauelemente, Großserienfertigung, Bayern; EK ab 120 000 DM *(Udo Wirth, München, 089/4 48 57 50)*.

Vertrieb/Verkauf

Verkaufsleiter Far East für deutsches Unternehmen der Medizintechnik, Fernost- und Branchenerfahrung, Englisch; EK um 200 000 DM *(Drechsler o Rank, München, 089/5 30 92 36)*.

Niederlassungsleiter Vertrieb für internationale Sportkleidungskollektion, Branchenerfahrung, profunde Handelsmarketing-Kenntnisse, Englisch, Mitte 30; EK ab 150 000 DM *(Marketing-Studio, Gechingen-Bergwald, 0 70 56/10 55)*.

Nationaler Verkaufsleiter Kundendienst für führendes Unternehmen im Bereich Meß- und Regeltechnik/Automationstechnik, Kenntnisse in Strategie und Umsetzung, Englisch, bis 40 Jahre; EK 150 000 DM plus *(UBI, Hamburg, 040/89 17 97)*.

Vertriebsleiter für Unternehmen der Lüftungs- und Klimatechnik, Branchenleader; EK 130 000 DM plus *(Neuhaus, Bielefeld, 05 21/15 20 30)*.

Zentralverkaufsleiter Textilien für bekanntes SB-Warenhaus-Unternehmen in NRW; EK um 130 000 DM *(Ernst-Dieter Puppel, Dorn-Dürkheim, 0 67 33/72 69)*.

Senior-Vertriebsingenieur für US-Hersteller von CAE-Systemen, Ing. mit Vertriebserfahrung im System- oder Halbleitergeschäft für Aufbau des Büros Norddeutschland; EK bis 130 000 DM *(Interconsult, München, 089/50 79 90)*.

Regionaler Verkaufsleiter für Unternehmen der Investitionsgüterindustrie in NRW; EK bis 110 000 DM *(Inza, Düsseldorf, 02 11/45 09 66)*.

Vertriebsleiter Inland/Ausland für ein Profit Center im Sondermaschinenbau; EK 100 000 DM plus *(Ihde, Bendestorf, 0 41 83/60 41)*.

Exportleiter für HAKA-Marke, europäisches Ausland, EK 100 000 DM plus *(MBS, Stuttgart, 07 11/70 30 35)*.

Geschäftsgebietsleiter Vertrieb, Dipl.-Ing./Wirt.-Ing./Dipl. Phys., ausländische Großkunden für internationale Unternehmen Elektronik/Meßgerätebau, Raum Hamburg, Fremdsprachen; EK um 100 000 DM *(Götz Junkers, Hamburg, 040/89 25 22)*.

Verkaufsleiter für bedeutenden Kfz-Teile-Hersteller, regionale Verantwortung; EK um 100 000 DM *(Rohde, Hamburg, 040/72 12 07 8)*.

Marketing

Leiter Marketing/Vertrieb für Verlagsunternehmen in Süddeutschland; EK 120 000 DM plus *(ZAV, Herr Brexel, Frankfurt, 069/71 11-308)*.

Leiter Markt- und Mediaforschung für mittelgroße Werbeagentur; Start-EK um 120 000 DM *(Dieter Schröder, Düsseldorf, 02 11/68 44 69)*.

Marketingmanager für bekanntes Unternehmen der Baubranche in Süddeutschland; EK um 100 000 DM plus *(Fritz H. Lüdtke, Bad Hersfeld, 0 66 21/6 28 84)*.

Product Manager für Gold Marketing in international tätigem Unternehmen des Investment-Bereichs, bis 40 Jahre; EK 100 000 DM plus *(International Gold Corporation, München, 089/23 03 4-121)*.

Marketing-/Vertriebsberater mit BWL-Studium (Prädikat) für international führendes Unternehmen in Düsseldorf, um 30 Jahre; Ziel-EK 100 000 DM *(Mercuri-Goldmann, Düsseldorf, 02 11/8 46 61)*. ▶

WORTSCHATZ

1 / umfassen	to comprise
der Dienstleistungsbereich, -e	service area
das Postamt, ¨er	post office
das Sparkonto, -konten	savings account
das Girokonto, -konten	checking account
2 / der Arbeitgeber, -	employer
die Leitung, -en	management; guidance; line (e.g., electric)
aufteilen	to split up, divide
das Paket, -e	package
das Päckchen, -	small package
im Wesentlichen	essentially
die Sparkasse, -n	savings bank
jeweils	each
bilden	to form; educate, train
3 / der Schalter, -	window, counter; switch
die Briefmarke, -n	postage stamp
das Postwertzeichen, -	postage stamp
bedienen	to serve s.o.
per Einschreiben	certified mail
der Eilbrief, -e	express letter
das Ferngespräch, -e	long-distance call
ein Ferngespräch anmelden	to place a long-distance call
anzeigen	to indicate; to denounce, turn (s.o.) in
erledigen	to settle, take care of, get done
die Post	mail; post office
der Absender, -	sender
postlagernd	"poste restante," hold for pick up
das Hauptpostamt, ¨er	main post office
4 / aufbewahren	to save; hord
ein Konto eröffnen	to open an account
5 / die Telefonleitung, -en	telephone line
fordern	to request
entlassen (ä), ie, a	to lay off, fire; dismiss
das Telefon, -e	telephone
gestört	disrupted
der öffentliche Fernsprecher, -	public telephone
erhältlich	obtainable
ausreichen	to suffice
6 / die Daten, *pl.*	data
mieten	to rent (from s.o.)
Zusatz-	additional
anbieten, o, o	to offer
7 / der Gebrauch	use
kassieren	to cash, collect money
die Gebühr, -en	fee

sich beschränken auf (Acc.)	to be limited to
der Zweck, -e	purpose
zu dem Zweck	for that purpose
der Anschluß, Anschlüsse	connection
8 / das Programm, -e	program
der Einfluß, Einflüsse	influence
unabhängig	independent
das Urteil, -e	decree; judgment
gesellschaftlich	societal, of society
beherrschen	to control, dominate
behandeln	to deal with; treat
wählen	to elect; vote
leiten	to supervise, manage
die Geschäftsleitung	(top) management
einschließlich	including
die Werbung	advertising
in Anspruch nehmen	to claim, make use of
10 / die Sendung, -en	broadcast program; shipment
11 / eifrig	eager(ly)
(sich) vermehren	to increase; propagate
12 / drucken	to print
dafür sorgen, daß	to see to it that
der Verleger, -	publisher
die Illustrierte, -n	(illustrated) magazine
13 / verfassungsmäßig	constitutional
erleben	to experience
14 / erziehen, erzog, erzogen	to educate, train; raise
sich richten an (Acc.)	to address s.o.
der Geschmack	taste
der Umstand, ¨e	circumstance
15 / die Veröffentlichung, -en	publication
16 / die Zeitschrift, -en	periodical; magazine
die Unterhaltung	entertainment; conversation

WORTSCHATZ ERWEITERN

1. Vervollständigen Sie die Sätze. / FILE # WE4B1

1 / 1. In Deutschland kann man ein _____ und ein _____ bei der Post haben. (*checking account; savings account*)

2 / 2. Der Postdienst ist zuständig für die Beförderung von _____, _____ und _____. (*letters; packages; small packages*)

3 / 3. An den meisten Postämtern wird man schnell _____. (*served*)

4. An diesem _____ kann man nur _____ kaufen. (*window; stamps*)

5. Wollen Sie diesen Brief _____ _____ schicken? (*as certified mail*)

4 / 6. Viele Leute _____ ein Sparkonto bei der Post. (*open up*)

5 / 7. Die EG _____ auch für Telefonleitungen freien Wettbewerb. (*requests*)

8. Ein Angestellter der DBP mit Beamtenstatus kann nicht _____
werden. (*layed off*)

9. Es gibt in Deutschland weniger _____ _____
als in vergleichbaren anderen Ländern. (*public telephones*)

7 / 10. Früher kassierte die Post für Radios und Fernseher in Gebrauch monatliche _____. (*fees*)

8 / 11. Die Telecom hat aber keinen _____ auf die Programmgestaltung. (*influence*)

12. Die Medien dürfen nicht von einzelnen gesellschaftlichen Gruppen
_____ werden. (*controlled*)

13. Repräsentanten der relevanten gesellschaftlichen Gruppen _____
den Intendanten. (*elect*)

14. Der Intendant leitet die gesamte _____. (*top management*)

10 / 15. Jeder Landesrundfunk bietet mehrere Hör_____. (*programs*)

11 / 16. Nach dem Erlaß des Reichspressegesetzes 1874 _____
_____ die deutschen Zeitungen. (*increased*)

12 / 17. Während des dritten Reiches überlebten nur die Zeitungen, die bereit
waren, die Propaganda der Nazis zu _____. (*print*)

18. Die _____ der Naziliteratur durften nicht wieder aktiv werden. (*publishers*)

13 / 19. Im Grundgesetz wurde die Freiheit der Presse und anderer Medien
_____ garantiert. (*constitutionally*)

14 / 20. Einige Zeitungen und Zeitschriften haben viel dazu beigetragen, die
Deutschen zum demokratischen Denken zu _____. (*edu-
cate*)

21. Die neue SUPER-ZEITUNG _____ _____
ausschließlich an ostdeutsche Leser. (*addresses*)

15 / 22. Es gibt vier tägliche _____, die ausschließlich der Wirtschaft gewidmet sind. (*publications*)

2. Verwandte Wörter. Bilden Sie mit jedem Wort einen Satz.

Nomen	Adjektive	Verben
Adresse	dezimieren	aktiv
Apparat	informieren	demokratisch
die Bank	koordinieren	detailliert
das Büro	profitieren	diversifiziert
die Form	profitieren	konservativ
das Institut	telefonieren	kulturell
das Interesse		liberal

Nomen	Adjektive	Verben
das Kabel		populär
die Karriere		regional
die Karte		relevant
der Komputer		unproductiv
das Konsortium		
der Kontakt		
der Konzern		
der Kredit		
die Kultur		
die Lizenz		
die Massenmedien, *pl.*		
die Matratze		
die Medien, *pl.*		
das Mobiltelefon		
das Monopol		
das Netz		
das Organ		
das Paket		
die Post		
die Presse		
das Programm		
die Propaganda		
die Publikation		
das Radio		
die Reform		
der Satellit		
der Sender		
die Sensation		
das Talent		
das Telefax		
das Telefon		

Nomen	Adjektive	Verben
das Telegramm		
die Telekommunikation		
das Teletex		
das Telex		
der Ton		
der Trend		

3. Wortfamilien. Geben Sie zu jedem Nomen ein wortverwandtes Verb und zu jedem Verb ein wortverwandtes Nomen, z.B.: die Form–formen

das Päckchen / bilden / bedienen / das Gespräch / der Absender / fordern / entlassen / der Gebrauch / das Urteil / beherrschen / behandeln / wählen / leiten / erleben / der Geschmack / erziehen / die Veröffentlichung / die Unterhaltung / das Telefon / die Verbindung / die Werbung /

INFORMATION ERARBEITEN

Vervollständigen Sie die Notizen zum Text.

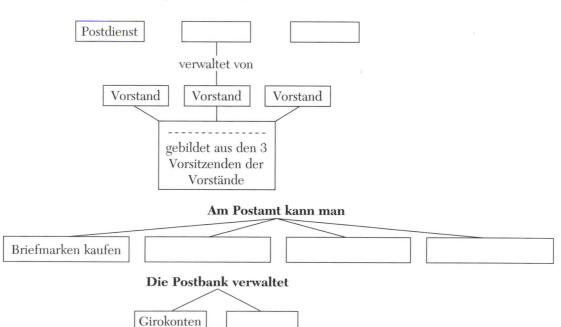

Aufteilung der Post in drei Bereiche

Postdienst

verwaltet von

Vorstand   Vorstand   Vorstand

gebildet aus den 3 Vorsitzenden der Vorstände

Am Postamt kann man

Briefmarken kaufen

Die Postbank verwaltet

Girokonten

1993

Telekom hat das Monopol bei

a) der Bereitstellung der Telefonleitung für Telefon, Telex,
    Telefax, Bildschirmtext usw.   **JA   NEIN**

b) dem Verkauf der Endgeräte (Telefone, Komputer, Fern-
    sehapparate usw.)   **JA   NEIN**

c) der Verbreitung über Satelliten und Richtfunk   **JA   NEIN**

d) Verlegen von Übergabepunkten vorm Haus für Kabel-
    Anschluß   **JA   NEIN**

e) Verlegen von Kabel-Anschlüssen ins Haus   **JA   NEIN**

Ohne Kabel-Anschluß können 3 Fernsehprogramme empfangen werden

ARD: 1. Deutsches Fernschen		

Rundfunk = Hörfunk oder Radio plus _____

Jede der 9 Landesfunkanstalten wird verwaltet von

einem Rundfunkrat gebildet aus _____	einem _____ gewählt vom _____

Finanzierung des Fernsehens durch

Definition von:

(a) Deutschlandfunk: _____

(b) Deutsche Welle: _____

Gedruckte Informationsquellen über die Wirtschaft

Tageszeitungen						CAPITAL

KORREKTES SCHREIBEN

1. Wiederholen Sie die Regeln für Adjektivendungen nach „der"-Wörtern und „ein"-Wörtern. Ergänzen Sie dann die fehlenden Endungen. Wo keine Endung hingehört, machen Sie einen Strich (—). / FILE # KS4B1

1. Gestern hatte ich ein lang_____ Gespräch mit meinem Verleger.
2. Wir diskutierten die zwei letzt_____ Kapitel meines Buches.
3. Das kurz_____ Telegramm war teuer genug.
4. Deutschland hat das dichtest_____ Telexnetz der Welt.
5. Der Kaufmann will heute noch viele groß_____ Aufträge erteilen.
6. Das alt_____ Dokument war besser als dieses neu_____.
7. Sie kann die hoh_____ Gebühren nicht mehr bezahlen.
8. Du hast aber ein lang_____ und teur_____ Telefonat (Telefongespräch) gemacht!
9. Unser neu_____ Telex-Anschluß spart uns viel Zeit und Mühe.
10. Siehst du die gelb_____ Telefonzelle?
    Alle öffentlich_____ Fernsprecher in Deutschland sind gelb_____.
11. Die „Bild-Zeitung" ist die meistgekauft_____ Zeitung der BRD. Sie ist berühmt_____ und berüchtigt_____.
12. Das „Erst_____ Programm" heißt allgemein „Deutsch_____ Fernsehen".
14. Viele klein_____ Zeitungen müssen sich mit groß_____ Verlegern zusammentun.

2. Übersetzen Sie. / FILE # KS4B2

1. People can have a checking and savings account with the post office.
2. If you want to send a telegram, go to the post office!
3. You can also make local calls (Ortsgespräche) and long distance calls at the post office.
4. At some (post office) windows only stamps are sold.
5. Participants in radio and TV have to pay monthly fees .
6. Advertisements are not permitted to interrupt the programs on public TV.
7. Germans like to read newspapers and magazines.
8. On the average, every household reads 260 magazine copies a year.
9. Most newspapers have a part on business.
10. „Die Wirtschaftswoche" is an important source (=die Quelle) of information for business people.

SPRECHEN

1. Gespräch zu dritt.

Wenn Sie in Deutschland telefonieren wollen und Ihnen kein privates Telefon zur Verfügung steht, gehen Sie zu einem öffentlichen Fernsprecher. Diese gelben Telefonzellen sehen Sie fast an jeder Straße. Sie können da auch Ferngespräche machen. Jede Nummer im Inland können Sie direkt wählen, und auch Auslandsgespräche sind zu 95% automatisiert. (Aber nicht in jedem öffentlichen Fernsprecher kann man mit Münzen telefonieren. Siehe Text). Die Gebühren werden nach Zeiteinheiten berechnet. Mit nur zwei Groschen (= 10 Pfennig-Stücken) kann man jedes Gespräch anfangen. Je größer die Entfernung ist, desto schneller muß man mehr Münzen in den Apparat werfen. Z.B. kann man mit nur einer Mark ganz kurz in den US anrufen und etwa soviel sagen: „Hi, this is Doris! I'll arrive in L.A. Monday morning at 10!" Wenn Sie nicht genug Kleingeld haben, gehen Sie zum Postamt. Sagen Sie am Schalter, welche Telefonnummer Sie anrufen wollen. Der/die Beamte schickt Sie dann in eine numerierte Telefonzelle und stellt die Verbindung her. Hinterher zahlen Sie am Schalter.

Improvisieren Sie zu dritt ein Gespräch. ST 1 = Sie; ST 2 = der/die Beamte; ST 3 = Ihr deutscher Geschäftspartner.

2. Diskussion zu zweit.

Sehen Sie sich das Fernsehprogramm für Montag den 31. August an, und vergleichen Sie die Angebote mit dem, was Sie an Fernsehprogrammen in den USA gewöhnt sind.

RTL PLUS · SAT 1

20.15 RTL plus — Die attraktive Joan (Katherine Justice) und ihr Geliebter, der erfolgreiche Psychiater und frustrierte Ehemann Dr. Roy Flemming (Gene Barry), planen an Roys Ehefrau Carol den perfekten Mord. Alles läuft nach Plan, wäre da nicht Inspektor »**Columbo**«, der unangenehme Fragen stellt

PRO 7 · TELE 5 · KABELKANAL

20.15 TELE 5 — Weil die Houston Astros Cisco (Bruce Boxleitner, l.) vom Baseball-Endspiel ausgeschlossen haben, dreht er durch und will die Frau des Star-Spielers kidnappen. Durch ein Versehen erwischt er allerdings die Ausreißerin Kathy (Maggie Wellman). Kommt es zu einem »**Mord aus heiterem Himmel**«?

RTL PLUS

6.00 **RTL aktuell**
7.00 **Frühstücksfernsehen**
8.55 **Owen Marshall** Serie
9.50 **Reich und schön** Serie
10.10 **Dr. med. Marcus Welby** Serie
11.00 **Tic Tac Toe** Quiz
11.30 **Familienduell** Spiel
12.00 **Punkt 12** Mittagsmagazin
12.30 **Wie das Leben so spielt** Serie
13.20 **California Clan** Familien-Serie
14.15 **Die Springfield Story** Serie
15.00 **Der Chef** Krimi-Serie
15.55 **Chips** Krimi-Serie
16.45 **Tennis live**
US-Open in Flushing Meadow
1. Runde Damen und Herren
Moderation: Ulli Potofski
Achtung: Durch die Tennis-Übertragung sind Programmänderungen möglich
18.45 **RTL aktuell** Nachrichten
19.15 **Explosiv – Das Magazin**
Moderation: Barbara Eligmann
19.45 **Gute Zeiten, schlechte Zeiten**
Familien-Serie
20.15 **Columbo**
Mord nach Rezept
Fernsehkrimi, USA 1967
Columbo . . . . Peter Falk
Dr. Flemming . . . . Gene Barry
Joan . . . . Katherine Justice
Burt . . . . William Windom
Buch: William Link, Richard Levinson
Regie: Richard Irving
»Peter Falk, hier noch ganz faltenlos, kitzelt die grauen Zellen der Zuschauer mit sympathisch verschrobener Gehirnakrobatik.«
(Lexikon Filme im Fernsehen)
22.00 **Auf Leben und Tod** Reihe
Das Attentat von München 1972
23.00 **10 vor 11** Kulturmagazin
Film von Jean-Luc Godard über die Einsamkeit und die deutsche Wende: »Deutschland im Jahr Null«
23.25 **Männermagazin »M«**
23.50 **RTL aktuell** Nachrichten
0.00 **Eine schrecklich nette Familie**
Familien-Serie
0.30 **Der Hammer** Serie
1.00 **Tennis** US-Open
Zusammenfassung des Tages
1.30 **Tennis live**
US-Open in Flushing Meadow
5.00 **Baretta** Detektiv-Serie (bis 6.00)

SAT 1

5.30 **Regional-Report** 6.00 **Frühstücksfernsehen** 8.30 **Nachbarn** 9.00 **News** 9.05 **Wunderbilder aus der Tierwelt** 9.30 **Raumschiff Enterprise** 10.20 **Der Kongreß amüsiert sich.** Spielfilm, BRD/Österreich/Frankreich 1965. Regie: Geza von Radvanyi 11.55 **Glücksrad** 12.40 **Tip des Tages** 12.45 **Tele-Börse**, live aus Frankfurt. Dazwischen: **News**
13.35 **Unter der Sonne Kaliforniens**
Ein ehrlicher Gegner. Serie
14.30 **Nachbarn** Familien-Serie
Eheberatung
Anschließend: **News** (VPS 15.00)
15.05 **Hotel** Alarm. Serie
16.00 **MacGyver** Druck. Krimi-Serie
Anschließend: **News** (VPS 17.00)
17.05 **Geh aufs Ganze!**
Gewinnpoker mit Jörg Draeger
17.45 **Regionalprogramme**
18.15 **Bingo** Gewinnspiel
Mit Wolf-Dieter Herrmann
18.45 **News** Nachrichten
19.00 **Dran** Sport. Anschl.: Wetter
19.20 **Glücksrad** Werbe/Gewinnshow
20.00 **Wer wird die neue Scarlett?**
Kandidatinnen stellen sich vor
Anschl.: **Wetter/News** (VPS 20.05)
20.15 **Hallo Heino!**
Musik mit Heino und Hannelore
Gäste: Michael Holm, Henry Valentino, Zillertaler Schürzenjäger, den Alpenwolksmusikanten u. a.
21.15 **Hanna Amon**
Spielfilm, Bundesrepublik 1951
Mit Kristina Söderbaum, Lutz Moik
Regie: Veit Harlan
Hanna Amon war der zweite Nachkriegsfilm des Regisseurs Veit Harlan, der nach 1945 wegen seines NS-Propagandafilms »Jud Süß« mehrere Jahre Berufsverbot erhielt
23.00 **News** Nachrichten mit Sport
23.05 **News & Stories** Magazin
Konjunktur der Apokalypse
Interviews mit der Dirigentin, dem Regisseur und Sängern der spektakulären modernen Oper »La grand macabre« von György Ligeti
23.50 **MacGyver** (Wh von 16.00 Uhr)
0.40 **Stunde der Filmemacher**
»Strafprotokolle Dieser und Jener«
Film von Thomas Mauch über die Bauernkriege im »Ulmer Horn«
In NRW nicht über Antenne:
0.55 **Programmvorschau**

PRO 7

6.50 **Planet der Giganten** 7.40 **Flipper** 8.05 **Trick 7** 9.45 **Hart aber herzlich** 10.45 **Hardcastle & McCormick** 11.45 **Tanze mit mir in den Morgen.** Filmkomödie, Österreich 1962. Regie: Peter Doerre 13.15 **Shortlist.** Dokumentation 13.30 **Starsky & Hutch** 14.20 **Der gebrochene Pfeil.** Western, USA 1950. Regie: Delmer Daves 15.50 **Agentin mit Herz** 16.40 **Hart aber herzlich** 17.30 **Trick 7**
19.10 **Charley's Tante**
Filmkomödie, Österreich 1963
Mit Peter Alexander, Maria Sebaldt, Helli Servi, Alfreed Böhm, Peter Vogel
Regie: Geza von Cziffra
Ralf überredet seinen älteren Bruder Otto, als »Tante« den Anstandswauwau bei einem Budenzauber zu spielen
Dazwischen: 20.00 Uhr **Nachrichten**
21.00 **Quicksilver**
Filmkomödie, USA 1986
Mit Kevin Bacon, Jami Gertz, Paul Rodriguez, Rudy Ramos u. a.
Regie: Tom Donnelly
Der Finanzexperte Jack verliert durch gewagte Börsenspekulationen Geld und Beruf. Fortan verdient er sich seine Brötchen als Fahrradbote in San Francisco. Was Jack nicht ahnt: Einige dieser Boten werden als Kuriere für Drogen-Dealer mißbraucht
Anschließend **Nachrichten**
23.00 **Starsky & Hutch** Krimi-Serie
23.55 **Petrocelli** Krimi-Serie
0.45 **Nachrichten**
0.55 **Superforce** Action-Serie
1.20 **Misfits – Nicht gesellschaftsfähig**
Spielfilm, USA 1960
Regie: John Huston
3.20 **Nachrichten**
3.30 **Hitchhiker** Grusel-Serie (bis 4.00)

TELE 5

6.30 **Top Model** 6.55 **Bim bam bino:** Huckleberry Finn 7.25 **Popeye, Sohn & Co.** 7.50 **Galaxy Rangers** 8.15 **Teddy Ruxpin** 8.35 **He-Man** 9.00 **Lucy in Australien** 9.30 **Live am Morgen** 10.30 **Ruck Zuck** 11.00 **Hopp oder Top** 11.30 **Top Model** 12.05 **Addams Family** 12.35 **Vor Ort in Deutschland** 13.00 **Danger Bay** 13.30 **Bim bam bino:** Die Schlümpfe 14.00 **Huckleberry Finn** 14.25 **Popeye** 14.50 **Bim bam Bino** 14.55 **Teddy Ruxpin** 15.20 **He-Man** 15.45 **Bim bam bino** 15.55 **Galaxy Rangers** 16.20 **Die Schlümpfe** 16.50 **Bim bam bino** 16.55 **Bluffers** 17.25 **Lucy in Australien.** Anschl.: **Fazit** 17.50 **Danger Bay**
18.20 **Rambo** Zeichentrick-Serie
18.45 **Ruck Zuck** Spielshow
19.15 **Fazit** Nachrichten, Sport, Wetter
19.35 **Hopp oder Top** Spielshow
Moderation: Thomy Aigner
20.15 **Mord aus heiterem Himmel**
Fernsehfilm, USA 1977
Margot . . . . Lynda Day George
Harvey . . . . Murray Hamilton
Moe . . . . Gerald S. O'Loughlin
Larry . . . . Michael Parks
Karen Weese . . . . Janet Leigh
Buch: Cy Cermak
Regie: Andrew V. McLaglen
21.55 **Fazit** Nachrichten, Sport, Wetter
22.10 **Kottan ermittelt . . .** Krimi-Serie
23.40 **Nachtstreife** Krimi-Serie
0.30 **Sommerliebelei**
Spielfilm, BRD/F/I 1973
Regie: Jean-Claude Brialy
2.05 **WNT-Worldnews Tonight**
2.35 **Polizeireport Deutschland** (Wh)
3.05 **Ruck Zuck '90** Spielshow
3.30 **Addams Family** Serie (Wh)
3.55 **Rambo** Serie (Wh – bis 4.20 Uhr)

DER KABELKANAL

6.05 **Vater ist der Beste** 6.30 **Mork vom Ork** 6.55 **Happy Days** 7.15 **Tarzan** 8.05 **Die Leute von der Shiloh-Ranch** 9.05 **General Hospital** 10.00 **Liebe, Lüge, Leidenschaft** 10.55 **High Chaparall** 11.50 **Inspektor Clouseau.** Kriminalkomödie, Großbritannien 1967. Regie: Bud Yorkin 13.30 **General Hospital** 14.25 **Liebe, Lüge, Leidenschaft** 15.15 **Vater ist der Beste** 15.40 **Ganz große Klasse** 16.15 **Hafenmelodie.** Kriminalfilm Deutschland 1949. Mit Paul Henckels, Kirsten Heiberg, Catja Görna. Regie: Hans Müller 18.00 **High Chaparall** 19.00 **Happy Days** 19.30 **Honigmond '67.** Filmkomödie, Großbritannien 1966. Mit Hayley Mills, Hywel Bennett. Regie: Roy Boulting 21.30 **Drei Engel für Charlie** 22.25 **Die Unbestechlichen** 23.20 **Morton & Hayes – Zwei geniale Komiker** 23.45 **Die Ausgeflippten** 0.10 **Vier bleiben am Strecke.** Kriminalfilm Großbritannien 1954. Mit Laurence Harvey, Gloria Grahame. Regie: Lewis Gilbert 1.45 **FBI** 2.35 **Imbiß mit Biß** 3.00 **Die Muppets-Show** 3.25 **Späte Sühne.** Kriminalfilm USA 1947. Regie: John Cromwell 5.00 **Die Unbestechlichen.** Anschl.: **Programmhinweise**

Montag, 31. August

DRITTE

BAYERN

5.00 Bayerntext **12.00** Fernseh- und Hörfunktips **12.30** Bayerntext **15.00** Das Recht zu lieben. Serie **15.30** Die Stubenfliege. Film **16.00** Lebensraum Tierpark. Schlangen und Echsen **16.15** Wir Deutschen. Reihe. Eine Reise zu den Schauplätzen der Vergangenheit. Unter Napoleon (1789–1812) **17.00** Rundschau-Clip **17.05** Flickerl und Fleckerl. Puppenspiel-Serie von Walter Flemmer **17.35** Fury. Serie (s/w) **18.00** Rundschau-Clip **18.05** Abendschau **18.42** Programmvorschau

18.45 Rundschau

19.00 Live aus dem Nachtwerk München
51° Nord – Deutschland querdurch
Altenburg – Mitweida. Reihe

19.30 Next Stop Europe

19.45 Supergrips Spiel

20.15 Reportage am Montag

21.00 Rundschau-Magazin

21.20 Zur Freiheit Reihe. Aus der Traum

21.45 Blickpunkt Sport

22.30 Capriccio Kulturmagazin

23.00 Rundschau-Clip

23.05 Detektiv Rockford: Anruf genügt
Der Unwiderstehliche. Krimi-Serie

23.50 Live aus dem Nachtwerk in Concert
Heroes del Silencio

0.35 Nachrichten im Bayerntext

SÜDWEST

15.00 Hallo, wie geht's? Gepflegt in Form – Haare. Gast: Ilona Grübel (Schauspielerin) **15.15** Alles, was Recht ist. Reihe **16.00** Mary Special. Show mit Georg Preusse **16.30** Sag die Wahrheit. Spiel **17.00** Vorsicht, frisch gewachst. Reihe. Die Brausenschau **17.30** Sesamstraße **17.58** Die Leute vom Domplatz. Serie. Die Chorweihe **18.26** Sandmännchen **18.30** Abendschau (BW); Südwest-Journal (RH–PF); Saar 3 Sport (SAAR)

19.00 Hallo, wie geht's? Reihe
Kraft fürs Kreuz –
Sport für einen gesunden Rücken
Gast: Michael Wolf

19.15 Auslandsgeschichten
Straßenbahnen der Welt:
San Francisco

19.30 Teleglobus Auslandsmagazin
Todesflug KAL 007
Die Wahrheit über den Jumbo-Abschuß am 1. September 1983 über der russischen Halbinsel Sachalin

20.00 Lindenstraße Serie
Explosionen

20.30 August Mohn – Bauer und Poet (BW)
Mohn, 72, gilt als Talent in Mundartlyrik
Land und Leute (RH-PF)
Zweite Heimat im Hunsrück
Das Dorf Hünenfeld
Asterix' Erben (SAAR)
Auf galloromischen Spuren zwischen Saar und Mosel

21.00 Nachrichten

21.15 Familiensache
(Falling Over Backwards)
Spielfilm, Kanada 1990
Mit Saul Rubinek, Julie St.-Pierre, Paul Soles, Helen Hughes u. a.
Regie: Mort Ransen
Der frisch geschiedene Melvin denkt nicht daran, jemals wieder eine neue Beziehung zu beginnen. Er holt deshalb seinen Vater zu sich in die Wohnung

22.50 Mein Land trägt meine Züge
Lyrik und Jazz zur deutschen Geschichte
Mit Jutta Wachowiak, Bernd Stempel
Moderation: Maik Hamburger
Aufzeichnung aus dem Deutschen Theater Berlin

23.55 Report Magazin

0.40 Aktuell

0.45 Programmvorschau

HESSEN

17.00 Hessentext **17.30** Mission Terra. Serie. Von Stürzen und anderen Flügen **18.00** Sesamstraße **18.30** Zeit für Tiere. Magazin. Themen: Streifenhörnchen; Neues für Pferdehalter; Vom richtigen Umgang mit Hunden **19.00** Herrchen gesucht. Herrenlose Tiere suchen ein Zuhause

19.20 Hessenschau

19.55 Drei aktuell

20.00 Bi uns to Hus Norddeutsche Hitparade
Gäste: Marion & Wolfgang Thomasius, die Formation »Jademond«, das Duo Musikelkater, Christa Haas, Ernst Herzner

20.30 Sport aktiv Die Karibik
Themen: Trekking. Eine Tour auf einem noch tätigen Vulkan; Windsurfen. Das Team Germany trainiert vor den Inseln; Tauchen. Eine deutsche Tauchlehrerin unterrichtet am Riff

21.00 Kinostarts Neues vom Film

21.30 Drei aktuell

21.45 Der letzte Kaiser (3)
Vierteiliger Fernsehfilm
Buch: Bernardo Bertolucci, Mark Peploe
Regie: Bernardo Bertolucci

22.35 Billy, How Did You Do It? (3)
(Billy Wilder, wie haben Sie's gemacht?)
Sechsteilige Reihe

23.30 I'm No Angel
(Ich bin kein Engel)
Spielfilm, USA 1933
Mit Mae West, Cary Grant, Edward Arnold, Gregory Ratoff u. a.
Regie: Wesley Ruggles
(Original mit Untertiteln)
Die Rolle der Löwenbändigerin Tira schrieb sich Mae West selbst auf den Leib

0.55 Nachrichten
Anschließend
Kunstnacht – Nachtkunst
Bilder von der 9. Documenta (bis 6.35)

WDR

11.40 Videotext **11.48** Programmvorschau **11.50** Solange es gut geht. Serie. Fotos **12.15** Kein Knast für Kids **13.00** Europa-Platz **13.45** Bilder aus der Wissenschaft. Einsichten, der Mensch im medizinischen Durchblick? **14.15** West 3 aktuell **14.20** Fensterplatz **15.25** Hier und Heute unterwegs **15.55** Sport aktuell **16.00** West 3 aktuell **16.05** Oh, dieser Vater. Reihe. Blutspuren **16.30** Neue Werkstoffe. Reihe. Metalle; Keramik **17.30** Mit Telekolleg zur Fachhochschulreife **18.00** Aktuelle Minute

18.01 Janoschs Traumstunde Serie
Das Tigerschweinchen
Kleiner Hase Baldrian

18.30 Lindenstraße Serie. Energie

18.57 Programmvorschau

19.00 Aktuelle Stunde, Sport

19.45 Regionalprogramme

20.00 Landesspiegel Der Knecht
Peter Schubmann beobachtete landwirtschaftliche Arbeitnehmer auf verschiedenen Höfen in Westfalen, auf einem modernen Gut und einem alten Erbhof

20.30 Auslandsreporter

21.00 Lippes Lachmix (1) Achtteilige Reihe
Mit Jürgen von der Lippe

Lotterbett mit Jürgen von der Lippe und Komparsinnen

21.30 West 3 aktuell

21.45 Hilferufe
Martina Bungert – Von der Familie zerstört
Frau Bungert leidet an Zwangssymptomen, Beziehungs- und Kontaktstörungen sowie Eßsucht

22.35 Filmton – Tonfilm
Film (1992) über die Entwicklung des Filmtons und des Tonfilms. Zu Wort kommen Ton-Techniker, Kameraleute, der Filmhistoriker Freddie Buache und die Regisseure Marcel Carné, Danièle Huillet, Jean-Luc Godard, Jean Rouch, Jean-Marie Straub und Luc Yersin

23.35 Freistil oder
Das Fleisch der Götter Reihe
Mitteilungen aus der Wirklichkeit (1990)

0.20 Nachrichten

NDR, BREMEN, SFB

9.00 Geschichten über Mathematik. Ein Mathematiker auf dem Papstthron – Gerbert von Aurillac **9.30** Das internationale TV-Kochbuch. Australien: Warum hat denn die Kokosnuß . . .? **9.45** Menschen unter uns. Reihe. Das Pantherhaus. Von zwei Seniorinnen und einem Lebensgemeinschaftsmodell **10.30** Streiflichter aus Mecklenburg-Vorpommern **11.00** Sport III (NDR, BREMEN); Aktienmarkt (SFB) **12.00** Ostsee-Report (NDR, BREMEN); **12.45** und **13.30** Programmvorschau **16.30** Mit-Mach-Museum. Reihe. Ferne Länder – Fremde Völker (Hamburger Völkerkundemuseum) **17.00** Augenblicke. Reihe. Leben light **17.15** Bremer Gesundheitswerkstatt. Rükkenschule (2) **18.00** Sesamstraße

18.30 HalbSieben (NDR, BREMEN). Sport Light
Berlin-Berlin (SFB). Stadtillustrierte

18.56 Wolff und Rüffel Serie (SFB)

19.00 Sandmännchen

19.07 Sport III aktuell

19.15 Das Abendstudio Magazin
Ratgeber Gesundheit; Zeitungsschau

20.00 Tagesschau

20.15 Markt im Dritten (NDR, BREMEN)
Wirtschaft und Verbraucher
Deutsch-schwedische Fremdenverkehrs- und Wirtschaftsbeziehungen
Moderation: Dirk Bergmann
Übertragung von dem Fährschiff »Peter Pan« und aus Südschweden
Wochenmarkt (SFB)

20.45 Rückblende (SFB) Berlin vor 25 Jahren

21.00 Das einfache Glück
Fernsehfilm
Mit Jürgen Tonkel, Stefan Kuno, Ariane Pestalozzi, Anton Rattinger u. a.
Buch und Regie: Edzard Onneken
Weil ihm die Wohnung gekündigt wurde und ihn die Freundin verlassen hat, ertränkt Frank seinen Kummer mit ein paar Bieren in der Kneipe

22.30 Profile

23.15 Rätsel im Kornfeld
Magische Kreise in mythischer Landschaft
Film von Maria-Elisabeth Simmat über die Cereologie, die Kornkreisforschung in Großbritannien

0.00 Nachrichten aus Nordtext

MDR

14.55 Programmvorschau **15.00** Das Recht zu lieben. Serie **15.30** Die Stubenfliege. Film **16.00** Lebensraum Tierpark. Schlangen und Echsen **16.15** Mit Jacques Cousteau in Amazonien. Reihe. Das Gold der Serra Pelada **17.00** Supergrips. Spiel **17.30** Clemils Clown Circus **18.00** Abenteuer Überleben. Serie. Umzug der Paviane **18.30** Telethek. Geld **18.50** Sandmännchen **19.00** Regionalprogramme **19.30** MDR aktuell **19.50** Gesagt – Getan. Spiel

20.00 Der goldene Salamander
(The Golden Salamander)
Spielfilm, Großbritannien 1950
Mit Trevor Howard, Anouk Aimée, Herbert Lom, Walter Rilla u. a.
Regie: Ronald Neame
Der junge englische Archäologe David Redfern kommt durch Zufall einer Waffenschmugglerbande auf die Spur

21.30 Die Brücke Die Zeit, die läuft
Besuch bei der Familie Sack in Lübzin, einem Dorf in Mecklenburg

22.00 MDR aktuell

22.15 Montags immer Magazin
Darf's a bisserl klassisch sein!; »Psst« mit Harald Schmidt; Clip-Clap. Magazin

0.00 Kripo live (bis 0.15 Uhr)

ORB

9.15 Programmvorschau **9.45** Englisch (3) **10.00** Gesellschaftslehre. Ich will alles – Leben mit Behinderten **10.30** Arbeitsmarkt aktuell **10.45** Die Ratgeberbox **11.15** Das internationale TV-Kochbuch **11.30** Extra III – Die wahre Wochenschau **12.00** Querlandein **12.10** Ratgeber Warentest **12.20** Medizin nach Noten **12.30** Videotext **13.45** Französisch (10) **14.00** Geschichte. Die Krupp-Werke in Rheinhausen und Magdeburg. Das Ende der Illusionen (1961–1990) **14.30** Musik. Die Geschichte des Rock (2). Serie. 1967–1975 **15.00** Familie Merian. Serie **15.45** Spaß mit Tricks und Tips. Curiosity-Show **16.10** Abenteuer Wildnis. Serie. Giganten des Meeres **16.25** Heiße Tips mit Frank Zander. Freundin gesucht **16.30** Countdown. Musikmagazin **17.15** Brandenburg aktuell **17.30** Clemils Clowns Circus Nr. 3 **18.00** Abenteuer Überleben. Serie. Umzugstag für Paviane **18.30** Trickfilmschau **18.45** Nachrichten, Wetter **18.50** Sandmännchen **19.00** Einwurf. Sportillustrierte **19.30** Brandenburg aktuell **19.50** Ab jetzt. Tips für Brandenburger

20.00 Der goldene Salamander
Spielfilm (siehe MDR 20.00 Uhr)

21.30 Brandenburg aktuell

21.45 Frauen in Europa Die Spanierin

22.15 Das Model und der Schnüffler Serie
Die Brüder Addison

23.00 Kladivo na čarodějnice
(Die Hexenjagd)
Spielfilm, ČSSR 1969
Mit Vladimír Šmeral, Elo Romančík u. a.
Regie: Otakar Vávra
(Original mit Kommentar)
Böhmen im 17. Jahrhundert: Der Adlige Boblig von Edelstadt, ein Wirtshausbesitzer, richtet als Inquisitor über Hexen

0.45 Programmvorschau

NACHBARN

EUROSPORT

9.00 Golf: English Open **11.00** Rad-WM **13.00** Motorsport-Magazin **14.00** Trans World Sport **15.00** Segeln **17.00** Formel 1: Großer Preis von Belgien **19.00** Golf: English Open, live **20.00** Rad-WM; Nachrichten **22.00** Fußball-Magazin **23.00** Boxen **0.00** Funsport-Magazin **0.30** Nachrichten

SPORTKANAL

8.00 Aerobic **8.30** Leichtathletik **9.30** Auto: EG-Rallye **10.30** Intern. Motorsport-Magazin **11.30** Aerobic **12.00** Tennis: ATP-Turnier **14.00** Motorsport-Magazin, NL **15.00** Aerobic **15.30** Snooker **17.30** Sport Magazin **18.00** Beach Volleyball **19.00** Boxen **20.30** Auto: Indy Car-Serie **21.30** Revs Motorsport **22.00** Leichtathletik **23.00** Golf: European PGA-Tour **0.00** Leichtathletik **23.00** Golf **0.00** Leichtathletik **1.00** Radsport

SUPER CHANNEL

5.30 Nachrichten, Reportagen, Wirtschaftsmeldungen, Musik **18.00** Wyatt Earp **18.30** Bill Cosby's I-Spy. Serie **19.30** The Journey. Spielfilm, CDN 1972. Regie: Paul Almond **20.55** Documentary **21.25** Perspectives **21.55** News **22.25** Europe Report **22.40** US Market Wrap **22.55** Bad mans River. Western, I/E 1972. Regie: Eugeno Martin **0.40** The Mix **1.30** Super Shop **2.00** The Mix All Night

ARTE

19.00 Die Hypermaschine **19.45** Eine Viertelstunde Mathematik: Wieviel Sand in meiner Hand? **20.00** Kurzfilme **20.30** Nachrichten **20.40** Meine Nacht bei Maud. Spielfilm (s/w), F 1969. Mit Jean-Louis Trintignant. Regie: Eric Rohmer **22.20** Macao. Spielfilm, BRD/CH 1989. Mit Max Rüdlinger. Regie: Clemens Klopfenstein

TV5

16.00 Nachrichten **16.15** Nouveaux mondes (Wh) **17.10** Magazine culinaire **17.40** Méthode Victor. Französischkurs **18.00** Questions pour un champion **18.30** Nachrichten **18.50** Clin d'œil **18.55** Eurotrafic **19.00** Carré vert. Magazin **19.30** Nachrichten, CH **20.00** Le match de la vie **20.45** Vision 5 **21.00** Nachrichten **21.30** Jeux sans frontières **22.40** Nachrichten **23.00** La banque six **23.50** Carré vert **0.30** Flash canal infos

ÖSTERREICH

1. Programm: 18.00 Zeit im Bild **18.05** Seitenblicke **18.30** Chefarzt Trapper John. Serie; ORF heute **19.22** Wissen aktuell **19.30** Zeit im Bild, Wetter **20.00** Sport **21.08** Meisterkochen **21.15** Seitenblicke **21.25** Miami Vice. Krimi-Serie **22.10** Sex, Lügen und Video. Spielfilm, USA 1989. Mit James Spader. Regie: Steven Soderbergh **23.45** Zeit im Bild (VPS 23.50) **23.50** Helle (VPS 23.55). Spielfilm, F 1972. Regie: R. Vadim **1.20** Nachrichten (VPS 1.25) **1.25** 1000 Meisterwerke (VPS 1.30)
2. Programm: 18.00 Heidi und Erni. Serie; ORF heute **18.30** Liebe auf den ersten Blick **19.00** Bundesland heute **19.30** Zeit im Bild, Wetter **20.00** Kulturjournal **20.15** Heinz Reinckes Geschichten aus der Heimat. Reihe **21.08** Meisterkochen **21.15** Europa im Aufbruch. Auf dem Weg zur Einheit. Dokumentation **22.00** Zeit im Bild **22.25** Zeit im Bild da capo **22.30** Die Etrusker in den Alpen. Dokumentation **23.15** Nachtstudio **0.15** Hello Austria, Hello Vienna (Englisches OmU) **0.45** Nachrichten **0.50** 1000 Meisterwerke

NIEDERLANDE

1. Programm: 19.03 Kerkepad. Serie **19.31** Roseanne. US-Serie (OmU) **20.00** Nachrichten **20.26** Mensen kijken. Spielshow **21.22** Hier en nu. Magazin **22.03** Only Fools And Horses. Comedy-Serie, GB (OmU) **22.33** Stadsbeeld: Rotterdam. Porträt **23.13** Miniatuur **23.21** Nachrichten
2. Programm: 19.50 De heilige koe. Auto- und Motorsportmagazin **20.20** MacGyver. Krimi-Serie, USA **21.15** Veronica Goes America. Reisebrichte **21.45** The McKenzie Break. Spielfilm, USA 1970. Mit Brian Keith, Helmut Griem, Ian Hendry. Regie: Lamont Johnson **23.30** Amerikaanse nieuwslijn documentaire **23.55** Nachrichten
3. Programm: 19.00 Schrijvers over vaders **19.30** Sprekend over de Middeleeuwen **20.00** Nachrichten **20.25** Kort Amerikaans. Reihe **20.35** Geen geld, uitgeteld **21.00** Yoy. Jugendsendung **21.25** Steden des tijds **22.00** Nachrichten **22.15** Sportstudio **22.30** NOS-Laat. Tagesthemen **23.15** Ontdek de psychologie **23.20** Sportstudio

SCHWEIZ

19.00 Schweiz aktuell **19.30** Tagesschau **19.50** Meteo **20.00** Risiko. Quiz **21.05** Time out **21.50** 10 vor 10 **22.20** Broadway Bill. Spielfilm (s/w), USA 1934. Mit Myrna Loy, Warner Baxter. Regie: Frank Capra **23.55** One Man, One Film . . . Interview mit Frank Capra **0.25** Nachtbulletin

Montag, 31. August

ARD · EINS PLUS

20.15 Reihe — Freilebende Delphine sind eines der »**Wunder der Erde**«, das es vielleicht nicht mehr lange zu bestaunen gibt. Von Fischereiflotten ausgelegte, riesige Treibnetze bedrohen den Bestand der intelligenten Meeressäuger. Auch in Aquarien, wie hier in Miami, werden die Tiere wenig artgerecht gehalten

6.00 **Morgenmagazin** (bis 9.00 Uhr)
13.00 **Mittagsmagazin**
13.45 **Wirtschafts-Telegramm**
13.58 **Programmvorschau**
14.00 **Tagesschau**
14.02 **Die Sendung mit der Maus**
14.30 **Das Geheimnis des Steins** Serie
Freundschaft mit Schwierigkeiten
14.55 **Lilliputput** Serie
Ameise
15.00 **Tagesschau**
15.03 **André und Ursula** (Wh)
Spielfilm, Bundesrepublik 1955
Mit Ivan Desny, Elisabeth Müller
Regie: Werner Jacobs
16.20 **Cartoons im Ersten**
16.30 **Vale Tudo – Um jeden Preis** Serie
16.58 **Programmvorschau Eins plus**
17.00 **Punkt 5** Länderreport
17.15 **Tagesschau**
17.25 **Regionalprogramme**
BR: 17.25, 18.00, 18.30 und 19.50
Bayernstudio 17.35 Unter unserem
Himmel 18.05 Mich laust der Affe
18.45 Wenn das die Nachbarn wüßten
HR: 17.25 Heidi 17.35 Die Montags-
maler 18.30 Hessen heute 18.45 Die
Wilsheimer 19.45 Schatten über Her-
renstein
MDR: 17.25, 18.35, 19.50 Länderinfo
17.35 Helena 18.05 Bordertown
18.45 Das Model u. der Schnüffler
NDR: 17.25 Berichte vom Tage 17.35
Fest im Sattel 18.35 Auftrag für Sir
Jack 19.30 Landesprogramme
ORB: 17.25 Auftrag für Sir Jack 18.25
Landesinfo 18.45 Privatdetektiv
Harry McGraw 19.50 Sandmann
RB: 17.25 Nachrichten 17.35 Teufels-
moor 18.25 Sport-Blitz 19.00 Weiber-
wirtschaft 19.25 Buten & Binnen
SFB: 17.25 Auftrag für Sir Jack 18.20
Nachrichten 18.22 Fest im Sattel
18.52 Sport 19.25 Abendschau
SR: 17.25 Spiel 17.30 Saar-Spiegel
17.35 Lauter nette Nachbarn 18.05
Lornac ist überall 18.35 Auftrag für
Sir Jack 19.30 Aktuelles
SDR/SWF: 17.25 Studio 17.35 Poli-
zeiinspektion 1 18.05 Verstehen Sie
Spaß? 18.30 Filmtips 18.45 Reming-
ton Steele 19.48 Landesschau
WDR: 17.25 WWF-Studio 17.35 Jolly
Joker 18.30 Hier und heute 18.45 De-
tektivbüro Roth
19.58 **Programmvorschau**

20.00 **Tagesschau**
20.15 **Wunder der Erde** Reihe
Delphine – geliebt und gejagt
Von und mit Ernst W. Bauer
21.00 **Report** Magazin aus Baden-Baden
Geplant: Trotz aller Warnungen – Zahl
der Aids-Erkrankungen steigt drama-
tisch; Lastwagenfahrer – Buhmänner
des Straßenverkehrs; Süddeutschland – Rückzugsgebiet der Mafia
21.45 **In der Hitze der Nacht** Serie
War es Notwehr?
Virgil Tibbs (Howard Rollins) hat in
Notwehr einen flüchtenden Räuber
erschossen, der ihn mit einer Waffe
bedrohte. Zu seinem Entsetzen stellt
er fest, daß er eine junge Schwarze
getötet hat, und auch ihre Pistole ist
nirgendwo aufzufinden
22.30 **Tagesthemen**
23.00 **Tatort** (Wh) Krimi-Reihe
Der Pott (von 1989)
Schimanski . . . . Götz George
Thanner . . . . Eberhard Feik
Königsberg . . . . Ulrich Matschoss
Jo . . . . Thomas Rech
Buch: Axel Götz, Thomas Wesskamp
Regie: Karin Hercher
Bei einem brutalen Überfall wird eine
halbe Million Mark, Spenden für strei-
kende Arbeiter, geklaut. Kurz darauf
wird ein Gewerkschaftsfunktionär er-
mordet. Mit seinem Kollegen Jo, der
selbst aus einer Arbeiterfamilie
stammt, sucht Schimanski die Täter
0.35 **Tagesschau**
0.40 **Z.E.N.**

EINS PLUS

14.00 Tagesschau 14.02 Das Rasthaus (Wh)
14.45 Tagesgespräch (Wh) 15.00 Tagesschau 15.03 Die Sprechstunde. Bluthoch-
druck 15.45 Avanti! Avanti! (8). Italienischer
Sprachkurs 16.15 Meeting Point. Englisch-
sprachiges Magazin 16.45 Auf der Spur des
Erich von Däniken (1). Gelöste Geheimnisse?
17.30 Six-Teen (4). Wenn die Liebe losgeht
18.00 Tagesschau 18.05 Sinhá Moça. Serie
18.30 Trickfilmschau 18.45 Fury. Serie
19.10 Sandmännchen 19.15 Wissen-
schaftsshow. Muskelmaschinen 20.00 Tagesschau 20.15 Terra Africa (4). Sechsteilige
Reihe über aussterbende Kulturen 21.00 Tagesgespräch 21.15 Das Letzte aus Dr. Muf-
fels Telebrause (4). Reihe 21.45 Nachge-
fragt: Report 22.30 Berlin Mitte. Talkshow
0.30 Tagesthemen 1.00 Nachrichten, Wetter

ZDF · 3SAT

19.25 Fernsehfilm — Marsha (Teri Garr) und Ross Pegler (Robert Urich) haben sich ihr neues Leben in einem Vorort stinklangweilig vorgestellt. Doch dann belauschen sie
ein Gespräch ihrer Nachbarn. Deren Ziel ist »**Ein perfekter kleiner Mord**«.
Weil die Polizei ihnen nicht glaubt, ermitteln die resoluten Peglers selbst

6.00 Morgenmagazin 9.00 Heute 9.03 ML
Mona Lisa. Frauenmagazin 9.45 Medizin
nach Noten 10.00 Heute 10.03 Weltspiegel
10.45 ARD-Ratgeber: Recht extra 11.00
Heute 11.03 Let's Have A Party. Mit Thomas
Gottschalk 12.55 Pressescau

13.00 **Mittagsmagazin**
13.45 **Die Fraggles** (Wh) Serie
14.10 **Wunderbarer Planet** (Wh) Reihe
Schätze aus glühender Tiefe
14.55 **Matlock** (Wh) Krimi-Serie
Der Rächer
15.40 **Vorsicht, Falle! – extra** Reihe
Thema: Nothelfer
15.58 **Programmvorschau**
16.00 **Heute**
16.03 **Alf** (Wh) Serie
Der Traumkandidat
16.25 **Logo** Kindernachrichten
16.35 **Ökowelt**
Neues siebenteiliges Magazin, das
nationale und internationale Aktivitäten von Kindern und Jugendlichen im
Umweltschutz vorstellt und zur Mitar-
beit anregen will. Jede Sendung hat
einen Themenschwerpunkt, in der ersten Ausgabe ist es »Energie«
Moderation: Adisat Semenitsch
17.00 **Heute**
17.10 **Sport heute**
17.15 **Länderjournal**
17.50 **Ein Fall für zwei** (Wh) Krimi-Serie
Die einzige Chance
Anschließend
Programmvorschau (VPS 18.50)

3SAT

6.00 Morgenmagazin 9.00 Zeit im Bild 11.00
»Piazza virtuale« – Fernsehen zum Mitma-
chen 13.00 Mittagsmagazin; Nachrichten
13.45 Ausland. ZDF-Korrespondenten berichten 14.15 Leonard Bernstein in Japan
Dokumentation 15.15 Festkonzert mit
den Berliner Philharmonikern. Mit Vicco
von Bülow, Evelyn Hamann 15.55 Kottan ermittelt. Krimi-Reihe (Wh) 17.00 Mini-ZiB
17.10 Die Biene Maja. Zeichentrick-Serie
17.35 Im Auftrag von Madame. Serie 18.00
Bilder aus Österreich 19.00 Heute 19.20
3SAT-Studio 19.30 Frontal. Magazin 20.00
Explosion im See. Reportage aus der Natur
21.00 6. Internationales 3SAT-Kleinkunstfe-
stival »Mund-Art« 22.00 Zeit im Bild 22.25
Erinnern Sie sich . . . Der goldene Schuß.
Armbrustschießen mit Lou van Burg 0.35 10
vor 10 1.00 Schlagzeilen

19.00 **Heute**
19.25 **Ein perfekter kleiner Mord**
Fernsehfilm, USA 1990
Marsha Pegler . . . . Teri Garr
Don Hecker . . . . . Jeffrey Tambor
Ross Pegler . . . . . . Robert Urich
Judy Heckker . . . . . Susan Ruttan
Buch: Mark Stein
Regie: Anson Williams
Wiederholung Freitag 11.25 Uhr
21.00 **Auslandsjournal** Mit Rolf Pflücke
Wiederholung morgen 10.03 Uhr
21.45 **Heute-Journal**
22.15 **American Werewolf** (Wh)
(An American Werewolf In London)
Spielfilm, USA 1981
David Kessler . . . . . David Naughton
Alex Price . . . . Jenny Agutter
Jack . . . . Griffin Dunne
Doktor . . . . John Woodvine
Regie: John Landis
Die beiden US-Studenten Jack und
David werden auf einem Europa-Trip
im englischen Hochmoor von einem
Werwolf gebissen
»Beachtlich ... Landis erzählt seine
Story mit großem Respekt für die ver-
rückte Logik vertrauter Legenden –
doch mit so viel Sinn fürs Absurde,
daß dieser Werwolf-Film Monde ent-
fernt ist vom Hollywood-Mystizismus
der alten Lon Chaney jr.-Filme wie
auch von satirisch entmystifizieren-
der Persiflage.« (Die Zeit)
Anschließend
Neu im Kino (VPS 23.45)
»Ultra« von Ricky Tognazzi
23.50 **Zeugen des Jahrhunderts** Reihe
Der Bundesverfassungsrichter Martin
Hirsch, am 12. April dieses Jahres
starb, Ende 1991 im Gespräch mit
Rolf Hochhuth und Hans Lisken
0.50 **Heute**
0.55 **Bilder, die Geschichte machten**
Das Wunder von Bern. (Wh) Reihe
Von Guido Knopp und Ulrich Lenze
1.05 **Mr. Moto und der Wetthrug** (Wh)
(Mr. Moto's Gamble),
Spielfilm, USA 1938
Mr. Moto . . . . Peter Lorre
Lee Chan . . . . Keye Luke
McGuire . . . . Cliff Clark
Bill Steele . . . . Dick Baldwin
Regie: James Tinling (bis 2.15 Uhr)
Mr. Moto deckt die Machenschaften
eines Wettsyndikats auf, das auch vor
Mord nicht zurückschreckt

Montag, 31. August

3. Gruppendiskussion zwischen drei bis fünf Gesprächspartnern:

Sie planen mit einigen Freunden/Freundinnen einen gemütlichen Abend, an dem Sie zusammen essen und auch fernsehen wollen, aber Sie haben es nicht leicht, sich zu einigen, welches Programm Sie ansehen wollen. Da Ihre Wohnung Kabelanschluß hat, ist die Auswahl ziemlich groß, wie Sie auf dem Fernsehprogramm für den 31. August sehen können. Jeder versucht, die Freunde von seiner/ihrer Wahl zu überzeugen. Einigen Sie sich (= come to an agreement) innerhalb von 15–20 Minuten[1]

LESEN UND VERSTEHEN

1. Lesen Sie TELEFONIEREN IN DEUTSCHLAND, eine Seite aus dem Telekom-Buch 1992, und beantworten Sie die Fragen.

1. Wieviel billiger ist der Billigtarif?
2. Wann kann man zum Billigtarif telefonieren?
3. Was kostet eine Tarifeinheit in öffentlichen Münztelefonen?
4. Wie lange kann man bei einem Ortsgespräch für eine Tarifeinheit telefonieren?
5. Sind Gespräche zu einer Nahzone weniger als 20 km vom eigenen Ortsnetz entfernt teurer?
6. Kostet ein Ferngespräch von Hamburg nach Frankfurt viel mehr als ein Ferngespräch von Hamburg nach Bremen?
7. Was muß man tun, wenn man eine Verbindung außerhalb des eigenen Ortsnetzes herstellen will?
8. Wieviele öffentliche Fernsprecher gibt es in Deutschland?
9. Wird es in Zukunft mehr oder weniger Kartentelefone geben?
10. Ist es billiger, mit Münzen oder mit Telefonkarten zu telefonieren?

2. Lesen Sie die Seite aus dem Telekom-Buch 1992 über TELEFONKONFERENZ. Wählen Sie drei Gesprächspartner(innen), und schreiben Sie auf, welche Schritte Sie unternehmen müssen, um die Telefonkonferenz zustande zu bringen.

1) _____

2) _____

3) _____

[1]Diese Diskussion wird am besten zu Hause vorbereitet, so daß Sie am Anfang der Diskussion schon wissen, was Sie am liebsten sehen wollen und was Ihren Freunden bestimmt auch Spaß machen oder Sie interessieren würde.

Telefonieren in Deutschland

Über Tarifzonen und Zeittakt

Die Tarife für Telefongespräche innerhalb Deutschlands richten sich nach der Dauer und der Entfernung der Verbindung, außerdem nach dem Wochentag und der Tageszeit. An Werktagen zwischen 8 und 18 Uhr gilt der Normaltarif; zwischen 18 und 8 Uhr, sowie samstags, sonntags und an Feiertagen können Sie zum Billigtarif telefonieren – doppelt solange bei gleichem Entgelt.

Die Tarifeinheit bei selbstgewählten Gesprächen ist bundesweit DM 0,23 bzw. DM 0,30 in öffentlichen Münztelefonen.

Im Netzbereich der Telekom gibt es entfernungsabhängig 3 Tarifzonen mit unterschiedlichem Zeittakt je Tarifeinheit.

Telefonzellen: über 160.000 Öffentliche Telefone stellen wir bundesweit zur Verfügung

Im Nahbereich zum Ortstarif

Innerhalb der Ortsnetze ist der Zeittakt je Tarifeinheit 360 Sekunden, d. h. Sie können im Normaltarif für DM 0,23 (bzw. DM 0,30 von öffentlichen Fernsprechern) 6 Minuten lang telefonieren.

Gespräche mit Teilnehmern aus anderen Ortsnetzen sind nicht unbedingt teurer. Denn umliegende Ortsnetze bis zu 20 km Entfernung liegen in der Nahzone; hier gilt derselbe günstige Tarif wie im Ortsbereich.

Regional preiswert

Gespräche zwischen 20 und 50 km Entfernung sind Ferngespräche in der Regionalzone. In dieser Zone können Sie im Normaltarif pro Einheit eine Minute lang telefonieren, im Billigtarif doppelt solange.

Ferngespräche bundesweit zum gleichen Preis

Über 50 km liegt die Weitzone. Sie wird bundesweit mit 21 Sekunden/Tarifeinheit (Normaltarif) berechnet, unabhängig davon, wie weit Sie telefonieren. Ein Gespräch von München nach Bremen kostet nicht mehr, als ein Anruf in das näher liegende Stuttgart.

Für Gespräche mit Teilnehmern aus anderen Ortsnetzen – in der Nah-, Regional- oder Weitzone – müssen Sie die entsprechende Ortsnetzkennzahl vorwählen. Das »Amtliche Verzeichnis der Ortsnetzkennzahlen«, das kleine gelbe AVON-Telefonbuch, informiert Sie über alle Vorwahlnummern.

Öffentliche Telefone

Mehr als 160.000 Telefoneinrichtungen stellen wir bundesweit der Öffentlichkeit zur Verfügung. Auf Straßen und Plätzen, in Amtsgebäuden oder sozialen Einrichtungen stehen sie für jedermann bereit.

Über 25.000 davon sind mit Kartentelefonen ausgerüstet; hier können Sie bargeldlos mit einer Telefon- oder TeleKarte telefonieren. Die Öffentlichen Kartentelefone bauen wir gezielt weiter aus. Kartentelefone erkennen Sie an der Aufschrift »Telefonieren ohne Münzen«.

In vielen »Telefonzellen« können Sie auch angerufen werden; der Anrufer wählt hierfür einfach die Rufnummer des Telefons, die dort angegeben ist.

Am Öffentlichen Münztelefon kostet die Tarifeinheit DM 0,30; im Kartentelefon bezahlen Sie, je nach Karte, DM 0,30 (Telefonkarte mit 40 Einheiten), DM 0,25 (Telefonkarte mit 200 Einheiten) oder nur DM 0,23 (mit TeleKarte).

Teil C
Rund ums Telefon
Abschnitt
Service im Netz
Kapitel 4
Telefonkonferenz
Stichworte:
Handvermittelte
Konferenzschaltung
National, international
Tarife

Telefonkonferenz

Round-table-Gespräche: per Telefon, national und weltweit

Die Telefonkonferenz ist eine kostengünstige Alternative zu persönlichen Meetings, die oft nur mit viel Zeit- und Kostenaufwand durchgeführt werden können.

Eine Telefonkonferenz ist die Zusammenschaltung mehrerer Telefonanschlüsse. 3 bis maximal 15 Teilnehmer sind per Telefon miteinander verbunden. Jeder kann hören, was ein anderer Teilnehmer sagt und kann selbst in das Gespräch eingreifen.

Konferenzgespräche können Sie mit Partnern in Deutschland oder mit Teilnehmern in mehr als 200 Ländern schalten lassen.

Anmelden genügt

Für Teilnehmer aus den alten Bundesländern werden Konferenzschaltungen handvermittelt in unserem Fernamt in Frankfurt/Main hergestellt. Die Anmeldung können Sie telefonisch unter der Rufnummer 0130 01 61 oder per Telefax unter 0130 01 62 zum Nulltarif vornehmen.

Aus den neuen Bundesländern erfolgt die Anmeldung und Herstellung einer Konferenzverbindung über das internationale Fernamt in Berlin.

Unsere Fernvermittlung prüft, ob Ihr geplanter Termin noch frei ist und reserviert die gewünschte Gesprächsdauer. Ist der Zeitraum belegt, können Sie einen anderen Termin vereinbaren. Rechtzeitige Anmeldung – spätestens eine halbe Stunde vor Beginn der Konferenz – hilft mit, Ihre Terminplanung zu realisieren.

Hinweis: Im ISDN können Sie selbst, ohne Anmeldung, 3 Teilnehmer zur Dreierkonferenz schalten.

So melden Sie an

»Guten Tag, ich möchte gerne eine Telefonkonferenz für den Anschluß Darmstadt 2 34 56.

Angeschaltet werden sollen 5 Teilnehmer und zwar:
■ in München Rufnummer 089/23 46 57,
■ in Berlin 030/8 81 12 34,
■ in Stuttgart 07 11/83 24 56,
■ der C-Funkrufanschluß 01 61 mit der Funktelefonnummer 1 23 45 67 und
■ in Hamilton, Kanada, Landeskennziffer 0 01, area code 416, die Rufnummer 98 76 54.

Das Konferenzgespräch soll am 21. Mai um 14.00 MEZ ausgeführt werden. Voraussichtliche Gesprächsdauer 20 Minuten.«

Preise für Konferenzverbindungen, Inland (handvermittelt)

Stand: 05/92

Grundpreis je bereitgestellter Verbindung einmalig	DM 3,75

Verbindungspreise je stationärem Anschluß	
– bis 3 Min.	DM 3,75
– je weitere angefangene Minute	DM 1,25
je Funktelefonanschluß (C)	
– bis 3 Min.	DM 6,75
– je weitere angefangene Minute	DM 2,25

Telefonisch konferieren mit Hongkong und Toronto – unsere Fernvermittlung hilft Ihnen dabei, Rufnummer 0130 01 61.

Teil E
Zeitgemäße
Bürokommunikation
Abschnitt
**Kommunikations-
dienste**
Kapitel 5
Btx
Stichworte:
Information und
Kommunikation
Benutzerführung
Mitteilungen

Btx, Bildschirmtext

Information und Kommunikation zugleich

Btx ist elektronischer Informationsdienst und preiswertes Kommunikationsmittel zugleich.

Btx ist als offener elektronischer Informationsdienst für jedermann zugänglich. Als Btx-Teilnehmer können Sie sich aktuell über Angebote von über 3.000 Anbietern informieren – per Bildschirm. Btx gibt z. B. Auskunft über Veranstaltungen, Fahrpläne, Hotels, Gebrauchtwagenangebote und Ergebnisse von Warentests. Über Btx haben Sie Zugang zum bundesweiten elektronischen Telefonbuch und zu Datenbanken, z. B. zu Börsen- und Wirtschaftsdiensten.

Btx bietet individuelle Datenkommunikation zu günstigen Preisen. Über den Btx-Mitteilungsdienst können Sie mit anderen Btx-Teilnehmern Mitteilungen austauschen.

Mit Btx können Sie an Telex-, Telefax- und Cityruf-Teilnehmer Mitteilungen absenden. Sogar auf Ihr Girokonto können Sie mit Btx direkt zugreifen.

Btx wird von Unternehmen für Buchungs-, Bestell- und Reservierungssysteme, meist in Geschlossenen Benutzergruppen (GBG) genutzt. Kunden können sich z. B. über aktuelle Preise und Verfügbarkeit informieren und einfach, sicher und schnell bestellen.

International haben Sie Verbindung zu vergleichbaren Diensten in vielen europäischen Ländern.

Für die Teilnahme am Btx benötigen Sie einen Telefonanschluß, ein Modem bzw. im ISDN ein Terminaladapter und ein Btx-fähiges Gerät, z. B. einen PC mit Btx-Software bzw. ein Farbfernsehgerät oder ein MultiKom.

Die Datenübertragung im Btx reicht von 75 bit/s bis zu 64.000 bit/s im ISDN, je nach Anschluß.

Der monatliche Grundpreis beträgt DM 8,–. Für eine Tarifeinheit im Telefonnetz können Sie Btx 6 Minuten nutzen, während der Zeiten des Billigtarifs 12 Minuten. Das Absenden einer Mitteilung kostet DM 0,40 je Seite. Den Abruf von Informationen lassen sich einige Anbieter vergüten.

Einfache Benutzerführung

Informationen im Btx sind als Btx-Seite dargestellt.

Jede Seite kann direkt angewählt oder schrittweise über Auswahlziffern aufgerufen werden.

Über die entsprechende Seitennummer können Sie Informationen direkt anwählen. Über die Seitennummer ✳ 11 88 # gelangen Sie zum elektronischen Telefonbuch.

Oder Sie geben den Namen eines Anbieters direkt ein: Mit der Eingabe ✳ Telekom # rufen Sie die Übersichtsseite unseres Unternehmens auf.

Anbieter stellen ihre Information entweder kostenfrei oder gegen Entgelt zur Verfügung. Auf die kostenpflichtige Nutzung (Anbietervergütung) wird der Kunde vor Abruf hingewiesen. Die Anbietervergütung wird von der Telekom zusammen mit der Fernmelderechnung eingezogen.

Die Gesamtübersicht auf Seite ✳ 0 # führt schrittweise über verschiedene Suchhilfen zur gewünschten Information.

Dort können Sie auch die Bedienungsanleitung zum Btx abrufen.

Sicherer Einstieg

Mitteilungs- und Antwortseiten

Über Mitteilungs- und Antwortseiten können individuelle Btx-Nachrichten zwischen Teilnehmern ausgetauscht werden.

Den Mitteilungsdienst erreichen Sie mit ✳ 8 #. Sie geben Ihren Text und die Btx-Nummer des Empfängers ein und senden ihn mit »19« ab. Der Absender zahlt für die Übermittlung.

Die Mitteilung steht kurze Zeit später im »elektronischen Briefkasten« des Empfängers bereit.

Der Empfänger wird beim Einstieg in den Btx-Dienst auf den Eingang neuer Mitteilungen hingewiesen. Er kann auch während der Benutzung jederzeit mit ✳ 88 # überprüfen, ob neue Mitteilungen vorliegen.

Nach dem Abruf kann er die Mitteilung löschen, speichern oder über seinen PC verarbeiten oder ausdrucken.

Vom Empfänger nicht a gerufene Mitteilungen wer den nach 30 Tagen an de Absender zurückgesandt.

Die Btx-Nummern der Teilnehmer finden Sie im elektronischen Btx-Teilnehmerverzeichnis über Seite ✳ 11 88 #

Teilnehmer können den Mitteilungsempfang selbst sperren und freischalten.

Der Preis einer Mitteilung beträgt DM 0,40 pro Seite.

Antwortseiten werden von vielen Anbietern benutzt. Der Anbieter übernimmt das Entgelt für die Übermittlung.

Antwortseiten sind immer an eine bestimmte vom Anbieter vorgegebene Btx-Nummer adressiert und enthalten Eingabefelder für Bestellungen oder gezielte Informationswünsche.

Ihre Telekonferenz hat 25 Minuten gedauert. Rechnen Sie aus, was sie gekostet hat. (Alle Teilnehmer haben stationären Anschluß gehabt.)

3. Lesen Sie die ersten zwei Spalten einer weiteren Seite aus dem Telekom-Buch 1992 über BTX, Bildschirmtext, und beantworten Sie die Fragen.

Wozu könnten Sie Btx gut gebrauchen?
a) als Privatperson?
b) als Geschäftsmann oder Geschäftsfrau?

HÖREN UND VERSTEHEN

Hören Sie sich das Tonband-Interview zu Kapitel IVB an.

Herr Schilling

Herr Grünke

VERSTÄNDNISHILFEN

zum Gespräch über einige Funktionen der Bundespost

Oberpostdirektion in Kiel	main post office of the Bundesland Schleswig-Holstein
Referent	aide
Geschäftsbericht	(annual) business report
was mir doch auffiel	what struck me however
daß das Paketwesen sich rückläufig entwickelt hat	that sending parcels through the mail has decreased in numbers

Einstiegsfrage	initial question
seit eh und je	from the very start
Aufkommen	sum total
Speditionsgewerbe	commercial shipping
dem Wettbewerb unterworfen	subject to competition
Wettbewerber	competitors
im Zuge der zunehmenden Motorisierung	with increasing motorization
Lastfahrzeuge	trucks
Begehrlichkeit	strong desire
Bestandszahlen	inventory figures
die abschließenden Zahlen liegen dafür vor	the final figures are available
eine aufsteigende Ausweitung ihres Geschäftsbetriebes	an increasing expansion of their operation
ein Monopol im Bankwesen	a monopoly in banking
Sparbuch	savings deposit book = savings account
Girokonto	checking account
Scheckkonto	checking account
ausholen	back up
Bankunternehmen	banking enterprise
Bargeld	cash
vom Geldbriefträger ausgetragen	delivered by the "money-order mailman"
das volkswirtschaftliche Bedürfnis	the economic need and desire
Beträge	sums
daß er die Schwellenangst überwand	that he overcame the threshold of anxiety
vorhanden	existing
Verpflichtungen	liabilities
zinslos	without interest
Sammelbecken	collecting vessel, reservoir
Deutsche Reichspost	postal service during the Third Reich
Amtsstelle	office
volkswirtschaftlich	for the general economy
Schalter	counters
rund um die Uhr	around the clock
jederzeit in Anspruch genommen werden kann	can be used at any time
Postsparer	someone with a savings account at the post office
bezogen auf	relative to
Anreiz	incentive
Sparstrumpf	stocking in which money is saved
Sparverhalten	attitude towards saving
vertraute	entrusted
Sparschweinchen	piggy bank
animieren	encourage
Zinsleistung	dividends

marktgängig	current
übertragen	transfer
gelegener	more convenient
in der Hinsicht	in that respect
aufs Laufende gebracht	brought up-to-date

Hören Sie sich das Gespräch zum zweiten Mal an, und beantworten Sie dann die Fragen.

1. Warum verschickt die Deutsche Bundespost (= DBP) heute weniger Pakete als in früheren Jahren?
2. Hat es früher ein Monopol im Paketwesen gegeben?
3. Gibt es UPS nur in den USA?
4. Wie kam es zur Entstehung eines Post-Girodienstes?
5. Welche Vorteile haben ein Giro- und Sparknoto bei der Post?
6. Wieviele Deutsche sparen bei der Post?
7. Zahlt die Post den Sparern höhere Zinsen als die Banken?
8. Wo haben frühere Generationen ihr erspartes Geld aufbewahrt?

C. BANKWESEN

1 / Die Funktion der Deutschen Bundesbank in Frankfurt am Main ist ähnlich wie die der Federal Reserve Bank: Sie soll die Wirtschaftspolitik der Bundesregierung unterstützen, ohne sich dabei an deren *Weisungen* halten zu müssen. *instructions* Als Zentralnotenbank ist sie allein berechtigt, neue Banknoten zu drucken. Sie überwacht die Stabilität der deutschen Währung, indem sie die *umlaufende* *amount of money in Geldmenge* reguliert. Zu diesem Zweck verkauft sie Wertpapiere oder kauft sie *circulation* an und erhöht den Diskontsatz oder setzt ihn herab. Wenn sie Geld aus dem Markt ziehen will, kann sie auch höhere *Mindestreserven* fordern, die die Ge- *minimum reserves* schäftsbanken im Verhältnis zu ihren kurzfristigen Verbindlichkeiten bei der Deutschen Bundesbank halten müssen. Umgekehrt kann sie den Satz senken, um der Wirtschaft mehr Geld zur Verfügung zu stellen.

2 / Als Hauptverwaltungssitz der Bundesbank gibt es in jedem der zehn Länder eine Landeszentralbank. Im übrigen gibt es sowohl private und genossenschaftliche als auch öffentlich-rechtliche Kreditinstitute. Die drei größten Banken der BRD: die Deutsche Bank, die Dresdner Bank und die Commerzbank, sind privatwirtschaftliche Unternehmen. Sparkassen werden von Gemeinden betrieben. Ihre Girozentralen heißen Landesbanken. Das größte Geldinstitut ist die Deutsche Bundespost (s. Kapitel 4B).

DM-Geldscheine

3 / Alle Kreditinstitute müssen *sich an* das *Kreditwesengesetz* von 1961 (Neufassung 1976) *halten*. Seine Einhaltung wird vom Bundesaufsichtsamt für Kreditwesen überwacht, das dem Bürger Sicherheit für seine Spareinlagen garantiert. Sollte eine Bank Bankrott machen, werden die Verluste aus einem sogenannten „*Feuerwehrfond*" des Kreditgewerbes gedeckt.

observe the credit law

fire fighting fund

4 / Banken leisten Geschäftsleuten, wie auch Privatpersonen, Dienste, ohne die der moderne Handel gar nicht auskommen könnte. Zunächst einmal machen sie die Abwicklung von Geschäften ohne Bargeldverkehr möglich. Jeder hat ein Girokonto für laufende Zahlungen und *Eingänge*. Der Kunde könnte seinem Lieferanten einen Barscheck zuschicken, den dieser bei seiner Bank einlösen könnte, aber das wäre riskant und ist nicht üblich. Entweder schickt er einen Verrechnungsscheck, oder er veranlaßt seine Bank, den Betrag auf das Konto seines Lieferers zu überweisen. Dessen Kontonummer ist ihm bekannt. Damit ist die Rechnung auf schnellste Weise beglichen. Die Überweisungsformulare sind bei allen Banken einheitlich. Ein Konto wird nach jedem Geschäftsvorfall neu saldiert, und man kann sich die Kontoauszüge mit dem neuen Saldo täglich von der Bank geben lassen. Es kann gelegentlich passieren, daß ein Scheck nicht gedeckt ist und das Konto damit überzogen wird. Dafür steht

incoming money

gewöhnlich ein *Dispositionskredit* bereit. Man kann der Bank auch Abbu- | ready reserve account
chungsaufträge für regelmäßige Zahlungen geben, wie für Miete, Gas-, Wasser-
und Stromrechnungen und Versicherungsprämien. Dann werden solche
Rechnungen automatisch durch die Bank beglichen.

5 / An den eben beschriebenen Dienstleistungen verdient die Bank nicht viel. Ihr
eigentliches Geschäft besteht im Beschaffen von Geldern, die sie mit Gewinn
als kurzfristige oder langfristige Kredite(= Darlehen) verleiht. Die Deutschen
sind bekannt dafür, daß ihnen das Geldsparen wichtig ist. Die meisten haben
ein *ansehnliches* Sparkonto. Die Bank bezahlt ihnen dafür Habenzinsen. Die | handsome
sind aber viel niedriger als die Sollzinsen, die derjenige bezahlen muß, der ein
Darlehen bei der Bank aufgenommen hat. Diese *Zinsspanne* ist die Bruttoein- | profit margin
nahme der Bank.

6 / Mit der Funktion als Kreditgeber spielt die Bank als Institution eine überaus
wichtige Rolle in der Wirtschaft. Z.B. kann ein Lieferant seinem Kunden für
die Bezahlung der gelieferten Waren ein langfristiges Ziel einräumen. Möglicherweise aber kann er nicht so lange auf das Geld warten. Er hat einen
Wechsel (= Tratte) auf seinen Kunden gezogen, den der unterschrieben und
damit akzeptiert hat. Dieses sogenannte Akzept, das den Namen des Schuldners, den Betrag und den Fälligkeitstermin verzeichnet, kann der Wechselin-
haber mit seiner Unterschrift auf der Rückseite (= Indossament) seiner Bank
verkaufen. Sie stellt ihm den Betrag minus der Sollzinsen, die sie nun verdient,
als Dispositionskredit zur sofortigen Verwendung bereit. Wenn der Wechsel
zum Termin eingelöst wird, wird dem Lieferer die Summe gutgeschrieben.
Verfällt der Wechsel, so wird sein Konto mit der Summe belastet.–Oder ein
Geschäftsmann braucht Kapital für neue Investitionen. Wenn er die nötigen
Sicherungen hat, kann er bei der Bank ein langfristiges Darlehen aufnehmen,
das er in Raten abzahlen kann. Bei einer Hypothekenbank kann er eine Hypothek aufnehmen, wenn er neu bauen oder sein Geschäft erweitern will. Bis
die letzte Abzahlung gemacht ist, ist er der Schuldner der Bank und sie sein
Gläubiger.

7 / Die Banken betreiben ein großes Geschäft an den Effektenbörsen. Anders als
in den USA, wo die Börsenmitglieder Teilhaber von großen Unternehmen sind
und ihren Sitz an der Börse für teures Geld erkaufen müssen, sind an den
deutschen Effektenbörsen außer den Vertretern der Presse und den Börsen-
maklern, die die Tageskurse errechnen, nur die Banken zugelassen. Sie kaufen
und verkaufen für ihre Kunden Aktien oder festverzinsliche Wertpapiere wie
Pfandbriefe, Anleihen und Obligationen und bekommen dafür eine Makler-
gebühr. Da es den deutschen Banken nicht verboten ist, selbst mit Aktien an
Großindustrien beteiligt und *Vorstandsmitglieder* dieser Industrien zu sein, | members of the board
können sie die Wirtschaft stark beeinflussen.

8 / Die Effektenbörsen sind im ganzen Land nur werktags von 12 bis 14 Uhr
geöffnet. Darüber hinaus bleiben sie durch Telefon und *Fernschreiber* mitein- | telex
ander in Verbindung, so daß die Börsen in jedem Augenblick von Angebot und
Nachfrage in der ganzen Bundesrepublik informiert sind. Die Aufträge der
Kunden, die die Banken an der Börse abwickeln sollen, lauten verschieden:
Entweder geben sie den Höchstpreis an, zu dem sie gewillt sind, Aktien zu

Franfurter Effekten-Börse

Schaubild 1

kaufen, oder den Mindestpreis, zu dem sie verkaufen wollen (limitiert), oder sie beauftragen die Banken, für den bestmöglichen Preis zu kaufen (billigst) oder zu verkaufen (bestens).

9 / Bei den 35 Waren- und Produktenbörsen der BRD haben die Banken keinen Zugang. Dort sind nur Erzeuger, Verarbeiter und Händler landwirtschaftlicher Produkte zugelassen. In der BRD wird auf den Waren- und Produktenbörsen– mit Ausnahme von Hamburg und Bremen, wo es auch Kaffee-, Zucker-, Kautschuck- und Baumwollbörsen gibt–nur mit Getreide gehandelt. Leicht verderbliche Naturprodukte werden nicht auf der Börse verhandelt, weil sie keinen konstanten Wert haben, der sich standardisieren ließe.

10 / Es gibt in Deutschland rund 30 Zweigstellen amerikanischer Banken, die die-selben Befugnisse haben und denselben Gesetzen *unterstehen* wie die deutschen Banken.

be subject to

WORTSCHATZ

1 / das Bankwesen	banking system, banking
die Zentralnotenbank, -en	Federal Reserve Bank
berechtigt	entitled
überwachen	to oversee
regulieren	to regulate
die Wertpapiere, (*pl.*)	securities, shares, bonds, stocks, investments
erhöhen	to raise
der Diskontsatz, ¨e	discount rate, prime rate charged by the Fed. Bank
herabsetzen = senken	to lower
kurzfristig	short-term
die Verbindlichkeiten (*pl.*)	liabilities; commitment
zur Verfügung stellen	to make available
2 / die Verwaltung, -en	administration
genossenschaftlich	cooperative, corporative
öffentlich-rechtlich	under public law
das Institut, -e	institute
die Girozentrale, -n	clearinghouse
Spar-	savings-
3 / die Aufsicht	supervision
die Spareinlagen (*pl.*)	savings (deposits)
Bankrott machen	to go bankrupt
Konkurs anmelden	to file for bankruptcy
4 / Dienste leisten	to perform services
der Bargeldverkehr	trade on cash terms
der Barscheck, -s	open or uncrossed check
einlösen	to cash; to pay
riskant	risky
der Verrechnungsscheck, -s	voucher check
veranlassen	to commision; cause, induce
der Betrag, ¨	amount

das Konto, Konten	account
überweisen	to transfer
begleichen, i, i	to pay, clear, settle
das Formular, -e	printed form, blank
der Geschäftsvorfall, ⸚e	business transaction
saldieren	to balance an account
der Kontoauszug, ⸚e	bank statement
ein nicht gedeckter Scheck	a hot check
ein Konto überziehen, überzog überzogen	to overdraw an account
regelmäßig	regular
die Abbuchung, -en	debit, charge
die Miete, -n	rent
die Prämie, -n	premium
5 / beschaffen	to procure, obtain
die Gelder (pl.)	moneys, capital
verleihen, verlieh, verliehen	to lend
die (Haben)zinsen (pl.)	dividends
die (Soll)zinsen (pl.)	interests
das Darlehen, -	loan
6 / ein Ziel einräumen	to concede a credit for a limited time
der Wechsel, - (= die Tratte)	draft, letter of exchange
auf j. einen Wechsel ziehen	to draw a bill of exchange on s.o.
das Akzept, -e	accepted (= signed) draft
der Schuldner, -	debtor
fällig	due
der Fälligkeitstermin, -e	due date
der Inhaber, -	possessor
gutschreiben, ie, ie	to credit
verfallen(ä), ie, a	to become overdue, cease to be valid
das Konto belasten	to debit the account
die Sicherungen (pl.)	here: collateral
in Raten	in instalments
die Hypothek, -en	mortgage
die Abzahlung, -en	payment by instalments
der Gläubiger, -	creditor
7 / die Effekten (pl.)	papers, securities, bonds, shares, stocks
die Börse, -n	(stock) market
der Teilhaber, -	partner, shareholder
der Makler, -	broker
der Tageskurs, -e	market rate of the day
errechnen	to calculate, figure out
die Aktie, -n	share, stock
festverzinslich	with fixed interest rate
der Pfandbrief, -e	bond
die Anleihe, -n	loan
beeinflussen	to influence

8 / werktags   weekdays
  der Höchstpreis, -e   highest price
  der Mindestpreis, -e   lowest price
9 / der Händler, -   dealer, merchant
  die Baumwolle   cotton
  das Getreide   grain
  verderblich   perishable
10 / die Zweigstelle, -n   branch office
  die Befugnis, -se   authority, rights

WORTSCHATZ ERWEITERN

1. Vervollständigen Sie die Sätze. / FILE # WE4C1

1 / 1.   Sie _____ die umlaufende Geldmenge. (*regulates*)

2.   Sie kann den _____ senken oder erhöhen, um der Wirtschaft mehr oder weniger Geld _____ _____ _____ _____. (*interest rate; to make available*)

3 / 3.   Wenn eine Bank _____ _____, werden die Verluste aus einem "Feuerwehrfond" gedeckt. (*goes bankrupt*)

4 / 4.   Die Banken machen die Abwicklung von Geschäften ohne _____ möglich. (*cash*)

5.   Der Kunde _____ den Betrag auf das Konto seines Lieferers. (*transfers*)

6.   Er möchte sofort seine Rechnung _____. (*settle*)

7.   Er holt sich bei der Bank die _____ ab, denn er will den neuen _____ wissen. (*bank statements; balance*)

8.   Ist dieser Scheck auch _____? Ich will mein Konto nicht _____. (*covered; overdraw*)

5 / 9.   Die Bank muß laufend neue _____ beschaffen. (*capital*)

10.   Für kurzfristige oder langfristige _____ zahlt man _____. (*loans; interest*)

6 / 11.   Er zieht einen _____ auf seinen Kunden. (*draft*)

12.   Der vom Käufer unterschriebene Wechsel heißt _____.

13.   Er hat ein Darlehen aufgenommen. Er ist der _____ der Bank. Sie ist sein _____. (*debtor; creditor*)

14.   Ich habe eine Überweisung geschrieben. Mein Konto wird mit dem Betrag _____, und Ihrem Konto wird er _____. (*debited; credited*)

15.   Wer ein großes Darlehen aufnehmen will, braucht _____. (*collateral*)

16.   Die _____ ist noch nicht abgezahlt. (*mortgage*)

7 / 17.   An der Frankfurter Börse wird nur mit _____ gehandelt. (*securities*)

18.   Ein _____ ist ein festverzinsliches Wertpapier. (*bond*)

19.   Ein Wertpapier mit schwankendem Wert nennt man _____. (*stock*)

8 / 20.   Die Effektenbörsen sind nur _____ auf zwei Stunden geöffnet. (*weekdays*)

21. An den meisten Waren- und Produktenbörsen der BRD wird nur mit _____ gehandelt. (*grain*)

10 / 22. Es gibt rund 30 _____ amerikanischer Banken in Deutschland. (*branch offices*)

23. Die amerikanischen Banken haben dieselben _____ wie die deutschen. (*rights*)

2. Verwandte Wörter. Bilden Sie mit jedem Wort einen kurzen Satz.

Nomen	Adjektive	Verben
der Bankrott	automatisch	regulieren
der Diskont		standardisieren
die Disposition	limitiert	
das Indossament	riskant	
die Nummer		
die Obligation		
der Scheck		

3. Antonyme.

Schreiben Sie die entsprechenden Ausdrücke von entgegengesetzter Bedeutung in die leeren Kästchen.

Habenzinsen	
Gläubiger	
dem Konto gutschreiben	das Konto belasten
gültig sein	
einen Betrag einzahlen	
	ein Konto schließen
den Diskontsatz erhöhen	
	kurzfristig
öffentlich-rechtlich	privat
Guthaben	
Barscheck	
	leihen
Höchstpreis	
	abbuchen

4. Streichen Sie in jedem Vierersatz das nicht dazu gehörende Wort aus.

fällig	verfallen	werktags	Fälligkeitstermin
Inhaber	Teilhaber	Partner	Prämie
Effekten	Aktie	Konto	Pfandbrief
Makler	Wechsel	Akzept	Indossament
Vorauskasse leisten	bar bezahlen	Abzahlungen machen	leihen

INFORMATION ERARBEITEN

1. Vervollständigen Sie die Notizen zum Text.

Deutsche Bundesbank (in Frankfurt)

|

10 Zentrallandesbanken

Andere Kreditinstitute

private		

21 Millionen der 61 Millionen Einwohner der BRD hatten 1987 ein Sparkonto bei der _____.

Wer Geld verleiht (= der Gläubiger), erhält Habenzinsen.
Wer Geld leiht (= der Schuldner), bezahlt _____.

Die Abwicklung eines Wechsels

↓

Wechsel wird auf Kunden (= Schuldner) gezogen

↓

Schuldner unterschreibt = Akzept

↓

Lieferant (= Gläubiger) unterschreibt = _____

entweder   oder

Gläubiger wartet bis zum Fälligkeitstermin und erhält das Geld mit (Haben)zinsen

Gläubiger verkauft den Wechsel sofort an seine Bank

Die Bank löst den Wechsel am Fälligkeitstermin ein, d.h. sie verlangt es von dem Schuldner. Die Bank behält die Zinsen. Wenn der Schuldner nicht zahlt, belastet sie das Konto des vorigen Wechselinhabers mit der Summe einschließlich Zinsen

Effekten

Wechsel	Aktien	

An den deutschen Effektenbörsen sind anwesend:

Vertreter der Presse		

An den deutschen Waren- und Produktenbörsen sind anwesend:

Erzeuger		

2. Besprechen Sie mit einem Partner, zu welchen Paragraphen die folgenden Überschriften gehören.

Womit die Banken Gewinn erzielen

Dienstleistungen für Geschäftsleute und Privatpersonen

Funktion der Bundesbank

Das Gesetz, unter dem alle Banken stehen

Das Kreditsystem im Geschäftsleben

Das große Geschäft der Banken an den Effektenbörsen

Andere Banken

Zweigstellen amerikanischer Banken in der BRD

Die Börse als zentrale Informationsstelle für den Stand des Marktes

Waren- und Produktenbörsen

Anweisungen der Kunden, wie die Banken an den Börsen für sie kaufen und
    verkaufen sollen

WORTSCHATZ ERWEITERN / KORREKTES SCHREIBEN

1. Lernen Sie diese zusätzlichen Ausdrücke, und übersetzen Sie dann die Sätze. / FILE # KS4C1

ein Konto einrichten (= eröffnen)	to open an account
einen Betrag einzahlen	to make a deposit
einen Betrag abheben	to withdraw an amount
einen Betrag dem Konto gut-schreiben	to credit the account with an amount
die Gutschrift	credit entry

ein Darlehen beantragen	to apply for a loan
ein Darlehen (= einen Kredit) aufnehmen	to take out a loan
in Zahlung geben	to trade in
einen Scheck einlösen (= kassieren)	to cash a check

1. He wanted to open up a new account.
2. She wants to apply for a loan and must fill out a form.
3. I want to pick up the daily (= Tages-) bank statements.
4. They have a high mortgage on their house.
5. The merchant had to transfer a high sum from his account to his supplier's.
6. The Federal Bank watches over the stability of the DM.
7. If the bank does not lower the interest rate, we cannot buy a house.
8. Germans like to keep their money in a savings bank.
9. She wants to cash a check and make a deposit.
10. When you buy the new car, will you trade in the old one?
11. He did not want to be his debtor any more and came to settle his bill.
12. The draft was not honored, and I must debit your account with the amount.

2. Wiederholen Sie alle Präpositionen und ihre Fälle, und vervollständigen Sie dann die Sätze.

1. Die Bundesbank unterstützt die Regierung mit _____ (her) Wirtschaftspolitik.
2. Er hat die Wertpapiere an _____ (the) Börse gekauft.
3. Die Bundesbank reguliert die umlaufende Geldmenge durch _____ (the) Diskontsatz.
4. Er erledigt seine Verbindlichkeiten mit _____ (a) Wechsel.
5. Mein Geld liegt auf _____ (the) Sparkasse. Hast du dein Konto bei _____ (the) Post?
6. Kommen Sie mit zu _____ (the) Bank? Ich will Geld auf _____ (my) Sparkonto einzahlen.
7. Sie können die Rechnung mit _____ (a) Verrechnungs- scheck begleichen.
8. Nein, ich überweise den Betrag lieber direkt auf _____ (your) Konto.
9. Nach _____ (every) Geschäftsvorfall wird ein Konto neu saldiert.
10. Wegen _____ (the) überzogenen Konto⁻ will sie jetzt spar- samer werden.
11. Trotz _____ (the) billigen Miete kommt er mit seinem Geld nicht aus.
12. Ich muß für _____ (the) Versicherungsprämie sparen.
13. Wir müssen hundert Mark von _____ (our) Konto abheben.
14. Ohne _____ (the) Abzahlung der Hypothek hätten wir genug Geld.
15. Der Bankier soll die Aktien zu _____ (the) Höchstpreis von DM 1260 kaufen.

Zahlschein
Einzahler-Quittung

Empfänger (genaue Anschrift)

Doris Merrifield

Bankleitzahl

200 300 00

Konto-Nr. des Empfängers ——— - bei (Sparkasse usw.) – oder ein anderes Konto des Empfängers *) -

82/12/01308 Hamburg Vereinsbank

DM

Verwendungszweck (nur für Empfänger)

Deposit

500,—

Auftraggeber/Einzahler (genaue Anschrift)

Selbst

*) Soll die Einzahlung auf ein and. Konto ausgeschlossen sein, so sind
die Worte „oder ein anderes Konto des Empfängers" zu streichen.

D 207 541 (14.77)   A043   0 15.06.79 61090 ANLAGE S

(Empfangsbestätigung der annehmenden Kasse)

BEZAHLT *****500,00

15. JUN 1979   3

Bezirkssparkasse Heidelberg

50 Pf. Zahlscheingebühr

Bezirkssparkasse Heidelberg
Hauptzweigstelle Am Universitätsplatz

(Bei maschineller Buchung ist für die Quittung der Maschinendruck maßgebend)

620795   Überweisungsauftrag an

COMMERZBANK
AKTIENGESELLSCHAFT

Bitte kräftig durchschreiben
und Bankleitzahl (BLZ) hier einsetzen

Empfänger

Bankleitzahl

Konto-Nr. des Empfängers   bei - oder ein anderes Konto des Empfängers ')

DM

Verwendungszweck (nur für Empfänger)

Betrag in Buchstaben (unter 1000 DM entbehrlich). Freies Feld durchstreichen.

Konto-Nr. des Auftraggebers   Auftraggeber

') Soll die Überweisung auf ein anderes Konto ausgeschlossen sein, so
sind die Worte • oder ein anderes Konto des Empfängers • zu streichen.

30/00/4
8121364

Datum   Unterschrift

| Mehrzweckfeld | X | Konto-Nr. | X | Betrag | X | Bankleitzahl | X | Text |

Überweisungsauftrag links außen festhalten und rechten Rand mit Kohlepapier durch einen Zug entfernen. Blatt 1 und 2 zusammenhängend an Commerzbank. Blatt 3 (Durchschrift) verbleibt beim Auftraggeber.

20d

Bitte dieses Feld nicht beschreiben und nicht bestempeln

Ein Überweisungsauftrag. *Füllen Sie ihn bitte aus.*

Die populärsten Reiseschecks für Deutsche, die in Europa reisen, sind die „eurocheques", weil sie in allen EG-Ländern gültig sind und in den verschiedenen Währungen ausgestellt werden können. Die kleine Karte ist keine Kreditkarte sondern dient nur als Ausweis beim Einlösen des Schecks. *Füllen Sie ihn bitte aus!*

SPRECHEN

1. Rollenspiel zu zweit. Bereiten Sie ein Gespräch zu zweit vor.

Einer von Ihnen spielt einen Bankangestellten, der andere einen Kunden. (The customer wants to open up a checking account. He/she has DM 1,000.00 in cash to make an initial deposit and settle three bills by transferring the amount into the creditor's account. The customer just moved into town and needs to buy furniture and other expensive items and asks about applying for a loan. Yes, if the customer has collateral. A new car that is all paid off will do).

2. Gespräch zu zweit. Interpretieren Sie Schaubild 2. Z.B.:

ST 1. „Ich bin erstaunt, wieviel ... und wie wenige Schulden ...

ST 2. „Ja, wir Amerikaner sind da ganz anders. Wir ...“

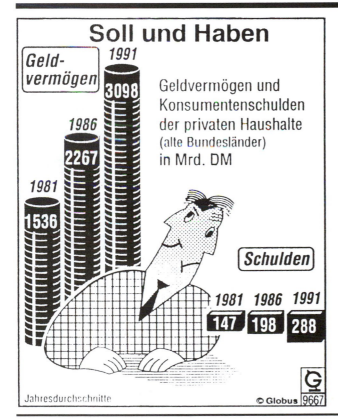

Schaubild 2

3. Gespräch zu zweit. Interpretieren Sie Schaubild 3. Z.B.:

„Man hört soviele Klagen darüber, wie schlecht es den Ostdeutschen seit der Wiedervereinigung geht, aber . . .“

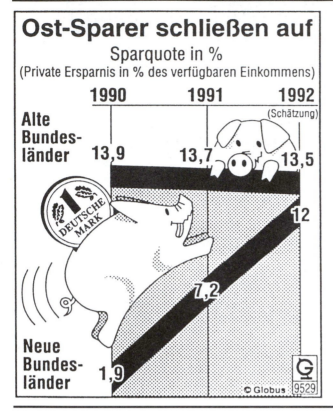

Ost-Sparer schließen auf

Sparquote in %
(Private Ersparnis in % des verfügbaren Einkommens)

	1990	1991	1992

(Schätzung)

Alte Bundesländer 13,9   13,7   13,5

12

7,2

Neue Bundesländer 1,9

© Globus 9529

Schaubild 3

LESEN UND VERSTEHEN

Sie möchten 50 000 Mark anlegen und lesen den „Rat des Bankiers" in der WIRTSCHAFTSWOCHE. Der Bankier gibt Ihnen mehr als einen guten Rat. Sie akzeptieren davon einen. Schreiben Sie in zwei bis vier Sätzen, wie Sie Ihre 50 000 Mark anlegen wollen und warum Sie diese Wahl getroffen haben.

DER RAT DES BANKIERS*

Die Frage der Woche

Wie lege ich 50 000 Mark an, die frei verfügbar sind, ohne daß ich ein extremes Risiko eingehe?

„*Angesichts* des historisch niedrigen *Zinsniveaus* in Deutschland erscheinen *derzeit* Anlagen in höher rentierlichen *Anleihen* in fremder Währung inte-

in view of/interest level
at this time/loans

*Wirtschaftswoche, 14. August 1987

ressant. Die *bemerkenswerte* Präferenz für die Mark an den Devisenbörsen scheint *auszuklingen*. Das international anlagesuchende Kapital wendet sich mehr und mehr anderen Märkten zu, da die Erwartungen, die in das *Anlage-land* Deutschland gesetzt wurden (fallende Zinsen, sinkende Inflationsraten, Reduzierung der *Neuverschuldung* des Staates), offensichtlich weitgehend erfüllt sind. Damit verringert sich das Risiko von Devisenkursverlusten bei Neuanlagen in anderen Währungen beträchtlich. Insbesondere der US-Dollar und das britische Pfund, aber auch Exoten wie der australische Dollar machten zuletzt wieder einiges an zuvor *verlorenem Boden* gegen die Mark gut. Hierzu hat nicht unwesentlich die Zinsdifferenz zwischen den betreffenden Ländern beigetragen. Ein Blick über die Grenzen lohnt sich schon: Beim Kauf einer Anleihe eines erstklassigen Schuldners mit einer *Laufzeit* von fünf Jahren lassen sich im US-Dollar circa zweieinhalb, im Pfund etwa vier Prozent und im australischen Dollar gar acht Prozent *Rendite* mehr pro Jahr erzielen als bei einer vergleichbaren Mark-Anleihe. Voraussetzung ist allerdings, daß bei Rückzahlung des Kapitalbetrags am Ende der Laufzeit der Anleihe die Anlagewährung mindestens auf gleicher Höhe notiert wie zum Zeitpunkt des Kaufs, wobei sich hier durchaus *reizvolle* Perspektiven auf zusätzliche Währungsgewinne eröffnen. Im Aktienbereich sind Blue chips wie Nixdorf, Deutsche Bank, Daimler, aber auch dem Farbenbereich der *Vorzug* zu geben.''

remarkable

diminish, end

investment country

new debts

lost ground

term

investment return

attractive

preference

Günter Käppler, Vorstand der Migros Bank AG, Düsseldorf.

HÖREN UND VERSTEHEN

Hören Sie sich das Tonband-Interview zu Kapitel IVC an.

VERSTÄNDNISHILFEN

zum Gespräch mit einem Bankangestellten

sämtliche	all
angeschlossene Verbundunternehmen	joint enterprises
steuerbegünstigte Kapitalanlagen	capital investments with preferential tax status
Immobilienvermittlung	real estate brokerage
Angelegenheiten	affairs
Vorrangige Angebote	priority offers
Kfz.-Versicherung	car insurance
festverzinsliche Wertpapieranlagen	investments in fixed securities
nicht genehmigt	unauthorized
Überziehungsprovision	overdraft commission
Laufzeit	terms of duration
gewährt	granted
Sicherheiten	collaterals
Grundbucheintragungen	real estate recordings
Übereignung	transfer of title
Anzahlung	downpayment
in Ausnahmefällen	in exceptional cases
Bonität	good credit
Eintragung einer Grundschuld	recorded land charge
bei 90tägiger Kündigungsfrist	with 90 days notice
leisten	perform
Maklerdienste	broker services
handelbare Wertpapiere	negotiable securities
Ausführung	handling
gewährleistet	guaranteed
Börsenkurs	stock-market rate
Fernkommunikationsmedien	telemedia
Freiverkehr	over-the-counter market
untergeordnete Rolle	secondary role

Hören Sie sich das Gespräch zum zweiten Mal an, und entscheiden Sie dann, ob die folgenden Aussagen darin gemacht werden oder nicht.

1. Die Bank bietet ihren Kunden Versicherungen aller Bereiche an. **JA   NEIN**

2. Mit Immobilienvermittlung hat eine deutsche Bank nichts zu tun. **JA   NEIN**

3. Wer keinen genehmigten Überziehungskredit hat, muß eine Extra-Provision bezahlen, wenn er sein Bankkonto überzieht. **JA   NEIN**

4. Man kann, ohne Sicherheiten zu hinterlegen, ein Darlehen bekommen. **JA   NEIN**

5. Ein Wohnungsbau kann bis zu 90% von der Bank finanziert werden. **JA NEIN**

6. Wie hoch die Zinsen eines Sparkontos sind, hängt von der Kündigungsfrist ab. **JA NEIN**

7. Jede Bank hat ihren eigenen Vertreter an der Börse. **JA NEIN**

8. Die Bank kann auch an der Börse für ihre Kunden handelbare Wertpapiere kaufen oder verkaufen. **JA NEIN**

9. Die meisten Aufträge werden telefonisch an den Börsenmakler weitergeleitet. **JA NEIN**

10. Die deutsche Börse hat dieselben Geschäftsstunden wie die amerikanische. **JA NEIN**

D. MARKETING

1 / Das anglo-amerikanische und ins Deutsche übernommene Wort „Marketing" umfaßt sowohl die der Produktion vorausgegangene Marktforschung als auch die Werbung für die fertig hergestellte Ware.

2 / Wer ein neues Produkt auf den Markt bringen und mit gutem Absatz rechnen will, muß die allgemeine und besondere Marktlage genau kennen. Bei Hochkonjunktur haben die Leute im allgemeinen mehr Geld für Luxusartikel. Bei Marktflaute und hoher Arbeitslosigkeit wird man zum Leben nicht unbedingt notwendige Artikel in größeren Mengen nur absetzen können, wenn sie möglichst billig gehalten sind. Das ist nur ein herausgegriffenes Beispiel für die Einkalkulation der allgemeinen Marktlage. Bei der besonderen Marktlage handelt es sich mehr um Geschmack und Moden der Gegenwart und nahen Zukunft. Z.B. kann ein Hersteller mit „Bodywear" risikofreier experimentieren, wenn „Aerobics", (so sagt man jetzt auch in Deutschland), die große Mode ist und für absehbare Zeit zu bleiben verspricht. Es ist Aufgabe der Marktforschung, das durch Verkaufsstatistiken, durch allgemeine Umfragen und persönliche Interviews herauszufinden.

3 / Wer ein schon länger gutgehendes Produkt weiter produzieren will, darf sich nicht auf einen anhaltenden großen Absatz verlassen. Mode, Geschmack und sogar Bedürfnisse der Konsumenten ändern sich. Es ist Aufgabe der Marktforschung, solche Veränderungen rechtzeitig zu erkennen. So wurden z.B. mit der zunehmenden Verteuerung von Heizöl mit Holz und Kohle zu heizende Öfen wieder begehrt. Hersteller, die auf diese Veränderung vorbereitet waren, machten das große Geschäft. Immer geht es darum, die Kundenwünsche *vorauszusehen* und zu befriedigen. to foresee

4 / Natürlich darf von der Marktforschung eine bestehende oder mögliche Konkurrenz nie außer acht gelassen werden. Der Hersteller muß sich vergewissern, ob die Nachfrage ausreicht, um zusätzlich ein ähnliches Fabrikat zu vermarkten. Oder er muß bessere Qualität zu günstigeren Preisen als die Konkurrenz anbieten können.

5 / Der ausländische Fabrikant hat es besonders schwer. Der deutsche Verbraucher ist ausländischen Produkten gegenüber sehr skeptisch. Außerdem gibt es strikte Werbungsgesetze, die eine allzu aggressive Werbung verbieten. Das Büchlein *How to Approach the German Market* (published by the German Trade Information Office, BFA, Postfach 1008007, D-5000 Köln 1) ist zu empfehlen. Ein von der Lufthansa veröffentlichtes Büchlein *Federal Republic of Germany. Lufthansa Executive Traveler Services* gibt unter „Marketing Practices in Germany" S. 15-17 sehr brauchbare *Ratschläge* und Adressen.

pieces of advice

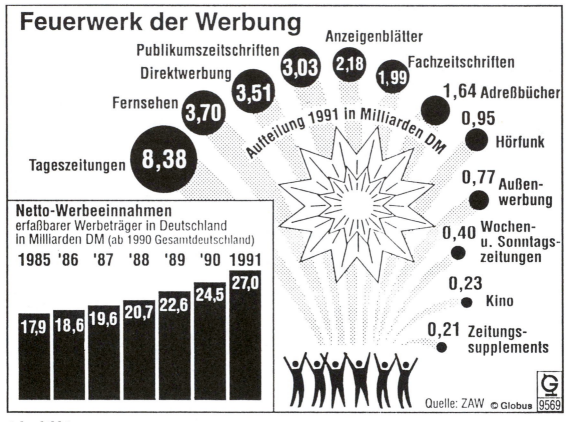

Feuerwerk der Werbung

Aufteilung 1991 in Milliarden DM

Tageszeitungen **8,38**
Fernsehen **3,70**
Direktwerbung **3,51**
Publikumszeitschriften **3,03**
Anzeigenblätter **2,18**
Fachzeitschriften **1,99**
1,64 Adreßbücher
0,95 Hörfunk
0,77 Außenwerbung
0,40 Wochen- u. Sonntagszeitungen
0,23 Kino
0,21 Zeitungssupplements

Netto-Werbeeinnahmen
erfaßbarer Werbeträger in Deutschland in Milliarden DM (ab 1990 Gesamtdeutschland)

1985	'86	'87	'88	'89	'90	1991
17,9	18,6	19,6	20,7	22,6	24,5	27,0

Quelle: ZAW © Globus 9569

Schaubild 1

6 / Der Werbung stehen heutzutage viele verschiedene Mittel zur Verfügung. Schaubild 1 zeigt, welche Rangfolge die Medien in der Werbung einnehmen. Es ist auch eine Tatsache, daß jedes Jahr mehr Geld für Werbung ausgegeben wird. Offenbar macht Werbung sich bezahlt, und es stimmt nicht immer, daß der Verbraucher wegen der teuren Werbung für die Ware höhere Preise zahlt. Wenn die Werbung einen besonders hohen Absatz des Produktes erzielt, kann diese Ware in Mengenproduktion billiger hergestellt werden. Außerdem wären Zeitungen und Zeitschriften für den Leser viel teurer, wenn die Verlagkosten nicht zum großen Teil von der Werbung getragen würden.

7 / Am wirkungsvollsten ist gezielte Werbung. Man weiß genau, an welchen Sektor der Gesellschaft man sich wendet, spricht auf die Werte an, die dort gelten und wählt die Medien, von denen sich dieser Sektor besonders angesprochen fühlt. Die meistgelesene berühmte oder berüchtigte Bildzeitung hat z.B. eine ganz andere Leserschaft als die von liberalen Gebildeten abonnierte Wochenzeitung DIE ZEIT.

8 / Eine wirkungsvolle Reklame, sagt man, erfüllt vier Voraussetzungen. Sie erweckt Aufmerksamkeit, Interesse und Verlangen und führt zur Handlung, nämlich zum Erwerb der angepriesenen Ware. „AIDA" nennt man das im Amerikanischen (= an effective ad creates **a**ttention, **i**nterest and **d**esire and leads to **a**ction).

9 / Die Tages- und Wochenzeitungen dienen auch als Medium für persönliche Inserate. Da sind z.B. Stellenangebote inseriert oder Gebrauchtwagen zum Verkauf oder auch sehr Persönliches, nämlich die Suche nach einem geeigneten Partner oder einer Partnerin. Geburts-, Heirats- und Todesanzeigen kündigen wichtige Familienereignisse an. Manche Leute setzen sogar eine *Verlobungsanzeige* ihrer Kinder in die Zeitung.

engagement announcement

10 / Nicht alle Werbung geschieht durch Medien. Reklamen kommen mit der Post ins Haus, man sieht sie in der Stadt in *Großformat* an Wänden, *Zäunen* und Litfaßsäulen,–an den Autobahnen und Landstraßen gibt es aber keine *Anschlagtafeln*–, und meistens werden welche vor Beginn des Films im Kino gezeigt. Viel Reklame wird an Ort und Stelle gemacht, wo die Waren verkauft werden. Man nennt das POP-Werbung (= point of purchase). Im Schaufenster kleben Schilder mit Sonderangeboten, die Waren sind so vorteilhaft wie möglich ausgestellt, und wenn sie verpackt sind, ist die Verpackung selbst eine Reklame, in Form und Farbe so ausgewählt, daß sie den Blick auf sich zieht.

large size/fences billboards

Pop-Werbung

11 / Messen sind das älteste Werbemittel von außerordentlicher Wirkung. Sie haben sich schon im frühen Mittelalter aus einzelnen Märkten entwickelt, und die *Fürsten* räumten einigen ihrer Städte das Privileg ein, regelmäßige Messen   sovereigns abzuhalten. In der BRD finden jährlich etwa 60 Messen und Ausstellungen statt. Die größte Messeveranstaltung der BRD wird jedes Frühjahr in Hannover abgehalten. Mehr als 4500 in- und ausländische Firmen stellen dort ihre Konsum- und Investitionsgüter aus. Andere wichtige Messestädte sind Berlin, Düsseldorf, Essen, Frankfurt am Main, Hamburg, Köln, München, Nürnberg, Offenbach, Saarbrücken und Stuttgart.

Internationales Messezentrum in Berlin

12 / Diese Städte sind für Messen und Ausstellungen spezieller Wirtschaftszweige bekannt, denn neben den Universalmessen der Vergangenheit gibt es heute, bedingt durch den technischen Fortschritt und das überreiche Angebot auf jedem Gebiet, viele bekannte Fachmessen. Für Verleger, Buchhändler, Schriftsteller und literarisch Interessierte des In- und Auslands ist z.B. die Frankfurter Buchmesse der *Brennpunkt* des Jahres. Die ANUGA (= Allgemeine Nahrungs- und Genußmittel-Ausstellung) und die SPOGA (= Internationale Fachmesse für Sportartikel, Campingbedarf und Gartenmöbel) werden bekanntlich in Köln abgehalten, die berühmte BAUMA (= Internationale Baumaschinen-Messe) findet in München statt usw. Auch im Ausland beteiligt sich Deutschland an internationalen Messen und Ausstellungen und fördert damit den Export. Was man über Messen und Ausstellungen wissen will, kann man von der AUMA (Ausstellung- und Messe-Ausschuß der Deutschen Wirtschaft e.V.) erfahren. Einer ihrer vielen Veröffentlichungen, der „Auma-Kalender Messeplatz Deutschland", verzeichnet alle Ausstellungen und Messen des Jahres und gibt schon eine *Vorschau* auf folgende Jahre.

focal point

preview

13 / Der Unterschied zwischen Messe und Ausstellung besteht darin, daß die Messe sich hauptsächlich an Händler wendet und an Ort und Stelle Kaufverträge mit ihm abschließt. Ausstellungen vermitteln einen Überblick des Angebots und werden auch stark von Konsumenten besucht.

WORTSCHATZ

1 / das Marketing	marketing
2 / die Arbeitslosigkeit	unemployment
der Luxusartikel, -	luxury item
herausgegriffen	arbitrary
die Einkalkulierung	counting in, consideration
die Gegenwart	presence
die Zukunft	future
das Risiko, Risiken	risk
experimentieren	to experiment
die Mode, -n	fashion, fad
absehbar	foreseeable, near
die Umfrage, -n	inquiry, poll
3 / anhalten (ä), ie, a	to last; to stop
das Bedürfnis, -se	need
die Veränderung, -en	change, modification
die Verteuerung	increase in price(s)
heizen	to heat
das Öl, -e	oil
der Ofen, Öfen	stove
vorbereiten	to prepare
befriedigen	to satisfy
4 / außer acht lassen	to disregard
sich vergewissern	to make sure
vermarkten	to sell
5 / der Fabrikant, -en	manufacturer

	veröffentlichen	to publish
6 /	graphisch	graphic
	sich bezahlt machen	to pay off
	erzielen	reach (a goal)
7 /	wirkungsvoll	effective
	die Gesellschaft, -en	society; company, corporation
8 /	die Voraussetzung, -en	prerequisite
	die Aufmerksamkeit, -en	attentiveness
	das Verlangen	desire
	der Erwerb	purchase, obtainment
	anpreisen, ie, ie	to praise, advertise
9 /	das Inserat, -e	(classified) ad
	inserieren	to advertise for
	die Anzeige, -n	announcement; ad
	ankündigen	to announce
10 /	das Format, -e	size
	die Litfaßsäule, -n	advertising pillar
	an Ort und Stelle	at the very place
	kleben	to stick
	das Sonderangebot, -e	special offer, sale
	vorteilhaft	advantageous
	verpacken	to package
	auswählen	to select
11 /	die Messe, -n	air, show, exhibition
	die Ausstellung, -en	exhibition
	sich entwickeln	to develop
	das Privileg, Privilegien	privilege
	abhalten (ä), ie, a	to hold, conduct
	die Veranstaltung, -en	show, arrangement
12 /	speziell	special, specific
	die Vergangenheit	past
	bedingt durch	occasioned by
	der Fortschritt, -e	progress
	der Verleger, -	publisher
	der Schriftsteller, -	author
	das Genußmittel, -	luxury (food)
13 /	Verträge abschließen	to make contracts

WORTSCHATZ ERWEITERN

1. Vervollständigen Sie die Sätze: / FILE # WE4D1

2 / 1. Bei Marktflaute und hoher _____ lassen sich teure Luxusartikel nicht so gut verkaufen. (*unemployment*)

2. Die _____ der besonderen Marktlage ist immer wichtig.
(*consideration*)

3. Solange „Aerobics" die große _____ ist, läßt sich „Bodywear" gut vermarkten. (*fad*)

4. Die Herstellung neuer Waren kann ein großes _____ bedeuten. (*risk*)

3 / 5. Ein Fabrikant (= *Hersteller*) darf sich nie darauf verlassen, daß der große Absatz einer Ware _____. (*lasts*)

6. Es ist Aufgabe der Marktforschung, _____ im Geschmack der Konsumenten rechtzeitig zu erkennen. (*changes*)

7. Wer _____ war, kann das große Geschäft machen. (*prepared*)

4 / 8. Die Marktforschung darf eine bestehende oder mögliche Konkurrenz nie _____ _____ _____. (*disregard*)

6 / 9. Offenbar _____ Werbung _____ _____. (*pays off*)

10. Werbung will einen besonders hohen Absatz des Produktes _____. (*reach*)

7 / 11. Gezielte Werbung ist _____ _____. (*most effective*)

8 / 12. Eine gute Reklame erfüllt vier _____. (*prerequisites*)

9 / 13. Wenn man eine Stelle sucht, liest man die _____ in der Zeitung. (*classified ads*)

14. Die Geburt eines Kindes kann man durch eine _____ in der Zeitung bekannt geben. (*announcement*)

10 / 15. Geschäfte zeigen ihre _____ im Schaufenster. (*specials*)

16. Man sieht Reklamen _____ _____ an Zäunen, Wänden und Litfaßsäulen. (*in big size*)

11 / 17. Jedes Jahr werden in Deutschland über 60 _____ und _____ abgehalten. (*fairs; exhibitions*)

12 / 18. Wegen des überreichen Angebots in jedem Wirtschaftszweig gibt es heutzutage viele _____. (*specialized fairs*)

13 / 19. Auf den Messen werden an Ort und Stelle Kaufverträge _____. (*made*)

2. Verwandte Wörter. Bilden Sie mit jedem Wort einen kurzen Satz.

Nomen	Adjektive	Verben
das Budget	agressiv	experimentieren
der Faktor	graphisch	
die Kalkulation	risikofrei	
der Markt	separat	
die Messe	speziell	
das Privileg		
das Produkt		
der Satellit		
der Sportartikel		

INFORMATION ERARBEITEN

1. Vervollständigen Sie das Flußdiagramm.

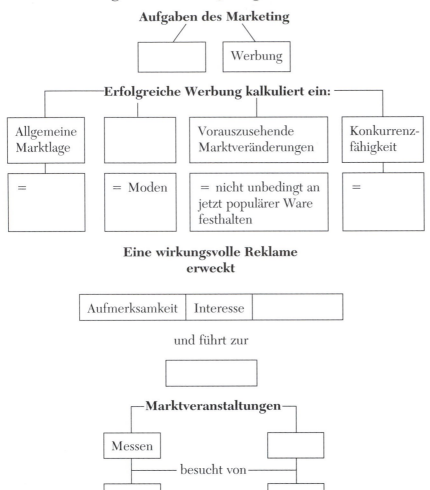

Aufgaben des Marketing

	Werbung

Erfolgreiche Werbung kalkuliert ein:

Allgemeine Marktlage		Vorauszusehende Marktveränderungen	Konkurrenz-fähigkeit
=	= Moden	= nicht unbedingt an jetzt populärer Ware festhalten	=

Eine wirkungsvolle Reklame erweckt

Aufmerksamkeit	Interesse	

und führt zur

Marktveranstaltungen

Messen	

besucht von

2. Schreiben Sie einen Paragraphen auf englisch über die offensichtlichen Unterschiede zwischen dem Marketing in den USA und Deutschland.

KORREKTES SCHREIBEN

1. Man muß als Ausländer nicht unbedingt Sätze mit doppeltem Infinitiv bauen können (sic!). Man kann es auch anders sagen. Aber man muß solche Satzkonstruktionen verstehen können. Wiederholen Sie den doppelten Infinitiv

in Ihrem Grammatikbuch und übersetzen Sie dann die folgenden Sätze:

Z.B.: Er hat die Ware heute nicht liefern können.
Wörtlich übersetzt: *He has not been able to deliver the merchandise today.* **Besseres Englisch:** *He could not (=was not able to) deliver the merchandise today.*

1. Sie wird Marktforschung betreiben wollen.
2. Er hatte ein neues Produkt auf den Markt bringen sollen.
3. Man wird nie ganz risikofrei experimentieren können.
4. Wir haben die Ware sofort absetzen müssen.
5. Die Marktforschung hatte das durch Umfragen herausfinden müssen.
6. Sie hatten die Veränderungen auf dem Markt nicht rechtzeitig erkennen können.
7. Neue Öfen für Holz und Kohle werden hergestellt werden müssen.
8. Das neue Fabrikat hat gut vermarktet werden können.
9. Nicht immer hatte Werbung durch höhere Warenpreise bezahlt werden müssen.
10. Wir werden in Zeitungen und Zeitschriften Reklame machen sollen.
11. Für die Werbung wird das richtige Medium gewählt werden müssen.
12. In Deutschland hat man keine Reklamen ins Programm einschieben dürfen.

Nun versuchen Sie einmal, einige Sätze vom Englischen ins Deutsche zu übertragen.

13. I will want to open a checking account.
14. He has not been able to settle his bill.
15. They had wanted to be at the fair.
16. We will have to package it well.
17. They had not been permitted to pay by installments.

2. Übersetzen Sie. / FILE # KS4D2

1. Taste and fashion change constantly.
2. One cannot experiment without risk.
3. Whoever is prepared for new fads, makes the biggest buck.
4. A manufacturer has to make sure that he can sell his new products.
5. The German advertising business spends most of its money on ads in daily newspapers.
6. Without advertising, newspapers and magazines would be much more expensive.
7. A good ad must be able to catch the attention of people.
8. He wants to put an ad into the paper to sell his old car.
9. Dealers buy a lot at specialized fairs.
10. Publishers and authors attend the famous annual book fair in Frankfurt.
11. Many consumers visit exhibitions where they can compare different brands (Marken) of merchandise.

SPRECHEN

1. Wer macht die meiste Reklame? Interpretieren Sie Schaubild 2. Beginnen Sie etwa so: „C&A geben bei weitem das meiste Geld für Werbung aus!"

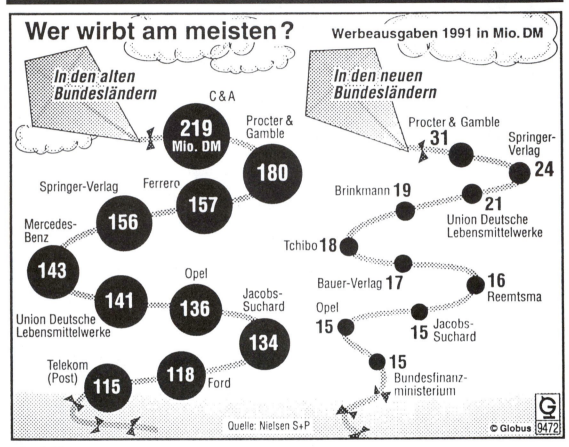

Wer wirbt am meisten?   Werbeausgaben 1991 in Mio. DM

In den alten Bundesländern

C & A **219 Mio. DM**
Procter & Gamble **180**
Ferrero **157**
Springer-Verlag **156**
Mercedes-Benz **143**
Opel **136**
Union Deutsche Lebensmittelwerke **141**
Jacobs-Suchard **134**
Telekom (Post) **115**
118 Ford

In den neuen Bundesländern

Procter & Gamble **31**
Springer-Verlag **24**
Brinkmann **19**
Union Deutsche Lebensmittelwerke **21**
Tchibo **18**
Bauer-Verlag **17**
Reemtsma **16**
Opel **15**
Jacobs-Suchard **15**
15 Bundesfinanz-ministerium

Quelle: Nielsen S+P

© Globus 9472

Schaubild 2

2. Wo wird die meiste Reklame gemacht?

Vergleichen Sie die Werbeträger auf Schaubild 1 miteinander. Drücken Sie Ihr Erstaunen aus, wenn Sie andere Erwartungen hatten, z.B.: „In Deutschland wird viel weniger Reklame im Fernsehen gemacht als in den USA," oder, „Ich wußte nicht, daß…"

3. Eine wirkungsvolle Reklame?

Prüfen und bewerten Sie die Werbung auf Schaubild 3. Sagen Sie, was diese Reklame wirkungsvoll oder nicht so ansprechend macht. Was würden Sie in so einer Reklame anders machen?

Unter der Brause sind wir zu Hause.

Was macht uns morgens munter und erfüllt uns abends mit neuer Tatenkraft? Die Dusche ist's. Da kommt man auf neue Ideen. Spritzig und witzig.

Und vorbei sind die Zeiten, da man bei solch' munterem Treiben das Badezimmer überschwemmen mußte. Vorbei sind also auch die Zeiten des alten Duschvorhangs, denn für jede Dusche gibt es jetzt die richtige Duschabtrennung. Da flattert und klebt nichts. Da ist alles dicht und fest. Und die Auswahl ist so groß wie die Duschen und Badezimmer verschieden sind.

Gehen Sie jetzt in eine der großen Ausstellungen des Sanitär-Fachhandels. Betrachten Sie alles in Ruhe. Lassen Sie sich fachkundig beraten.

Und wenn dann alles fachgerecht installiert ist, können Sie sicher sein, daß alles funktioniert. Damit Sie jahrelang zufrieden sind mit

den Qualitäts-Duschabtrennungen der ADA-Mitgliedsfirmen:

Auch mich langweilt mein Badezimmer.
Senden Sie mir bitte Ihren Prospekt
für ein schöneres Bad:
„Unter der Brause sind wir zu Hause".

Name _____

Straße _____

Plz/Ort _____

Bundesverband des Sanitär-Fachhandels e.V. – VSI –
Viktoriastraße 27, 5300 Bonn 2 (-Bad Godesberg)   ST

Aktion gegen langweilige Badezimmer.

Schaubild 3

1 splashy
2 witty
3 activity
4 flood
5 shower curtain
6 shower wall
7 flaps
8 expertly
9 in a professional manner

4. Gespräch zu zweit.

Sehen Sie sich Schaubild 4 an. Warum, glauben Sie, könnte diese Reklame den Betrachter veranlassen, Ritter Sport Minis zu kaufen? – Beschreiben Sie abwechselnd eine mögliche Situation für jeden Spruch, z.B.:

Schaubild 4

**BITTE
NICHT MEHR BÖSE
SEIN.**

Ein Ehemann kommt nach Hause und schenkt seiner Frau eine Schachtel mit Ritter Mini-Quadraten. Sie soll nicht mehr darüber böse sein, daß er heute morgen so ungeduldig und unfreundlich gewesen ist.

5. Wirkungsvolle und reizlose Reklamen.

Wählen Sie eine Reklame aus einer deutschen Zeitschrift und zeigen Sie den Kursteilnehmern, wie wirkungsvoll oder wie reizlos sie ist. Deutsche lieben naturreine und verabscheuen künstliche Produkte und Zutaten. Vielleicht können Sie eine Werbung finden, in der die naturreine Qualität der Ware betont wird. Sonst wählen Sie irgendeine andere Reklame, über die sich viel sagen läßt.

LESEN UND VERSTEHEN

Jedes Wochenende stehen in der FRANKFURTER ALLGEMEINEN ZEITUNG hunderte von Stellenangeboten. Wenn Sie mit Ihrem Studium fertig sind, gut Deutsch sprechen und sich finanziell eine Weile „über Wasser halten können" oder jemanden kennen, wo Sie eine Weile wohnen können, gibt es hier eine realistische Möglichkeit, eine Stellung mit Zukunft zu finden, vor allen Dingen bei Firmen, die auch Wert auf Ihr Englisch legen. Lesen Sie die Inserate und beantworten Sie das Stellengesuch, das Ihren Wünschen und Fähigkeiten am besten entspricht.

HÖREN UND VERSTEHEN

Hören Sie sich das Tonband-Interview zu Kapitel IVD an.

Vertreter-Angebote

Wir suchen für unsere elektrotechnischen Ausbildungskomponenten und für weitere namhafte elektrotechnische/elektronische Qualitätsprodukte

Handelsvertretungen

im In- und deutschsprachigen Ausland.

Die Gebietsaufteilung innerhalb d. Bundesrepublik erfolgt nach Postleitzahlen bzw. Bundesländern. Wir erwarten Fachkompetenz im Bereich der Elektrotechnik, hohes Engagement und Flexibilität.

Zuschriften erbeten unter **578154** an die Frankfurter Allgemeine, Postfach 10 08 08, 6000 Frankfurt 1.

Welcher seriöse

Handelsvertreter

(selbständig) möchte Tankstellen mit umsatzstarken Artikeln besuchen? Tel. 0 74 61/1 23 36.

Vertretungen für verschiedene Gebiete in Deutschland für exkl. Produkt zu vergeben. Tel. 069/47 91 42.

Handelsvertreter

mit guten Verbindungen zum Lebensmittel-Handel, -Großhandel. Lukrative expandierende Tätigkeit. Anfragen unter **573505** an die Frankfurter Allgemeine, Postfach 10 08 08, 6000 Frankfurt 1.

Handelsvertreter und Strukturvertriebe für Medizintechnik gesucht

geeignet als Haupt- und Nebenvertretung

etwas Kapital für Wareneinkauf und Vertriebslizenz erforderlich (kann u. U. finanziert werden)

Anfragen unter **578494** an die Frankfurter Allgemeine, Postfach 10 08 08, 6000 Frankfurt 1.

Vertriebsrepräsentant

für medizinische Weltneuheit i. S. Neurodermitis-Behandlung (europapatentgeschützt) auf freiberuflicher Basis gesucht.
Info: Telefax 05103/2035

Neu auf dem deutschen Markt! Modische Ledergürtel, handgearbeitet in bester englischer Tradition aus feinstem Leder für Damen und Herren. Englischer Hersteller, erfolgreich auf vielen Märkten Europas und Übersee, will seine Produkte in Deutschland einführen und sucht

VERTRETER

im Bereich Damen- + Herrenbekleidung sowie modische Accessoires gut eingeführt. Bewerbungen mit Angabe des Verkaufsbezirkes bitte an:
**Theodor Wehmer + Partner, W-7800 Freiburg
Granatgasse 7 B, Telefon 07 61/3 63 88, Fax /2 52 17**

Wir zählen zu den ersten Adressen im Direktvertrieb von Dachbeschichtungs-Systemen und Korrosionsschutz. Für die alten und neuen Bundesländer suchen wir

Fachberater im Außendienst

Idealerweise sollten Sie eine erfolgreiche Verkaufstätigkeit im Dienstleistungssektor oder Direktvertrieb nachweisen können.

Wir stellen uns eine dynamische, stark vertriebsorientierte Persönlichkeit mit Pioniergeist und überdurchschnittlichen akquisitorischen und kommunikativen Fähigkeiten vor. Sie sollten Überzeugungskraft und ein repräsentatives Auftreten bei anspruchsvollen Kunden ebenso mitbringen wie einen gesunden finanziellen Hintergrund, um eine langfristige Verbindung mit uns aufzubauen. Ein außergewöhnliches Provisionssystem wird Ihnen den Weg zu einem überdurchschnittlichen Einkommen garantieren.

Für Vorabinformationen steht Ihnen Herr Jordans am Samstag von 10 bis 16 Uhr und ab Montag 10 Uhr unter der Tel.-Nr. 0 20 64/9 22 82 zur Verfügung, oder richten Sie Ihre Bewerbung an:

PACE Deutschland, z. Hd. Herrn Herbert W. Jordans, Dickerstraße 282, W-4220 Dinslaken, Telefax: 0 20 64/9 82 47.

Niederländischer Elektronikbetrieb

sucht freie Vertreter für den Vertrieb von elektronischen Fußmeßgeräten in der Schuhbranche.

Kenntnisse der Branche wären von Vorteil, sind aber keine Bedingung.

Gebietsschutz wird zugesichert.

Pentronics BV, Frankenweg 24, 6716 AA EDE NL

Ansprechpartner BRD: **J. Rademacher**
Telefon: 0 28 22/84 10, Telefax 0 28 22/8 03 11

Außendienstmitarbeiter

für den Verkauf von Beratungsleistungen, als Handelsvertreter in einem geschützten Gebiet.

Branchenfremde haben genauso gute Chancen wie „alte Hasen". Voraussetzungen: Ehrgeiz, Fleiß, Beständigkeit; Auto und Telefon.

Intensive Schulung und ein interessantes Einkommen sind selbstverständlich.

Interesse? Anruf oder schriftliche Bewerbung.

**MIBERA, Mittelstandsberatungsgesellschaft mbH
Stadtstr. 33a, 7701 Aach/Hegau
Telefon: 0 77 74/62 89 oder Fax: 70 24**

LAGERO EUROPE B. V.,

Marktführer im Entwurfs- und Produktionsbereich von gestrickter Betriebs- und Promotionskleidung („Corporate Image"), hat vor, ihre Aktivitäten auf den deutschen Markt zu erweitern.

Deshalb treten wir gerne in Kontakt mit einigen

SELBSTÄNDIGEN AGENTEN

Wir bevorzugen Agenten, die schon auf dem Gebiet von projektmäßigem Verkauf von Betriebs- und/oder Promotionskleidung tätig sind.

Zuschriften an: **Lagero Europe B. V.
Postfach 305
4700 AH Roosendaal
Die Niederlanden**
Für Auskünfte: **Tel.: 31/16 50/6 93 14**

---

8 MILLIONEN!

haben wir in den vergangenen Jahren als Jungunternehmer umgesetzt und dabei nicht schlecht verdient.

Wir sind ausgebrannt und begehen neue Felder mit bewährtem Know-how. Wir möchten den Exklusivvertrieb weitergeben an kreativen, ehrgeizigen, belastbaren, progressive Unternehmer oder Vertreterpersönlichkeit. Superchance!!!

Einmalig konkurrenzloses Produkt, Kleinpreis, staatlich und TÜV-geprüft, Millionen haben vorhanden. Exklusivvertrieb für die alten Bundesländer (evtl. auch die neuen). Machen Sie noch 93 Ihre erste Umsatzmillion (die Hälfte ist Gewinn).

Viele werden uns schreiben, leider können wir es nur einem geben. Am liebsten dem Besten! Vielleicht sind Sie es. Aussagefähige Unterlagen über Ihr Können, Orgatalent usw. unter **573560** an die Frankfurter Allgemeine, Postfach 10 08 08, 6000 Frankfurt 1.

Nachteil: Sie benötigen 150 000,– DM Eigenkapital, haben Sie aber schnell zurück. Erfolg ist kein Zufall.

Bangkok/Thailand
Exportfirma sucht Handelsvertreter

mit mehrjähriger Berufserfahrung für deutschsprachigen Raum und Frankreich, mit guten Kontakten zu Firmen im Bereich Inneneinrichtungen, Schaufensterdekoration und Textilien. Bewerbungsunterlagen unter **572606** an die Frankfurter Allgemeine, Postfach 10 08 08, 6000 Frankfurt 1.

Herr Prick

VERSTÄNDNISHILFEN

zum Gespräch über Werbung

Sonnenschutz	sun protection
Handpflegemarke	handcare brand
Körperpflege	bodycare
mittlerweile	meanwhile
Zwillingsschwester	twin sister
Effie-Preis	Effie-award
Effizienz	efficiency
eine Fülle von Auszeichnungen	an abundance of awards
annähernd	nearly
Kampagne	campaign
Ansatz	method, concept
Motive	motifs
Leib	body
zarte Haut	delicate skin
Anstöße	impulses
zeichnerische Umsetzung	graphic transposition
Verfremdungen	alienations
für eine Leistung der Creme	for one beneficial effect of the cream
Feuchtigkeit	moisture
Schmuckstück	piece of jewelry
Jungbrunnen	fountain of youth
Falten	lines, wrinkles
Jubiläumsjahr	anniversary
schlechthin	absolutely

zusammenführte	combined
ranzig	rancid
Emulsionstyp	type of emulsion
Rezepturaufbau	pharmaceutical composition
Salbe	salve
Wachstum	growth
Markenrechte	trademark rights
Umsetzung	transposition
unter Zugrundelegung unseres Motivs	taking our motif as a basis
entsprechend	corresponding
ausgeprägt	distinctly marked
Werbeetat	advertising budget
verteilen	distribute
Richtlinien	guidelines
Fernsehanstalten	broadcasting companies
Teilbetrag	fractional amount of the money
Aufwendung	expenditure
eingeschaltet	inserted
eingespeichert	stored
Sender	stations
Fuß zu fassen	to get a foothold
angewiesen auf	dependent on
Werbeblöcke	advertisting blocks
zuzuteilen	to allocate
einschalten	tune in
Krimis	crime stories
Abenteuerfilme	adventure films
Spotwerbung	brief advertisements

Hören Sie sich das Gespräch zum zweiten Mal an, und entscheiden Sie dann, ob die folgenden Aussagen darin gemacht werden.

1. Herr Prick ist Marketingleiter für Kosmetikprodukte. **JA NEIN**
2. Die besondere Produktgruppe unter seiner Betreuung ist die Marke Nivea. **JA NEIN**
3. Man sagt im Deutschen jetzt auch „Milk" und „Lotion". **JA NEIN**
4. Herr Prick hat mit der Nivea-Reklame keinen großen Erfolg gehabt. **JA NEIN**
5. Es gibt so viele Auszeichnungen in der Werbewelt, daß die Kollegen bei Beiersdorf die meisten nicht ernst nehmen. **JA NEIN**
6. Niemand freut sich über den Effie-Preis. **JA NEIN**
7. Beiersdorf hat schon seit 12 Jahren eine Nivea Cartoon-Kampagne gemacht. **JA NEIN**
8. In einem Werbe-Motiv sind Sprache und Bild miteinander verbunden. **JA NEIN**

9. Keiner merkt die Nivea-Reklame mehr, wenn sie nicht immer mit neuen Motiven kommt.   JA NEIN

10. Cartoon-Werbung ist nicht wirksam.   JA NEIN

11. Ein Wassertropfen ist ein Symbol für Trockenheit.   JA NEIN

12. Jugendliche Haut braucht keine Nivea Cream.   JA NEIN

13. Vor 1911/1912 gab es schon viele Cremen, die Fett und Feuchtigkeit miteinander verbanden.   JA NEIN

14. Das Geschäft mit den USA ist nicht groß, wächst aber schnell.   JA NEIN

15. Die besondere Zielgruppe in der Nivea-Reklame sind wohlhabende Leute.   JA NEIN

16. Beiersdorf macht die meiste Nivea-Reklame in Zeitschriften.   JA NEIN

17. Die Firma würde gern mehr Werbung im Fernsehen machen.   JA NEIN

18. Sie tut es nicht, weil es zuviel Geld kostet.   JA NEIN

19. Das 1. Deutsche Fernsehen und das 2. Deutsche Fernsehen teilen den Herstellern zu, wieviel Reklame sie zeigen können.   JA NEIN

20. Kurze Filme werden in Deutschland alle fünf Minuten von Werbung unterbrochen.   JA NEIN

21. Werbung darf nur zwischen Filmen gezeigt werden.   JA NEIN

22. In Deutschland werden jetzt auch amerikanische Serien gezeigt.   JA NEIN

DIE DEUTSCHE GESCHÄFTSWELT

A. UMGANGSFORMEN

1 / Nach dem zweiten Weltkrieg hat langsam aber stetig eine Entwicklung eingesetzt, die die Völker, besonders die des Westens, einander immer näher gebracht hat. Dazu haben viele Faktoren beigetragen, u.a.:

Von den Regierungen unterstützte Austauschprogramme von Schülern, Studenten, Lehrern und Wissenschaftlern.

Der sich in den sechziger Jahren entwickelnde Flugverkehr zu erschwinglichen Preisen, der Millionen von Touristen über den *„großen Teich"* fliegen und andere Länder und Leute kennenlernen läßt.   "big pond"

Das Fernsehen, das uns in Bild und Ton mit fremden Ländern, ihren Sitten und Moden bekannt macht.

Tonbänder und Platten, die uns mit der Musik anderer Völker vertraut machen können.

2 / Man nimmt auf, was einem am Lebensstil und der Kultur des anderen gefällt, und so findet ein *Angleichungsprozeß* statt, der die Völker einander ähnlicher macht. Der amerikanische Einfluß hat sich dabei als besonders stark gezeigt, und die Deutschen sind sogar amerikanisierter als die Briten. Aber es sind bisher dennoch deutliche Unterschiede in manchen Umgangsformen der beiden Nationen übriggeblieben.   process of assimilation

3 / Wer als Amerikaner nach Deutschland kommt und dort eine Weile wohnt, dem fällt die formelle Höflichkeit im Umgang der Deutschen miteinander auf.

Nachbarn, die schon seit Generationen Haus an Haus wohnen, reden sich mit „Frau Müller" und „Herr Rode" an. Wenn sie einander auf der Straße begegnen, zieht der Mann im Vorübergehen mit einer leichten *Verbeugung* den Hut und grüßt. Die Damen *nicken* freundlich, wenn sie sein „Guten Tag!" oder „Grüß Gott! erwidern, und *wohlerzogene* Kinder grüßen ebenso höflich.

bow

nod

well-bred

4 / Im Geschäftsleben ist das nicht anders. Langjährige Kollegen reden sich gewöhnlich noch mit „Sie" und dem Nachnamen an, und diese höfliche Distanz

Geschäftsstraße in Frankfurt am Main

wird auf jeden Fall mit Vorgesetzten und Untergebenen bewahrt. Es ist z.B. nicht üblich, daß ein Chef seine Sekretärin oder eine Chefin ihren Sekretär beim Vornamen nennt. Das ungezwungenere und vielleicht herzlichere „Du" darf nur von dem Älteren oder *Höhergestellten* vorgeschlagen werden.

higher in rank or merit

5 / Es gibt in deutschen Betrieben auch eine stärker profilierte Hierarchie. Man kennt seinen „Platz", und man erweist seinen Vorgesetzten Respekt. Die *Zuständigkeitsbereiche* sind klarer *abgegrenzt* als in den USA. Wer sich nicht zuständig fühlt, nimmt die Sache nicht in die Hand, sondern leitet sie weiter. Das wäre sonst ein *Übergriff* in den Arbeitsbereich eines andern. Dieses Gefühl des *Fest-Eingegliedert-Seins* hat auch eine positive Seite: die Betriebstreue. Achtzig Prozent der Angestellten machen ihre Karriere innerhalb desselben Betriebs. Wer oft die Stellung wechselt, ist den Deutschen verdächtig. Für seinen Betrieb arbeitet man, man gehört dazu, und von daher ist man auch versorgt. (Jemanden gegen seinen Willen zu entlassen, ist nach dem Deutschen Arbeitsgesetz fast unmöglich.) Diese Einstellung ist traditionsbedingt. Sie erinnert an das feudalistische System vorindustrieller Zeiten. Jeder hatte einen Feudalherrn, dem er Dienste leisten mußte und der ihn beschützte, und sein Platz in der *Stufenleiter* der Hierarchie war durch die Größe seines Landbesitzes genau festgelegt. An die Stelle des Landbesitzes treten heute Stellung und Einkommen.

areas of competence/ delineated

violation of being firmly fitted in

ladder

6 / Die Bürokratie in manchen deutschen Firmen scheint Amerikanern stärker zu sein und den Gang der Geschäfte *aufzuhalten*. Selbst Routine-Abwicklungen müssen oft von verschiedenen *Verwaltungsebenen* und womöglich noch vom obersten Betriebsleiter genehmigt werden. Man darf das aber nicht zu stark verallgemeinern. Größe und Struktur des Betriebes können dabei entscheidend sein, und noch mehr ist es die Persönlichkeit der Leute in den Spitzenpositionen, besonders ihr Alter. Jüngere *Führungskräfte* sind im allgemeinen flexibler. Manche von ihnen haben eine Zeitlang in amerikanischen Firmen gearbeitet und sind sehr auf Team-Arbeit eingestellt.

to slow down levels of administration

top executives

7 / Früher waren Titel in Deutschland ungeheuer wichtig. Man redete sich mit der Position in der Gesellschaft statt mit dem Namen an, und die Frauen trugen den Titel ihres Mannes, so daß es zu grotesken Anreden wie „Frau Schneidermeister" kam. Heute gibt es das nicht mehr, wenn auch auf dem Lande noch Anreden wie „Frau Pastor" und „Frau Kantor" anzutreffen sind. Auch werden die Frauen von Ärzten noch oft mit „Frau Doktor" angeredet, worüber sich Ärztinnen ärgern, die den Titel zu Recht führen. Akademische Titel, wie „Doktor" und „Professor" werden nach wie vor in der mündlichen und schriftlichen Anrede gebraucht. Sie werden zwischen „Herr" oder „Frau" eingeschoben so daß es „Herr Doktor Schrewe" oder „Frau Professor Härtling" heißt. Hat jemand mehr als einen akademischen Grad, so wird er bei dem höchsten genannt. In der Anschrift werden aber alle Titel bedacht, also „Herrn Prof. Dr. Schrewe". Leute mit demselben akademischen Titel nennen sich untereinander nur „Herr Schrewe" und „Frau Härtling". In Süddeutschland und Österreich werden Frauen von Status oft mit „Gnädige Frau" angeredet. Ein bescheidener Mensch stellt sich nie selbst mit seinem Titel vor, sondern nennt nur seinen Nachnamen. Wenn jemand anders zwei Leute miteinander bekannt macht, nennt er selbstverständlich die Titel. Die jüngere Person wird der älteren zuerst vorgestellt. Die ältere soll zuerst wissen dürfen, mit wem sie bekannt gemacht wird.

8 / Noch ein paar andere Sitten spielen im täglichen Leben eine Rolle. Bei jedem Treffen und Auseinandergehen geben die Deutschen einander die Hand, auch den Damen, ihnen zuerst. Sie helfen einander aus dem Mantel und in den Mantel, auch Männer untereinander. Männer gehen immer an der linken Seite einer Dame, ganz gleich, an welcher Seite der *Kantstein* ist—eine Sitte, die aus [curb] alten Zeiten stammt, als der Mann an seiner linken Seite ein Schwert trug und dort also freien Raum brauchte, um es zu ihrem und seinem Schutz ziehen zu können. Wie in Amerika öffnen sie ihr die Tür und lassen sie vorgehen. Nur beim Treppensteigen folgt die Frau gewöhnlich. Der Grund dafür war ursprünglich, daß der Mann ihr so nicht unter den Rock gucken konnte. Zu einer privaten Einladung kommt man mit Blumen oder *Pralinen* für die Hausfrau. *Dafür* wird [pralines/in return] aber nicht erwartet, daß man hinterher eine Dankeskarte schickt. Wenn man zum Abendessen eingeladen ist, trinkt man nicht, bevor der Hausherr sein Glas hebt. Die Deutschen essen mit dem Messer in der rechten und der Gabel in der linken Hand. Sie werden es dem Amerikaner aber nicht übel nehmen, wenn er weiter sein Fleisch vorschneidet und dann das Messer weglegt. Dagegen würden sie es wahrscheinlich als ungesittet und unangenehm empfinden, wenn er nicht beide Hände auf dem Tisch behält.

9 / Wer einen Geschäftsbesuch machen will, sollte sich vorher anmelden. Die besten Besuchszeiten sind vormittags zwischen elf und eins und nachmittags zwischen drei und fünf. Es macht keinen guten Eindruck, wenn man nicht konservativ gekleidet ist. Pünktlichkeit wird erwartet. Im Gespräch mit einem schon bekannten Geschäftspartner sollte man nicht gleich aufs Geschäftliche *lossteuern*, sondern die Unterredung mit ein paar persönlichen Bemerkungen oder Fragen, z.B. [get into] nach dem Wohlbefinden der Familie einleiten. Beim ersten Besuch sollte man nicht zu lange bleiben und am Ende eine Geschäftskarte hinterlassen, und während der Unterredung wird Geduld empfohlen, wenn der deutsche Kollege nicht

Man ißt mit dem Messer in der rechten und der Gabel in der linken Hand.

so schnell Entscheidungen trifft wie ein amerikanischer. Man sollte ihn deshalb nicht unterschätzen. Die deutschen Geschäftsleute sind meistens kluge Geschäftsleute.

10 / Ich bitte um Entschuldigung für den Gebrauch der männlichen Form, wenn von einer Geschäftsperson im Singular die Rede ist. Es ist zu umständlich, jedesmal die Wörter für beide Geschlechter zu geben. Das noch ganz ungewöhnliche Wort „Geschäftsperson" will mir nicht aus der Feder, und ich bringe es nicht fertig, wenigstens zu 50 Prozent die weibliche Form zu wählen. Es klingt einfach nicht richtig. Die Macht der Gewohnheit! Aber es gibt, wenn auch noch mit weniger Selbstverständlichkeit als in den USA, durchaus schon deutsche Geschäftsfrauen in Spitzenpositionen. Nach den Statistiken, die in dem 1980 veröffentlichten und zu empfehlenden Buch, *Meeting German Business* (A Practical Guide for American and other English-Speaking Businessmen in Germany, compiled and edited by Irmgard Burmeister, published by Atlantic Brücke e.V.), angegeben werden, waren unter den 580 000 westdeutschen Führungskräften 16 Prozent Frauen, eine hoffentlich wachsende Zahl. Die Umfrage war von den Instituten Marplan und Media-Markt-Analysen durchgeführt worden. Wenn es nicht um sehr große Korporationen geht, gibt es laut

Schaubild 1

Statistiken von 1992 viel mehr Frauen in leitender Position (s. Schaubild 1).
Danach gibt es in Deutschland 266 703 Chefinnen.

WORTSCHATZ

die Umgangsformen, *pl.*	(good) manners
1 / der Austausch	exchange
der Wissenschaftler, -	scientist
erschwinglich	affordable
das Tonband, ⁼er	tape
2 / amerikanisiert	Americanized
deutlich	noticeable
übrig	remain
3 / auffallen (ä), ie, ist a	to be obvious
formell	formal, stiff
der Umgang	social intercourse
sich anreden	to address one another
4 / Distanz bewahren	to keep a distance
der Vorgesetzte, -n	superior, boss
der Untergebene, -n	subordinate
der Chef, -s	boss
ungezwungen	informal, casual
5 / Respekt erweisen	to show respect
zuständig	in charge
weiterleiten	to pass on
die Betriebstreue	loyalty to the company
die Karriere, -n	career
verdächtig	suspect
versorgen	here: to take care of
die Einstellung, -en	attitude
beschützen	to protect
6 / die Ebene, -n	level
der Betriebsleiter, -	top manager
genehmigen	to approve, grant
verallgemeinern	to generalize
die Struktur, -en	structure
die Spitzenposition, -en	top executive position
eingestellt auf	geared to
7 / der Titel, -	title
zu Recht	rightfully
die Anrede, -n	address
sich nennen	to call oneself
einschieben, o, o	to insert
der Grad, -e	degree
die Anschrift, -en	(written) address
sich vorstellen	to introduce oneself
8 / die Sitte, -n	custom, etiquette
vertraut	familiar
ungesittet	ill-mannered

9 / sich vorher anmelden   to make an appointment
der Eindruck, ⁓e   impression
die Pünktlichkeit   punctuality
erwarten   to expect
die Unterredung, -en   talk, conference, interview
unterschätzen   to underestimate
10 / umständlich   cumbersome, awkward
das Geschlecht, -er   sex, gender
die Selbstverständlichkeit   matter of course

WORTSCHATZ ERWEITERN

1. Vervollständigen Sie die Sätze. / FILE # WE5A1

1 / 1. Seit dem 2. Weltkrieg haben die westlichen Regierungen _____ unterstützt. *(exchange programs)*

2. Heutzutage sind die Flugpreise für viele Leute _____. *(affordable)*

2 / 3. Die Deutschen sind _____ als die Briten. *(more Americanized)*

4. Dennoch gibt es _____Unterschiede in den Umgangsformen der beiden Nationen. *(noticeable)*

5. Amerikanern fällt auf, daß die Deutschen viel _____ sind. *(more formal)*

6. Nachbarn, die sich seit Jahren kennen, _____ _____ mit dem Zunamen _____. *(address each other)*

4 / 7. Auch wenn sie schon jahrelang zusammenarbeiten, wird die höfliche Distanz zwischen _____ und _____ bewahrt. *(subordinates; superiors)*

5 / 8. Wer sich nicht zuständig fühlt, _____die Angelegenheit _____. *(passes on)*

9. Die meisten Angestellten machen ihre _____ innerhalb desselben Betriebs. *(career)*

10. Wer seine Stellung zu oft ändert, zeigt keine _____. *(loyalty to the company)*

6 / 11. Manchmal müssen sogar Routine-Abwicklungen vom Betriebsleiter _____ werden. *(approved)*

12. Viel hängt von der Persönlichkeit und dem Alter der Leute in den _____ ab. *(top executive positions)*

13. Es gibt natürlich auch viele flexible Betriebsleiter, die ganz auf Team-Arbeit _____ sind. *(geared)*

7 / 14. Heute sind _____ nicht mehr ganz so wichtig wie früher. *(titles)*

15. Ein bescheidener Mensch _____ _____ nie mit seinem Titel _____. *(introduces himself)*

8 / 16. Der Ausländer sollte noch mit ein paar anderen _____ vertraut sein. *(customs)*

17. Der Deutsche empfindet es als _____, wenn man eine Hand unter dem Tisch hat. *(ill-mannered)*

9 / 18. Es ist wichtig, daß man _____ zu einem Geschäftsbesuch _____ _____ *(makes an appointment)*

19. Nach der ersten _____ sollte man eine Geschäftskarte hinterlassen. *(conference)*

20. Man sollte die deutschen Geschäftsleute nie _____. *(underestimate)*

2. Verwandte Wörter. Bilden Sie mit jedem Wort einen kurzen Satz.

Nomen	Verben
die Bürokratie	akademisch
die Distanz	amerikanisiert
die Generation	feudalistisch
die Hierarchie	flexibel
der Respekt	grotesk
die Routine	profiliert
der Titel	
die Tradition	

INFORMATION ERARBEITEN

Schreiben Sie auf englisch eine kurze Zusammenfassung des Textes.

KORREKTES SCHREIBEN

1. Die deutsche Sprache ist voll von Verben mit trennbaren und untrennbaren Vorsilben. Wiederholen Sie die Regeln, und schreiben Sie dann die Sätze in den angegebenen Zeitformen. Alle Verben sind den Kapiteln VA und IVD entnommen. / FILE # KS5A1

1. Sie stellte mir ihren Kollegen vor. (future)
2. Wir reden uns mit Vornamen an. (present perfect)
3. Der Staat beschützt alle Angestellten und Arbeiter. (future)
4. Er unterschätzt die deutschen Geschäftsleute. (past perfect)
5. Haben Sie die Geburt Ihres Sohnes in der Zeitung angekündigt? (present)
6. Wir vermarkten lauter neue Ware. (future)
7. Wenn er einen Vertrag abschließt, ist er froh. (simple past)

8. Das trifft nicht bei der Presse zu. (future)
9. Du hast zuviel erwartet. (present)
10. Sie haben eine große Ausstellung besucht. (simple past)
11. Haben Sie einen beträchtlichen Absatz erzielt? (future)
12. Der Betriebsleiter hat das nicht genehmigt. (present)

2. *Übersetzen Sie.* / FILE # KS5A2

1. You should make yourself familiar with the manners of a foreign country.
2. Many German scientists came to the US and vice-versa.
3. There are noticeable differences in German and American customs.
4. Formal politeness is important in Germany.
5. Americans are more casual with one another.
6. You must show respect to your superior.
7. Don't say your title when you introduce yourself.
8. Sorry, I am not in charge. Please see Mr. Keller!
9. If you don't show loyalty to the company, you are suspect.
10. You must change your attitude!
11. Many transactions have to be approved by the top manager.
12. Don't forget to make an appointment.
13. It is important to be punctual when you have an interview.
14. Don't underestimate your German business partner, even if he is slow in making decisions.

SPRECHEN

1. *Gespräch zu viert.*

Auf dem Flug mit Pan Am nach Europa fand ich diesen Artikel im Pan Am Clipper. Er paßt genau zu diesem Thema, und die Hinweise darin könnten Ihnen bei geschäftlichen Besuchen in Deutschland hilfreich sein.

Lesen Sie den Artikel, und unterhalten Sie sich darüber auf deutsch. Betonen Sie, was ganz anders in den USA ist, und drücken Sie Ihr Erstaunen aus.

> ### PRESENTS OF MIND
> ### INTERNATIONAL EXECUTIVE ETIQUETTE
> ## OBSERVING THE FORMALITIES

Business Travelers to West Germany Will Find It Advantageous If They Understand Certain Customs When Entertaining or Being Entertained.

By Dawn Bryan

Most visitors to West Germany will attest that German formality is not the most flexible and is often difficult for the foreigner to understand. Whenever matters of protocol arise, the Germans fondly tell the story of Count Knigge.

This famous 18th-century German satirist and etiquette authority met his demise when he fell overboard and was attacked by a shark. In an effort to save himself, he pulled out a knife. Onlookers were shocked: "How can you possibly approach a shark with something other than a fish knife!"

Yet the basic rules of conduct in Germany are comprehensible if you recognize that the requirements of protocol are a 24-hour-a-day obligation. In Germany, this encompasses everything from gauging the importance of the people you meet by the various initials preceding their names on business cards and in correspondence (in Germany a "ppa," or *Prokurist* is a key decisionmaker with registered signing authority) to being certain to remove the wrapping paper from your hostess's flowers (yes, it's okay to slip the wrap to the host).

Let's say you're on a business trip to Germany and you've been invited to your colleague's home for dinner at 7:30. (Chances are if it's only your first or even second trip, you won't be invited to someone's home.) You realize that such an invitation is an honor; you know that if you arrive at 7:35, you will be considered late as well as rude. You also know that a gift is expected. What is appropriate?

If the gathering or party is in your honor, it is best to send a *mitbringsel*, or small gift, the day of the occasion. If you are caught unprepared, sending a gift the next day with a thank-you note is an acceptable alternative.

If you intend to send or bring flowers with you to a German home, you should be aware of these very precise guidelines:

- Do not give red roses; they are only for sweethearts.
- Germans prefer flowers in their natural state with all artifice removed, thus the rule about unwrapping flowers before presenting them.
- Buy an uneven number, definitely not a dozen (Germans are familiar with the American saying "cheaper by the dozen").
- Do not give masses of flowers.

Fine chocolates or pralines and appropriate books, possibly about your region of the world, are gifts that are always well received by German hosts. If you expect to have a continuing relationship with these people, take mental notes about their life-style, surroundings, children, preferences, collections, and interests so that you can give a more personal gift on future trips.

A stylized Steuben Glass eagle, designed by Lloyd Atkins, makes an appropriate gift for a West German business friend.

President Reagan can get away with official gifts of California wines accompanied by lovely engraved crystal pieces, such as a Steuben ship's decanter. However, for the rest of us, table wine is not recommended unless you are certain that a particular bottle will be appreciated. Your host may infer that you do not care for his choices or that you think he may not have enough wine; in either case, your gift could be regarded as an affront. Other quality spirits are more fitting presents.

Entertaining is a special form of gift giving that also has its subtle, unspoken rules. Foreign businesspeople who wish to entertain their German hosts must first understand that lunch is not necessarily considered a business opportunity. In fact, if the Germans do not discuss business, it would be best to follow suit. Selecting the restaurant yourself is *de rigueur*. It is bad manners to force a German to choose, but it is perfectly acceptable to ask his or her assistant or secretary for suggestions. Do not allow your guests to pick up the check, even though they will probably try. As in most countries and circumstances, the check always belongs to the host. You may extend dinner invitations to your German associates' spouses.

In Germany, business gifts are seldom exchanged at the outset of negotiations, but may be given at the conclusion of a business deal as well as at Christmastime. German gift-giving is less ostentatious than in the United States. Quality and appropriateness are the essential characteristics of any gift for your German associates. Martin Weitzner, director of corporate information for Siemens Capital Corporation, suggests that the best gift is often an American version of something the recipient enjoys: musical tapes or records, tobacco, a type of book, art objects.

Presents that are traditionally or typically American as well as commissioned or tasteful logo gifts are especially appreciated. Other presents that delight most Germans include American Western art and art books (especially Frederic Remington and Charles Russell); unusual packaged foods such as macadamia nuts or special coffees, or choice frozen steaks or lobster; and elegant reproductions of Americana from such historical sites as Williamsburg.

To commemorate special occasions, take some hints from the United States Office of Protocol. They usually present traditional American-produced gifts that can be engraved as mementos: handmade rosewood and silver boxes from Williamsburg, Tiffany's silver boxes with the presidential seal and insignia, Boehm porcelain (Mrs. Boehm designed the Nancy Reagan Rose for her to give), and lots of eagles in every medium from crystal to bronze (President Reagan's gift to Chancellor Helmut Schmidt was a Wheatley Allen bronze casting of an original wood eagle). Because the national emblem of both countries is the eagle, U.S. Chief of Protocol, Ambassador Selwa Roosevelt jokes that we are two countries that "eagle each other to death."

When your German associates visit the United States, the best present you can give is a taste of your own country and culture. As general manager of administrative services for Mercedes-Benz of North America, Fred Meyer entertains many high-level German executives. His guests enjoy well-planned sight-seeing trips, excursions to major museums, concerts, and, for those with good command of English, the theater. Meyer also notes that boat trips on the Potomac, helicopter views of New York City, and glimpses of the Grand Canyon and the giant redwoods in California have been especially appreciated.

Do not, by the way, be insulted if your German friends do not write thank-you notes after you have entertained them. A verbal acknowledgment is usually considered adequate.

TIPS FOR BUSINESSWOMEN

Although less than 20 percent of German business executives are women (and very few of those are at top levels), businesswomen are treated as the professionals they are. However, there still are cultural differences for the business traveler to consider:

- A woman never invites a male colleague to dine alone with her at a restaurant; always invite at least one other person.
- German men feel extremely uncomfortable if a woman pays the check in front of them; arrange ahead with the maître d' or give him your credit card when you arrive and sign the receipt when you leave.
- A woman never toasts a man.
- Avoid giving any business gift that might be construed as personal.

---

2. Gespräch zu zweit.

Lesen Sie den Artikel „Jeder dritte kommt lieber zu früh“, und unterhalten Sie sich darüber. Würden Amerikaner bei einer Umfrage auch so antworten? Würden Sie in Zukunft, wenn Sie in Deutschland zu einem Abendessen eingeladen wären, ein paar Minuten zu früh, zu spät, oder pünktlich auf die Minute erscheinen?

JEDER DRITTE KOMMT LIEBER ZU FRÜH*

„Zufrühkommen wird Mode'', schrieben wir in einer Glosse im Wirtschaftsteil (F.A.Z. vom 13. Januar). Anlaß dafür waren Beobachtungen, daß Eingeladene heute eher ein wenig zu früh als zu spät zur Stelle sind. Das Institut für Demoskopie Allensbach hat dieses Thema aufgegriffen und im Februar 965 Personen gefragt: „Einmal angenommen, jemand ist irgendwo zum Essen eingeladen – und zwar um sieben Uhr abends. Was, meinen Sie, ist am höflichsten: Wenn er fünf bis zehn Minuten vor sieben oder fünf bis zehn Minuten nach sieben bei seinen Gastgebern ankommt? Oder ist es am höflichsten, wenn er ziemlich genau um sieben Uhr ankommt?''

Immerhin 33 Prozent der Befragten entschieden sich für „zu früh''. Acht Prozent hielten die leichte Verspätung für einen Akt der Höflichkeit, und die Mehrheit von 55 Prozent empfindet Pünktlichkeit auf die Minute als das Beste. Kein großer Unterschied der Antworten ergab sich zwischen Frauen und Männern. Die Fraktion der Befürworter des Zufrühkommens war auch bei den jungen und älteren Befragten etwa gleich groß. Nur wenige über Sechzigjährige halten hingegen Zuspätkommen für höflich.

Eine Parallelumfrage, bei der es nicht um höflich/unhöflich ging, ergab Verstärkung für die Anhänger des Zuspätkommens, aber kaum Abwanderungen bei der Gruppe, die nach ihrer Aussage eher etwas zu früh bei ihren Gastgebern eintrifft. Wie weit das Pünktlichkeitsverhalten – um ein modernes Wort zu gebrauchen – „schichtenspezifisch'' unterschiedlich ist, darüber können die Ergebnisse der Allensbach-Befragung leider keine Auskunft geben. -

LESEN UND VERSTEHEN

1. Versuchen Sie, den folgenden Witz zu verstehen. Denken Sie daran, daß an die Stelle von „für" mit dem Akkusativ ein indirektes Objekt (Dativ) treten kann. „Schachtel" hat zwei Bedeutungen im Deutschen: „box" und „old hag".

Ein Amerikaner, der zu einer deutschen Party eingeladen ist, wird gleichzeitig mit einem anderen Gast von der Hausfrau begrüßt. Der andere Gast gibt der Hausfrau eine wunderschöne Rose und sagt dabei: „Die Rose der Rose!" Die Hausfrau errötet beglückt, und der Amerikaner beobachtet, wie sie den ganzen Abend diesen Gast mit besonderer Freundlichkeit behandelt. Aus dieser Erfahrung will er lernen!

Als er wieder eine Einladung bekommt, kauft er für die Dame des Hauses eine große Schachtel Pralinen. Er hat richtig gehört, daß Pralinen ein übliches und beliebtes Gastgeschenk seien. Bei der Begrüßung an der Haustür übergibt er der Hausfrau sein Geschenk mit lächelnder Verbeugung und den Worten: „Die Schachtel der Schachtel!" Da wird ihm die Tür vor der Nase zugeschlagen. Er steht draußen im Kalten und wundert und ärgert sich. Die Deutschen sind nicht konsequent. Wer soll die schon verstehen lernen!

*Frankfurter Allgemeine Zeitung 29.4.87

Darf ich Sie heute abend ausnehmen?

Amerikaner, die „to take s.o. out" Wort für Wort übersetzen, können in Schwierigkeiten kommen. Auf deutsch heißt es „mit jemandem ausgehen". In Süddeutschland und Österreich sagt man auch „jemanden ausführen". „Ausnehmen" dagegen bedeutet, die Gedärme (intestines) eines geschlachteten (slaughtered) Tieres rauszunehmen. Sehen Sie sich die Zeichnung an, und kommentieren Sie.

2. Lesen Sie den Artikel „Unternehmerin des Jahres" aus der FRANKFURTER ALLGEMEINEN ZEITUNG und entscheiden Sie, ob die dem Text folgenden Aussagen darin gemacht werden.

UNTERNEHMERIN DES JAHRES*

Frauen, die *eigenständig* ein Unternehmen führen, sind noch immer in der *Minderheit*. Doch sie werden immer häufiger *gewürdigt*. Als Unternehmerin des Jahres 1992" ist Bettina Mühlenberg-Lange, persönlich haftende Geschäftsführende *Gesellschafterin* der Albert Mühlenberg Apparatebau OHG mit Sitz in Hamburg, *ausgezeichnet* worden. Die Jury dieser von dem Champagnerhaus, Veuve Cliquot vergebenen *Auszeichnung* begründet ihre Entscheidung mit der unternehmerischen Risikobereitschaft der 35 Jahre alten Frau. Sie hat drei Dinge geschafft: den Generationswechsel, eine *Umstellung* des Unternehmens und den Sprung als *Mittelständlerin* auf den internationalen Markt. Der Umsatz des Familienunternehmens hat sich auf diese Weise in zehn Jahren verzehnfacht. Nach dem Tod ihres Vaters im Jahre 1981 hatte Bettina Mühlenberg-Lange ihr betriebswirtschaftliches Studium abgebrochen und war mit 24 Jahren in das elterliche Unternehmen eingestiegen. Damals waren 30 Mitarbeiter beschäftigt, der Umsatz betrug 2 Millionen DM. Die Geschäftsleitung entschloß sich, die Fertigung von Mischreglern und *Ventilen* für Heizungsinstallationen *einzustellen* und sich hauptsächlich auf die zivile Luftfahrt zu orientieren. Das Unternehmen *verlegte sich* in den folgenden Jahren *auf Ausstattung* von Flugzeugkabinen: Ziel war es, von der Bordküche bis zu Schränken und Crew-Schlafräumen möglichst viel bieten zu können. Nach dem ersten Auftrag für die Lufthansa 1984 folgten Kontakte mit Boeing und Airbus. Im Jahr 1985 lag der Umsatz bereits bei 5 Millionen DM. In den folgenden Jahren wuchs das Unternehmen weiter: Neue Produktionsstätten wurden ebenso erforderlich wie Auslandsrepräsentanzen bei Airbus in Toulouse und Boeing in Seattle. Mittlerweile beschäftigt der Bordküchenhersteller 150 Mitarbeiter. Der Umsatz hat inzwischen 20 Millionen DM erreicht. kh.

self-employed
minority/appreciated

partner
honored
award

changeover
owner of a small business

valves
to discontinue
changed over to/equipment

1. Frauen an der Spitze eines deutschen Unternehmens werden nicht gewürdigt.   **JA   NEIN**
2. Frau Mühlenberg-Lange hat ein betriebwirtschaftliches Diplom erhalten.   **JA   NEIN**
3. Sie haftet persönlich für den Erfolg oder Mißerfolg ihres Unternehmens.   **JA   NEIN**

Foto privat

Bettina Mühlenberg-Lange

°Frankfurter Allgemeine Zeitung 19.3.93

4. Sie hat das Geschäft von ihren Eltern übernommen.　　**JA　NEIN**

5. Sie vermarktet heute dieselben Produkte wie früher ihre Eltern.　　**JA　NEIN**

6. Frau Mühlenberg-Lange ist in eine ganz andere Branche umgestiegen.　　**JA　NEIN**

7. Ihr Geschäft versorgt verschiedene Fluglinien mit Bordküchen- und Kabinenausstattungen.　　**JA　NEIN**

8. Ihr Unternehmen hat internationale Dimensionen angenommen.　　**JA　NEIN**

9. Die Zahlen für Umsatz und Mitarbeiter in ihrem Unternehmen haben sich vervielfacht.　　**JA　NEIN**

HÖREN UND VERSTEHEN

Hören Sie sich das Tonband-Interview zu Kapitel VA an.

Herr Runge

Herr Kugler

VERSTÄNDNISHILFEN

zum Gespräch über Geschäftspraktiken und Umgangsformen

hebt sich von der deutschen Mentalität ab	constrasts with the German mentality
steuert	steers
Einstellung	attitude
veröffentlichte Bilanzgewinne	published net profits
vor Steuer	before taxes
Aktiengesellschaften	(stock) corporations
Kapitalausstattung	capitalization
Erfahrungsschatz	sum of experience
Bezügen	relations
Erfahrungsausschnitt	sector of experience
Fristigkeiten	time tables
Niederknüppelung	beating down
nehmen ... in Kauf	put up with
auffällig	obvious
vor den Kopf schlagen	give offence
Kegeln	bowling
eine Stufe drauf	one up
Rangordnung	hierarchy
merkbarer	more noticeable
beansprucht	claims
geprägt	determined
knüpfen sich mehr an das ...	are more linked to . . .
Rang	position
an die hundert	close to a hundred
sich nicht berufen fühlte	did not feel called upon
des Vorgesetzten	of the boss
Devise	motto
Selbstvertrauen	self-confidence
ungetrübter	less troubled
Karriere machen	get to the top
Kurzschrift	shorthand
vervielfältigt	duplicated
dat hep we ook	(low German) das haben wir auch
Umständen	circumstances
weiträumig	spacious
gelassener	calmer
großzügiger	more generous
Panne	failure
umwerfen	here; break
Knick	bend
aufs Dach gekriegt haben	suffered a blow
groß zu tun	to boast
Sicherheitsnetz	network of social protection
ausgesetzt (with dative)	exposed to

Gulaschküchen	soup kitchens
Mahlzeit	meal
Vereine	clubs
Wägelchen	little carts
ihr ganzes Hab und Gut	all their belongings
Dampflöchern	steam vents
(Heiß)luftschächten	hot air shafts

Lesen Sie die Fragen, bevor Sie das Gespräch zum zweiten Mal anhören, damit Sie entsprechende Notizen machen können. Vielleicht müssen Sie noch ein drittes Mal zuhören, bevor Sie alle Fragen beantworten können.

1. Sagen Sie in wenigen Sätzen, wodurch sich nach Herrn Runge der deutsche Geschäftsmann vom amerikanischen unterscheidet?
2. Wie haben die Japaner im Kamerageschäft die Konkurrenz vom Markt verdrängt?
3. Wie findet es Herr R., daß die Amerikaner ihre neuen Geschäftspartner gleich mit Vornamen anreden? Was wünscht er sich fürs deutsche Geschäftsleben?
4. Was hat sich nach Herrn Kugler und Herrn Runge in den deutschen Umgangsformen geändert?
5. Sind die Hamburger nach Herrn R. formeller oder weniger formell als andere Landsleute (*here: fellow Germans*)?
6. Wodurch ist die Rangordnung deutscher Angestellter stärker festgelegt als die ihrer amerikanischen Kollegen?
7. Wer hat stärkeres Selbstvertrauen: die Deutschen oder die Amerikaner? Wie zeigt sich das?
8. Welche Erklärung findet Herr R. dafür?
9. Glaubt Herr R., daß die in diesem Gespräch betonten Unterschiede zwischen deutschen und amerikanischen Geschäftsleuten allgemeine Gültigkeit beanspruchen dürfen?
10. Welche e i n e Wahrheit glaubt er über Amerika aussagen zu können?
11. Wo möchten Sie Herrn Runge widersprechen?

B. BETRIEBE UND UNTERNEHMUNGEN

1 / Ein Betrieb ist eine wirtschaftliche Einheit wie eine Unternehmung, aber ohne Selbständigkeit. Es kann z.B. eine Filiale eines Kaufhauses, einer Gaststätte oder eines Lebensmittelgeschäfts sein, oder eine Produktionsstelle oder Werkvertretung. Zu Betrieben werden auch *behördliche Stellen* von Gemeinde- und Staatsverwaltungen gezählt. Was ihm zur Selbstständigkeit fehlt, ist eigenes Kapital, eigene Haftpflicht und eigene Entscheidungsmacht. Ein Betrieb ist ein Teil einer Unternehmung, die nicht nur eine wirtschaftliche, sondern auch eine rechtliche und finanzielle Einheit bildet und selbständig auf dem Markt mitwirkt.

official agencies

2 / „Wirtschaftlich kann die Unternehmung als *Veranstalterin* eines *Kreislaufs* vorgestellt werden: Es werden Ware und Arbeit eingekauft oder bei anderen Einheiten auf Kredit entnommen. Aus den Rohstoffen und Halbfabrikaten werden Fertigerzeugnisse hergestellt, dem *Fertiglager* übergeben und abgesetzt; der Absatz erfolgt gegen Bargeld oder *Buchforderungen*. Durch das Inkasso des baren Geldes oder der Buchforderung wird die Produktion in liquide Barmittel (den Produktionserlös) verwandelt, die zur Schuldenrückzahlung und für die

initiator/cycle

storehouses for finished goods
accounts receivable

Geschäftsleben in Berlin

Liquiditätshaltung verwendet werden, bis mit dem Einkauf die kurzfristige *Festlegung* von Mitteln und damit der Kreislauf von neuem beginnt." (Aus Wirtschaft von Heinrich Rittershausen, Das Fischer Lexikon FL8, Fischer Taschenbuch Verlag GmbH, Frankfurt am Main, 1966, S. 41)

tying-up

3 / Ein gesundes Unternehmen muß wirtschaftlich und rentabel sein. Wirtschaftlichkeit bedeutet das in DM berechnete Verhältnis von Kosten und Leistung. Je größer die Leistung im Verhältnis zu den Kosten ist, desto wirtschaftlicher ist das Unternehmen. Rentabilität zieht das *eingesetzte* Kapital in Betracht. Wenn das investierte Vermögen nicht mehr Reingewinn einbringt als der Haben-Zins auf einem Sparkonto, dann rentiert sich das Unternehmen nicht. Rentabilität wird nach der Formel

invested

$$\frac{\text{Reingewinn} \times 100}{\text{Kapital}} = \text{Rentabilität (in Prozent) berechnet.}$$

Bei einer Unternehmung haften entweder natürliche Personen oder eine juristische Person.

4 / Die drei wichtigsten Formen einer Unternehmung, in der natürliche Personen haften, sind die meist verbreitete Unternehmung eines Einzelkaufmanns, die zahlenmäßig an zweiter Stelle stehende Offene Handelsgesellschaft (OHG) und die Kommanditgesellschaft (KG). Der Einzelkaufmann ist für seine Unternehmung voll verantwortlich. Er allein trifft alle Entscheidungen. Er riskiert sein Vermögen und trägt allein Verlust und Gewinn. Für etwaige Schulden haftet er unbeschränkt, d.h. mit allem, was er besitzt. In der OHG sind mehrere selbständige Kaufleute in einem Unternehmen vereinigt. Sie stecken alle ihre Arbeitskraft ins Unternehmen und teilen daher gleichmäßig Gewinne und Verluste, außer wenn es in ihrer Verfassung, dem „Gesellschaftsvertrag", anders ausgemacht ist. Mit ihrem in der OHG angelegten Vermögen brauchen sie nicht *in gleicher Höhe* beteiligt zu sein. Für das Kapital wird ein festgesetzter Zinssatz ausgezahlt, bevor der Gewinn nach Köpfen aufgeteilt wird. Alle *Gesellschafter* oder Teilhaber haften für die Schulden der Firma sowohl mit ihrer *Kapitaleinlage* als auch ihrem Privatbesitz. Bei der KG ist es anders. Da gibt es sogenannte *Komplementäre* und *Kommanditisten*. Die Komplementäre sind an der Geschäftsführung beteiligt und haften unbeschränkt, während die Kommanditisten bei einem Konkurs nicht mehr als ihre Kapitaleinlage verlieren können.

equal amounts

partner
invested capital
general partners/
   limited partners

5 / Anders steht es mit der Aktiengesellschaft (AG), der Gesellschaft mit beschränkter Haftung (GmbH), und der Genossenschaft. Alle drei Formen gelten als juristische Person, die haftet, die klagen und verklagt werden kann. Die einzelnen Teilhaber haften nur mit dem in die Unternehmung investierten Kapital. Das können sie verlieren, aber nicht mehr.

6 / Zur Gründung einer Aktiengesellschaft sind fünf Gründer und ein Mindest-Kapital von DM 100 000 erforderlich. Dieses Grundkapital wird in Aktien-Anteile von nominalem Wert *zerlegt*, mit dem leicht zu rechnen ist, wie z.B. DM 100 pro Anteil, und diese Aktien werden an der Börse von Leuten gekauft, die ihr Geld rentabel anlegen wollen. Bei einem gutgehenden Unternehmen

divided up

kann der Investierer damit rechnen, daß die Aktien schnell im Werte steigen. In wirtschaftlich gutgehenden Jahren erhält er außerdem jährliche Dividenden. Wenn der Gewinn der Unternehmung nicht in Dividenden *ausgeschüttet*, sondern zur Vergrößerung des Unternehmens neu investiert wird, steigen dafür die Aktien im Kurswert. Aktien sind fungibel, d.h. übertragbar. Dadurch hat der Besitzer von Aktien, der sogenannte Aktionär, den Vorteil der möglichen Liquidität. Wenn er flüssige Mittel braucht, kann er–hoffentlich mit Gewinn–seine Aktien verkaufen. An der Geschäftsleitung ist der Aktionär nicht direkt beteiligt. Er hat aber in der Hauptversammlung, der Vertretung der Aktionäre, eine mehr oder weniger starke Stimme, je nachdem wieviele Aktien er besitzt. Die *Hauptversammlung* wählt die Hälfte oder drei Viertel der Mitglieder des *Aufsichtsrats*. (Der Rest wird seit 1976 von der Arbeiterschaft gestellt. Siehe nächstes Kapitel). Die Hauptversammlung entscheidet auch über die Verwendung des Gewinns sowie über Maßnahmen der Kapitalbeschaffung. Der Aufsichtsrat ernennt den *Vorstand*, die eigentliche Geschäftsleitung der Firma, und kontrolliert die *Jahresabschlüsse*. Der Vorstand trifft–im *Einvernehmen* mit dem Aufsichtsrat–alle geschäftspolitischen Entscheidungen. Er wird aus den vollbeschäftigten leitenden Angestellten des Unternehmens ernannt, so daß hier–im Gegensatz zu den Personengesellschaften–auch tüchtige Leute ohne Kapital an die Spitze kommen können. Niemand darf zugleich im Aufsichtsrat und im Vorstand sitzen. Eine AG ist zur Veröffentlichung der Bilanz und der Gewinn- und Verlustrechnung sowie des Geschäftsberichts des Vorstandes verpflichtet.

7 / Die GmbH, eine weit verbreitete Geschäftsform, ist eine AG im Kleinen, aber mit verminderter Fungibilität (= Übertragbarkeit) ihrer Anteile, wodurch die Beschaffung von Kapital schwieriger ist und oft nur gelingt, wenn einer oder mehrere ihrer Gesellschafter bereit sind, auf den Vorteil der beschränkten Haftung zu verzichten. Dann *gleichen* sie, wenigstens vorübergehend, einer Kommanditgesellschaft. Wenn sie das Mindest-Kapital von DM 100 000 erreicht haben, können sie in eine AG *umgegründet* werden.

8 / Genossenschaften spielen in Deutschland vor allen Dingen in der Landwirtschaft eine große Rolle. Es sind Vereinigungen von landwirtschaftlichen, aber auch von industriellen und handwerklichen Unternehmungen, deren Ziel es ist, die Mitglieder vor dem Konkurrenzdruck großer Firmen zu schützen. Sie sind ähnlich wie die AGs, die großen OHGs und GmbHs organisiert mit einem Aufsichts- oder Beirat und einem Vorstand. In ihrem obersten Organ, der Mitgliederversammlung, wird aber nicht nach Kapital, sondern nach Köpfen gewählt.

9 / Unternehmungen mit gleichen Interessen können sich zu *Verbänden* mit wirtschaftspolitischen Zielen zusammenschließen. Sie werden heute auch in der BRD „Pressure Groups" genannt. Wenn Unternehmungen, die die gleichen Produkte herstellen oder absetzen, sich zusammentun, um die Marktpreise für ihre Ware zu verabreden oder durch Mengenregulierungen ein hohes Preisniveau zu halten, nennt man das Kartelle. Weil sie durch *Ausschaltung* der Konkurrenz die Marktwirtschaft gefährden, gibt es seit 1957 ein (1973 verbessertes) Kartellgesetz, das Kartelle nur in *Ausnahmefällen* erlaubt, nämlich wenn sie dem Wettbewerb nicht schaden. Das Bundeskartellamt in Berlin und die

(margin glosses)
paid out

general assembly
supervisory board

executive board
annual balance sheets/
agreement

liken

reorganized

associations

elimination

exceptional cases

Kartellbehörden der Länder überwachen die Einhaltung dieses Gesetzes. Es gibt aber andere Möglichkeiten, die Konkurrenz auszuschalten oder zu vermindern, die legal sind, wie die Bildung eines Konzerns. Ein Konzern ist die Vereinigung rechtlich selbständiger Unternehmungen unter einer gemeinsamen Geschäftsleitung. Darin besteht der Unterschied zu Kartellen, die auch ihre eigene Geschäftsleitung behalten.

WORTSCHATZ

die Unternehmung = das Unternehmen	enterprise, business firm, corporation
1 / die Selbständigkeit	autonomy, independence
die Filiale, -n	branch (establishment)
die Vertretung	agency
behördlich	governmental, official
die Gemeinde, -n	community
die Haftpflicht	liability
rechtlich	judicial, legal
mitwirken	to participate
2 / das Inkasso	collection, debt collecting
der Erlös, -e	proceeds, earnings, net profits
3 / rentabel	lucrative, profitable
die Wirtschaftlichkeit	good management
die Rentabilität	profitability
das Vermögen	funds, property, assets, estate
in Betracht ziehen	to consider, count in
der Reingewinn, -e	net profit
sich rentieren	to pay off, be profitable
haften	to be liable
juristisch	legal, juridical
4 / meist verbreitet	most common
Offene Handelsgesellschaft (OG)	general partnership
die Kommanditgesellschaft (KG)	limited partnership
riskieren	to risk
etwaig	possible
unbeschränkt	unlimited
vereinigen	to unite
gleichmäßig	equal(ly)
die Verfassung, -en	constitution
anlegen	to invest
der Zinssatz, ⸚e	interest rate
aufteilen	to divide up
der Konkurs	bankruptcy, business failure
5 / die Aktiengesellschaft (AG)	(joint-stock) corporation
die Gesellschaft mit beschränkter Haftung (GmbH)	limited liability corporation

die Genossenschaft, -en	cooperative association
(ver)klagen	to sue
6 / mindest	minimum, least, smallest
erforderlich	required
die Dividende, -n	dividend, share, bonus
der Kurswert, -e	market price, market rate
übertragbar	transferable
kontrollieren	to check, scrutinize
die Geschäftsleitung =	(top)management
Geschäftsführung	
vollbeschäftigt	full-time employed
tüchtig	capable, efficient
an die Spitze kommen	to get to the top
die Veröffentlichung	publication
verpflichtet	obliged, forced
7 / vermindert	decreased
die Beschaffung, -en	procurement, acquisition
gelingen, a, u	to succeed
8 / der Druck	pressure; print
9 / verabreden	to fix, agree upon
die Menge, -n	quantity
die Regulierung, -en	control, regulation
schaden	to harm
die Einhaltung	compliance
der Konzern, -e	multicorporate enterprise
das Kartell, -e	cartel, trust

WORTSCHATZ ERWEITERN

1. Vervollständigen Sie die Sätze. / FILE # WE5B1

1 / 1. Ein Betrieb ist eine wirtschaftliche Einheit ohne _____.
(*autonomy*)

   2. Ein Betrieb kann die _____ eines Geschäfts oder einer
Gaststätte sein. (*branch*)

   3. Ein Betrieb hat keine eigene _____. (*liability*)

3 / 4. Ein gesundes Unternehmen muß _____ sein. (*lucrative*)

   5. Bei Rentabilität _____ man das investierte Kapital
_____. (*considers*)

   6. Der _____ muß größer sein als der Haben-Zins eines Sparkontos. (*net profit*) Sonst _____ _____ das
Unternehmen nicht. (*pays off*)

4 / 7. Der Einzelkaufmann _____ sein Vermögen und haftet für
etwaige Schulden. (*risks*)

   8. Partner in einer OHG teilen _____ Gewinne und Verluste.
(*equally*)

9. Alle Gesellschafter einer OHG haften _____ für die Schulden der Firma. (*unlimited*)

10. Kommanditisten können bei einem _____ nicht mehr als ihre Investition verlieren. (*bankruptcy*)

5 / 11. AG ist eine Abkürzung für _____.

12. GmbH ist eine Abkürzung für _____ _____ _____ _____.

6 / 13. Zur Gründung einer AG braucht man ein _____ von DM 100 000. (*minimum capital*)

14. _____ werden an der Börse gekauft und verkauft. (*stocks*)

15. Bei Hochkonjunktur steigen Aktien oft schnell im _____ und werfen außerdem gute _____ ab. (*market value; dividends*)

16. Dadurch daß Aktien _____ sind, hat der Aktionär den Vorteil der möglichen _____. (*transferable; liquidity*)

17. Der Aktionär ist nicht direkt an der _____ beteiligt. (*management*)

18. Der Aufsichtsrat _____ die Jahresabschlüsse. (*checks*)

19. Im Vorstand können auch _____ Leute ohne Kapital _____ _____ _____ _____. (*capable; get to the top*)

7 / 20. Bei einer GmbH ist die _____ von Kapital schwieriger. (*procurement*)

8 / 21. Genossenschaften versuchen, ihre Mitglieder vor dem _____ großer Firmen zu schützen. (*pressure of competition*)

9 / 22. Kartelle dürfen dem Wettbewerb nicht _____. (*harm*)

2. Verwandte Wörter. Bilden Sie mit jedem Wort einen Satz.

Nomen	Adjektive	Verben
die Dividenden, *pl.*	legal	investieren
die Gruppe	nominal	organisieren
die Liquidität		
die Regulierung		

INFORMATION ERARBEITEN

1. Schreiben Sie die folgenden gebräuchlichen Abkürzungen aus. Sie werden sogar im gesprochenen Deutsch angewendet.

OHG = _____

KG = _____

AG = _____

GmbH = _____

2. Vervollständigen Sie das Diagramm.

Wirtschaftlichkeit	= Leistung : Kosten
Rentabilität	= Gewinn:

Form des Unternehmens	Rechtliche Form	Art der Haftpflicht
AG		
GmbH		
Einzelkaufmann	natürliche Person	unbeschränkt
KG		
OHG		
Genossenschaft		

3. Definieren Sie auf englisch.

Betrieb versus Unternehmen
Hauptversammlung einer AG
Aufsichtsrat
Vorstand
Genossenschaft
Kartell
Konzern

KORREKTES SCHREIBEN

1. Schreiben Sie die Sätze in der angegebenen Zeitform.
/ FILE # KS5B1

1. Der Aufsichtsrat muß die Jahresabschlüsse kontrollieren.
   (past)
2. Wir legen unser Geld in Aktien an. (future)
3. Er verzichtet auf den Sitz im Vorstand. (present perfect)
4. Mit so viel Schulden riskieren wir einen Konkurs. (past perfect)
5. Die Beschaffung von ausreichendem Kapital gelang ihm nicht. (future)
6. In einer OHG wird der Reingewinn gleichmäßig aufgeteilt. (past)
7. Kartelle haben die Marktwirtschaft gefährdet, weil sie die Konkurrenz ausgeschaltet haben. (present)
8. Entweder wird man unbeschränkt oder nur mit der Kapitaleinlage haften. (present)
9. Der Großhändler verklagt den Kleinhändler, weil er seine Schulden nicht bezahlt hat. (past; past perfect)
10. Die Gemüsehändler auf dem Markt verabredeten einen festen Preis für ihre Tomaten. (present perfect)

2. *Übersetzen Sie.* / *FILE # KS5B2*

1. An enterprise is an autonomous economic unit.
2. A branch of a department store is one form of a "Betrieb."
3. If the output is big in relation to the cost of the production, an enterprise is "wirtschaftlich," but it is lucrative only if the invested money brings good gains too.
4. A single businessman is liable for his enterprise with all he owns.
5. All partners of an OHG are unlimitedly liable. They share gains and losses equally.
6. The "Kommanditisten" of a KG are liable with their invested money only.
7. In order to found an AG, one needs a minimum capital of DM 100 000.
8. Stocks are transferable and often bring good dividends.
9. The supervisory board checks the yearly accounts. The executive board is responsible for the management of the business.
10. "Genossenschaften" are associations of agricultural, industrial, or handicraft enterprises to protect their members from pressure of competition.
11. Mergers are prohibited if they endanger the (free) market economy.
12. The "Bundeskartellamt" oversees the compliance with this law.

SPRECHEN

1. *Gespräch zu zweit.*

Sprechen Sie über Schaubild 1. Beginnen Sie mit der graphischen Darstellung oben links, und sagen Sie z.B.

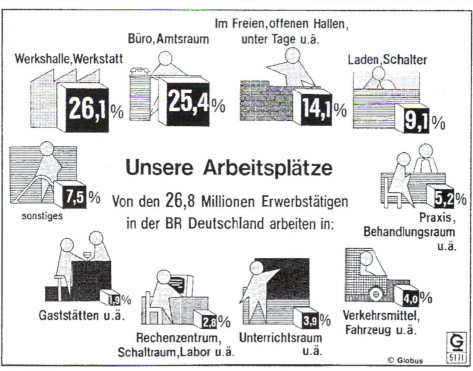

Schaubild 1

„26,1% der deutschen Erwerbstätigen arbeiten in einer Werkshalle oder Werkstatt. Das sind also alle Arbeiter in der Industrie und im Handwerk.–Fast ebenso viele Angestellte arbeiten in Büros und Amtsräumen, also Behörden.–14,1% arbeiten im Freien, in offenen Hallen oder unter Tage u.ä. Das sind also z.B. Bauarbeiter und Bergarbeiter."

Fahren Sie abwechselnd fort, und wenn irgendwelche Zahlen Sie überraschen, dann sagen Sie z.B.

„Ich habe nicht erwartet, daß so viele (so wenige) Leute Lehrer sind."

unter Tage	underground
die Praxis	doctor's office
der Behandlungsraum, ¨e	treatment room
u.ä. = und Ähnliches	and such
das Rechenzentrum	accounting center
der Schaltraum, ¨e	switchboard (room)

2. Zu zweit.

Machen Sie ein Kommentar über Schaubild 2. Gibt es einen ähnlichen Trend in anderen Ländern? Was sind wohl die Gründe dafür? Beginnen Sie etwa so: „Seit 1984 schließen sich in Deutschland ..."

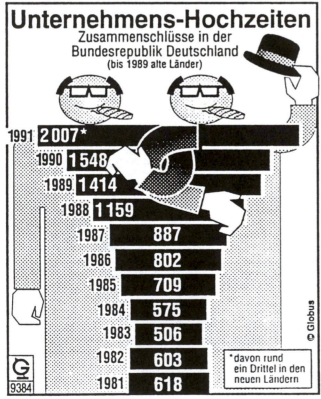

Unternehmens-Hochzeiten
Zusammenschlüsse in der
Bundesrepublik Deutschland
(bis 1989 alte Länder)

1991	2 007*
1990	1 548
1989	1 414
1988	1 159
1987	887
1986	802
1985	709
1984	575
1983	506
1982	603
1981	618

© Globus

G
9384

*davon rund
ein Drittel in den
neuen Ländern

Schaubild 2

3. Rollenspiel.

Schreiben Sie zu zweit einen Dialog, den Sie später vorspielen. Zwei Brüder haben Geld gespart und wollen ein Geschäft aufmachen. Sie debattieren, ob Sie es allein versuchen, oder ob Sie sich nach Investierern umsehen und eine Kommanditgesellschaft gründen sollen. Sie besprechen auch die andere Möglichkeit, ihren Arbeitsplatz zu behalten und ihr Geld in einer Aktiengesellschaft zu investieren, weil weniger Risiko dabei wäre. Doch sie entscheiden sich für die Gründung eines Geschäfts.

LESEN UND VERSTEHEN

Lesen Sie den Artikel aus der SÜDDEUTSCHEN ZEITUNG, und füllen Sie die im Anschluß daran gedruckten drei Listen aus. Wenn Gründe oder Aussichten (= prospects) besonders wichtig für ältere Führungskräfte sind, schreiben Sie dahinter ein Ä, für jüngere ein J.

OFT REIZT MACHT FÜHRUNGSKRÄFTE MEHR ALS GELD*

München (SZ)–Nicht mehr Geld, sondern mehr *Handlungsspielraum*, *Entscheidungskompetenz*, gute *Aufstiegschancen* und der Wunsch, etwas Neues *anzupacken*, sind die wichtigsten Gründe für *Führungskräfte*, das Unternehmen zu wechseln. Zu diesem Ergebnis kommt der Ward Howell Unternehmensberater Düsseldorf/München, in einer Studie über die „Mobilität deutscher Führungskräfte". Befragt wurden 120 Manager, von denen mit 29% der Großteil im Alter zwischen 41 und 45 Jahren war.

Mangelnde Entfaltungsmöglichkeit und ein hoher Anteil an Routinetätigkeit im Unternehmen war für alle *Befragten* der Grund für einen Unternehmenswechsel. Die Manager suchten meist eine neue *Herausforderung* mit entsprechenden Aufstiegschancen und mehr Einfluß. Dabei standen bei *Nachwuchskräften* im Alter bis 35 Jahre die Aufstiegschancen im Vordergrund. Wie aus der Studie weiter hervorgeht, wurde besonders das Image des neuen Unternehmens als wichtig *eingestuft*. Während jedoch jüngere Führungskräfte besonderen Wert auf die internationale *Ausrichtung* der neuen Aufgabe legten, waren für die über 35jährigen die wirtschaftliche Lage eines Unternehmens und langfristige *Sicherheitsüberlegungen* entscheidender.

Bei der *Aufgliederung* der Befragten nach Einkommensgruppen ergab die Studie, daß sich jüngere Führungskräfte mit einem Einkommen bis 150 000 DM von einem Unternehmenswechsel neben mehr Handlungsspielraum und

range of action

power of decision making/chances to climb the corporate ladder/ to lay hold of/ executives

too little potential for growth
those questioned
challenge
junior executives

ranked
direction

considerations of job security
breakdown

Süddeutsche Zeitung, 11. Mai 1987

Aufstiegschancen auch ein höheres Einkommen versprachen. Hingegen spielte bei Verdienern mit einem Jahresgehalt über 250 000 DM außer dem größeren Einfluß das Image und die internationale Ausrichtung eine besondere Rolle. Manager mit einem Einkommen bis 250 000 DM legten großen Wert auf mehr Entscheidungsmacht, einen größeren *Aufgabenbereich* und höheren Verdienst.

    Sogenannte Job-Hopper, also solche, die bereits bei mindestens vier verschiedenen Unternehmen gearbeitet haben, versprachen sich von einem Unternehmenswechsel insbesondere mehr Macht und Einfluß, wenn auch der finanzielle Aspekt eine Rolle spielt. Manager, die bisher nur einmal gewechselt haben, strebten hingegen mehr unternehmerische Freiheit an.

    Bei den Kriterien, die gegen einen Unternehmenswechsel sprechen, standen die Ausbildung der Kinder, die soziale *Bindung* sowie die *Anwartschaft* auf eine *Altersversorgung* im Vordergrund. Auch zeigte sich, daß Manager, deren Ehefrauen berufstätig sind und die darüber hinaus Immobilienbesitz haben, seltener bereit sind, das Unternehmen zu verlassen.

    Die Deutsche Ward Howell, ein Unternehmen der Ward Howell International Group, erreichte 1986 einen *Honorar-Umsatz* von 9,8 (i.V. 8,5) Mill. DM. Mit einem durchschnittlichen Wachstum von 30% hat das 1978 gegründete Unternehmen *nach Angaben* des *Gesellschafters* George Bickel schneller als der Gesamtmarkt *zugelegt*, der nur mit 10% wuchs.

Margin glosses: sphere of responsibility / tie/future right pension / salary billing according to statements/ stockholder / grown / ifi

Gründe, warum Führungskräfte ihr Unternehmen verlassen, sind

1. _____

2. _____

Von ihrer neuen Stellung versprechen Sie sich

1. _____

2. _____

3. _____

4. _____

Gründe, warum manche nicht gern das Unternehmen wechseln, sind

1. _____

2. _____

3. _____

4. _____

HÖREN UND VERSTEHEN

Hören Sie sich das Tonband-Interview zu Kapitel V-B an.

Frau von Appen

VERSTÄNDISHILFEN

zum Gespräch über einen Kleinbetrieb

Abschleppdienst	towing service
im Auftrag der Polizei	for the police
Falschparker	people who park in ''NO PARKING'' spaces
Privataufträge	private contracts/orders
gehandhabt	handled
Bezirke	precincts
aufgeteilt	divided
sich bewerben	to apply
nachweisen	to prove
Abschleppwagen	tow trucks
das wird Ihnen zugeschlagen	you get the contract
zweijahreweise	for a period of two years
anschaffen	purchase for oneself
Vorgänger	predecessor
echt daran Pleite gegangen	truly went broke through this
Mittel	means
Haftpflicht	liability
Privatvermögen	private assets
mit allem Drum und Dran	with everything
ausgleichen	compensate
Vorbildung	pre-training
in gewissem Sinne	in a certain sense
langwierig	lengthy
Lücke	space

geübt	practiced
die aus einem Arbeitsverhältnis kommen	who are changing jobs
Arbeitsamt	Employment Office
vernünftig	sensible
die taugen nichts	they are no good
unwillig oder unbrauchbar	unwilling or unfit
ausgefallen	dropped out
sich eventuell wieder melden	perhaps call back
das ist ja allerhand	that's really something
laut Aussage seiner Frau	according to his wife
geängsteter	more frightened
die Betroffenen	here: the ones hit hard
rund um die Uhr	around the clock
abgelöst	relieved
für den Notfall	in an emergency
einspringen	help out
sich etwas vornehmen	to make plans
Fingerspitzengefühl	instinct
Karosseriebau	auto bodywork
Bremsen	brakes
beruhigend	comforting
Auflage	here: law
Leichtsinn	carelessness
Probefahrt	test drive
angelernt	trained
nicht so ausgerüstet	not as well equipped
Geräten	here: machines
Lackieren	car painting
Kostenaufwand	expenditure
Kabine	cabin

Lesen Sie die Fragen, bevor Sie das Gespräch zum zweiten Mal anhören, damit Sie sich entsprechende Notizen machen können. Beantworten Sie zum Schluß die Fragen.

1. Was für einen Betrieb haben Herr und Frau von Appen?
2. Von wem bekommen Sie Ihre Aufträge?
3. Wie bekommt man den „Zuschlag"?
4. Wie lange gilt der Vertrag mit der Polizei?
5. Wo oder wie suchen die von Appens gewöhnlich neue Abschleppfahrer?
6. Warum haben Sie kein Glück mit dem Arbeitsamt gehabt?
7. Welche Arbeitslosen haben es meistens schwer, einen neuen Arbeitsplatz zu finden?
8. Warum ist dieser Abschleppdienst oft harte Arbeit für die Fahrer?
9. Was muß jede deutsche Werkstatt haben?
10. Warum ist das in einer Auto-Reparaturwerkstatt besonders wichtig?
11. Warum werden in dieser Werkstatt keine Lehrlinge angelernt?

C. GEWERKSCHAFTEN UND ARBEITGEBERVERBÄNDE: SOZIALPARTNER DER BRD

1 / Von den rund 26 Millionen Erwerbstätigen in der BRD sind etwa 23,3 Millionen Arbeitnehmer und der Rest ihre Arbeitgeber. 35 Prozent der Arbeitnehmer gehören–und zwar freiwillig–einer Gewerkschaft an, die ihre Interessen vertritt, während 90 Prozent der Arbeitgeber in Verbänden organisiert sind.

2 / Obwohl Deutschlands Gewerkschaften eine lange Tradition haben, mußten sie nach dem 2. Weltkrieg ganz von vorn anfangen, was sich zum Vorteil *auswirkte*, denn statt der *Zersplitterung* in viele kleine Verbände, die *jeweilige* Berufsstände und ihre Interessen vertraten, wurde jetzt die moderne Form der sogenannten *„Einheitsgewerkschaften"* gewählt. Diese Gewerkschaften vertreten jeweils alle Arbeitnehmer eines ganzen Industriezweiges, ganz gleich, ob es Angestellte in leitender Position oder ungelernte Arbeiter, ob es Chauffeure oder Buchhalter sind, und sie sind parteipolitisch und konfessionell neutral. Es gibt daher verhältnismäßig wenige, dafür aber mächtige Gewerkschaften.

worked out
splintering/respective

unified union

3 / Die größte von allen ist mit 7,7 Millionen Mitgliedern der Deutsche Gewerk-

Kundgebung des deutschen Gewerkschaftsbundes in Essen

schaftsbund (DGB), eine *Dachorganisation* von 17 solchen Einheitsgewerk- umbrella organization
schaften. Er koordiniert ihre Bemühungen und vertritt die allgemeinen
Interessen von Arbeitnehmern verschiedenster Industriezweige. Die zwei
nächstgrößten Gewerkschaften sind nicht in diesem Sinne organisiert: Die
Deutsche Angestellten Gewerkschaft (DAG) mit rund 500 000 Mitgliedern
setzt sich für Angestellte aller Industriezweige ein, und zum Deutschen Beam-
tenbund (DBB) gehören über 800 000 Beamte verschiedenster staatlicher Institute und Behörden. Der DBB wird in Deutschland nicht als Gewerkschaft
klassifiziert, weil Beamten nicht streiken dürfen.

4 / Die über 100 Arbeitgeberverbände sind in 13 Landesverbänden zusammengeschlossen und haben als gemeinsame Dachorganisation die Bundesvereini-
gung der Deutschen Arbeitgeberverbände (BDA). Sie umfaßt sämtliche Wirtschaftszweige: sowohl Industrie und Handwerk als auch Landwirtschaft,
Handel, Banken, Versicherungen und Verkehr.

5 / Arbeitnehmer und Arbeitgeber begriffen am Ende des 2. Weltkrieges, daß *es* was important
galt, miteinander statt gegeneinander zu arbeiten. Nur so konnten sie die völlig
zerstörte Wirtschaft wieder aufbauen, und nur so wurde das Wirtschaftswunder
möglich. Arbeitsnehmer erklärten sich bereit, auf jegliche Lohnerhöhung zu
verzichten, bis für alle Erwerbstätigen neue Arbeitsplätze geschaffen waren.
Heute sind sie nicht mehr so selbstlos in ihren Forderungen, aber sehen doch
klarer als die meisten Gewerkschaften anderer Länder, wo weitere Forderungen die Wirtschaft gefährden und somit auch ihnen schaden würden. Sie sehen
sich als Sozialpartner der Arbeitgeber oder wenigstens als Tarifpartner.

6 / Arbeitgeber und Gewerkschaften schließen Tarifverträge miteinander ab, die
so gültig wie Gesetze sind und nur zugunsten der Arbeitnehmer abgeändert
werden dürfen. Die Regierung mischt sich nicht ein, solange ihre *Rahmenge-* omnibus acts
setze für Mindestlöhne, maximale Arbeitsstunden usw. eingehalten werden. Es
kommt allerdings vor, daß der Bundesarbeitsminister einen Tarifvertrag für den
ganzen Industriezweig als verbindlich erklärt. Gehalts- und Lohntarifverträge
werden gewöhnlich nur auf ein Jahr abgeschlossen, *Rahmen- oder Manteltarife* skeleton- or industry-
laufen häufig auf mehrere Jahre. Sie regeln Kündigungsfristen, Arbeitszeiten wide tariffs
und Urlaubsdauer, Zuschläge für Überstunden, Gratifikationen und *der-* such
gleichen mehr. Wenn Arbeitgeber und Gewerkschaften sich nicht einigen und
ihre Differenzen in mehreren Tarifrunden nicht *beilegen* können, kann es von settle
seiten der Arbeitgeber zur *Aussperrung* und von seiten der Gewerkschaften lockout
zum Streik kommen. Gewerkschaften anderer Nationen finden die deutschen
Gewerkschaften *zahm*, weil sie sehr selten streiken. Ein Streik muß von allen tame
Gewerkschaftsgremien und einer dreiviertel Mehrheit aller Mitglieder gebilligt
werden. Meistens steht die Einsicht dagegen, daß ein Streik für alle Beteiligten
sehr teuer ist. Die Löhne und Gehälter müßten aus der Gewerkschaftskasse
bezahlt werden. Da die Gewerkschaften so selten streiken, sind sie wohlhabend
und besitzen große wirtschaftliche Unternehmen wie z.B. die achtgrößte Bank
der BRD, die Bank für *Gemeinwirtschaft*. social economy

7 / Mögen die deutschen Gewerkschaften auch anderen Ländern als *unkämpfe-* docile
risch erscheinen, so haben sie doch für die Arbeitnehmer bessere Tarifverträge
verhandelt als anderswo und haben durch die sogenannte „Mitbestimmung"

bei größeren Unternehmungen eine sonst nicht bekannte Machtstellung erreicht.

8 / In einer Gesellschaft, die vom Recht der *Selbstbestimmung* des Menschen *ausgeht* und ihm in ihrer Verfassung ausdrücklich das Recht der persönlichen *Entfaltung* zugesteht, wäre es ein krasser Widerspruch, wenn der Arbeiter nicht mehr als ein Teil des Produktionsprozesses wäre und man ihn zum Zwecke der Kapitalsvermehrung schamlos ausbeuten könnte, wie das im 19. Jahrhundert geschah, als aus der Agrargesellschaft eine Industriegesellschaft wurde. Auch als es schon Gesetze zum sozialen Schutz der Arbeiter gab, hatten sie keinerlei Recht, bei wirtschaftlichen Entscheidungen ihres Betriebes mitzuwirken. Aber im Jahre 1920 setzte eine Bewegung ein, die den Angestellten und Arbeitern zunehmend mehr Mitbestimmungsrechte *einräumte*:

self-determination/has as its basis

growth

conceded

9 / 1920 Erlaß des Betriebsrätegesetzes: In allen Betrieben werden gewählte Vertretungen der Arbeiter und Angestellten eingerichtet.

1951 Erlaß des Montan-Mitbestimmungsgesetzes: Allen Arbeitnehmern in den großen Betrieben der Montanindustrie werden bedeutende Mitbestimmungsrechte sowie *Mitbesetzung* der Leitungsorgane eingeräumt.

joint occupation

1952 Erlaß des Betriebsverfassungsgesetzes: Den Arbeitnehmern fast aller Betriebe werden Mitbestimmungsrechte in sozialen und personellen Angelegenheiten und *Gehör* bei wirtschaftlichen Entscheidungen zugestanden.

the right to be heard

1972 Erlaß des 2. Betriebsverfassungsgesetzes: Es bringt für die Arbeitnehmervertretungen wesentliche Verbesserungen.

1976 Erlaß des allgemeinen Mitbestimmungsgesetzes. Rechte, die die Arbeitnehmer der Montanindustrie seit 1951 haben, werden jetzt–mit Änderungen–auch den anderen Großbetrieben gewährt.

10 / Der Betriebsrat ist die wichtigste Einrichtung zur Interessenvertretung der Arbeitnehmer. Er wird alle drei Jahre von allen Arbeitnehmern über achtzehn gewählt, inklusive Gastarbeitern. Theoretisch kann sich jeder Wahlberechtigte, ob er Gewerkschaftsmitglied ist oder nicht, als Kandidat aufstellen lassen. Doch in der Praxis hat die Gewerkschaft starken Einfluß bei der Aufstellung der Kandidatenliste. Jeder Betrieb mit fünf oder mehr Angestellten hat einen Betriebsrat (für Beamte, Angestellte und Arbeiter des öffentlichen Dienstes gibt es Personalräte), der seine Versammlungen während der Arbeitszeit hält. Bei sehr großen Betrieben sind ein oder mehrere Mitglieder von ihrer Erwerbstätigkeit ganz befreit und genießen während der Zeit besonderen Kündigungsschutz.

11 / Die Rechte des Betriebsrats sind von Schaubild 1 (aus *Tatsachen über Deutschland*) abzulesen. Wo der Betriebsrat Mitbestimmungsrechte hat, darf der Arbeitgeber ohne seine Zustimmung keine Entscheidungen treffen. Im Notfall entscheidet eine *Einigungsstelle* über die Streitfragen. Sie besteht zur Hälfte aus Arbeitgebern und zur anderen Hälfte aus Vertretern des Betriebsrats mit einer neutralen Person als Vorstand. Das Recht der Mitwirkung bedeutet, daß der Betriebsrat gehört werden muß und in manchen Angelegenheiten wi-

arbitration board

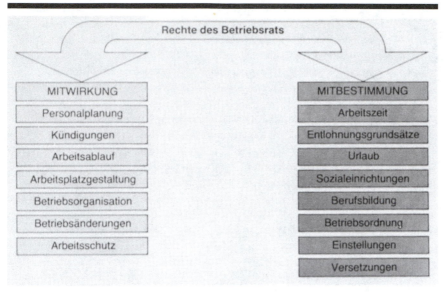

Schaubild 1

dersprechen darf. Z.B. hat er bei der Entlassung eines Mitarbeiters das Recht des Widerspruchs. Wenn er davon Gebrauch macht und der Mitarbeiter selbst *Klage* beim Arbeitsgericht *erhebt*, darf dieser nicht entlassen werden, bevor das Gericht entschieden hat. — sues

12 / In Großbetrieben haben die Arbeiter auch wirtschaftliche Mitbestimmung. Das Betriebsverfassungsgesetz von 1952 bestimmte, daß im Aufsichtsrat, dem Kontrollorgan der Aktiengesellschaften, ein Drittel der Mitglieder gewählte Arbeitervertreter sein müßten. Dieses Gesetz gilt heute noch für Aktiengesellschaften und andere Großbetriebe mit 500 bis 2000 Beschäftigten. Für Arbeitnehmer von Bergbau-, Eisen- und Stahlbetrieben mit mehr als 1000 Beschäftigten gilt seit 1951 das Montanbestimmungsgesetz, nach dem es im Aufsichtsrat Parität zwischen Arbeitgeber- und Arbeitnehmer-Vertretern gibt mit einem neutralen Mitglied als Vorsitzenden, das bei Stimmengleichheit eine Extrastimme hat. Für andere Industrie-Großbetriebe ist die Regelung ähnlich, aber nicht ganz so günstig für die Arbeitnehmer. Für Parität im Aufsichtsrat muß der Betrieb nicht nur 1000 sondern 2000 Beschäftigte haben, und der Vorsitzende mit *Stichentscheid* vertritt die Kapitalgeber. — second casting vote

13 / Das Prinzip der Mitbestimmung hat sich in Deutschland bewährt. Wer selbst mit Kapital an seinem Betrieb beteiligt ist, wie es bei vielen Arbeitnehmern der Fall ist, wer nicht kurzfristig und gar nicht ohne *zwingenden Grund* entlassen werden darf und durch gewählte Vertreter mitbestimmen kann, dem ist natürlich viel mehr an dem Wohlergehen seiner Firma gelegen als jemandem, der bei Personalfragen und Geschäftsentscheidungen seines Betriebs nicht mitreden darf und mit zweiwöchiger Kündigungsfrist, wie üblich in den USA, einfach entlassen werden darf. — compelling reason

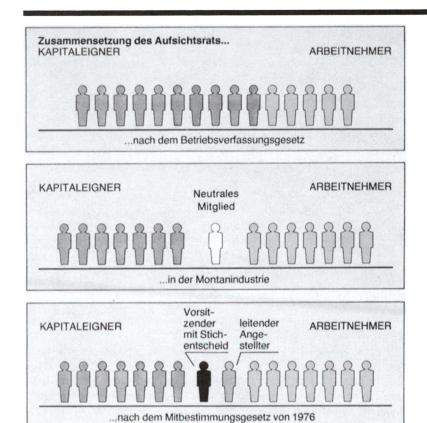

Schaubild 2

WORTSCHATZ

1 / die Gewerkschaft, -en — union
der Arbeitgeberverband, ⸚e — employers' association
der Arbeitnehmer, - — employee or worker
der Arbeitgeber, - — employer
vertreten (i), a, e — to represent

2 / der Vorteil, -e — advantage
der Beruf, -e — profession, calling
der Stand, ⸚e — class, social standing
ganz gleich — no matter
der Buchhalter, - — accountant
mächtig — powerful

3 / koordinieren — to coordinate
die Bemühung, -en — effort
sich einsetzen für — to use one's influence for
der Beamte, -n — official (with pension)
streiken — to strike

4 / die Vereinigung	union, association, coalition
sämtlich(e)	all; total
5 / begreifen, begriff, begriffen	to understand
zerstören	to destroy
das Wunder, -	miracle
jeglich	any
die Lohnerhöhung, -en	pay increase
die Forderung, -en	demand
6 / gültig	valid
zugunsten	in favor of
sich einmischen	to interfere
einhalten (ä), ie, a	to observe, stick to
verbindlich	binding; obliging
die Kündigung, -en	notice (to quit or lay off)
die Frist, -en	time (allowed or prescribed)
der Urlaub	vacation, paid leave
die Dauer	duration, time, length
der Zuschlag, ⸚e	extra pay, bonus; surcharge
Überstunden, *pl.*	overtime
die Gratifikation, -en	bonus, gratuity
sich einigen	to come to an agreement
der Streik, -s	strike
streiken	to strike
billigen	to approve
die Einsicht, -en	insight, understanding
das Gehalt, ⸚er	salary
die Kasse, -n	fund; cashier; ticket window
wohlhabend	well-to-do, rich
7 / die Mitbestimmung	codetermination
8 / ausdrücklich	expressly
der Widerspruch, ⸚e	contradiction
die Vermehrung, -en	increase
ausbeuten	to exploit
der Schutz	protection
die Bewegung, -en	movement; motion
9 / der Erlaß, Erlässe	decree; reduction, deduction
die Angelegenheit, -en	affair, matter
zugestehen, a, a	to concede, allow
10 / wahlberechtigt	entitled to vote
der Kandidat, -en	candidate
die Versammlung, -en	meeting
befreien	to free
11 / die Zustimmung, -en	approval, agreement
im Notfall	in a pinch
der Vorstand	chair; executive board
die Mitwirkung	participation
das Gericht, -e	court of law; meal
12 / der Aufsichtsrat, ⸚e	supervisory board
die Parität, -en	parity, equality
der, die Vorsitzende, -n	chair person

WORTSCHATZ ERWEITERN

1. Vervollständigen Sie die Sätze. / FILE # WE5C1

1 / 1. Sechsunddreißig Prozent der deutschen _____ sind Mitglieder einer _____. (*workers and employees; union*)

2. Neunzig Prozent der _____ sind in Verbänden organisiert. (*employers*)

2 / 3. Die deutschen Einheitsgewerkschaften vertreten alle _____ eines Industriezweiges. (*professions*)

3 / 4. Der Deutsche Gewerkschaftsbund koordiniert die _____von Arbeitnehmern verschiedenster Industriezweige. (*efforts*)

5. Die Deutsche Angestellten Gewerkschaft _____ _____ nur für Angestellte, aber nicht für Arbeiter _____. (*uses its influence*)

5 / 6. Das _____ der sechziger Jahre wurde nur möglich, weil Arbeitgeber und Arbeitnehmer miteinander statt gegeneinander arbeiteten. (*economic miracle*)

7. Die Arbeitnehmer verzichteten auf _____, bis Arbeitsplätze für alle geschaffen waren. (*pay increases*)

8. Heutzutage sind sie nicht mehr so selbtslos mit ihren _____, aber doch realistischer als Gewerkschaften in anderen Ländern. (*demands*)

6 / 9. Tarifverträge sind so _____ wie Gesetze. (*valid*)

10. Manteltarife regeln u.a. _____. (*lay-off notices*)

11. Wenn Arbeitnehmer und Arbeitgeber sich nicht einigen können, kann es zum _____ oder zur Aussperrung kommen. (*strike*)

12. Ein Streik muß von einer dreiviertel Mehrheit aller Miglieder _____ werden. (*approved*)

13. Während eines Streiks werden Löhne und Gehälter aus der Gewerkschafts _____ bezahlt. (*union fund*)

7 / 14. Die deutschen Gewerkschaften haben bei größeren Unternehmen erhebliche Rechte zur _____ erreicht. (*codetermination*)

8 / 15. Ein Arbeiter darf in einer Demokratie heute nicht mehr schamlos _____ werden. (*exploited*)

9 / 16. Im Jahre 1920 kam der _____ des Betriebsrätegesetzes. (*decree*)

17. 1951 wurden allen Arbeitern in großen Betrieben der Montanunion bedeutende Mitbestimmungsrechte _____. (*conceded*)

10 / 18. Alle Arbeitnehmer über achtzehn sind _____. (*entitled to vote*)

19. Der Betriebsrat hält seine _____ während der Arbeitszeit. (*meetings*)

12 / 20. Im Aufsichtsrat von Bergbau-, Eisen- und Stahlbetrieben gibt es _____ zwischen Arbeitgeber- und Arbeitnehmer- _____. (*parity*; *representatives*)

21. Bei Stimmengleichheit hat der _____ eine Extrastimme. (*chair*)

2. Verwandte Wörter. Bilden Sie mit jedem Wort einen kurzen Satz.

Nomen	Adjektive	Verben
der Chauffeur	inklusive	koordinieren
der Kandidat	konfessionell	
die Liste	krass	
die Parität	neutral	
der Streik	schamlos	
	theoretisch	

INFORMATION ERARBEITEN

1. Schreiben Sie diese sehr gebräuchlichen Abkürzungen aus.

DGB = _____

DAG = _____

DBB = _____

BDA = _____

2. Vervollständigen Sie das Flußdiagramm.

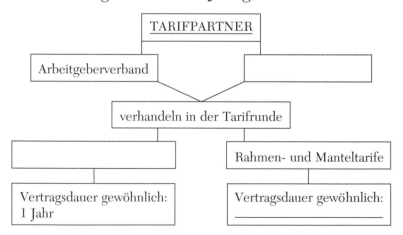

3. Definieren Sie die folgenden Begriffe auf englisch.

Einheitsgewerkschaft _____

Rahmen- und Manteltarife _____

Betriebsrat _____

Mitbestimmungsrechte _____

Parität _____

KORREKTES SCHREIBEN

Übersetzen Sie. / FILE # KS55C

1. Germany has few but strong unions.
2. Ninety percent of the employers are organized in so-called employers' associations.
3. A union represents all classes and professions of an industrial branch.
4. Officials do not have the right to strike.
5. After the war, employees made no demands for pay increases for a long time.
6. There are strict laws about the time prescribed for lay-off notices.
7. All German employees are now entitled to six weeks paid vacation every year.
8. German union members strike seldom, because a strike means a loss for all parties involved.
9. Every year, unions and employers' associations negotiate tariff contracts for salaries and wages.
10. Any employee over eighteen is entitled to vote for the workers council and can be a candidate himself.
11. The supervisory board nominates the executive board.
12. The executive board is responsible for the management of the business, and the supervisory board checks the yearly accounts.

SPRECHEN

1. Ich dachte, die Deutschen arbeiten soviel! Zu zweit.

Sprechen Sie über Schaubild 3. Vergleichen Sie Deutschlands Arbeitssituation mit anderen Ländern, besonders Frankreich, den Niederlanden und Italien. Sie können z.B. so anfangen: „Guck mal! Die Deutschen arbeiten ... Stunden weniger als all die andern europäischen Länder!"
ST 2: „Ja, das wundert mich auch! Und guck mal, ...!"

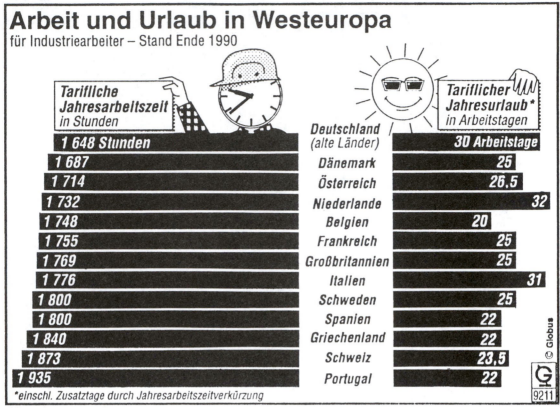

Arbeit und Urlaub in Westeuropa
für Industriearbeiter – Stand Ende 1990

Tarifliche Jahresarbeitszeit in Stunden		Tariflicher Jahresurlaub* in Arbeitstagen
1 648 Stunden	Deutschland (alte Länder)	30 Arbeitstage
1 687	Dänemark	25
1 714	Österreich	26,5
1 732	Niederlande	32
1 748	Belgien	20
1 755	Frankreich	25
1 769	Großbritannien	25
1 776	Italien	31
1 800	Schweden	25
1 800	Spanien	22
1 840	Griechenland	22
1 873	Schweiz	23,5
1 935	Portugal	22

*einschl. Zusatztage durch Jahresarbeitszeitverkürzung

© Globus 9211

Schaubild 3

2. Nicht alle Deutschen arbeiten gleich viel oder wenig. Zu zweit.

Sprechen Sie über Schaubild 4. Z.B.: „Wie du hier siehst, arbeiten die Leute in der Eisen- und Stahlindustrie weniger Stunden als alle andern." ST 2: „Vielleicht, weil ihre Arbeit besonders schwer ist"?

3. Früher war das Leben schwerer! Zu zweit.

Sprechen Sie über Schaubild 5.

Z.B.: ST 1: „Das ist ja kaum zu glauben! Im Jahre 1825 arbeiteten die Deutschen ...!"

ST 2: „Die Armen! Die hatten ja gar keine Zeit für andere Dinge! Aber im Jahre 1900 ..."

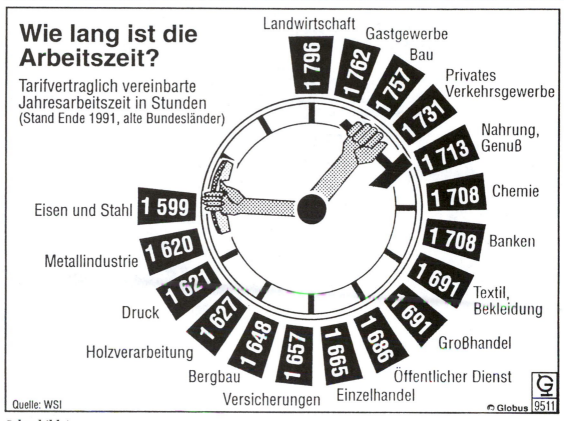

Wie lang ist die Arbeitszeit?

Tarifvertraglich vereinbarte Jahresarbeitszeit in Stunden
(Stand Ende 1991, alte Bundesländer)

Landwirtschaft 1 796
Gastgewerbe 1 762
Bau 1 757
Privates Verkehrsgewerbe 1 731
Nahrung, Genuß 1 713
Chemie 1 708
Banken 1 708
Textil, Bekleidung 1 691
Großhandel 1 691
Öffentlicher Dienst 1 686
Einzelhandel 1 665
Versicherungen 1 657
Bergbau 1 648
Holzverarbeitung 1 627
Druck 1 621
Metallindustrie 1 620
Eisen und Stahl 1 599

Quelle: WSI

© Globus 9511

Schaubild 4

4. Deutschland–ein Volk von Künstlerinnen und Künstlern?
Zu dritt oder viert.

Sprechen Sie über Schaubild 6. Glauben Sie, daß eine Umfrage in den USA ein ähnliches Resultat ergeben würde? Was wollen Sie, Ihre Geschwister und Freunde/Freundinnen werden?

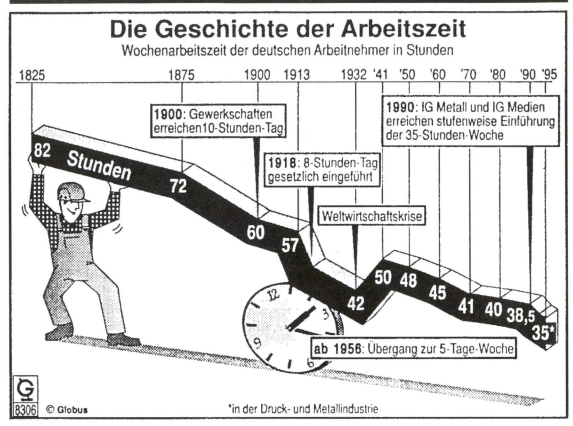

Die Geschichte der Arbeitszeit
Wochenarbeitszeit der deutschen Arbeitnehmer in Stunden

1825   1875   1900 1913   1932 '41 '50 '60 '70 '80 '90 '95

1900: Gewerkschaften erreichen 10-Stunden-Tag

1990: IG Metall und IG Medien erreichen stufenweise Einführung der 35-Stunden-Woche

1918: 8-Stunden-Tag gesetzlich eingeführt

Weltwirtschaftskrise

82 Stunden
72
60
57
42
50 48 45
41 40 38,5
35*

ab 1956: Übergang zur 5-Tage-Woche

G 8306 © Globus   *in der Druck- und Metallindustrie

Schaubild 5

Traumberufe der Jugend
Von je 1000 Jugendlichen (16 bis 24 Jahre) in Deutschland nannten als Wunschberuf

Männer   **Frauen**

72 Sportler   165 Künstler   236 Künstlerin   60
71 EDV-Berufe   Heil-, Pflegeberufe;
67 Ingenieur-Architekt   Lehrerin, Dozentin   58
54 Pilot   Ingenieurin, Architektin 53
49 Handwerker   Ärztin   45
48 Technische Berufe   Sozialberufe   45
41 Betriebswirt, Volkswirt   Kauffrau   45
41 Naturwissenschaftler   Psychologin   44
39 Jurist   Tourismusberufe   42
                              Journalistin   34

© Globus 1114

Schaubild 6

LESEN UND VERSTEHEN

1. Das folgende, im Sommer 1983 geführte Gespräch ist nach wie vor aktuell. Lesen Sie dieses Gespräch mit verteilten Rollen und beantworten Sie dann die folgenden Fragen.

Autorin: Ja, Herr Kugler, wenn ich Sie mal fragen darf: Was ist eigentlich Ihr Aufgabengebiet als Personalleiter der Firma Hermes?

Herr K.: Ja, das *Hauptaufgabengebiet* eines Personalleiters nicht nur dieser Firma ist die *Beschaffung* von qualitativem and *ausreichendem* Personal, das der Betrieb derzeit, oder in nächster Zukunft benötigt, d.h. also, er muß diese Personalplanung aufstellen und eben dafür sorgen, daß das qualitativ gute Personal eingestellt wird.

> main area of competence
> procurement/sufficient

A.: Und zufrieden bleibt?

Herr K.: Na ja, aus dieser Beschaffung ergeben sich ja dann die ganzen anderen Aufgaben: Die soziale *Betreuung*, die gerechte Entlohnung, alles das, was in diesem Betrieb für die Beschäftigten gemacht wird, das geht über die Reinigung der Büroräume, die *Bewachung* des Werkes..., alles was nicht so direkt mit der Produktion zu tun hat oder den anderen Abteilungen mit der Finanzbuchhaltung, das landet hier in dieser Personalabteilung.

> care
> guarding

A.: Können Sie das auch allein schaffen?

Herr K.: Nein, ich habe einen Assistenten, einen Stellvertreter und meine Sekretärin.

A.: Sie haben mir, glaube ich, schon vor zwei Jahren von diesen Sozial*einrichtungen* erzählt. Haben Sie nicht auch Gymnastik oder Schwimmen hier in der Firma?

> arrangements

Herr K.: Nein, wir haben einen Betriebssportverein mit Fußball, Handball, Tischtennis und *Kegeln*. Es ist also so, daß man auch *Wettkämpfe veranstaltet* mit anderen Betrieben. Unsere *Kantine* ist voll von *Pokalen* ...

> bowling/arranges competitive games
> cafeteria
> trophies

A.: Aber Arbeitszeit wird dafür nicht hergegeben, oder?

Herr K.: Ja, Arbeitszeit vielleicht nicht direkt, aber doch schon wird die Firma ab und zu mal etwas dazu beitragen—meistens Geld für die Sportkleidung oder einen neuen Fußball oder sonst etwas.

A.: Das schafft wahrscheinlich einen Zusammengehörigkeitsgeist in der Firma, stimmt das?

Herr K.: Ja, unser *Warenzeichen* ist ja Hermes, und man spricht hier von den Hermesiten. Viele Beschäftigte sind hier schon lange Jahre, manche über 40 Jahre, und das *Wohlbefinden* hier ist geradezu *sprichwörtlich*. Man hat gesagt, es gibt hier einen sogenannten Hermesgeist.

> trademark
> well-being
> proverbial

A.: Wie lange sind Sie denn schon an dieser Firma?

Herr K.: Sechzehn Jahre.

A.: Dann können Sie ja auch schon stolz sein auf diesen Hermes- oder Hermesitengeist.

Herr K.: Ja doch!

A.: Wie ist es denn mit Gewerkschaften hier? Gehören Ihre Arbeiter und Angestellten zu Gewerkschaften?

Herr K.: Ja, dieser Betrieb ist, glaube ich, um 90 Prozent organisiert. Unsere Gewerkschaft ist die IG Chemie, Papier, Keramik. Es ist eine sehr große Gewerkschaft. Die *Dachorganisation* ist der Deutsche Gewerkschaftsbund. Der Tarifpartner ist der Arbeitgeberverband Chemie Hamburg e.V. Zwischen den beiden werden dann jeweils Lohn- und Gehaltserhöhungen usw. *ausgehandelt*.   *umbrella organization*

                                                                         negotiated

A.: Steht es denn den Arbeitnehmern frei, ob sie der Gewerkschaft beitreten oder nicht?

Herr K.: Ja, sie werden nicht dazu gezwungen, und wir verbieten auch, daß hier dafür Reklame gemacht wird. Natürlich können wir nicht verhindern, daß jemand von seinen Kollegen überredet wird beizutreten.

A.: Haben die hier schon mal einen Streik verursacht?

Herr K.: Ja, einmal in der Geschichte von Hermes, die ja schon über 50 Jahre besteht. Der erste und hoffentlich auch letzte Streik war im Jahre 1972. Da ging es um Lohn- und Gehaltserhöhungen. Die Gewerkschaft hat eine recht hohe Forderung gehabt, und der Arbeitgeberverband wollte sie nicht anerkennen, und da kam es also zum Streik.

A.: Das ist dann also nicht allein abhängig von Ihrer Firma, sondern auch vom Arbeitgeberverband.

Herr K.: Ja, der Arbeitgeberverband hat ja sehr viele Firmen zu betreuen ...

A.: Wie lange hat denn der Streik gedauert?

Herr K.: Das war etwas über eine Woche, ich glaube 7 oder 8 Tage.

A.: Und wer hat am Ende gewonnen?

Herr K.: Der Streik wurde dann *beigelegt*, denn es ging letztendlich nur noch um 1,2 Pfennig pro Stunde, und man *hat sich* dann schnell *geeinigt*, denn der *Schaden*, der da *angerichtet* wurde, war bedeutend höher als die 1,2 Pfennige.   *settled* / *came to an agreement/ damage/done*

A.: Man hört immer, daß die Deutschen sich zu Tode arbeiten, daß sie furchtbar viel arbeiten. Ich habe das Gefühl, daß das gar nicht stimmt. Meiner Erfahrung nach sind die Amerikaner Schwerarbeiter im Vergleich zu den Deutschen, und ich hätte gern einmal gehört, wie das wirklich offiziell mit den Ferien ist. Stimmt es, daß die meisten Deutschen 5 Wochen Ferien bekommen?

Herr K.: Also, alle unsere Beschäftigten hier bekommen–ganz gleich, ob sie nun 18 oder 58 Jahre alt sind–ab 1984 30 Tage *Urlaub*. Das sind also volle 6 Wochen.   *vacation*

A.: 30 Tage? Sie meinen, die Wochenenden mit eingerechnet.

Herr K.: Nein, nur die Arbeitstage, also von montags bis freitags.

A.: Donnerwetter! Die Amerikaner würden sich freuen, denn die meisten haben da nur 2 bis 4 Wochen Urlaub–je nachdem, wie lange sie schon im Betrieb gearbeitet haben.

Herr K.: Das hat auch nichts mehr mit der Betriebszugehörigkeit zu tun, und auch nicht mit dem Alter. Früher hatten wir noch eine Altersstaffelung, d.h. daß ein Jüngerer weniger Anspruch hatte als ein Älterer, aber jetzt nicht mehr. Und außerdem bekommen sie jetzt zusätzlich zu ihrem normalen Gehalt, das im Urlaub weitergeht, pro Tag 30 Mark Urlaubsgeld, so daß sie also 900 Mark extra haben.   *ranking*

Die Deutschen sind ein Volk von Spaziergängern. Auch Regen hält sie nicht davon ab.

A.: Die haben es ja gut! Aber wie Vater Staat das alles finanzieren kann, möchte ich mal wissen.

Herr K.: Das bezahlt ja nicht der Vater Staat, sondern allein die Arbeitgeber.

A.: Ach ja! Aber irgendwie muß das Geld ja wieder rausgewirtschaftet werden. Irgendwie muß das ja ökonomisch tragbar sein!

Herr K.: Ja, aber man ist jetzt, glaube ich, so ziemlich am Ende mit den Sozialleistungen, denn *auf die Dauer* könnte die Steigerung, die wir in den letzten Jahren erlebt haben, nicht *verkraftet* werden.

> in the long run
> coped with

A.: Hat sich denn irgendetwas geändert, seit Kohl an die Regierung gekommen ist? Mit der CDU? Sieht das besser für den Arbeitgeber aus oder ...?

Herr K.: Ja, man hat wohl große Hoffnungen, daß einiges von der sogenannten sozialen *Hängematte* sich ändert. Hängematte deshalb, weil jeder, der nicht mehr arbeitswillig ist, sich da hineinlegen und trotzdem noch gut leben kann. Und wir hoffen auch im Interesse der pflichtbewußten Beschäftigten hier, daß die großen *Maschen*, die jetzt da sind, nicht mehr so durchschlüpft werden können.

> hammock

> loopholes

A.: Wie steht es denn mit der *Staatskasse*? Die ist doch in schlimmer Lage, nicht?

> government finances

Herr K.: Ja, Sie wissen ja selbst, daß wir in der Bundersrepublik schwer *verschuldet* sind, nicht nur der Staat, sondern alle *Gemeinden* und Städte, und zwar so, daß man kaum übersehen kann, wie man mal wieder davon wegkommt.

> in debt/
> communities

A.: Schlimm! Das scheint ja fast überall so zu sein, in allen Ländern!

Herr K.: In der Schweiz vielleicht nicht!

A.: Man fragt sich, wie das möglich ist. Die Schulden sind in privaten Aktien wahrscheinlich. Was, wenn die Bürger all ihr Geld aus den Aktein herausziehen wollten?

Herr K.: Tja–Inflation, nehme ich an, oder man fängt eines Tages bei Null wieder an. Wir haben ja schon eine *Währungsreform* hinter uns–1948 ...

> currency reform

A.: Ja, ich erinnere mich daran ... als Kind ... Jeder erhielt vierzig Mark Kopfgeld, und nachher bekam man etwa 10 Prozent von dem, was man auf der Bank gehabt hatte.

Herr K.: Ja, nicht mal. Noch da drunter, glaube ich. Von dem, was man eingelegt hatte bei Banken und Sparkassen und sonstwo. Aber hoffen wir, daß es nicht wieder dazu kommt. Das würde ganz schlimm sein.

Fragen

1. Was sind Herrn Kuglers Aufgaben als Personalleiter?
2. Was fördert das Zusammengehörigkeitsgefühl der Arbeitnehmer in der Hermes-Fabrik?
3. Was trägt die Firma zu den Sportveranstaltungen bei?
4. Zu welcher Gewerkschaft gehören die bei Hermes Beschäftigten?
5. Ist die Mitgliedschaft bei einer Gewerkschaft freiwillig oder Pflicht?
6. Wie oft hat es in der über fünfzigjährigen Geschichte dieser Firma einen Streik gegeben?
7. Worum ging es dabei?

8. Wie viele Urlaubstage bekommt ein Achtzehnjähriger? Wie viele ein Achtundfünfzigjähriger?
9. Was versteht man unter Urlaubsgeld?
10. Wieso spricht man von einer sozialen Hängematte?
11. Wie steht es um die deutsche Staatskasse?
12. Was für mögliche Folgen ergeben sich daraus für die Wirtschaft?

2. Aufruf zum Streik!

Lesen Sie den Artikel „IG Metall beschließt Urabstimmung" aus den **DEUTSCHLAND-NACHRICHTEN,** *und beantworten Sie die Fragen, die folgen.*

IG METALL BESCHLIESST URABSTIMMUNG

Deutschland Nachrichten 23. April 1993

Der Tarifkonflikt in der ostdeutschen Metall-, Elektro- und Stahlindustrie hat sich weiter *verschärft* und geht jetzt in eine entscheidende Phase. Die Industriegewerkschaft Metall (IG Metall) beschloß am 19. April, unter ihren Mitgliedern in den Bundesländern Sachsen und Mecklenburg-Vorpommern sowie in den Stahlbetrieben der ehemaligen DDR eine *Urabstimmung* über einen *unbefristeten* Streik abzuhalten und legte dafür den Zeitraum 26. bis 28. April fest. Streikziel ist nach den Worten des IG Metall-Vorsitzenden Franz Steinkühler die Erfüllung des 1991 abgeschlossenen und von den Arbeitgebern *gekündigten* Stufentarifvertrages. Dieser sah im April eine Lohnerhöhung von 26 Prozent vor. Die ostdeutschen Arbeitgeber haben demgegenüber eine Steigerung von neun Prozent angeboten. Auch in der westdeutschen Metallindustrie wird es nach *Einschätzung* von Steinkühler zu Solidaritätsstreiks kommen.

Die IG Metall, die in Ostdeutschland nach eigenen Angaben 750 000 Mitglieder hat, hat mit Sachsen für ihr *Streikvorhaben* das wirtschaftlich stärkste östliche Bundesland (170 000 Metall-Arbeitnehmer) ausgesucht. Im nördlichen Bundesland Mecklenburg-Vorpommern ist die *Werftindustrie* von Bedeutung. Arbeitslose Gewerkschaftsmitglieder dürfen an der Urabstimmung nicht teilnehmen. Bei der IG Metall wird mit der *erforderlichen Mehrheit* von 75 Prozent Ja-Stimmen für einen Streik gerechnet. Der unbefristete *Ausstand* könnte dann Anfang Mai beginnen.

Der Präsident der Arbeitgeberverbände, Klaus Murmann, warnte erneut vor einem Streik, der bis 100 000 Arbeitsplätze gefährden würde und forderte die *Wiederaufnahme* von *Verhandlungen* zwischen den Konfliktparteien. ∎

(Randglossen:) worsened · ballot vote · of uncertain duration · cancelled · calculation · strike plans · shipyard industry · required majority · strike · resumption/ negotiations

FRAGEN

1. Warum will die Gewerkschaft IG Metall ihren Mitgliedern zu einem Streik raten?

2. In welchem Teil Deutschlands soll gestreikt werden?
3. Wie lange soll der Streik anhalten?
4. Was ist das Ziel des Streiks?
5. Wie wird sich die westdeutsche Metallindustrie verhalten?
6. Was ist nach Klaus Murmann die große Gefahr, wenn es zu einem Streik kommt?
7. Was ist seiner Meinung nach ratsamer (*more advisable*)?

HÖREN UND VERSTEHEN

Hören Sie sich das Tonband-Interview zu Kapitel V-C an.

Herr Röhrs

VERSTÄNDNISHILFEN

**zum Gespräch über Partnerschaft von
Arbeitgebern und Arbeitnehmern**

die durch die Gewerkschaft vertretenen Arbeitnehmer	the employees represented by the union
wirkt ... aus	affects
betreiben	keep going
Mannschaft	team
Betriebssportsabteilung	the company's sports department
Kegeln	bowling
Beitrag	dues
Leistungen	here: contributions

Bereitschaft	willingness
Gewerbliche	gainfully employed
Überlegung	consideration
Betriebsrat-Vorsitzenden	the chair of our workers council
Ehrenmitglied des Hauptvorstandes der IG-Chemie	honorary member of the main executive board of (the union) IG-Chemie
Keramik	ceramics
Entgelt	pay
nicht mehr unterscheidet nach ...	does not differentiate any more according to . . .
ist ein sogenanntes Paket geschnürt worden	a so-called package deal has been made
Manteltarifvertrag	skeleton agreement
Ausgestaltung	here: details
ist der Betriebsvereinbarung überlassen	is left up to an agreement within the company
Auffassungen	perceptions
Beseitigung	elimination
einstellen	hire
mit berücksichtigt wird	is taken into account
Vorruhestands-Vertrag	early retirement contract
Schwerbeschädigte	severely handicapped
die in kontinuierlicher Schichtarbeit beschäftigt sind	who continually work in shifts
erlassen	decreed
ersetzt	here: fills
Belastung	burden
Überforderungsklausel	provision for unreasonable payments
ausgenutzt	fully utilized
leistungsfähig	productive
Rationalisierungseffekte	results of greater efficiency measures
wahrnimmt	avails oneself

Hören Sie sich das Gespräch zum zweiten Mal an, und entscheiden Sie dann, ob die folgenden Aussagen darin gemacht werden:

1. Die Partnerschaft zwischen Arbeitnehmern und Arbeitgebern ist in der Norddeutschen Schleifmittelfabrik besser als in der Metall-Industrie. **JA NEIN**
2. Zur Betriebsportsabteilung der Firma gehört eine Fußballmannschaft, eine Gymnastikgruppe und eine Korbballmannschaft. **JA NEIN**
3. Die Firma unterstützt diese Mannschaften. **JA NEIN**
4. Zur Gewerkschaft gehören mehr Gewerbliche oder Arbeiter als Angestellte. **JA NEIN**

5. Viele werden nicht Mitglied, weil die Beiträge zu hoch sind. **JA NEIN**

6. In dieser Firma gilt allgemein die 38 1/2 Stundenwoche. **JA NEIN**

7. Ab 1.8.88 gibt es keinen Unterschied mehr zwischen Lohn und Gehalt. Alle bekommen ein Entgelt. **JA NEIN**

8. Wer über 58 ist, arbeitet im Durchschnitt nur 36 Stunden die Woche. **JA NEIN**

9. Im Jahre 1989 brauchen die 57jährigen und Ältere nur noch 30 Stunden die Woche zu arbeiten. **JA NEIN**

10. In der Metall-Industrie arbeitet man weniger Stunden als hier. **JA NEIN**

11. Der Zweck der verkürzten Wochenarbeitszeit und Lebensarbeitszeit ist die Beseitigung der hohen Arbeitslosigkeit. **JA NEIN**

12. Jeder über 58 hat das Recht, in den Vorruhestand zu gehen. **JA NEIN**

13. Das Arbeitsamt trägt die Hauptkosten des Ruhestandsgeldes. **JA NEIN**

14. Vom Arbeitgeber wird nicht verlangt, daß er für mehr als 5% seiner Belegschaft Vorruhestandsgeld bezahlt. **JA NEIN**

15. Daß die BRD trotz der hohen Sozialkosten wirtschaftlich noch konkurrenzfähig ist, liegt an den Rationalisierungseffekten, die, wo möglich, ausgenutzt werden. **JA NEIN**

D. SOZIALE SICHERHEIT

1 / Die Bundesrepublik Deutschland ist *laut* Verfassung ein demokratischer und sozialer Staat. Wie darin für sozial Schwache, d.h. Kranke, *Arbeitsbehinderte*, Alte, Arbeitslose, *Kriegsbeschädigte*, Witwen und *Waisen* gesorgt wird, ist für viele Länder vorbildlich geworden, wenn auch oft unerreicht geblieben. Ein Amerikaner mit der gewohnten Unsicherheit am Arbeitsplatz und seinen Sorgen wegen möglicher Arzt- und Krankenhausrechnungen, die finanziellen Ruin für seine Familie bedeuten könnten, staunt, in welchem *Grade* ein Deutscher gegen alle *Unbilden* und *Schicksalsschläge* abgesichert ist. Er braucht sich vom finanziellen Standpunkt her weder vor einer langen Krankheit noch vor einem *unversorgten Alter* zu fürchten. Auch lange Arbeitslosigkeit bringt seine Familie nicht an den *Rand des Verderbens*. Er lebt mit dem ruhigen Gefühl, daß in jeder Situation für ihn von irgendeiner *Instanz* her gesorgt wird. Zu Nahrung, Wohnung, Kleidung und anderen Lebensbedürfnissen ist jeder Bürger berechtigt, auch wenn er nie zum Wohlstand des Staates beigetragen hat.

according to
those unfit for work
disabled veterans/ orphans

degree
inequities/blows of fate
uncared-for old age
verge of ruin
official channel

2 / Der soziale Staat tut noch mehr für seine Bürger, als sie vor den Folgen kleiner und großer Katastrophen zu schützen. Er hilft bei der Vorsorge, daß keine

Katastrophen *eintreffen*. Er hilft finanziell bei der Ernährung und Ausbildung jedes Kindes, und darüber hinaus unterstützt er eine gerechtere *Vermögensverteilung*, indem er einem unterdurchschnittlich Verdienendem starken Ansporn zum Geldanlegen gibt. Wer es schafft, einen bestimmten Betrag auf mindestens sechs Jahre in einem Sparkonto *festzulegen*, der bekommt 14% der *Sparsumme* Zuschuß und 2% extra für jedes Kind in der Familie. Auch beim *Bausparen* erhält er, wenn das Einkommen entsprechend niedrig ist, staatliche Prämien, und als Eigenheimbesitzer werden ihm *Steuererleichterungen* gewährt. Außerdem gibt es für diese Arbeitnehmer mit niedrigem Einkommen noch ein Gesetz, das ihnen bei einer *Vermögensbildung* hilft: das „936-DM-Gesetz", nach dem sie vom Staat eine Arbeitnehmerspar*zulage* bekommen, wenn sie DM 936 im Jahr „*vermögenswirksam*" anlegen. Dabei werden diese DM 936 nach Tarifgesetzen teilweise oder ganz vom Arbeitgeber getragen.

[margin: come to pass; distribution of wealth; to tie up; savings; investment toward building a home; tax relief; accumulation of capital; bonus; profitably]

3 / Deutschlands Sozialversicherungsgesetze sind älter als ähnliche Gesetze in anderen Ländern. Am Ende des 19. Jahrhunderts, zur Zeit der industriellen Entwicklung Deutschlands, *erließ* Reichskanzler Bismarck, auf Druck der Arbeiter, drei wichtige Sozialversicherungsgesetze: 1883 die Krankenversicherung, 1884 die Unfallversicherung und 1889 die *Invalidenversicherung*. Alle drei, 1911 in der „Reichsverordnung" *zusammengefaßt* und durch die *Hinterbliebenenversorgung* ergänzt, sind heute noch gültig. Renten- und Arbeitslosenversicherungen kamen dazu. Seit dem zweiten Weltkrieg sind ihre *Leistungen* erheblich verbessert worden. Hier folgen die wichtigsten Sozialleistungen:

[margin: decreed; handicapped insurance; combined/allowance for surviving dependents/payments]

4 / Krankenversicherung deckt Krankenhaus, Arzt- und Zahnarztkosten, Medikamente und notwendige *Pflege* zu Hause. Sie zahlt bei Verdienstausfall nach

[margin: nursing]

Viele deutsche Städte und Vororte haben große öffentliche Parks. Hier der Hirschpark in Blankenese.

Strohgedeckte Villen in Blankenese, einem wohlhabenden Vorort von Hamburg.

den ersten 6 Wochen, in denen der Arbeitgeber das volle Gehalt weiterzahlt, bis zu 78 Wochen Krankengeld, rund 80 Prozent des letzten Verdienstes. Arbeitstage, die wegen Krankheiten mit gleicher Ursache innerhalb eines Jahres ausfallen, werden zusammengerechnet.

5 / Mutterschaftsgeld und **Erziehungsurlaub:** Nach dem neuesten „Erziehungsgeldgesetz" hat eine werdende Mutter, wenn sie zur Zeit der *Schwangerschaft in einem Arbeitsverhältnis stand*, Anspruch auf Mutterschaftsgeld für die Zeit von 6 Wochen vor und 8 Wochen nach der *Entbindung*. Es ist so hoch wie ihr letzter Nettoverdienst. Davon zahlt die Krankenkasse einen *Tagessatz* von mindestens DM 3,50 und höchstens DM 25,00. Der Arbeitgeber zahlt die Differenz. Nach *Ablauf* der 14. Woche zahlt der Staat bis zum 6. Lebensmonat pro Monat DM 600,– Erziehungsgeld. Auch danach–bis zu zwei Jahren–kann noch Erziehungsgeld *bezogen* werden, aber es kann weniger werden, wenn das Familieneinkommen gewisse Einkommensgrenzen überschreitet. Eine Mutter *genießt* während der Zeit besonderen *Kündigungsschutz*. An ihrer Stelle kann auch der Vater den Erziehungsurlaub *beanspruchen*, der bis zu drei Jahre lang dauern darf.

pregnancy/was employed
delivery
daily rate
termination
drawn
enjoys/protection from layoff

6 / Unfallversicherung deckt Unfälle bei der Arbeit und auf dem Weg zwischen Arbeit und Wohnung (*neuerdings* auf Schulen und Schulwege ausgeweitet) und typische *Berufserkrankungen*. Sie leistet Vergütung für die *Heilbehandlung* und zahlt Unfallrenten, solange der Versicherte arbeitsunfähig ist, Hinterbliebenenrenten für Witwen und Waisen im Todesfall. Sie finanziert zur *Unfallverhütung* Betriebsärzte und Sicherheitsfachleute.

recently
occupational diseases/ medical care
accident prevention

7 / Invalidenversicherung sorgt für Behinderte–unabhängig von der Ursache ihrer Behinderung–vom Krankenbett bis zur *Wiedereingliederung* in Beruf

rehabilitation

und Gesellschaft und unterstützt die Familie mit 80 Prozent des Bruttover-
dienstes des Versicherten. *Schwerbehinderte* haben bevorzugten Anspruch auf   severely handicapped
Arbeitsplätze. Betriebe mit mehr als 16 Arbeitsplätzen müssen bereit sein, 6
Prozent Schwerbehinderte einzustellen. Für jeden nichtbesetzten Pflichtplatz
muß der Arbeitgeber je Monat DM 150,– *Ausgleichsabgabe* an die zuständige   compensation
Hauptfürsorgestelle abführen. Kriegsverletzte haben Anspruch auf Arbeits- und   main social service
                                                                                   office
Berufsförderung, auf *Beschädigten-* und Hinterbliebenenrenten. Die Invali-   disabled
denversicherung ist heutzutage in der Rentenversicherung einbegriffen.

8 / **Rentenversicherung** schließt Altersrenten wie auch Renten für Erwerbsunfähige ein. Voraussetzung für Altersrenten waren früher mindestens 15 Jahre
beitragspflichtige Arbeits-, Militär-, Studien- oder auch Arbeitslosenzeit, aber   subject to dues
jetzt genügt für Altersrenten (ab 65. Lebensjahr), Berufs- und Erwerbsunfä-
higkeit eine Beitragszeit von 5 Jahren. Neuerdings werden bei Frauen ab Jahr-
gang 1921 auch die Kindererziehungsjahre als Beitragszeit in der Rentenversicherung angerechnet. Vor 1907 geborene Mütter–sie werden unter dem
neuesten Gesetz „Trümmerfrauen" genannt, weil das Muttersein während der
Bombenangriffe im 2. Weltkrieg besonders schwierig war–bekommen seit
1987 monatlich DM 27 pro Kind als *Zusatzrente.* Die zwischen 1907 und 1920   additional pension
Geborenen sollen nach einem 4 Stufenplan später das gleiche Entgelt erhalten.   money

9 / Während man normalerweise mit 65 Altersrente beanspruchen kann, erlaubt das Gesetz in verschiedenen Fällen vorzeitige Beantragung der Rente („flexibles Altersruhegeld"). Seit 1957 wächst die Rente mit der Einkommensentwicklung (= Dynamische Rente), und sie ist dem früheren Lebensstandard angemessen. Die individuellen Beträge haben sich in 22 Jahren verfünffacht. Nach der Rentenreform von 1992 *ergibt sich* der Rentensatz oder das Pensionsgeld, das eine Person beanspruchen kann, aus einer komplizierten und schwer verständlichen Rechnung von Entgeltpunkten für Beitragszeiten, *Berücksichtigungszeiten*, beitragsfreien Zeiten, Zurechnungszeiten und Anrechnungszeiten.

> results from
>
> times to be considered

10 / Arbeitslosenversicherung bezahlt auf ein Jahr Arbeitslosengeld in der Höhe von 68 Prozent des letzten Nettoverdienstes an Arbeitslose mit mindestens einem Kind. Alle übrigen erhalten 63% des letzten Nettoverdienstes. Bedingung für den Anspruch sind wenigstens 6 Jahre *Beitragspflicht* während der letzten 7 Jahre. Wer über 39 Jahre alt ist, erhält bis zu 18 Monaten, und wer über 44 ist, bis zu 22 Monaten Arbeitslosengeld. 49jährige sind zu 26 Monaten Zahlung berechtigt und 54jährige zu 32 Monaten. Danach kann man Arbeitslosenhilfe beantragen, die für Arbeitslose mit einem Kind bis zu 58 Prozent beträgt, bei allen anderen 53%. Alle Arbeitnehmer sind bei der *Bundesanstalt* für Arbeit versichert. Arbeitsämter helfen bei *Berufsberatung und Arbeitsvermittlung*. Bei nötiger Umschulung bezahlt die Bundesanstalt gewöhnlich die Kosten und bei Verdienstausfall auch *Unterhaltsgeld* für die Familie.

> payment of mandatory dues
>
> Federal Agency
> career counseling and placement
> maintenance cost

11 / Sozialhilfe kann von allen beansprucht werden, für die keine Versicherung zahlt oder nicht mehr zahlt. Das gilt auch für in Deutschland lebende Ausländer. Während des starken wirtschaftlichen Aufschwungs der sechziger Jahre strömten, von der BRD *angeworben*, Millionen von Gastarbeitern hauptsächlich aus der Türkei, aus Jugoslawien, Italien, Griechenland und Spanien nach Deutschland. 1973 lebten dort über 2,5 Millionen ausländische Arbeitnehmer, viele davon mit ihren Familien. Jedes sechste in Deutschland geborene Kind war ein ausländisches. Seitdem hat man wegen Inflation und wachsender Arbeitslosigkeit den *Zustrom* weiterer Gastarbeiter *gedrosselt* und denen, die schon da waren, finanzielle *Anreize* zur Rückwanderung in ihre Heimat gegeben, aber die vielen in der BRD gebliebenen ausländischen Arbeitnehmer haben dieselben sozialen Ansprüche und auch Rechte an ihrem Arbeitsplatz wie die Deutschen.

> recruited
>
> influx/throttled
> incentives

12 / Kindergeld steht allen Familien zu, aber die Höhe hängt *vom zweiten Kind an* vom Einkommen der Familie ab. Fürs erste Kind zahlt der Staat DM 70,–, fürs zweite zwischen DM 70,– und DM 130,– fürs dritte zwischen DM 140,– und DM 220,– und für alle weiteren Kinder zwischen DM 140,– und DM 240,– *je nach* Einkommen. Das gilt bis zum 16. Lebensjahr dieser Kinder und bis zum 27. Lebensjahr, wenn sie noch im Studium oder einer Ausbildung stehen. Dann können sie weitere Unterstützung in Form von BAföG (= Bundes-ausbildungsförderungsgesetz) beantragen. Von 1972–1982 waren diese Gelder größtenteils Zuschüsse, die nicht zurückbezahlt werden mußten. Seit 1983 sind es nur noch Kredite oder Darlehen, die auch nur Kinder von Kleinverdienern in Anspruch nehmen können. Die *Förderungsquote* ist seitdem von 37% auf 23% gesunken. Anders als in den US sind deutsche Eltern *gesetzlich verpfli-*

> starting with
>
> depending on
>
> assistance quota
> bound by law

chtet, ihren Kindern ein Studium oder eine Lehre zu finanzieren. Sie können *vor Gericht verklagt* und *verurteilt* werden, wenn sie sich weigern.

indicted/convicted

13 / Die umfangreichen sozialen Maßnahmen kosten viel Geld. Wo kommt das Geld her? Es wird zum größten Teil von sozialen *Abgaben* bestritten, die in den meisten Fällen zur Hälfte vom Arbeitnehmer und zur anderen Hälfte vom Arbeitgeber getragen werden. Nur bei sehr niedrigen Gehältern bezahlt der Arbeitgeber die vollen Kosten der Sozialabgaben. Alle Arbeitnehmer, Landwirte, Lehrlinge, Studenten, Arbeitslose und Rentner sind gesetzlich verpflichtet, in einer Krankenversicherung zu sein. Nur sehr gut verdienende Angestellte und Selbständige sind nicht dazu gezwungen. Mit der Rentenversicherung steht es ähnlich. Alle Arbeitnehmer und Landwirte sind gesetzlich rentenversichert. Andere Selbständige und Hausfrauen können freiwillig der gesetzlichen Rentenversicherung beitreten. Für die Krankenversicherung betragen die Prämien zwischen 10,5 und 13,7 Prozent des Bruttogehalts, für die Rentenversicherung 17,7 Prozent, für die Arbeitslosenversicherung 6,3 Prozent, wobei, wie gesagt, Arbeitnehmer und Arbeitgeber je die Hälfte der Prämien bestreiten. Die Beiträge für die Unfallversicherung werden aber vom Arbeitgeber allein getragen.

dues

14 / Versicherungen dürfen nicht reich dabei werden. Die Verwaltung liegt in den Händen von Vertretern der Versicherten und der Arbeitgeber. Gewinne sind dabei nicht erlaubt.

15 / Man hört Arbeitnehmer über die hohen Sozialabgaben klagen, die 1986 17,7% ihres Lohns *verschlangen*, und die Arbeitgeber noch mehr über all die *Sozialleistungen*, die sie für jede Mark eines Gehalts 85 Pfennig oder mehr kosten. Schlimmer noch sind die Klagen der Arbeitgeber über die Ausbeutung der Sozialgesetze durch einige Arbeitnehmer. *Nach Angabe* des Personalleiters einer großen Firma sind durchschnittlich zehn Prozent der Belegschaft wegen echter, doch häufig vorgeblicher Krankheit abwesend. D.h., sie haben ihren Arzt überredet, sie krank zu schreiben, oft gegen seine Überzeugung. Nach Angabe von einigen Ärzten/Ärztinnen riskieren sie es, ihre Patienten zu verlieren, wenn sie sich weigern, jemanden, der behauptet, daß es ihm zu schlecht zum Arbeiten ginge, krank zu schreiben. Solche Situationen entmutigen kleine Familienunternehmungen, Angestellte zu nehmen. Ein Automechaniker mit *Abschleppdienst*, der Tag und Nacht Dienst hat und sich weder freie Wochenenden noch Urlaub gönnt, erzählte, daß er sich keine Angestellten leisten könne. Die ließen sich seiner Erfahrung nach dauernd krank schreiben, wollten an Wochenenden nicht arbeiten und verlangten, daß sie ihre sechs Urlaubswochen im Sommer nehmen könnten, wann er sie–wegen der meisten Autounfälle und den damit verbundenen Reparaturen–am dringendsten brauchte.

gobbled up
social contributions

according to

towing service

16 / Man liest seit Jahren, daß die Exzesse der sozialen Leistungen und ihre Ausbeutungen für die deutsche Wirtschaft nicht mehr *tragbar* seien, und die Arbeitgeber erhofften sich von der Regierung Kohl, daß sie die Exzesse *beschneiden* und das Rad der wachsenden Sozialleistungen ein wenig zurückdrehen würde. Es sind auch ein paar *bescheidene* Gesetzesänderungen in der Richtung gemacht worden, wie z.B. daß Rentner jetzt auch Krankenversicherungs-

bearable
curtail

modest

beiträge zahlen müssen und daß ein Patient, der sich nur unwohl fühlt aber nicht wirklich krank ist, oder der nicht unbedingt notwendige Medikamente kauft, die Kosten dafür selbst tragen muß. Aber im Ganzen sind die Sozialkosten noch gestiegen. Sie *verschlingen* fast ein Drittel des Bruttosozialprodukts.   consume

17 / Trotz der negativen Aspekte scheint es dem deutschen Sozialstaat relativ wohl zu gehen. Der Lebensstandard ist allgemein hoch, und es gibt nicht so krasse Unterschiede zwischen arm und reich wie in den USA und vielen anderen Ländern.

WORTSCHATZ

1 / vorbildlich	exemplary
die Unsicherheit	insecurity; uncertainty
die Sorge, -n	worry, care
staunen	to be amazed
abgesichert	secured
unversorgt	uncared for; unsupplied
die Lebensbedürfnisse, *pl.*	necessities of life
der Wohlstand	well-being, riches
2 / die Folge, -n	consequence
die Vorsorge, -n	provision, care; precaution
die Ernährung	feeding; support, maintenance
zum Geldanlegen	for investment
3 / die Sozialversicherung, -en	social insurance
die Krankenversicherung, -en	health insurance
die Unfallversicherung, -en	accident insurance
die Verordnung	decree, law
4 / das Medikament, -e	medicine
der Verdienstausfall, ⸚e	loss of income
5 / Anspruch haben auf	to be entitled to, have a claim to
6 / die Vergütung, -en	compensation
die Rente, -n	pension; revenue
arbeitsunfähig	unfit for work, disabled
7 / behindert	handicapped
die Ursache, -n	cause
der Verdienst	pay, salary; merit
bevorzugt	preferential; preferred
einstellen	to hire; adjust
verletzt	wounded
einbegriffen	included
8 / die Rentenversicherung	retirement insurance
erwerbsunfähig	unable to earn a living, disabled
das Entgelt	compensation, pay
9 / beanspruchen	to claim
die Beantragung, -en	application, request
der Lebensstandard	living standard
angemessen	adequate, suitable; proportionate

10 /	die Arbeitslosenversicherung, -en	unemployment insurance
	das Arbeitsamt, ¨er	unemployment office
	versichert	insured
	die Umschulung, -en	retraining
11 /	der Aufschwung	upswing, recovery, prosperity
12 /	zustehen, a, a	to be s.o.'s due
	(es steht mir zu)	(I am entitled to it)
	in Anspruch nehmen	to claim, make use of
	sich weigern	to refuse
13 /	die Maßnahme, -n	provision; steps, arrangements
	beitreten (i), a, e	to join
15 /	die Ausbeutung, -en	exploitation
	die Belegschaft, -en	staff, personnel
	echt	genuine(ly)
	vorgeblich	alleged(ly)
	abwesend	absent
	überreden	to persuade
	die Überzeugung, -en	conviction, belief
	entmutigen	to discourage
	sich gönnen	to allow oneself
	dringend	urgent(ly)

WORTSCHATZ ERWEITERN

1. Vervollständigen Sie die Sätze. / FILE # WE5D1

1 / 1. Die BRD sorgt _____ für die sozial Schwachen. (*in an exemplary way*)

2. Der Amerikaner hat viel größere _____ am Arbeitsplatz. (*insecurity*)

3. Die Deutschen brauchen keine _____ wegen Arzt- und Krankenhausrechnungen zu haben. (*worry*)

4. Jeder Bürger ist dazu berechtigt, daß seine _____ gedeckt werden. (*necessities of life*)

5. Der Staat schützt seine Bürger vor den _____ von Katastrophen. (*consequences*)

2 / 6. Der Staat hilft finanziell bei der _____ und Ausbildung der Kinder. (*support*)

3 / 7. Schon im Jahre 1883 wurden drei wichtige _____ erlassen. (*laws of social insurance*)

8. Die _____ deckt die Kosten für das Krankenhaus, Medikamente, Arzt- und Zahnarztkosten usw. (*health insurance*)

4 / 9. Wenn ein Arbeitnehmer krank ist, zahlt der Arbeitgeber bis zu 6 Wochen lang den vollen _____ weiter. (*pay, income*)

5 / 10. Der Arbeitgeber zahlt auch den größten Teil des _____. (*pregnancy money*)

6 / 11. Wenn jemand auf dem Weg zwischen Haus und Arbeitsplatz oder Schule verunglückt (= *has an accident*), zahlt die _____ für den Verdienstausfall. (*accident insurance*)

7 / 12. Schwerbehinderte haben _____ Anspruch auf Arbeitsplätze. (*preferential*)

13. Große Betriebe müssen bereit sein, 6 Prozent Schwerbehinderte _____. (*to hire*)

8 / 14. Die _____ zahlt Renten für Alte und Erwerbsunfähige. (*retirement insurance*)

9 / 15. Die Rente ist dem früheren Lebensstandard _____. (*adequate*)

10 / 16. Je älter ein Arbeitsloser ist, desto länger erhält er _____. (*unemployment benefits*)

17. Wer Berufsberatung oder einen Arbeitsplatz benötigt, geht zum _____. (*unemployment office*)

18. Alle Arbeiter und Angestellte sind bei der Bundesanstalt für Arbeit _____. (*insured*)

11 / 19. Während des wirtschaftlichen _____ der sechziger Jahre kamen viele Ausländer nach Deutschland. (*recovery*)

12 / 20. Allen Familien _____ Kindergeld _____. (*are entitled to*)

13 / 21. Alle Arbeiter und die meisten Angestellten sind gezwungen, der Kranken- und Rentenversicherung _____. (*to join*)

15 / 22. Ein Problem ist die _____ der Sozialgesetze durch einige Arbeitnehmer. (*exploitation*)

23. Durchschnittlich 10 Prozent der _____ ist wegen echter oder vorgeblicher Krankheit _____. (*personnel; absent*)

24. Manche Ärzte schreiben Patienten gegen ihre _____ krank. (*conviction*)

2. Verwandte Wörter.

Bilden Sie mit jedem Wort einen Satz. Fassen Sie auch in ein paar Sätzen zusammen, was Sie in diesem Buch über verwandte Wörter gelernt haben. Beginnen Sie z.B. so: Die meisten Wörter, die in der englischen und deutschen Sprache miteinander verwandt sind, sind Nomen. Viele haben die Endung .... Verben enden meistens in ... Adjektive ...

Nomen	Adjektive
der Aspekt	dynamisch
der Exzeß	
der Kanzler	
tder Patient	
die Situation	
der Standard	

INFORMATION ERARBEITEN

1. Vervollständigen Sie das Flußdiagramm.

Die Krankenversicherung deckt

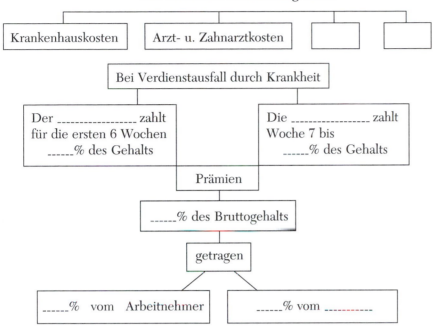

| Krankenhauskosten | Arzt- u. Zahnarztkosten | | |

Bei Verdienstausfall durch Krankheit

Der _____ zahlt für die ersten 6 Wochen _____% des Gehalts

Die _____ zahlt Woche 7 bis _____% des Gehalts

Prämien

_____% des Bruttogehalts

getragen

_____% vom Arbeitnehmer

_____% vom _____

Die Unfallversicherung deckt

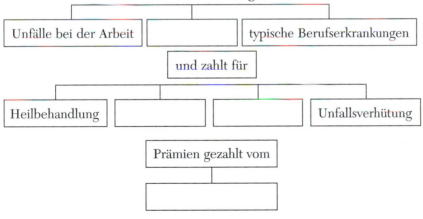

| Unfälle bei der Arbeit | | typische Berufserkrankungen |

und zahlt für

| Heilbehandlung | | | Unfallverhütung |

Prämien gezahlt vom

Die Rentenversicherung deckt

| | Renten für Erwerbsunfähige |

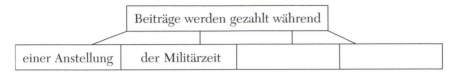

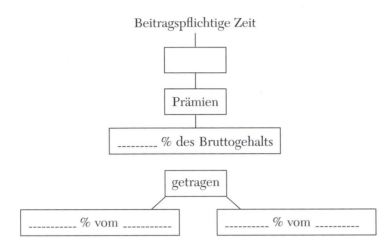

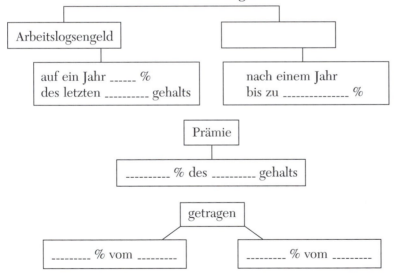

2. Definieren Sie auf englisch.

1. Erziehungsgeldgesetz
2. flexibles Altersruhegeld
3. dynamische Rente
4. Kindergeld
5. gesetzliche Krankenversicherung
6. Sozialhilfe

3. Beantworten Sie die Fragen.

1 / 1. Welche deutschen Gesetze sind für andere Länder vorbildlich geworden?

2. Warum brauchen die Deutschen keine finanzielle Krise zu fürchten?

3. Wozu ist jeder Bürger berechtigt?

3 / 4. Wer erließ die ersten Sozialversicherungsgesetze und wann?

4 / 5. Vergleichen Sie die typischen Leistungen einer amerikanischen Versicherung mit denen der Deutschen.

5 / 6. Wodurch ist eine werdende Mutter in Deutschland finanziell besser abgesichert als in den USA?

6 / 7. Was finden Sie an der deutschen Unfallversicherung ungewöhnlich?

9 / 8. Amerikaner, die eine Rentenversicherung haben, können im Alter nicht davon leben. Die Deutschen können es aber. Wie kommt das?

10 / 9. Wieviel Geld bekommt ein Arbeitsloser in Deutschland? Vergleichen Sie das mit amerikanischen „unemployment benefits".

10. Wer trägt die Kosten, wenn jemand für eine neue Arbeit trainiert werden muß, und wer sorgt so lange für den Unterhalt der Familie?

11 / 11. Wer darf Sozialhilfe beanspruchen?

12. Welche Ansprüche und Rechte haben die Gastarbeiter?

12 / 13. Bis zu welchem Lebensjahr hat eine Familie Anspruch auf Kindergeld?

14. Was ist BAföG?

13 / 15. Wie ist für Hausfrauen ohne Beruf gesorgt?

16. Was kosten den Arbeitgeber die Sozialausgaben?

15 / 17. Wie beuten manche Arbeitnehmer die Krankenversicherung aus?

18. Warum schreiben Ärzte oft Patienten krank, obwohl sie sie für arbeitsfähig halten?

19. Welches Problem haben unter Umständen kleine Unternehmen? Warum wagen sie es kaum, einen Angestellten zu nehmen?

KORREKTES SCHREIBEN

Übersetzen Sie. / FILE # KS5D

1. The German social state cares well for the sick, the old, the handicapped and the unemployed.

2. Every citizen is entitled to food, clothing, shelter, and other necessities of life.

3. The health insurance pays for treatment, medicine, and loss of income.

4. When someone "has been written ill" by his physician, the employer has to pay the full salary for the first six weeks.

5. Bigger firms have to be willing to employ severely handicapped people.

6. In some cases one can apply for retirement insurance before one is sixty-five.

7. Unemployment insurance amounts to 68 percent of the last net income.

8. During the economic recovery many foreigners came to Germany as guest workers.

9. Pregnant women are entitled to paid leave before and after the birth of the child.

10. Many high school and university students make use of BAföG.
11. Almost all employees are forced by law to join the health, unemployment and retirement insurance.
12. Housewives can join voluntarily.
13. Many employers and employees complain about the high social contributions.
14. Unfortunately, the social provisions are often exploited.
15. Some self-employed businessmen feel discouraged from hiring employees.

SPRECHEN

1. Zusatzkosten. Gespräch zu zweit.

Diskutieren Sie Schaubild 1. Z.B.:

ST 1: 1972 betrugen die Lohnzusatzkosten nicht viel mehr als _____ % des Lohns.

ST 2: Ja, aber 1991 ...

ST 1: Meine Firma bezahlt nicht so hohe Zusatzkosten wie ... Sie bezahlt nur ...

ST 2: Ja, meine Firma ...

2. Steuern und Sozialabgaben. Gespräch zu zweit.

Diskutieren Sie Schaubild 2. Z.B.:

ST 1: Findest du es viel, was der deutsche Staat vom Lohn abzwackt?

ST 2: Ja und Nein. Du mußt überlegen, was die Deutschen an Sozialleistungen erhalten. Ich finde ...

ST 1: Ja, und vergiß nicht die ... Ich erhalte ... und meine Steuern ...

ST 2: Du hast recht. Meine Steuern ... und ich bekomme von meiner Versicherung und Pension ...

LESEN UND VERSTEHEN

Lesen Sie den Artikel vom 5. Juni 1992 aus den **DEUTSCHLAND NACHRICHTEN,** *und machen Sie danach die gestellte Aufgabe.*

WIRTSCHAFTSNACHRICHTEN

Bonner Koalition beschließt Sparprogramm im Gesundheitswesen

Die Spitzenpolitiker der Bonner Koalitionsparteien CDU, CSU und FDP haben sich am 2. Juni auf ein Sparprogramm geeinigt, mit dem der *Anstieg* der   increase

Schaubild 1

Schaubild 2

Kosten im Gesundheitswesen *gebremst* werden soll. Mit den jährlich elf Milliarden Mark, die das Programm einsparen soll, könnte eine *Erhöhung* der *Zwangsbeiträge* zu den gesetzlichen Krankenkassen *vermieden* werden. Das *Ausgabenvolumen* der Krankenkassen insgesamt erreichte im vergangenen Jahr etwa 150 Milliarden Mark.

Das deutsche Krankenkassensystem verteilt die Kosten des Gesundheitswesens nach dem Solidaritätsprinzip auf alle. Jeder Arbeitnehmer (außer den oberen Einkommensgruppen und den Beamten) muß einer Krankenkasse *angehören*. Den *Pflichtbeitrag*, etwa 13 Prozent des Bruttoeinkommens, zahlen Arbeitnehmer und Arbeitgeber je zur Hälfte.

Die Mitglieder, etwa 90 Prozent der Bevölkerung, haben dafür Anspruch auf eine beliebige Zahl von Arztbesuchen, für die sie nichts zu bezahlen brauchen. Die Ärzte und die Krankenhäuser rechnen direkt mit den Kassen ab, ohne daß der Patient erfährt, welche Kosten seine *Behandlung* verursacht.

Die Krankenkassen, deren Ausgaben in letzter Zeit etwa doppelt so schnell steigen wie die Einnahmen, rechnen für dieses Jahr mit einem Defizit von zehn Milliarden Mark.

Gesundheitsminister Horst Seehofer teilte zu den *Einzelheiten* seines Programms vor der Presse mit, es *belaste* die Patienten jährlich mit 3,2 Milliarden Mark. Ärzte, Kliniken und Pharmaindustrie sollen zusammen 8,2 Milliarden beitragen.

Ab 1993 werden die Patienten nach dem Programm, dem Bundestag und Bundesrat noch *zustimmen* müssen, für *Krankenhausaufenthalte*, Medikamente und Zahnersatz höhere *Eigenbeiträge aufbringen* müssen. Bei jedem Medikament wird der Patient *künftig* zwischen drei und zehn Mark selbst zahlen müssen.

Im Krankenhaus soll die *Selbstbeteiligung* der Patienten, die bisher nur für die ersten zwei Wochen zu leisten ist, künftig *unbegrenzt* gelten und auf elf Mark pro Tag erhöht werden. Ein Drittel der Ausgaben der Krankenkassen *entfällt* zur Zeit *auf* Krankenhausaufenthalte. Die Krankenhauskosten haben auch die stärkste Steigerungsrate.

Die *Pflegesätze* der Krankenhäuser und die Honorare der Ärzte und Zahnärzte sollen nach dem Koalitionsprogramm 1993 und 1994 nicht stärker steigen als die Beitragseinnahmen der Krankenkassen. Die Pharmaindustrie soll ihre Preise in diesem Jahr auf dem Stand von Mai 1992 halten und 1993 sogar senken.

Von 1994 an soll jeder Patient regelmäßig darüber informiert werden, welche Leistungen mit welchen Beträgen für seine Behandlung abgerechnet wurden.

Das Selbstbeteiligungs-Element im Sparprogramm der Koalition *löste* heftige Kritik nicht nur bei den Sozialdemokraten und den Gewerkschaften *aus*, sondern auch bei den Interessenverbänden der Ärzte. Der Präsident der Bundesärztekammer, Fritz Vilmar, sprach von „Planwirtschaft''; der Marburger Bund von „arbeitnehmer-freundlicher Sozialpolitik''.

Die Bundestagsfraktionen von CDU/CSU und FDP billigten das Programm *einstimmig*. Auch der Arbeitgeberverband *begrüßte* das Programm.

Marginal glosses:

stopped
increase
compulsory contributions (premiums)/
avoided
expenses

belong to/compulsory contribution

treatment

details
would burden

agree/stays in the hospital
own payments/come up with
in the future

participation
unlimited

pays for

hospital rates

started

unanimously
welcomed

Umreißen (Outline) Sie das Sparprogramm, auf das Spitzenpolitiker der CDU, CSU und FDP sich geeinigt haben.

1. Selbstbeteiligung der Patienten:

a. _____
b. _____
c. _____

2. Pflegesätze der Krankenhäuser_____-

3. Honorare der Ärzte _____

Gründe für das Sparprogramm:

a. Ausgaben der Krankenkassen: _____
b. Einnahmen der Krankenkassen: _____

HÖREN UND VERSTEHEN

Hören Sie sich das 1. Tonband-Interview zu Kapitel V-D an.

VERSTÄNDNISHILFEN

zum Gespräch über soziale Sicherheit

in dieser Hinsicht	in this respect
entlastet	(partially) relieved
Nebenlohnkosten	fringe benefits
Personal-Zusatzkosten	employees' fringe benefits
Sonderurlaub	special (additional) leave
Kürzungen	cutbacks
gebremst	slowed
nicht unbedingt erforderliche Arzneimittel	not absolutely necessary drugs
die so schnell nicht in den Griff zu bekommen sind	which cannot be solved that quickly
Grundversicherung	basic insurance
Tannenbaum	Christmas tree
Steigerung	increase
Erhöhung	increase
Bundeszuschuß	federal subsidy
Steuerzahler	tax payer
schmackhafter	more attractive

Bundeserziehungsgesetz	federal law concerning child raising
gültig	effective
Gewährung	granting
Schwangere	pregnant woman
beanspruchen	claim
Sorgerecht	custody
im Zuge der Gleichberechtigung	in accordance with equal rights
ich könnte das keinem Mann verdenken	I could not hold it against any man
Zwiespalt	conflict
vergütet	compensates
aufgezogen	raised
Trümmerfrauen	"women of ruins" = women who lived through two world wars and raised children during World War II
besorgt	worried
im Angesicht der Tatsache	in light of the fact
versorgt	supported
das will man jetzt ganz energisch angehen	that is to be attacked vigorously now
Überversorgung an	over supply of
nicht so ausgesprochen wie	not as pronounced as

Hören Sie sich das Gespräch zum zweiten Mal an, und entscheiden Sie dann, ob die folgenden Aussagen darin gemacht werden.

1. Die Hoffnung, daß die Kohl-Regierung durch neue Sozialgesetze die Arbeitgeber entlasten würde, hat sich erfüllt. **JA NEIN**
2. Die Personal-Zusatzkosten sind in den letzten Jahren noch gestiegen. **JA NEIN**
3. Seit es die 5-Tagewoche gibt, erhalten die Schwerbeschädigten keinen Sonderurlaub mehr. **JA NEIN**
4. Das Arbeitslosengeld ist weniger geworden. **JA NEIN**
5. Es wird auch nicht mehr so lange bezahlt. **JA NEIN**
6. Die Rentner müssen jetzt auch Krankenversicherungsbeiträge bezahlen. **JA NEIN**
7. Alle Arzneimittel werden von der Krankenkasse bezahlt. **JA NEIN**
8. Die demographische Entwicklung ist ungünstig, denn es gibt zu wenige Kinder in der BRD. **JA NEIN**
9. Bisher ernährten drei Arbeitende einen Rentner. Im Jahre 2030 wird es fast umgekehrt sein. **JA NEIN**
10. Der Bundeszuschuß wird auch weniger werden. **JA NEIN**
11. Die Regierung will den jungen Frauen das Kinderkriegen schmackhafter machen. **JA NEIN**
12. Nach dem neuen Bundeserziehungsgesetz darf eine Mutter nach der Geburt länger Urlaub machen, wobei

ihr Arbeitsplatz garantiert ist und sie finanziell unterstützt wird. **JA NEIN**

13. Statt der Mutter kann auch der Vater den Erziehungsurlaub beanspruchen. **JA NEIN**

14. Nach Herrn Röhrs stellen Arbeitgeber nicht gern junge Frauen ein, weil sie vielleicht viele Kinder kriegen und oft Anspruch auf Erziehungsurlaub stellen. **JA NEIN**

15. „Trümmerfrauen" sind die Frauen, die im 2. Weltkrieg Trümmer weggeräumt haben. **JA NEIN**

16. Nach einem neuen Gesetz bekommen jetzt Frauen, die 1906 oder davor geboren sind, 27 Mark monatlich Zusatzrente für jedes Kind, das sie aufgezogen haben. **JA NEIN**

17. Die Opposition ist nicht zufrieden mit diesem Gesetz. **JA NEIN**

18. Es gibt nicht genug Ärzte in der BRD. **JA NEIN**

HÖREN UND VERSTEHEN

Hören Sie sich das 2. Tonband-Interview zu Kapitel V-D an.

Frau Dr. Meyerhoff

VERSTÄNDNISHILFEN

zum Gespräch mit einer Ärztin über Krankenversicherung

Landärztin	country doctor
überweisen	transfer
Patienten	patients
Durchmesser	diameter
Praxis	doctor's office
ein Einsatz mit dem Peterwagen	to use the ambulance
verpflichtet	liable

Kassenärztin	a doctor licensed by (state) health insurance
Vorschriften	regulations
eines niedergelassenen Arztes	of a resident physician
der Kassenpatienten behandelt	who treats patients with (state) health insurance
Unterlagen	papers, documents
Ärztekammer	General Board of Physicians
Standesvertretung von Ärzten	professional representation of physicians
legt den Antrag vor	presents the application
geklärt	clarified
anstelle	instead of
Krankenschein	health insurance form
abgeführt	here: paid
kleben ... auf	glue on
Facharzt	specialist
Überweisungscheine	forms to transfer the patient to a specialist
vollkommen gedeckt	fully covered
Untersuchung	(physical) examination
Spritzen	injections
aber die Arznei verlangt die sogenannte Selbst-, die sogenannte Beteiligung, Kostenbeteiligung	but people have to share in the costs of drugs
rezeptierte Medikament	prescription drugs
verordnet	prescribed
pro so einem sogenannten Hilfsmittel	per such a so-called aid
Rezept	prescription
nicht mehr tragbar	no longer affordable
von größerer Selbstbeteiligung	about paying a bigger share yourself
Mindestversicherung	minimum insurance
trifft	concerns
Rat	here: remedy
große Anspruchshaltung	entitled attitude; people claim too many services because they hardly cost anything
ungerecht	unjust
aufkommt	here: pays
Fond	funds
Bagatellen-Beschwerden	minor complaints
erscheinen	show up
Befindlichkeitsstörungen	minor upsets of good health
eingetragen	entered
sonst wird uns Ärzten das in Rechnung gestellt	otherwise we doctors will be charged for it
überfragt	not sure

Lesen Sie die Fragen, bevor Sie das Gespräch zum zweiten Mal anhören, damit Sie entsprechende Notizen machen können. Vielleicht müssen Sie noch ein drittes Mal zuhören, bevor Sie alle Fragen beantworten können.

1. Was bedeutet es, Kassenarzt oder Kassenärztin zu sein?
2. Was ist ein Krankenschein?
3. Was war die ursprüngliche Idee der Krankenversicherung gewesen?
4. Warum ist nach Dr. Meyerhoffs Meinung die Krankenversicherung inzwischen viel zu kostspielig geworden?
5. Wie müssen sich jetzt die Patienten an den Kosten selbst beteiligen?

APPENDIX

A TOOL FOR MORE EFFECTIVE CORRECTING AND GRADING OF PAPERS

All instructors who have taught German language and literature classes most likely have been frustrated by the time they spend correcting written assignments and the small effect it seems to have on improving the students' German. They know that many students don't even look at the corrections when they make the exact same errors on a follow-up quiz given only a few days later.

After thirty years of teaching experience and grading papers, I finally came up with a tool that has made a noticeable difference during the past two semesters. I have formulated, as succinctly as possible, sixty-five responses to the most frequently made language mistakes and have given the list to all students in the form you see reproduced here. I have then instructed the students to write all the assignments double-spaced, so that I can write the number of the response to their error under the underlined word, and they, after reviewing the rule, can write the correction above the word and turn the paper in again. It absolutely forces the students to understand their language errors and to correct them.

All my German-teaching colleagues have adopted this method because they found it effective. Some, in the beginning, did not give a grade for the first version, but only for the work the students returned after the instructor had tagged the errors. However, it soon became obvious that many students did not try very hard the first time. I recommend that the instructor give a grade for the first version, but tell the students that he/she will change it provided they manage to correct most of the "tagged" errors, but that the grade will not be raised by more than one letter.

A possible objection may be that this method of correcting papers will take too much time. It will indeed take more time in the beginning, but even if the number of collected papers must be reduced, the students will learn more this way, and after a very short time the instructor will have memorized the few numbers that come up time and again. The others can be located quickly since they are listed by categories. To make things very easy, I have the pages—glued on cardboard side by side—propped up on my desk. For faster grading, the instructor could also choose to simply underline faulty words and let the students identify the appropriate rule and tag the word by number along with the correction.

My proposed method of correcting papers facilitates also the assignment of a more objective grade. At a glance it becomes obvious in what areas the student makes most of his or her mistakes, and whether they should weigh lightly or heavily at the particular class level. For example, if the paper of an intermediate student is riddled with numbers 1, 33, or 52, he or she is missing some very basics of the German language and does not deserve a good grade. If, on the other hand, the paper is marked with many numbes in the twenties and the class has not yet reviewed adjective endings, the student might even deserve an A.

I have also listed the important punctuation rules, but separately and identified by letters rather than numbers. For Germans, as is well-known, proper punctuation is almost as important as correct spelling and shows the reader the level of education a person has had. However, the instructor may not want to bother beginning or intermediate students with punctuation rules because they still have much trouble with basic grammar. I myself reserve all but the first four rules for more advanced students.

These rules naturally do not cover all mistakes students make. The list would become too long to be helpful. Those corrections must be handled individually. Often students err in the choice of words. Unless it is a colloquial expression where a more formal word would be appropriate (#60) or an inappropriate literal translation of an English idiom into German (#61), one cannot correct the problem by pointing to a fixed rule. Many instructors will simply replace the word or idioms with the correct German equivalent. Others will offer a footnote in addition.

An instructor may want to condense this list to the rules that address the most frequently made errors, or extract only those his or her class has worked with already. I wanted to offer no more than one model which could spawn more ideas of how to correct papers more effectively.

SIXTY-FIVE RESPONSES TO THE MOST FREQUENTLY MADE GERMAN LANGUAGE ERRORS*

WORD ORDER

1. The conjugated verb in a statement sentence of a main clause must be the second element.
2. This conjunction introduces a dependent clause, and the conjugated verb must be at the end.
3. Conjunctions **und, aber, denn, oder, sondern** introduce a main clause and do not count as first element. The conjugated verb must be the second element.
4. An indirect question is a dependent clause with the conjugated verb at the end.
5. A relative clause is a dependent clause with the conjugated verb at the end.
6. If a sentence begins with a dependent clause, the conjugated verb of the main clause follows immediately.
7. Time expressions always precede place expressions.
8. Infinitives and past participles go to the end of main clauses.
9. In a double infinitive construction the infinitive of the modal is always last.

CASES

10. Your sentence lacks a subject (= Nominative Case). You used an object in the Dative or Accusative instead.
11. You need a Predicate Nominative instead of the Accusative (always after the verbs **sein, werden, bleiben**).
12. Your verb requires a direct object, therefore the Accusative Case. For endings of "**der**-words" or "**ein**-words" see #25 and #26.
13. The indirect object requires the Dative. For endings of "**der**-words" and "**ein**-words" see #25 and #26. Monosyllabic masc. or neuter nouns may add an **-e**. Pl. nouns in the Dative add an **-n**, unless their pl. form ends in an **-s**.
14. You used a verb that requires the Dative where you expect a direct object. (The most common Dative verbs are **danken, helfen, antworten, verzeihen, passen, dienen**.)
15. The possessive case is the Genitive. For endings of "**der**-words" and "**ein**-words" see #25 and #26. Masc. and neuter sing. nouns get an **-s** or an **-es** ending.

---

*These responses, mostly in the form of German grammar rules, were published in the Spring 1991 *Unterrichtspraxis* in an article entitled "A Tool for More Effective Grading of Papers," authored by me. **For the students** it can serve as a review grammar. When reading it as such, skip numbers 2, 10, 11, 12, 14, 36, 37, 55, 57, 58, 60 and 61. **For the instructors** I have the text of the article reprinted here as an instructional aid. The punctuation rules follow.

16. Masc. and neuter sing. nouns get an- **(e)s** ending in the Genitive, unless they are **n**-nouns (See #17).

17. So-called **n-nouns** have an **-en** or **-n**-ending in all cases sing. and pl. except the Nominative sing.

18. Dative pl. nouns end in an **-n** unless they end in an **-s**.

19. The prepositions **mit, nach, bei, seit, von, zu, aus, außer** are always followed by the Dative. For endings see #13.

20. The prepositions **durch, für, gegen, ohne, um, wider** are always followed by the Accusative. For endings see #25 and #26.

21. The two-way prepositions **an, auf, hinter, in, unter, über, vor, neben, zwischen**, when indicating location, require the Dative if no change of place or motion toward a place is expressed, otherwise they take the Accusative.

22. The prepositions **während, wegen, trotz, statt, anstatt** and all those ending in **-halb** require the Genitive. For endings see #15.

23. A definite time expression requires the Accusative. (See #25 and #26.)

24. An indefinite time expression requires the Genitive. (See #15.)

25. Review the endings of the definite articles and "**der** words." **ARTICLES**

	masculine	feminine	neuter	plural
Nominative	der	die	das	die
Accusative	den	die	das	die
Dative	dem	der	dem	den
Genitive	des	der	des	der

26. Review the endings of the indefinite article and "**ein**-words."

	masculine	feminine	neuter	plural
Nominative	ein	eine	ein	meine
Accusative	einen	eine	ein	meine
Dative	einem	einer	einem	meinen
Genitive	eines	einer	eines	meiner

27. The so-called "**der**-words" (**dieser, jener, welcher, solcher, mancher**) have the same endings as the definite article. (See #25.)

28. The possessive adjectives (**mein, dein, sein, unser, euer, ihr, Ihr**) are so-called "**ein**-words." For endings see #26. **ADJECTIVES**

29. Adjectives following either the definite article or so-called "**der**-words" have **-en** endings with few exceptions:

	masculine	feminine	neuter	plural
Nominative	-e	-e	-e	-en
Accusative	-en	-e	-e	-en
Dative	-en	-en	-en	-en
Genitive	-en	-en	-en	-en

30. Adjectives following the indefinite article or possessive adjectives, the so-called "**ein**-words", (see #26) show gender where the "**ein**-word" is without ending.

	masculine	*feminine*	*neuter*	*plural*
Nominative	-er	-e	-es	-en
Accusative	-en	-e	-es	-en
Dative	-en	-en	-en	-en
Genitive	-en	-en	-en	-en

31. Adjectives neither preceded by a "**der**-word" nor "**ein**-word" need to show gender. Their endings are therefore identical with the endings of the definite article (see #25).

32. After the indefinite quantifiers **viele, wenige, einige**, adjectives which follow directly have the same endings as those quantifiers, e.g., viel**e** nett**e** Leute (Nom. + Acc.), viel**en** nett**en** Leuten (Dative), viel**er** nett**er** Leute (Genitive). N.B.: **alle** is not considered an indefinite quantifier and affects an adjective like a "**der**-word," e.g., alle nett**en** Leute.

33. Predicate adjectives and adverbs have no endings.

34. Adjective nouns have the same endings as adjectives (see #28–32).

35. Adjectives indicating nationality are not capitalized in German.

36. Watch the number of the subject! Is it singular or plural? The number of your verb must agree with it.

37. You have conjugated a **sein**-verb with **haben**. **Sein**-verbs are intransitive verbs of motion, verbs indicating a change of condition, plus the verbs **sein, werden, bleiben**.

38. Past participles of "weak" (= regular) verbs end in **-t**.

39. Past participles of "strong" (= irregular) verbs end in **-en**.

40. The present perfect tense is formed by the present tense of **haben** or **sein** (see #37) plus the past participle.

41. The past perfect tense is formed by the past tense of **haben** or **sein** (see #37) plus the past participle.

42. The present tense passive voice is formed by the present tense of **werden** plus the past participle (e.g., Er **wird gerufen**).

43. The past tense passive voice is formed by the past tense of **werden** plus the past participle (e.g., Er **wurde gerufen**).

44. The present perfect tense passive voice is formed by the present tense of **sein** plus the past participle plus **worden** (e.g., Er **ist gerufen worden**).

45. The past perfect tense passive voice is formed by the past tense of **sein** plus the past participle plus **worden** (e.g., Er **war gerufen worden**).

46. The future tense passive voice is formed by the present tense of **werden** plus the past participle plus **werden** (e.g., **Sie wird gerufen werden**).

47. Use the simple past tense to relate a chain of events, unless you want to sound very informal. In that case use the present perfect tense.

48. Use the present perfect tense to relate past events very informally.

49. You can tell a story or chain of events in the simple past or present tense, but do not switch back and forth between the tenses.

50. Use the past perfect tense within a chain of events told in the simple past when you want to relate an event preceding that chain of events.

51. Use the present perfect tense within a chain of events told in the present tense when you want to relate an event preceding that chain of events.

52. Modals govern infinitives without **zu**.

VERBS AND TENSES

53. This verb has a separable prefix which goes to the end of the clause in the present and simple past tenses, in main clauses, and in direct command forms.

54. In an infinitive-clause with **zu** the **zu** goes between the separable prefix and the stem of the verb, e.g., **abzuholen, aufzuschreiben**.

55. Incorrect spelling.

MISCELLANEOUS

56. All German nouns are capitalized.

57. Incorrect plural ending.

58. Wrong gender.

59. Wrong preposition. The agent in a passive voice construction is always indicated by **von**, or by **durch** if the agent is inanimate.

60. Choose a different word. Yours is a colloquialism that is inappropriate in this context.

61. You translated an English idiom literally. It does not exist in that form in German.

62. **Viel** means **much** and has never an ending. **Viele** means **many** and follows the rules for adjective endings.

63. Use **nach** for places with a geographical name, never **zu**, e.g., **zu** meiner Mutter, but **nach** Deutschland.

64. The English **when** is translated with **als** for one-time events or conditions in the past, with **wenn** for repeated occurrences in the past or present and with **wann** in direct or indirect questions about the time of an occurrence.

65. The German **ich** is never capitalized unless it is the first word of the sentence.

BASIC RULES OF GERMAN PUNCTUATION

a. Main and dependent clauses are always separated by a comma before the conjunction, no matter which clause precedes. Here the dependent clause is introduced by a subordinating conjunction (all conjunctions except **und, oder, denn, aber, sondern**).

b. Main and dependent clauses are always separated by a comma. Here the dependent clause is introduced by a **relative** pronoun.

c. Main and dependent clauses are always separated by a comma. Here the dependent clause is an **indirect question**.

d. Two main clauses are separated by a comma.

e. Two main clauses are separated by a comma. Here, as often, the second clause is introduced by one of the five coordinating conjunctions **und, oder, aber, denn, sondern**.

f. There is no comma when **und** or **oder** connect two short, closely connected main clauses.

g. There is no comma before **und** when it connects two dependent clauses with the same subject.

h. There is no comma before **und** unless it connects two independent clauses (clauses with their own subject and verb).

i. There is <u>always</u> a comma before the coordinating conjunctions **aber, allein, jedoch, sondern, vielmehr**.

j. An infinitive with a **zu**-clause is preceded by a comma if it contains an additional element (e.g., Ich habe nichts dagegen, <u>zu Hause</u> zu essen. But: Ich habe nichts dagegen zu essen).

k. A comma follows an infinitive-with-**zu**-clause when it is not at the end of a sentence.

l. An infinitive-with-an-**um-zu**-clause is preceded by a comma if there is an additional element (e.g., Sie geht aus dem Zimmer, um <u>ungesehen</u> zu weinen. But: Sie geht aus dem Zimmer um zu weinen).

m. Prepositional phrases are not separated by a comma.

ALPHABETICAL LIST OF COGNATES

(The numbers and letters indicate the chapter in which they occur first)

NOUNS

die Adresse, -n 4B
die Aktion, -en 3B
die Alternative, -n 3B
der Apparat, -e 4B
der Artikel, - 1
der Aspekt, -e 5D
die Atmosphäre 2A
die Attraktion, -en 1
die Bank, -en 4B
der Bankrott 4C
die Branche, -en 2A
das Brutto-Sozialprodukt 2A
das Budget, -s 4D
das Büro, -s 4B
die Bürokratie, -n 5A
der Chauffeur, -e 5C
der Container, - 4A
die Daten, *pl.* 2A
das Defizit, -e 3B
der Diesel 4A

die Differenz, -en 3C
der Diskont 4C
die Disposition, -en 4C
die Distanz, -en 5A
die Dividenden, *pl.* 5B
das Einkommen 2B
die Elektrizität 2C
die Elektrotechnik 2A
die Energie, -n 2C
das Erdgas 2C
das Europa 3C
die Exekutive 3C
der Export 3B
der Exzeß, Exzesse 5D
der Faktor, -en 4D
die Figur, -en 2A
die Firma, Firmen 2A
die Form, -en 4B
die Fracht, -en 4A
die Garantie, -n 2A

die Generation, -en 5A
das Glas, ⁻er 2A
das Gremium, Gremien 3C
die Gruppe, -n 5B
die Hierarchie, -n 5A
das Indossament, -e 4C
die Industrie, -n 1
das Institut, -e 4B
das Interesse, -n 4B
die Intervention, -en 3C
die Investition, -en 2C
der Investor, -en 2A
das Kabel, - 4B
die Kalkulation, -en 4D
der Kanal, ⁻e 1
der Kandidat, -en 5C
der Kanzler, - 5D
das Kapital 3A
die Karriere, -n 4B
die Karte, -n 4B

der Katalog, -e 3A
die Katastrophe, -n 3B
die Kategorie, -n 2A
die Klasse, -n 3B
das Klima 2B
die Kombination, -en 4A
die Kommission, -en 3C
der Kommunismus 2A
der Komputer, - 4B
der Konsument, -en 3A
das Konzept, -e 2C
die Kosten, *pl.* 2A
der Kredit, -e 3A
die Krise, -n 2C
die Kultur, -en 1
das Land, ¨er 1
der Lebensstandard 3C
die Liquidität 5B
die Liste, -n 5C
die Lokomotive, -n 4A
der Luxus 3B
der Markt, ¨e 4D
die Maschine, -n 2A
das Material 2B
die Mechanisierung 2B
die Messe, -n 4D
das Metall, -e 2C
die Methode, -n 3B
die Million, -en 1
die Nation, -en 1
das Naturprodukt, -e 1

der Nerv, -en 4A
die Nummer, -n 4C
die Obligation, -en 4C
das Öl 2C
der Pakt, -e 3B
das Papier, -e 2A
die Parität, -en 5C
das Parlament, -e 3C
der Passagier, -e 1
der Patient, -en 5D
der Plan, ¨e 3C
die Politik 2B
der Politiker, - 2C
das Porzellan 2A
die Post 2A
der Preis, -e 2A
die Preisgarantie, -n 2B
das Prinzip, -ien 2B
die Privatisierung, -en 3B
das Privileg, -ien 4D
das Problem, -e 2C
das Produkt, -e 2A
die Produktion, -en 2B
der Profit 3A
die Prognose, -n 2A
der Protest, -e 2C
das Prozent, -e 2B
das Referendum 3C
die Regulierung, -en 5B
die Renaissance 2C
die Reparatur, -en 2A

die Reserve, -n 2C
der Respekt 5A
die Ressourcen, *pl.* 2C
die Restriktion, -en 2C
die Romantik 2B
die Routine, -n 5A
die Saison, -s 1
der Satellit, -en 4D
der Scheck, -s 4C
das Schiff, -e 4A
der Sektor, -en 2A
das Signal, -e 2B
die Situation, -en 5D
der Sportartikel, - 4D
der Standard 5D
der Streik, -s 5C
die Struktur, -en 2C
die Substitution, -en 2C
die Summe, -n 2B
das System, -e 2A
der Tarif, -e 3C
der Titel, - 5A
der Tourist, -en 1
die Tradition, -en 5A
der Transport 1
der Überseetransport 4A
die Union, -en 3C
das Warenhaus, ¨er 3A
der Wein, -e 1
der Wille 3C
die Zone, -n 4A

VERBS

akzeptieren 3C
degradieren 3B
dezimieren 4B
experimentieren 4D
faszinieren 2A
finanzieren 3B
funktionieren 3B
garantieren 3B
informieren 4B
investieren 5B

kontrollieren 3A
koordinieren 4B
kritisieren 2A
modernisieren 2A
organisieren 5B
praktizieren 3B
privatisieren 2A
produzieren 2B
profitieren 4B

ratifizieren 3C
rationalisieren 2A
reduzieren 2C
regulieren 4C
riskieren 5B
signalisieren 3C
standardisieren 4C
subventionieren 2C
telefonieren 4B

ADJECTIVES

aggressiv 4D
akademisch 5A
aktiv 4B
amerikanisiert 5A
animiert 3A
attraktiv 3A

automatisch 4C
bankrott 3B
beladen 4A
chemisch 2A
dekorativ 2A
demokratisch 4B

detailliert 4B
diversifiziert 4B
dynamisch 5D
elektrisch 4A
enorm 3C
feudalistisch 5A

flexibel 5A
graphisch 4D
grotesk 5A
industriell 2A
inklusive 5C
intern 3B
keramisch 2A
konfessionell 5C
konservativ 4B
konstant 2A
konzertiert 3B
krass 5C
kulturell 4B
legal 5B

liberal 4B
limitiert 4C
maschinell 2A
massiv 2A
modern 1
national 3C
negativ 3C
neutral 5C
nominal 5B
organisiert 5B
populär 4B
problematisch 2A
profiliert 5A
qualifiziert 3B

regional 4B
relevant 4B
risikofrei 4D
riskant 4C
schamlos 5C
separat 4D
skeptisch 4D
sozial 2A
speziell 4D
stabil 3C
theoretisch 5C
unproduktiv 4B
unrealistisch 3B
vital 2A

MAIN SOURCES OF RECENT INFORMATION AND STATISTICS

ABC der Europäischen Gemeinschaften. Hg. vom Referat Öffentlichkeitsarbeit des Bundesministeriums für Wirtschaft, Bonn, Mai 1986.

Auf dem Weg zur Europäischen Union: Die Beschlüsse des Europäischen Rates von Maastricht. Reihe Politik-Information. Hg. vom Presse- und Informationsamt der Bundesregierung, Bonn. Juni 1992.

Berlin: Vom Brennpunkt der Teilung zur Brücke der Einheit. Studien zur Geschichte und Politik. Schriftenreihe Band 288. Hg. von Gerd Langguth. Bundeszentrale für politische Bildung, Bonn, 1990.

Bonner Almanach 1989/90: Politik zum Nachschlagen. Vierzig Jahre Bundesrepublik Deutschland. Hg.: Presse- und Informationsamt der Bundesregierung, Bonn.

Das Telekombuch 1992. Hg. von der Deutschen Bundespost.

Deutschland: Land und Leute. Hg. vom Presse- und Informationsamt der Bundesregierung, Bonn, Juli 1991.

Deutschland: Verfassung und Rechtsordnung. Hg. vom Presse- und Informationsamt der Bundesregierung, Bonn, Juli 1991.

Die ERP Programme 1992. Hg. vom Referat Öffentlichkeitsarbeit des Bundesministeriums für Wirtschaft, Bonn, 1992.

Die neuen Bundesländer als Wirtschaftspartner. 2. neubearbeitete und erweiterte Auflage, Bundesstelle für Außenhandelsinformation, Köln, 1992.

Die Vollendung des Europäischen Binnenmarktes 1992: Chance und Herausforderung. Hg. vom Referat Öffentlichkeitsarbeit des Bundesministeriums für Wirtschaft, Bonn, Februar 1992.

Die Wirtschafts- und Währungsunion: Unser Weg zu Stabilität und Wohlstand. Hg. vom Presse-und Informationsamt der Bundesregierung. Bonn. O.J.

Ein internationaler Standort mit Zukunft: Die neuen deutschen Bundesländer. Hg. vom Referat Öffentlichkeitsarbeit des Bundesministeriums für Wirtschaft, Bonn 1992.

Export Fibel: Wegweiser für kleine und mittlere Unternehmen. Hg. vom Bundesministerium für Wirtschaft, Bonn.

IH, The Chambers of Industry and Commerce: Partners for Business. Hg. vom Deutschen Industrie- und Handelstag (DIHT), Bonn, o. J.

Meeting German Business. Compiled and edited by Irmgard Burmeister. An Atlantic-Brücke Publication. Hamburg, 1980.

Meet United Germany: Handbook 1991/92. Edited by Susan Stern. A publication of the Frankfurter Allgemeine Zeitung GmbH Information Services and Atlantic-Brücke e. V., Frankfurt am Main, 1991.

Meet United Germany: Perspektives. Edited by Susan Stern. A publication of the Frankfurter Allgemeine Zeitung GmbH Information Services and Atlantic-Brücke e. V., Frankfurt am Main, 1991.

Projektion der gesamtwirtschaftlichen Entwicklung in der Bundesrepublik Deutschland bis zum Jahre 1995. Dokumentation Nr. 316. Hg. vom Referat Öffentlichkeitsarbeit des Bundesminsiteriums für Wirtschaft, Bonn.

Statistisches Jahrbuch 1992 für die Bundesrepublik Deutschland. Hg. vom Statistischen Bundesamt/Wiesbaden. Verlag Metzler/Poeschel, 1992.

Tatsachen über Deutschland. Hg. vom Sozietäts-Verlag, Frankfurt am Main, 1992.

Vertrag über die abschließende Regelung in bezug auf Deutschland: Die Verhandlungen über die äußeren Aspekte der Herstellung der deutschen Einheit. Hg. vom Presse- und Informationsamt der Bundesregierung. Bonn 1990.

Welcome to Germany. Published by Prestel-Verlag. Munich, 1992.

Wirtschaft von A-Z. Hg. vom Referat Presse und Information des Bundesministeriums für Wirtschaft, Bonn 1982.

NEWSPAPERS AND WEEKLY PUBLICATIONS WHICH SERVED AS SOURCES FOR INFORMATION:

CAPITAL (Gruner und Jahr AG & Co, Eupener Str. 70, 50933 Köln).

DEUTSCHLAND NACHRICHTEN (German Information Center, 950 Third Ave, New York, N.Y. 10022).

FRANKFURTER ALLGEMEINE ZEITUNG (GmbH, Postfach 10 08 08, 60267 Frankfurt am Main).

HANDELSBLATT (Verlagsgruppe Handelsblatt GmbH, Kasernen Strasse, 40213 Düsseldorf).

SÜDDEUTSCHE ZEITUNG (Postfach 20 22 20, 80331 München 2).

WIRTSCHAFTSWOCHE (Postfach 3734, 40213 Düsseldorf 1).

DIE ZEIT (Zeitverlag Gerd Bucerius GmbH & Co., Postfach 10 68 20, 20079 Hamburg 1).

GLOSSARY

The German-English Glossary is an alphabetical list of the words introduced in each chapter. Commonly used words from the interviews and newspaper articles are included. The number and letter (in parentheses) behind the vocabulary item indicate where in the text it can be found. Words or expressions from the interviews are marked with an "I" before the chapter number, and those from newspaper articles with a "Z" (for "Zeitung"). Vocabulary items used in the instructions are prefaced by an "A" (for "Anweisung"). If a word was listed on any of the chapter "Wortschatz" lists, that chapter number will be indicated even though the word might have been introduced earlier in an interview or newspaper article. Likewise, words listed with interviews take priority over those in newspaper articles.

Strong verbs are listed with their vowel changes. If there is a change in the third person singular present tense, it is indicated in brackets ( ). The other two vowels represent the simple past and the past participle, e.g., **lesen (ie), a, e** reads: **lesen, er/sie/es liest, las, gelesen.** Nouns are listed with articles and plural endings if they exist and are used. A means that the singular and plural forms of the noun are identical. For nouns ending in **-ung, -ion, -tur, -schaft, -heit, -keit,** and **-tät** no plural endings are listed, because the plural of these feminine nouns always end in **-en.** The number and letter (in brackets) behind the vocabulary item indicates the chapter in which it is introduced.

The English-German Glossary contains basically the same words as the German-English Glossary. Low-frequency vocubulary items were left out. Others, related to the listed ones, and frequently used related idiomatic expressions were added. This glossary is recommended for perusal because it offers a study in German synonyms. Synonyms are separated by commas. Different meanings of words are indicated by semicolons.

GERMAN–ENGLISH

A

der **Abbau** (2B) — reduction; mining

abbauen (2B) — to reduce; to mine

die **Abbuchung** (4C) — debit, charge

abdrucken (4B) — to reprint

abgesichert (5D) — secured

das **Abkommen**, - (Z5C) — official agreement

die **Abkürzung** (5B) — abbreviation

ablehnen (3C) — to refuse, reject

die **Abmachung** (3C) — agreement

abnehmen, (i), a, o (3B) — to buy

der **Abnehmer**, - (2C) — buyer, consumer, customer

das **Abnehmer-land**, ̈er — importing country

abonnieren (4D) — to subscribe to

die **Absage, -n** (Z3C) — cancellation

der **Absatz**, ̈e (2A) — sale, marketing

abschaffen (I3C) — to get rid of; abolish

die **Abschaffung** (Z2B) — removal, abolishment

der **Abschlag**, ̈e (Z3A) — discount

der **Abschlepp-dienst** (I5B) — towing service

der **Abschnitt, -e** (A) — paragraph; section

absehen, (ie), a, e (I2A#1) — to foresee

absehbar (4D) — foreseeable, near

der **Absender**, - (4B) — sender

absetzen (3C) — to dismiss; sell

abtreten, (i), a, e (Z2B) — to release

die **Abteilung** (5D) — department

abwechselnd (A) — taking turns

die **Abweichung** (A) — deviation

abwerten (3C) — to devalue

abwesend (5D) — absent

abwickeln (3A) — to transact

die **Abwicklung der Geschäfte** (1) — transaction of business

die **Abzahlung** (4C) — payment by install-ments

der **Ackerbau** (1) — agriculture

ähnlich (A) — similar

die **Aktie, -n** (4C) — share, stock

die **Aktiengesell-schaft** (5B) — joint-stock corporation

der **Aktionär, -e** — stockholder, share-holder, partner

das **Aktivsaldo** (3B) — active (credit) balance

das **Akzept, -e** (4C) — accepted draft

allmählich (2C) — gradual(ly)

die **Altersrente, -n** (5D) — old-age benefit, pension

die **Altersversor-gung** (Z5B) — pension

anbieten, o, o (4B) — to offer

die **Änderung** (3C) — change; amendment

androhen (Dat.) (Z3C) — to threaten

was so anfällt (I3B) — what needs to be taken care of

die **Anforderung** (I3C) — demand

das **Angebot**, -e (3A) offer

Angebot und Nachfrage supply and demand

angehören (Dat.) (Z5D) to belong to

die **Angelegen-heit** (5C) affair, matter

angemessen (5D) adequate, suitable, proportionate

der **Angestellte**, -n (2A) employee

angewiesen auf (4A) dependent on

angleichen, i, i (3C) to adjust

anhalten (ä), ie, a (4D) to last; to stop

der **Anhänger**, - (Z3C) follower

sich anhören (A) to listen to

der **Ankauf**, ⸚e (3A) purchase

ankündigen (4D) to announce

ankurbeln (I3C) to stimulate

die **Anlage**, -n (2A) plant, installation; investment; dis-position

der **Anlaß, An-lässe** (Z3A) reason, cause

anlegen (5B) to invest

die **Anleihe, -n** (4C) loan; stocks

das **Anliegen** (Z2C) concern

sich vorher an-melden (5A) to make an appointment

die **Anmerkung** (I2A#1) footnote

anpassen (2B) to adjust

anpreisen, ie, ie (4D) to praise, advertise

die **Anrede, -n** (5A) (oral) address

sich anreden (5A) to address one another

der **Anreiz** (I3C) incentive

sich anschließen, o, o (3C) to join

der **Anschluß, ⸚sse** (4B) connection

im Anschluß daran (A) following

die **Anschrift, -en** (5A) written address

ansehnlich (4C) handsome, considerable

zur Ansicht (I3A) for approval

der **Ansporn** (2A) motivation, stimulus

die **Ansprache, -n** (4A) speech, address

ansprechend (A) attractive

der **Anspruch, ⸚e** (5D) claim

Anspruch haben auf (5D) to be entitled to, have a claim to

in Anspruch neh-men (4B) to claim, make use of

die **Anstalt, -en** (4B) institution, establishment

ansteigen auf, ie, ie (2C) to increase to

anstelle (I5D#2) instead of

anstellen (3A) to hire, employ

der **Anstieg** (Z5D) increase; climb

anstreben (3B) to aim for

anstrengend (4A) strenuous

der **Anteil**, -e (2A) share

anwendbar (Z4A) applicable

anwenden (5B) to use, apply

die **Anzeige, -n** (4D) announcement, ad

anzeigen (4B) to indicate; to turn s.o. in, to indict

der **Apparat, -e** (4B) apparatus; device; machine

der **Arbeiter**, - (2A) (blue collar) worker, laborer

der **Arbeitgeber**, - (5C) employer

der **Arbeitgeber-verband, ⸚e** (5C) employers' association

die **Arbeitsge-meinschaft** (4B) study group

der **Arbeitneh-mer**, - (5C) — employee

das **Arbeitsamt**, ¨er (5D) — employment office

die **Arbeitsbedin-gungen**, *pl.* (1) — working conditions

die **Arbeitskraft**, ¨e (2B) — hand, laborer

arbeitslos (2C) — unemployed

die **Arbeitslosen-versicherung** (5D) — unemployment insurance

die **Arbeitslosig-keit** (4D) — unemployment

der **Arbeitsplatz**, ¨e (2C) — job

arbeitsunfähig (5D) — unfit for work; disabled

die **Armut** (5D) — poverty

die Ärztekammer, -n (I5D#2) — General Board of Physicians

aufbewahren (4B) — to keep, save

aufbringen, brachte auf, aufgebracht (Z5D) — to come up with

der **Aufenthalt** (Z5D) — stay

die **Auffassung** (I2A#2) — perception, opinion

auffordern (3B) — to request; to challenge

das **Aufgabenge-biet**, -e (I2C) — area of competency

aufgebaut sein (1) — be structured

aufgenommen (A) — recorded

aufgrund (Z1) — based upon

aufheben, o, o (3C) — to pick up

aufholen (1) — to catch up

der **Aufkaufhan-del** (3A) — buying-up trade

die **Aufklärung** (3B) — enlightenment; explanation

aufkommen für, a, o (3C) — to accept responsibility for

auflösen (2A) — to dissolve

die **Aufmerksam-keit** (4D) — attentiveness

darauf auf-merksam machen (I2A#2) — to point out

aufregend (1) — exciting

der **Aufschlag**, ¨e [bei Preisen] (Z3A) — mark-up

der **Aufschnitt** (2A) — cold cuts

der **Aufschwung** (5D) — upswing, recovery, prosperity, boom

die **Aufsicht** (4C) — supervision

der **Aufsichtsrat** (5C) — supervisory board

aufteilen (5B) — to divide up

der **Auftrag**, ¨e (3A) — order

die **Aufwendung** (I4D) — expenditure

aufwerten (3C) — to increase the value

die **Aufwertung** (Z3A) — increased value

ausbauen (3B) — to expand

ausbeuten (5C) — to exploit

die **Ausbeu-tung** (5D) — exploitation

ausbilden (I2A#2) — to train, educate

die **Ausbildung** (2A) — education, training

ausdrücken (A) — to express

ausdrücklich (5C) — expressly

die **Ausfuhr**, -en (3B) — export

ausführen (2C) — to export

die **Ausgabe**, -n (Z5D) — expense

ausgeben (i), a, e (2B) — to spend

ausgerüstet (4A) — equipped

der **Ausgleich** (Z2B) — compensation

ausgleichen, i, i (3B) — to balance; to compensate for

auskommen, a, o (3A)	to get along	die **Auswirkung** (Z1)	effect; bearing
die **Auskunft, ⸚e** (3B)	information	**auszeichnen** (Z5A)	to honor
der **Ausländer** (1)	foreigner	die **Auszeichnung** (I4D)	distinction; award
auslasten (I2B)	to work to capacity	die **Autobahn, -en** (4A)	freeway
die **Auslieferung** (3A)	delivery		
auslösen (Z5D)	to start	**B**	
ausmachen (2B)	to add up; to arrange, settle; to agree upon	die **Bahn, -en** (1)	railway, train
		die **Bank, -en** (4C)	bank
die **Ausnahme, -n** (2A)	exception	das **Bankkonto, Bankkonten** (4C)	banking account
ausnutzen (3B)	to make use of; to exploit	**Bankrott machen** (4C)	to go bankrupt
ausreichen (4B)	to suffice	das **Bankwesen** (4C)	banking system, banking
die **Aussage, -n** (A)	statement	der **Bauernver- band, ⸚e** (I3C)	farmers association
ausschalten (3A)	to eliminate	**bäuerlich** (2B)	agricultural; like a farmer
ausschließlich (2C)	exclusive(ly)	**bar bezahlen** (3A)	to pay cash
der **Außenhandel** (2B)	foreign trade	der **Bargeldver- kehr** (4C)	trade on cash terms
die **Außenhan- delsbilanz** (Z3B)	trade balance	der **Barscheck, -s** (4C)	open (uncrossed) check
die **Außenpolitik** (I2B)	foreign policy	der **Bauernhof, ⸚e** (1)	farm
außer acht lassen (ä), ie, a (4D)	to disregard	die **Baumwolle** (4C)	cotton
die **Aussicht, -en** (Z2C)	prospect; view	**beachtlich** (3B)	considerable
ausstellen (3A)	to exhibit	der **Beamte, -n** (5C)	official (with pension)
die **Ausstellung** (4D)	exhibition	**beanspruchen** (5D)	to claim
der **Austausch** (3B)	exchange	**beantragen (ä), u, a** (3C)	to apply for
austauschen (5A)	to exchange	die **Beantragung** (5D)	application, request
die **Ausverkaufs- ware, -n** (I3A)	sale items	**beauftragen (ä), u, a** (3B)	to order, commis- sion
die **Auswahl** (4D)	selection, choice	der **Bedarf** (2B)	need
auswählen (4D)	to select	**seinen Bedarf decken**	to supply oneself
die **Ausweitung** (4B)	expansion	die **Bedarfser- mittlung** (I4A)	ascertainment of demand
ausweiten (Z3A)	to expand		
sich auswirken auf (4A)	to have an effect on		

bedarfsgerecht (I4A) — in keeping with the demand

bedecken (2B) — to cover

bedenken, bedachte, bedacht (3A) — to consider, figure in

bedeutend (I2A#1) — significant

die **Bedienung** (3A) — service (in a store or restaurant)

bedingt durch (4D) — occasioned by, affected by

bedrohen (3B) — to threaten

das **Bedürfnis, -se** (4D) — need, desire

die **Bedürftigkeit** (Z2B) — need, neediness

beeinflussen (4C) — to influence

befahren (ä), u, a (4A) — to cover, travel on

die **Befindlichkeitsstörung** (I5D#2) — minor upsets of good health

die **Beförderung** (4A) — transportation; promotion

befreien (5C) — to free

befriedigen (4D) — to satisfy

die **Befugnis, -se** (4C) — authority, rights

begehren (1) — to desire, seek after

begleichen, i, i (4C) — to pay, clear, settle

sich begnügen mit (1) — to be satisfied with

begreifen, i, i (5C) — to understand

begrenzt (I4C) — limited

begrüßenswert (A) — welcome; positive

der **Behälter, -** (4A) — container

behandeln (4B) — to deal with, to treat

die **Behandlung** (Z5D) — treatment

behaupten (2B) — to claim, insist

sich behaupten (2A) — to assert oneself

beherrschen (4B) — to dominate, control

behindert (5D) — handicapped

die **Behörde, -n** (3B) — public authority, agency

behördlich (5B) — governmental, official

beibehalten, (ä), ie, a (Z2C) — to maintain

die **Beihilfe** (3B) — support, subsidy

beisteuern (Z2B) — to contribute

der **Beitrag, ⸚e** (3B) — dues, contribution

beitragen (ä), u, a (2A) — to contribute

beitreten (i), a, e (5D) — to join

der **Beitritt, -e** (3C) — joining, becoming a member

sich beklagen über (5D) — to complain about

beladen, belädt, u, a (4A) — to load

der **Belang, -e** (4B) — concern

belasten (Z3C) — to make things more difficult; aggravate

die **Belegschaft** (5D) — staff, personnel

beliebt (1) — popular

belohnen (3B) — to reward

sich bemühen (4A) — to make an effort

die **Bemühung** (5C) — effort

benutzen (4A) — to use, utilize

die **Benutzung** (I3C) — use

bequem (4A) — comfortable

beraten (ä), ie, a (3A) — to give advice

berechtigt (4C) — entitled

der **Bereich, -e** (2A) — area

bereitstellen (2A) — to make available

der **Bergarbeiter, -** (2C) — miner

der **Bergbau** (2A) — mining

die **Berücksichti-** consideration
gung (I4A)

der **Beruf, -e** (5C) profession

die **Berufssparte,** professional line
-n (I2A#1)

sich einer Sache to be aware of s.th.
bewußt sein
(4A)

beschaffen, u, a to procure, obtain
(4C)

die **Beschaffung** procurement, ac-
(5B) quisition

beschäftigen to employ
(2A)

sich beschäftigen to occupy oneself
(1)

die **Beschäftigten,** employees
pl. (2A)

bescheiden (3B) modest

der **Beschluß, ∺-** resolution; decree
sse (3B)

sich beschränken to be limited to
auf (Acc.) (4B)

beschränkt (3B) limited

die **Beschrän-** limitation
kung (3C)

beschreiben ie, to describe
ie (A)

beschützen (5A) to protect

die **Beschwerde, -** complaint
n (I5D#2)

Bagatellen- minor complaint
Be-
schwerde
(I5D#2)

sich beschweren to complain
(3B)

beseitigen (Z5D) to eliminate

besiedelt (1) populated

besitzen, besaß, to possess
besessen (2B)

besorgen (4B) to take care of, buy

der **Bestand, ∺-e** stock, supply
(3A)

bestehen, be- to exist
stand, bestan-
den (3C)

bestehen auf to insist on
(Dat.), **a, a** (2C)

bestehen aus (3C) to consist of

bestellen (3A) to order

die **Bestellung** order
(3A)

bestimmen (3B) to determine

der **Bestim-** place of destination
mungsbahnhof,
∺-e (4A)

bestreiten, be- to supply; to dis-
stritt, bestrit- pute
ten (2A)

sich an etwas be- to participate in
teiligen (2A) s.th.

beteiligt sein an to participate in
(Dat.) (2A) s.th.; to have
shares

alle Beteiligten all parties involved
(2A)

betonen (A) to emphasize

in Betracht zie- to take into consid-
hen, zog, gezo- eration
gen (5B)

beträchtlich considerable
(3B)

der **Betrag, ∺-e** amount
(4C)

betragen (ä), u, a to amount to
(2C)

betreffen (i), a, o to concern
(3B)

betreiben, ie, ie to pursue, run,
(2B) operate

betreuen (I3C) to take care of,
care for

der **Betrieb, -e** industrial firm,
(2A) plant, shop

das **Betriebskapi-** fund
tal (3C)

der **Betriebsleiter** top manager
(5A)

der **Betriebsrat, ∺-** workers' council
e (5B)

der **Betriebsstoff,** fuel
-e (2B)

die **Betriebstreue** loyalty to the com-
(5A) pany

die **Betriebswirt-** business adminis-
schaft tration; eco-
nomics

betroffen (2B) hit, affected

beurteilen (Z3A) to judge

bevorzugt (5D)	preferential, preferred
die **Bevorzugung** (2B)	preference; preferential treatment
sich **bewähren** (3B)	to prove successful
die **Bewegung** (5C)	movement, motion
bewerten (A)	evaluate
bewirtschaften (2B)	to manage, work (a farm)
der **Bewohner**,- (1)	inhabitant
sich **bezahlt machen** (4D)	to pay off
die **Bezeichnung** (I4C)	designation
beziehen von (3A)	to buy regularly from
die **Beziehung**	relationship
der **Bezirk, -e** (I5B)	precinct; area
bezogen auf (Acc.) (Z2C)	applied to
bieten, o, o (4A)	to present, offer
die **Bilanz, -en** (3B)	balance (of accounts)
bilden (4B)	to form; shape
billigen (5C)	to approve
der **Binnenhandel** (3B)	domestic trade
die **Binnenschiffahrt** (4A)	inland shipping
der **Boden**, ⁓ (2B)	soil, ground; attic
die **Bodenschätze**, *pl.* (2C)	natural resources
die **Bonität** (I4C)	good credit
borgen (3C)	to borrow
die **Börse, -n** (4C)	stock market
der **Börsenkurs, -e** (I4C)	stock market rate
der **Börsenmakler, -** (4C)	stockbroker
die **Branche, -n** (2A)	branch, line of business
die **Braunkohle** (2C)	soft coal, lignite
die **Bremse, -n** (I5B)	brakes

bremsen (Z5D)	to stop
der **Brennstoff, -e** (2C)	fuel
die **Briefmarke, -n** (4B)	stamp
das **Brutto-Sozialprodukt**, -e (2A)	gross national product
die **Brutto-Wertschöpfung** (2A)	gross national product
der **Buchhalter, -** (5C)	accountant
die **Buchung** (1)	booking
das **Budget, -s** (3C)	budget
der **Bund, ⁓e** (4A)	federation
Bundes- (4A)	federal
das **Bundeserziehungsgesetz** (I5D#1)	federal law concerning child raising
das **Bundesland, ⁓er** (1)	federal state
das **Bundeswirtschaftsministerium** (I2C)	Federal Department of Economics

C

der **Chef, -s** (5A)	boss
chemisch (2C)	chemical
der **Container, -** (4A)	container

D

das **Darlehen, -** (4C)	loan
ein Darlehen aufnehmen (4C)	to take out a loan
die **Darstellung** (2A)	presentation, illustration
die **Datenverarbeitung** (2A)	data processing
die **Dauer** (5C)	duration
die **Debatte, -n** (2B)	debate
decken (3B)	to cover
das **Defizit** (3B)	deficit
die **Devise, -n** (3B)	foreign currency; motto
deutlich (5A)	noticeable

Dias, *pl.* (A) — slides
dicht (4B) — dense(ly)
dienen (2B) — to serve
der **Dienst, -e** (4B) — service
   Dienste leisten (4C) — to render services
die **Dienstkräfte**, *pl.* (4A) — employees, workers
Dienstleistungen, *pl.* (2A) — services rendered
der **Dienstleistungsbereich, -e** (4B) — service area
der **Diskontsatz, ¨e** (4C) — prime interest rate
Distanz bewahren (5A) — to keep a distance
die **Dividende, -n** (5B) — dividend, bonus, share
dringend (5D) — urgent(ly)
drohen (2A) — to threaten
der **Druck** (5B) — pressure; print(ing)
drucken (4B) — to print
der **Dünger** (2B) — fertilizer
durchhalten (ä), ie, a (2C) — to hold out
der **Durchmesser** (I5D#2) — diameter
der **Durchschnitt** (2B) — average
   im Durchschnitt — on average
durchschnittlich (5D) — average
durchsetzen (3B) — to carry out, enforce

E
die **Ebene, -n** (1) — flatland; level
echt (5D) — genuine(ly)
Effekten, *pl.* (4C) — securities, bonds, shares, stocks
das **Ehrenmitglied, -er** (I5C) — honorary member
eifrig (4B) — eager(ly)
eigenständig (Z5A) — independent; self-employed
sich eignen für (4A) — to lend itself to

der **Eilbrief, -e** (4B) — express letter
das **Eilgut, ¨er** (4B) — express freight
einbegriffen (5D) — included
eindeutig (I2A#1) — clearly
eindringlich (Z3B) — urgently
der **Eindruck, ¨e** (5A) — impression
der **Einfluß, ¨sse** (4B) — influence
einflußreich (Z5B) — influential
die **Einfuhr** (2C) — import
einführen (2C) — to import
eingestellt auf (5A) — geared to
eingreifen, griff ein, eingegriffen (Z3C) — to intervene
einhalten (ä), ie, a (5C) — to observe, stick to
die **Einhaltung** (5B) — compliance
die **Einheit** (5B) — unit
einheitlich (3C) — uniform(ly)
einig (3C) — in agreement
sich einigen (5C) — to come to an agreement
die **Einkalkulierung** (4D) — counting in
das **Einkommen** (2B) — income
einlösen (4C) — to cash
einmalig (I2A#1) — unique
sich einmischen (5C) — to interfere
die **Einnahmequelle, -n** (I3C) — source of income
einnehmen (i), a, o (3B) — to hold, take in
einräumen (3A) — to concede, allow
einrichten (3C) — to establish; set up; equip; furnish
einschalten (4B) — to switch on; insert
einschätzen (Z3C) — to calculate
einschieben, o, o (5A) — to insert

einschlägig (Z4A)   pertinent, successful

einschließlich (4B)   including

per Einschreiben (4B)   certified mail

einschreiten, schritt ein, eingeschritten (3B)   to intervene

einsetzen (2C)   to set in, start

  sich einsetzen für (5C)   to use one's influence for; work for

die Einsicht, -en (5C)   insight, understanding

einspringen (I5B)   to help out

einstellen (5D)   to hire; stop

die Einstellung (5A)   attitude

einstimmig (3C)   unanimous

einstufen (Z5B)   to rank

der Eintritt (I2A#1)   entry; joining

der Einwohner, - (1)   inhabitant

der Einzelhändler, - (A)   retailer

die Einzelheit (Z2C)   detail

einziehen, zog ein eingezogen (Z4A)   to collect; move in

die Eisenbahn, -en (4A)   railway, train

empfangen (ä), i, a   to receive

empfehlen (ie), a, o (4A)   to recommend

die Energie, -n (2C)   energy

die Entfaltung (5C)   development, growth

die Entfernung (I4A)   distance

das Entgelt (5D)   pay; compensation

entlassen (ä), ie, a (4B)   to lay off; dismiss

die Entlastung (Z4C)   relief

entmutigen (5D)   to discourage

entscheidend (2A)   decisive(ly)

die Entscheidung (3C)   decision

  eine Entscheidung treffen (i), a, o   to make a decision

die Entspannung (Z2B)   relaxation

entstehen, a, a (3A)   to arise

sich entwickeln (4D)   to develop

die Entwicklung (2A)   development

das Entwicklungsland, ̈-er (3B)   developing country

das Ereignis, -se (4D)   event

der Erfolg, -e (Z3B)   success

erforderlich (3C)   required

erfordern (2C)   to require

die Erfüllung (3C)   fulfillment

ergänzen (5A)   to supplement; complement

das Ergebnis, -se (3B)   result

ergiebig (2B)   productive

die Erhaltung (2B)   preservation; conservation

erhältlich (4B)   obtainable

erheblich (I3C)   considerable

erhöhen (5C)   to raise, increase

die Erhöhung (I2C)   increase

die Erholung (2B)   recreation

der Erlaß, ̈-sse (5C)   decree; reduction, deduction

erleben (4B)   to experience

erledigen (4B)   to settle, take care of, get done

die Erledigung (Z3B)   settling (of a matter or chore)

erleichtern (3B)   to make easy, facilitate

der **Erlös, -e** (5B)   proceeds, earnings, net profits

die **Ernährung** (5D)   food, nutrition; support; maintenance

ernennen (3C)   to nominate, appoint

die **Ernte, -n** (I2B)   crop; harvest

eröffnen (4B)   to open (up)

die **Erprobung** (I2A#2)   testing

errechnen (4C)   to calculate, figure out

erreichen (3C)   to reach; to attain

erschließen, o, o (2C)   to open up, develop

erschwinglich (5A)   affordable

ersetzen (2C)   to replace

der **Ertrag, ̈e** (2B)   gain, proceeds

der **Ertragsrückgang** (Z3A)   lower production

erwähnen (4B)   to mention

erwarten (5A)   to expect

die **Erwartung** (Z2A)   expectation

sich erweisen, ie, ie (2C)   to prove

der **Erwerb** (4D)   purchase, obtainment

erwerbstätig (2A)   gainfully employed

erwerbsunfähig (5D)   unable to earn a living, disabled

das **Erz, -e** (2C)   ore

erzeugen (2A)   to produce

der **Erzeuger, -** (2A)   producer, manufacturer

das **Erzeugnis, -se** (3B)   product

die **Erzeugergemeinschaft** (I2B)   producers' cooperative

erziehen, erzog, erzogen (4B)   to educate, train

erzielen (3B)   to reach, attain

die **Eßgewohnheiten**, *pl.* (A)   eating habits

etwaig (5B)   possible

Europäische Gemeinschaft (EG) (3B)   European Community (EC)

Europäische Wirtschaftsgemeinschaft (EWG) (3B)   European Economic Community (EEC)

Europäisches Währumgssystem, -e (3C)   European Monetary System

das **Exemplar, -e** (4B)   copy

die **Existenz** (5D)   survival

experimentieren (4D)   to experiment

der **Export** (2C)   export

das **Expreßgut, ̈er** (4B)   express freight

F

der **Fabrikant, -en** (4D)   manufacturer

das **Fabrikat, -e** (2A)   product, manufactured goods

der **Facharzt, ̈e** (I5D#2)   specialist (physician)

das **Fachgebiet, -e** (I4A)   special field

die **Fachkraft, ̈e** (I2A#1)   skilled worker

der **Fachmann, Fachleute** (2C)   expert

die **Fachmesse, -n** (4D)   specialized (dealer's) fair

fähig (2C)   capable

die **Fähigkeit** (I2A#1)   capability; talent

der **Fahrplan, ̈e** (4A)   (train) schedule

fallen auf (ä), ie, a (2C)   to go to

fällig (4C)   due

der **Fälligkeitstermin, -e** (4C)   due date

der **Familienbetrieb, -e** (I2B)   family operation

fehlen (Dat.) (4A)   to be missing

die **Fehlentscheidung** (Z3C)   wrong decision

das **Feld, -er** (2B)   field

das **Fernge-** long distance call
spräch, -e (4B)
ein Fernge- to place a long
spräch an- distance call
melden
die **Fernkom-** telemedia
munikations-
medien, *pl.*
(I4C)
das **Fernmelde-** telecommunica-
wesen (4B) tions
der **Fern-** telephone booth
sprecher, - (4B)
der **Fernschrei-** telex
ber, - (4B)
der **Fernseher, -** television
(2A)
die **Fertigware,** finished goods
-n (3B)
feststellen (4A) to realize, ascertain, establish
festverzinslich with fixed interest
(4C) rate
die **Filiale** (5B) branch (establishment)
finanzieren (4B) to finance
das **Fingerspitz-** sensitivity; instinct
engefühl (I5B)
die **Firma, Fir-** firm, company
men (2A)
flach (1) flat
die **Fläche, -en** area
(1)
der **Fluggast, ⸚e** air passenger
(1)
der **Flughafen, ⸚** airport
(1)
das **Flugzeug, -e** airplane
(4A)
die **Folge, -n** (5D) consequence
das **Flußdia-** flow chart
gramm, -e (A)
fordern (4B) to request, demand
fördern (2B) to support,
promote
die **Forderung** demand
(5C)
die **Förderung** support, promotion
(2B)

das **Format, -e** size, measurement
(4D)
formell (5A) formal, stiff
das **Formular, -e** printed form,
(4C) blank
die **Forschung** research
(2A)
die **Forstwirt-** forestry
schaft (2B)
der **Fortschritt, -e** progress
(4D)
die **Fracht**, (4A) freight
das **Frachtgut** freight (goods)
(4A)
die **Frist, -en** (5C) time (allowed or
prescribed)
die **Führung** (2A) management
die **Führungs-** executives
kräfte, *pl.*
(Z5B)
fungibel (5D) fungible, inter-
changeable
der **Funk** (4B) wireless
die **Funktionssi-** functional safety
cherheit
(I2A#1)
die **Fußgänger-** pedestrian zone
zone, -n (4A)

G
ganz gleich (5C) no matter
garantieren (3B) to guarantee
der **Gast, ⸚e** (1) guest
der **Gastarbeiter,** guest worker
- (3B)
die **Gaststätte, -n** restaurant; hotel
(Z1)
das **Gebiet, -e** (1) area
das **Gebirge** (1) mountain range
der **Gebrauch** use, application
(4B)
Gebrauchs- (2A) for use
gebräuchlich customary
die **Gebühr, -en** fee
(4B)
gefährden (2B) to endanger
die **Gegend, -en** area, region
(1)
die **Gegenwart** presence
(4D)

gegenwärtig (I2C) — at this time

das **Gehalt, ̈er** (5C) — salary

Gelder, *pl.* (4C) — moneys, capital

zum Geldanlegen (5D) — for investment

der **Geldschein, -e** (3C) — bill

gelingen, a, u (5B) — to succeed

die **Gemeinde**, -n (5B) — community

die **Gemeinschaft** (2B) — association

genehmigen (5A) — to approve, grant

die **Genehmigung** (I2A#2) — permit

genießen, o, o (3B) — to enjoy

genügen (3C) — to suffice

genügend (3B) — sufficient

die **Genossen-schaft** (5B) — cooperative association

genossenschaft-lich (4C) — cooperative, corporative

das **Genußmittel, -** (4D) — food luxury

das **Geräusch, -e** (I4A) — noise

gerecht (3B) — just

gerechtfertigt (I2A#2) — justified

die **Gerechtigkeit** (Z2B) — justice

das **Gericht, -e** (5C) — court of law; meal

vor Gericht — in court

gering (2B) — small, little

Gesamt- (2B) — total

geschäftig (2A) — bustling

der **Geschäfts-führer, -** (I2A) — managing director; vice-president

die **Geschäftsfüh-rung** (4B) — top management

die **Geschäftslei-tung** (5B) — top management

die **Geschäfts-partner, -** (5A) — business partner

die **Geschäfts-reise, -en** (4A) — business trip

der **Geschäftsvor-fall, ̈e** (4C) — business transaction

geschehen (ie), a, e (2C) — to happen, take place

das **Geschlecht, -er** (5A) — sex, gender

der **Geschmack** (4B) — taste

die **Geschwindig-keit** (4B) — velocity

die **Gesellschaft** (4D) — society; company, corporation

der **Gesellschafter, -** (Z5B) — corporate member; stockholder, partner

die **Gesellschaft-erin, -nen** (Z5A) — corporate member, stockholder, partner

gesellschaftlich (4B) — societal, of society

Gesellschaft mit beschränkter Haftung = GmbH (5B) — limited liability corporation

der **Geselle, -n** (I2A#2) — journeyman

das **Gesetz, -e** (2B) — law

gesetzlich (2B) — legal

der **Gesichts-punkt, -e** (I3C) — viewpoint; aspect

gespeist (Z2C) — fed, supplied

das **Gespräch, -e** (4B) — conversation

gestalten (Z4A) — to shape, form

die **Gestaltung** (4B) — shaping, forming

gestört (4B) — disrupted

das **Getreide** (4C) — grain

gewähren (3C) — to grant, permit

das **Gewerbe** (2A) — business, trade

ein Gewerbe treiben, ie, ie — to be active in a trade

die **Gewerkschaft** (2B) — union

das **Gewicht** (2C) — weight; importance

ins Gewicht fallen (2C) — to carry weight, to be important

gewillt (4A) — willing

der **Gewinn, -e** (2A)	profit, gain
die **Gewinnung** (2C)	production
die **Gewohnheit** (Z1)	habit; custom
das **Girokonto, -konten** (4B)	checking account
die **Girozentrale, -n** (4C)	clearing house
der **Gläubiger, -** (4C)	creditor
die **Gleichberech-tigung** (I5D#1)	equal rights
das **Gleichge-wicht** (3C)	balance
gleichmäßig (5B)	equal(ly)
sich **gönnen** (5D)	to allow oneself
der **Grad, -e** (5A)	degree
graphisch (4D)	graphic
die **Gratifikation** (5C)	bonus, gratuity
das **Gremium, Gremien** (I3C)	panel, committee
die **Grenze, -n** (3C)	border; limit
grenzen an (Acc.) (1)	to border on
die **Größenord-nung** (2A)	order of magnitude
der **Größe nach** (1)	in order of size, from the big-gest to the smallest
der **Großhandel** (3A)	wholesale
der **Großhändler, -** (3A)	wholesale dealer
großzügig (3B)	generous
der **Grund, ̈-e** (2C)	reason; ground
die **Grundbuch-eintragung** (I4A)	real estate recording
die **Grundlage, -n** (Z2C)	foundation
der **Grundsatz, ̈-e** (3B)	principle
gründen (3C)	to found

der **Gründer, -** (5B)	founder
gründlich (I2A#2)	thorough(ly)
die **Gründung** (3C)	founding
die **Grundversi-cherung** (I5D#1)	basic insurance
gültig (5C)	valid
günstig (2B)	favorable; reasona-ble, inexpensive
Güter, *pl.* (4A)	goods
das **Guthaben** (4C)	credit
gutschreiben (4C)	to credit
die **Gutschrift, -en** (4C)	credit entry

H

Habenzinsen, *pl.* (4C)	dividends
der **Hafen, ̈** (1)	port, harbor
haften (5B)	to be liable
die **Haftpflicht** (5B)	liability
die **Halbfertig-ware, -n** (3B)	half-finished goods
die **Halde, -n** (I3C)	pile
die **Haltung** (Z3C)	attitude
der **Handel** (3A)	trade, commerce
sich **handeln um** (Z3C)	to be about
das **Handelsab-kommen** (Z3C)	trade agreement
die **Handelsbi-lanz, -en**	trade balance
die **Handelskam-mer, -n** (3B)	Chamber of Com-merce
der **Handelsver-treter, -** (3A)	sales representative
die **Handlung, -en** (4D)	action; store, business
der **Händler, -** (4C)	dealer
das **Handwerk** (2A)	handicraft

der **Handwerker**, - (2A) — craftsman; repair man

die **Handwerks-kammer**, -n (I2A#2) — Chamber of Trades

häufig (4A) — frequent(ly)

haupt- (1) — main

hauptsächlich (1) — mainly

der **Hausrat** (Z3A) — household effects

heimisch (2C) — native

herabsetzen (4C) — to lower

die **Herausforde-rung** (I2C) — challenge

herausgegriffen (4D) — arbitrary

die **Herstellung** (2A) — production; manu-facture

in dieser Hin-sicht (I5D#1) — in this respect

der **Hinweis**, -e (A) — reference; hint; clue

die **Hochkonjunk-tur** (3B) — business boom

hochwertig (4A) — of high value, costly

der **Höchstpreis**, -e (4C) — highest price

der **Höchststand** (Z5C) — highest level

hochwertig (Z1) — of high value

vom Hörensagen (1) — by hearsay

der **Hörer**, - (4B) — (telephone) receiver; listener

die **Hypothek**, -en (4C) — mortgage

I

die **Illustrierte**, -n (4B) — magazine (with pictures)

der **Imbiß**, -sse (4A) — snack

das **Indossament** (4C) — endorsement

die **Industrie**, -n (1) — industry

industriell (2A) — industrial

der **Inhaber**, - (4C) — owner, possessor

die **Initiative**, -n (I3C) — incentive

Inkasso (5B) — collection, debt collecting

der **Innenhandel** (2B) — domestic trade

der **Innungsmei-ster**, - (I2A#2) — guild master

das **Inserat**, -e (4D) — (classified) ad

inserieren (4D) — to advertise for

insgesamt — in total

das **Institut**, -e (4C) — **institute**

investieren (3B) — to invest

die **Investition** (2C) — investment

J

das **Jahrzehnt**, -e (I2A#1) — decade

jeglich (5C) — any

jeweils (4B) — each

die **Jugendher-berge**, -n (1) — youth hostel

juristisch (5B) — legal, jural

K

der **Kanal**, ¨e (1) — canal; channel

der **Kandidat**, -en (5C) — candidate

das **Kapital** (3A) — capital, big money

die **Kapitalsein-lage**, -n (5B) — investment

die **Karriere**, -n (5A) — career

Karriere machen (I5A) — to get to the top

der **Karosserie-bau** (I5B) — (auto) bodywork

das **Kartell**, -e (3B) — cartel; trust

die **Kasse**, -n (5C) — fund; cashier; ticket window

der **Kassenarzt**, ¨e (I5D#2) — a doctor licensed by state health insurance

kassieren (4B) — to collect, cash

der **Kaufmann, Kaufleute** (4A)	businessman	das **Konto, Konten** (4C)	account
die **Kauffrau, -en**	business woman	der **Kontoauszug, ¨e** (4C)	bank statement
der **Käufer -** (3B)	buyer, customer	das **Konto belasten** (4C)	to debit the account
die **Keramik, -en** (I5C)	ceramics	**aufs Konto überweisen, ie, ie** (4C)	to make a deposit
die **Kernenergie** (2C)	nuclear power		
klagen (3B)	to complain	das **Konto überziehen, o, o** (4C)	to overdraw the account
kleben (4D)	to stick		
der **Kleinhandel = Einzelhandel** (3A)	retail	**kontrollieren** (5B)	to check, scrutinize
der **Kleinhändler, -** (3A)	retail dealer	der **Konzern, -e** (5B)	multicorporate enterprise
der **Klempner, -** (I2A#2)	plumber	die **Konzession** (I2A#2)	license
das **Klima** (2B)	climate	**koordinieren** (5C)	to coordinate
knapp (Z3A)	barely; scarce	**korrigieren** (Z4C)	to correct
die **Kohle, -n** (2C)	coal	**Kosten,** *pl.* **= Unkosten** (3A)	expenses
die **Kommanditgesellschaft = KG** (5B)	limited partnership	der **Kostenaufwand** (I5B)	expenditure
der **Kommanditist, -en** (5B)	limited partner	**kostengünstig produzieren** (I2A#2)	to produce at competitive cost
der **Komplementär, -e** (5B)	general (unlimited) partner	**kostspielig** (4A)	expensive
die **Kompetenz, -en** (Z5B)	competency; power	**in Kraft treten (i), a, e** (2B)	to be enforced
der **Kompromiß, -sse** (4B)	compromise	der **Krankenschein, -e** (I5D#2)	health insurance form
die **Konjunktur** (3B)	market condition		
die **Konjunkturflaute, -en** (2C)	slack market	die **Krankenversicherung** (5D)	health insurance
die **Konjunkturschwäche** (Z3A)	weak market	der **Kredit** (3A)	credit
der **Konkurrent, -en** (4A)	competitor	die **Krise, -n** (2C)	crisis
die **Konkurrenz, -en** (3B)	competition	**kritisieren** (4B)	to criticize
konkurrenzfähig (1)	competitive	der **Kunde, -n** (3A)	customer
Konkurs anmelden (4C)	to file bankruptcy	der **Kundendienst** (2A)	customer service
der **Konsument, -en** (3A)	consumer	der **Kundenkreis, -e** (3A)	clientele
der **Konsumladen, ¨** (3A)	cooperative store	der **Kühlschrank, ¨e** (2A)	refrigerator

kündigen (Z5C) — to give notice; to cancel

die **Kündigung** (5C) — notice (to quit or lay off)

künftig (Z5D) — in the future

kunsthandwerk-lich (I2A#1) — by artistic craftsmanship

der **Kurgast, ⁼e** (I3A) — patient or visitor at a spa

der **Kurort, -e** (1) — spa

der **Kurs, -e** (4C) — rate

der **Kurswert, -e** (5B) — market price, market rate

die **Kurzarbeit** (2C) — shortened work hours

kurzfristig (4C) — short-term

die **Kurzschrift** (I5A) — shorthand

die **Kürzung** (I2B) — cutback

die **Küste, -n** (1) — coast(line)

L

lackieren (I5B) — car painting

der **Laden, ⁼** (3A) — store, shop

die **Lage, -n** (2B) — situation

in der Lage sein (I2A#1) — to be able to

das **Lager, -** (3A) — storehouse, storage, stock

lagern (3A) — to store, keep in stock

das **Land, ⁼er** (1) — state; country

die **Landärztin, -nen** (I5D#2) — country doctor

die **Landschaft** (1) — landscape; scenery

der **Landwirt, -e** (2B) — farmer

die **Landwirt-schaft** (2B) — agriculture

landwirtschaft-lich (1) — agricultural

langfristig (3C) — long-term

langwierig (I5B) — lengthy

der **Lärm** (4A) — noise

der **Lastkraftwa-gen, -** (LKW) (4A) — truck

die **Laufdauer** (Z5C) — term

laufend (3A) — routine; current

läuten (4B) — to ring

Lebensbedürf-nisse, *pl.* (5D) — necessities of life

der **Lebensstan-dard** (5D) — standard of living

lediglich (Z2B) — only

der **Lehrgang, ⁼e** (I2A#2) — course

der **Lehrling, -e** (I2A#2) — apprentice

der **Leichtsinn** (I5B) — carelessness

leiden litt, gelit-ten unter (Dat.) (3C) — to suffer from

leisten (2A) — to achieve; to pay

die **Leistung** (2A) — achievement; output

leistungsfähig (1) — productive; efficient

die **Leistungs-merkmale,** *pl.* (I2A#1) — performance data

leiten (4B) — to supervise, manage

die **Leitung** (4B) — management; guidance; line (cable, pipe, water)

Lieblings- (A) — favorite . . .

der **Lieferant, -en** (3A) — supplier

der **Lieferer, -** (3A) — supplier

liefern (2A) — to supply; to deliver

die **Lieferung** (3A) — delivery; delivered goods

die **Liste, -n** (A) — list

die **Litfaßsäule, -n** (4D) — advertising pillar

der **Lohn, ⁼e** (3B) — pay, wage

Lohneinbußen, *pl.* (2C) — pay cuts

sich lohnen (I2A#1) — to pay off

die **Lohnerhö-hung** (5C) — pay raise

die **Lohnsteige-** **rung** (Z3A)	pay raise	die **Meierei, -en** (I2B)	dairy
der **Lohnunter-** **nehmer, -** (I2B)	paid contractors	die **Menge, -n** (5B)	quantity
die **Lösung** (2B)	solution	**mengenmäßig** (3C)	quantitative
die **Lücke, -n** (I5B)	gap	die **Messe, -n** (4D)	fair
die **Luftversch-** **mutzung** (4A)	air pollution	das **Metall, -e** (2C)	metal
der **Luxusartikel, -** (4D)	luxury item	**mildern** (Z5D)	to mitigate
		die **Miete, -n** (4C)	rent
M		die **Milliarde, -n** (2C)	billion
machbar (I2A#1)	achievable	die **Minderheit** (Z5A)	minority
die **Macht, ⸚e** (3B)	power	**mindest** (5B)	minimum, least, smallest
mächtig (5C)	powerful		
der **Makler, -** (4C)	broker	der **Mindestpreis,** **-e** (4C)	lowest price
der **Maklerdienst,** **-e** (I4C)	broker services	das **Mißfallen** (Z3C)	displeasure
der **Mangel** (3B)	lack	die **Mitbestim-** **mung** (5C)	codetermination
mangeln (Z5B)	to be missing		
der **Manteltari-** **fvertrag, ⸚e** (I5C)	skeleton agree- ment	das **Mitglied, -er** (3B)	member
		die **Mitteilung** (I3B)	communication
die **Marke, -n** (4D)	brand	die **Mittel**, *pl.* (4A)	means
das **Marketing** (4D)	marketing	der **Mittelmann** (3A)	middleman
der **Markt, ⸚e** (2B)	market	**mittlerweile** (I4D)	meanwhile
die **Marktflaute,** **n** (2C)	slack market- recession		
		mitwirken (5B)	to participate
die **Marktfor-** **schung** (4D)	market research	die **Mitwirkung** (5C)	participation
maschinell (2A)	by machine	die **Mode, -n** (4D)	fashion
das **Maß, -e** (3B)	measure(ment); moderation	das **Monopol, -e** (4B)	monopoly
		die **Mühe, -n** (3B)	trouble, work
die **Masse, -n** (4B)	mass, crowd, abun- dance	die **Münze, -n** (Z3C)	coin
die **Maßnahme, -** **n** (5D)	provision; steps, arrangement	das **Muster, -** (A)	pattern
das **Medium, Me-** **dien** (4B)	medium	**N**	
die **Mechanisie-** **rung** (2B)	mechanization	die **Nachfrage, -n** (2B)	demand
das **Medikament,** **-e** (5D)	medicine	**nachlassen, ie, a** **(ä)** (I2A#1)	to become less
die **Mehrheit** (3C)	majority		
die **Mehrwert-** **steuer, -** (3C)	value added tax (=VAT)		

der **Nachteil, -e** (2C) — disadvantage

der **Nachwuchs** (I2A#2) — new blood

Nahrungsmittel, *pl.* (2A) — foods

Neben- (1) — side; additional

der **Nebenberuf, -e** (2B) — additional occupation, side job

die **Nebenein-nahme, -n** (2B) — side income

Nebenlohnko-sten, *pl.* (I5D#1) — cost of fringe benefits

nebenordnend (A) — coordinating

sich **nennen, nannte, genannt** (5A) — to call oneself

nennenswert (2C) — worth mentioning

das **Netz, -e** (4A) — network

die **Niederlassung** (Z4D) — establishment, branch

niedrig (3B) — low

das **Niveau** (2A) — level, standard

im **Notfall** (5C) — in a pinch

notleiden, litt, gelitten (Z2B) — to suffer

die **Notwendig-keit** — necessity

nummerieren (4B) — to number

nutzen (1) — to use, make use of

O

der **Ofen, ̈** (4D) — stove, furnace

Offene Handels-gelsellschaft = OHG (5B) — general partnership

offensichtlich (A) — obvious

öffentlich (4A) — public

öffentlich-rechtlich (4C) — under public law

ökologisch (Z2B) — ecological

ökonomisch (3B) — economic(ly)

das **Öl** (4D) — oil

das **Organ, -e** (4B) — mouthpiece of opinion; organ

die **Orientierung** (4B) — orientation

der **Ort, -e** (1) — town; place

an **Ort und Stelle** (4D) — at the very place

P

das **Päckchen, -** (4B) — small package

das **Paket, -e** (4B) — parcel, package

die **Parität, -en** (5C) — parity, equality

passen (3A) — to fit; be convenient

der **Pauschal-preis, -e** (I4C) — flat rate

die **Pension** (I2C) — pension, retirement

der **Personen-kraftwagen = PKW** (4A) — passenger car

der **Peterwagen, -** (I5D#2) — ambulance

der **Pfandbrief, -e** (4C) — bond

pflegen (2B) — to take care of; nurse

plädieren (2C) — to plead

der **Politiker, -** (2C) — politician

das **Porto** (3A) — postage

die **Post** (4B) — post office; mail

das **Postamt, ̈er** (4B) — post office

der **Posten** (3B) — item

das **Postwertzei-chen, -** (4B) — stamp, postage

die **Prämie, -n** (4C) — premium

die **Praxis** (5B) — doctor's office

der **Preis, -e** (2A) — price; prize

um **jeden Preis** (2B) — at any price

der **Preisauftrieb** (Z3A) — price increase

preisgünstig (3B) — cheap, budget-priced

der **Preisverfall** (2C) — price collapse

die **Presse** (4B)	press
das **Prinzip** (2B)	principle
das **Privatvermö-gen** (I5B)	private assets
das **Privileg, -e** (4D)	privilege
das **Produkt, -e** (2A)	product
die **Produktion** (2B)	production
produzieren (2B)	to produce
der **Profit** (3A)	profit
das **Programm, -e** (4B)	program
der **Prozentsatz, ¨e** (2B)	percentage
prozentuale An-teile (I2A#1)	percentage shares
die **Pünktlichkeit** (5A)	punctuality

Q

die **Qualität** (3B)	quality
die **Qualitätskon-trolle, -n** (I2A#1)	quality testing/control
die **Qualitätssi-cherung** (I2A#1)	quality assurance
die **Quelle, -n** (2C)	source
die **Quittung** (3A)	receipt

R

das **Radio, -s** (4B)	radio
der **Rang** (3B)	rank, degree
ersten Ranges (3B)	first-rate
die **Rangfolge** (4B)	ranking, sequence
die **Rangordnung** (I5A)	hierarchy
die **Rate, -n** (Z1)	rate
in Raten (4C)	by instalments
der **Rathaus-markt, ¨e** (I3A)	market place around or in front of City Hall

der **Rationalisie-rungseffekt, -e** (IVC)	result of greater efficiency measures
rationell (4B)	efficient; economical
das **Rechenzen-trum, -zentren** (5B)	accounting center
rechnen mit (1)	to count on
die **Rechnung** (3A)	bill
rechtfertigen (2B)	to justify
rechtlich (5B)	judicial, legal
das **Referat, -e** (I2C)	division; report
regelmäßig (4C)	regular(ly)
regeln (3B)	to regulate
die **Regelung** (3B)	regulation
die **Regierung** (1)	government
regulieren (4C)	to regulate
die **Regulierung** (5B)	regulation, control
der **Reingewinn** (5B)	net profit
Reiseausgaben, *pl.* (Z1)	travel expenses
das **Reiseziel, -e** (I1)	travel destination
die **Reklame, -n** (4B)	ad, advertisement
die **Rendite, -n** (Z4C)	investment return; revenue
rentabel (5B)	lucrative, profitable
die **Rentabilität** (5B)	profitableness
die **Rente, -n** (5D)	pension, revenue
die **Rentenver-sicherung** (5D)	retirement insurance
sich **rentieren** (5B)	to pay off
die **Reparatur, -en** (2A)	repair
der **Repräsentant, -en** (4B)	representative
die **Reserve, -n** (2C)	reserves, stock
Respekt erweisen (5A)	to show respect

restaurieren (I2A#1)	to restore
das **Rezept, -e** (I5D#2)	prescription
die **Rezession** (2C)	downward business trend
sich richten an (Acc.) (4B)	to address someone
die **Richtung** (2A)	direction
riesig (Z3B)	gigantic
das **Risiko, Risiken** (4D)	risk
riskant (4C)	risky
riskieren (5B)	to risk
der **Rohstoff, -e** (2A)	raw material
die **Rückfahrkarte, -n** (I4A)	roundtrip ticket
der **Rundfunk** (4B)	broadcasting

S

saisonmäßig (I2A#2)	seasonal(ly)
saldieren (4C)	to balance an account
sämtlich(e) (5C)	total, all
der **Saldo** (4C)	balance
Sanierungsmaßnahmen, *pl.* (I4A)	austerity measures
schaden (5B)	to harm
der **Schaden, ̈** (2B)	damage, harm
schädigen (2B)	to damage, harm
schädlich (4A)	harmful
schaffen, u, a (1)	to create; accomplish
der **Schalter, -** (4B)	counter, window
der **Schaltraum, ̈e** (5B)	switchboard (room)
die **Schattenwirtschaft** (I2A#1)	shadow economy: work not yielding taxes
schätzen (2C)	to value; estimate
das **Schaufenster, -** (4D)	display window
der **Scheck, -s** (4C)	check
ein nicht gedeckter Scheck	hot check
das **Schiedsgericht** (Z3B)	arbitration
die **Schiene, -n** (4A)	track
das **Schiff, -e** (4A)	ship
die **Schiffahrt** (4A)	navigation
der **Schiffer, -** (4A)	skipper
das **Schild, -er** (2A)	sign, poster
schlachten (A)	to slaughter
schonen (2B)	to take good care of; spare
die **Schranke, -n** (3B)	barrier
der **Schreibautomat, -en** (I3B)	word processor
der **Schriftsteller** (4D)	author, writer
der **Schritt, -e** (Z3C)	step
schrumpfen (Z2A)	to shrink, become less
Schulden, *pl.* (Z4A)	debts
der **Schuldner, -** (4C)	debtor
der **Schutz** (5C)	protection
schützen (2C)	to protect
die **Schwarzarbeit, -en** (I2A#2)	moonlighting
der **Schwefel** (Z2C)	sulphur
der **Schwerbeschädigte, -n** (I5C)	severely handicapped
der **Schwerpunkt, -e** (Z4A)	emphasis
selbständig (5D)	independent; self-employed
die **Selbständigkeit** (5B)	autonomy, independence
die **Selbstbeteiligung** (5B)	self-participation

die **Selbstverständlichkeit** (5A)	matter of course; something taken for granted	die **Speisekarte, -n**	menu
das **Selbstvertrauen** (I5A)	self-confidence	der **Speisezettel, -** (Z1)	diet plan
die **Seltenheit** (4A)	scarcity	sich **spezialisieren auf** (Acc.)	to specialize in
die **Sendung** (4B)	broadcast program; shipment	speziell (4D)	specific
senken (4C)	to lower	der **Spielraum** (Z5B)	leeway; range
die **Sicherheit** (Z2C)	safety	die **Spitze, -n** (5B)	top
sichern (3B)	to make safe, insure	**an die Spitze** kommen (5B)	to get to the top
Sicherungen, pl. (4C)	collateral	die **Spitzenposition** (5A)	top executive position
die **Sicht** (Z4A)	view	die **Spitzenstellung** (Z4A)	top position
sinnvoll sein (I3C)	to make sense	die **Spotwerbung** (I4D)	brief advertisements
die **Sitte, -n** (5A)	custom, etiquette	die **Spritze, -n** (I5D#2)	injection
die **Sitzung** (3C)	session, meeting, conference	der **Spruch, -̈e** (A)	saying; proverb
Sollzinsen, pl. (4C)	interest	der **Staat, -en** (2C)	state; government
das **Sonderangebot, -e** (4D)	special offer; sale	**staatlich** (2C)	state-, federal
der **Sonderurlaub** (I5D#1)	special or additional leave	der **Stadtbummel** (A)	stroll through town
die **Sorge, -n** (5D)	worry; care	der **Stammkundenkreis** (I3A)	regular clientele
sorgen für (3B)	to care for; to provide for	der **Stand, -̈e** (5C)	class, social standing
dafür sorgen, daß (4B)	to see to it that	**auf den neuesten Stand bringen** (A)	to update
die **Sorte, -en** (2A)	brand; type	die **Statistik, -en** (2A)	statistics
sorgfältig (I2A#1)	careful(ly)	**stattgeben (i), a, e** (Z3B)	to permit
das **Sorgerecht, -e** (I5D#1)	custody	der **Staub** (Z2C)	dust
sozial (2B)	social	**staunen** (5D)	to be amazed
die **Sozialleistungen** (3C)	insurance benefits	**steigen** (2B), ie, ie	to climb, go up
die **Sozialversicherung** (5D)	social insurance	**(sich) steigern** (2B)	to increase
Spar- (4C)	savings	die **Steigerung** (2C)	increase
Spareinlagen, pl. (4C)	saving deposits	die **Steigerungsrate** (Z4A)	rate increase
sparen (3A)	to save	die **Steinkohle** (2C)	pit-coal
die **Sparkasse, -n** (4B)	savings bank	die **Steuer, -n** (3B)	tax
die **Spedition** (4B)	freight company		

steuerbegünstigt (I4C) — preferential tax status

der **Steuerzahler, -** (2B) — income taxpayer

stillegen (2C) — to close down (e.g., a mine)

das **Stichwort, ̈er** (A) — catchword

stimmen (3B) — to be correct

der **Stoff, -e** (2A) — material; cloth

das **Streckennetz, -e** (4A) — railway network

der **Streik, -s** (5C) — strike

streiken (5C) — to strike

Streitigkeiten, *pl.* (3C) — quarrels, fights

der **Strom** (2C) — current, electricity; stream

die **Struktur, -en** (5A) — structure

die **Subvention** (2B) — subsidy

subventionieren (2C) — to subsidize

die **Summe, -n** (2B) — sum; amount

das **System, -e** (2A) — system

T

tagen (3C) — to hold meetings

der **Tageskurs, -e** (4C) — market rate of the day

das **Tal, ̈er** (1) — valley

der **Tarif, -e** (3C) — tariff, rate, charge

tätig (4B) — active, employed

die **Tatsache, -n** (4B) — fact

technisch (3B) — technical

der/das **Teil** (2A) — part

der **Teilhaber, -** (4C) — partner, share-holder

die **Teilung** (3B) — division

teilweise (1) — partially

das **Telefon, -e** (4B) — telephone

das **Telefonat, -e** (4B) — telephone call

telefonieren (4B) — to telephone

die **Telefonzelle, -n** (4B) — telephone booth

das **Telegramm, -e** (4B) — telegram

das **Telex** (4B) — telex

das **Terrain** (Z2A) — territory

der **Tip, -s** (3B) — hint, suggestion

das **Tonband, ̈er** (5A) — tape

tragbar (5D) — bearable

der **Transport, -e** (1) — transportation

die **Tratte, -n** (4C) — draft, promissory note

trauen (Z5B) — to trust

treiben, ie, ie (1) — to pursue, practice, do; drive, push

trennen (2B) — to separate

trennbar (A) — separable

die **Trockenheit** (2B) — dryness; drought

tüchtig (5B) — capable, efficient

die **Tüchtigkeit** (3B) — efficiency, great capability

U

der **Überblick, -e** (1) — overview, survey

die **Übereignung** (I4C) — transfer of title

die **Übereinstim-mung** (3B) — agreement

der **Überfluß** (I3C) — surplus; abundance

die **Übergangs-phase, -n** (I2C) — transitional phase

überleben (2B) — to survive

überlegen (I2A#1) — to consider

die **Überlegung** (I3C) — consideration

die **Übernach-tung** (Z1) — overnight stay

überholt (2A) — obsolete

überprüfen (3B) — to review, inspect

überreden (5D) — to persuade

der **Überschuß, ̈sse** (2B) — surplus

übersteigen, ie, ist ie (Z3A) — to surpass

die **Überstunde, -n** (5C) — overtime

übertragbar (5B) — transferabel

die **Überversorgung** (I5D#1) — over supply

überwachen (4C) — to oversee

überweisen, ie, ie (4C) — to transfer (money)

die **Überweisung** (3B) — transfer, remittance

überwiegend (I2B) — predominant(ly)

die **Überzeugung** (5D) — conviction, belief

üblich (3A) — customary

übrig (5A) — left over

der **Umfang** — extent; size
  in diesem Umfang (I2A#1) — to this extent

umfangreich (3B) — extensive

umfassen (4D) — to comprise

die **Umfrage, -n** (4D) — inquiry; poll

der **Umgang** (5A) — social intercourse

die **Umgangsform, -en** (5A) — customs, (good) manners

umgeben (i), a, e (1) — to surround

die **Umgebung** (A) — surroundings, area

die **Umgehung** (Z4A) — detour; avoidance

umladen (ä), u, a (4A) — to reload

umlaufende Geldmenge (4C) — amount of money in circulation

umreißen, i, i (I2C) — to outline

der **Umsatz, ¨e** (2A) — turnover, sales

die **Umschulung** (5D) — retraining

der **Umstand, ¨e** (4B) — circumstance

umständlich (5A) — cumbersome, awkward

umsteigen, ie, ist ie (4A) — to change trains (or other means of transportation)

die **Umstellung** (2C) — conversion, change-over; adjustment

umtauschen (3B) — to exchange

die **Umwelt** (2B) — environment

der **Umweltschutz** (I3C) — environmental protection

umweltverträglich (I2A#1) — compatible with the environment

unabhängig (4B) — independent(ly)

unausweichlich (Z2C) — inevitable

unbegrenzt (Z5D) — unlimited

unbeschränkt (5B) — unlimited

der **Unfall, ¨e** (4A) — accident

die **Unfallversicherung** (5D) — accident insurance

ungerecht (2C) — unjust

ungesittet (5A) — ill-mannered

ungezwungen (5A) — informal, casual

Unkosten, *pl.* = **Kosten** (3A) — expenses

die **Unsicherheit** (5D) — insecurity; uncertainty

unterbrechen (i), a, o (4B) — to interrupt

der **Untergebene, -n** (5A) — subordinate

die **Unterhaltung** (4B) — entertainment; conversation

der **Unterhändler, -** (Z3C) — negotiator

Unterlagen, *pl.* (I5D#2) — documents, papers

das **Unternehmen** (2A) — enterprise, business firm; corporation

der **Unternehmensberater, -** (I2A#1) — corporate consultant

die **Unternehmung** (5B) — enterprise, business firm, corporation

unterordnend (A) — subordinating

die **Unterredung** (5A) — talk, conference, interview

untersagt (Z5B) — prohibited

unterschätzen (5A) — to underestimate

untersuchen (4B) — to investigate, examine

unterstützen (4A) — to support

die **Unterstützung** (2C) — support

die **Untersuchung** (I5D#2) — (physical) examination

unverkennbar (I2A#1) — unmistakable, unmistakably

unversorgt (5D) — uncared for; unsupplied

unzählig (1) — countless

unzufrieden (Z3C) — dissatisfied

der **Urlaub** (5C) — vacation, paid leave

die **Ursache, -n** (5D) — cause

ursprünglich (I3C) — original(ly)

das **Urteil, -e** (4B) — decree; judgment

V

verabreden (5B) — to fix, agree upon

ein **Gesetz verabschieden** — to pass (a law)

verallgemeinern (5A) — to generalize

veraltet (2A) — out-dated, obsolete

die **Veränderung** (4D) — change, modification

verantwortlich (3B) — responsible

veranlassen (4C) — to commission, cause, induce

die **Veranstaltung** (4D) — show, arrangement

verantwortlich zeichnen (I2A#1) — to sign as the responsible party

verarbeiten (2A) — manufacture, process

der **Verband, ̈-e** (4B) — association; bandage

verbessern (2B) — to improve

die **Verbesserung** (A) — improvement; correction

verbinden, a, u (4B) — to connect; bandage

verbindlich (5C) — binding, obliging

die **Verbindlichkeit** (4C) — liability; courtesy

die **Verbindung** (1) — connection; combination

die **Verbindungslinie, -n** (A) — connecting line

der **Verbrauch** (2C) — consumption, use

verbrauchen (2C) — to consume

der **Verbraucher, -** (3A) — consumer

verbreitet (5B) — common

die **Verbrennung** (Z2C) — combustion; burning

verdächtig (5A) — suspect

verdanken (4B) — to owe (thanks)

verderblich (4C) — spoilable

verdeutlichen (Z3B) — to emphasize, highlight

verdienen (1) — to make money, earn

dazu verdienen (I2A#2) — to earn additional income; make an extra buck

der **Verdienst, -e** (5D) — pay, salary; merit

der **Verdienstausfall, ̈-e** (5D) — loss of pay

verdoppeln (3B) — to double

verdrängen (2A) — to push aside; replace

vereinbar (Z5D) — reconcilable; compatible

vereinbaren (I3B) — to agree on

vereinigen (5B) — to unite

die **Vereinigung** (5C) — union, association, coalition

das **Verfahren, -** (4A) — process

der **Verfall** (Z4C) — decline

verfallen (ä), ie, a (4C) — to become overdue, cease to be valid

die **Verfassung** (5B) — constitution

verfassungsmäßig (4B) — constitutional

verfügen über (3A) — to have at one's disposal

die **Verfügung**	availability; regulation, law
zur Verfügung haben (I2C)	to have available
zur Verfügung stehen (4A)	to be available
zur Verfügung stellen (4C)	to make available
die **Vergangenheit** (4D)	past
die **Vergeltung** (Z3C)	retaliation
sich **vergewissern** (4D)	to make sure
der **Vergleich, -e**	comparison
im Vergleich dazu (2C)	by comparison
vergleichen, i, i (A)	to compare
die **Vergünstigung** (3B)	preferential treatment
die **Vergütung** (5D)	compensation
das **Verhältnis, -se** (2A)	ration, relationship
verhältnismäßig (2B)	relative(ly)
verhandeln (2A)	to negotiate
die **Verhandlung** (Z3B)	negotiation; hearing
der **Verkehr** (4A)	traffic
der **Verkehrshaushalt** (I4A)	transportation budget
der **Verkehrsträger, -** (I4A)	carrier, means of transportation
verklagen (5B)	to sue
verkürzen (I2A#1)	to shorten, reduce
der **Verlag, -e** (4B)	publishing house
verlangen (3C)	to demand
das **Verlangen** (4D)	desire
verlängern (3B)	to extend
die **Verlängerung** (I2C)	extension
(sich) verlangsamen (I2A#1)	to slow down
der **Verleger, -** (4D)	publisher
verleihen, ie, ie (4C)	to lend
verletzt (5D)	hurt, wounded
der **Verlust, -e** (4A)	loss
vermarkten (4B)	to sell
(sich) vermehren (2A)	to increase
vermeiden, ie, ie (Z3A)	to avoid
die **Vermehrung** (5C)	increase
vermindert (5B)	decreased
vermitteln (4B)	to mediate, procure
das **Vermögen** (5B)	funds, assets, estate
vermuten (2B)	to assume, suspect
veröffentlichen (2A)	to publish
die **Veröffentlichung** (5B)	publication
verordnet (I5D#2)	prescribed
die **Verordnung** (5D)	decree, law
verpacken (4D)	to package
die **Verpackung** (3A)	packaging
sich **verpflichten** (4B)	to make a commitment
verpflichtet (5B)	obliged; forced
der **Verrechnungsscheck, -s** (4C)	voucher check
die **Versammlung** (5C)	meeting, assembly
der **Versand** (3A)	mailing
der **Versandhandel** (Z3A)	mail-order trade
das **Versandhaus, ̈er** (3A)	mail-order house
verschieben, o, o (3C)	to delay, put off
die **Verschiebung** (3B)	shift; deferral
verschlechtern (2B)	to become worse
verschleudern (I3C)	to dump; waste

verschlimmern (2B)	to worsen
verschmutzen (2C)	to pollute
die **Verschmut-zung** (4A)	pollution
die **Versicherung** (5D)	insurance
versorgen (5A)	to take care of, supply
die **Versorgung** (2C)	supply
das **Verständnis** (A)	comprehension; understanding
verstreut (2C)	scattered
verteilen (3B)	to distribute
die **Verteuerung** (4D)	increase in price
der **Vertrag, ⸚e** (2C)	treaty; contract
einen Vertrag abschließen, o, o (2C)	to make a contract, conclude an agreement
vertraut (5A)	familiar
vertreten, i, e (5C)	to represent
der **Vertreter, -** (3A)	representative
die **Vertretung** (5B)	representation
der **Vertrieb** (I2A#1)	sale
verursachen (2C)	to cause
vervielfältigen (I5A)	to duplicate; to multiply
vervollständigen (A)	to complete
die **Verwaltung** (4C)	administration
verwandte Wörter (A)	cognates
verwenden (2C)	to use
die **Verwendung** (4B)	use, application
verwirklichen (3C)	to make something a reality
verwöhnen (Z3A)	to spoil
verzeichnen (2A)	to list

verzichten auf (Acc.) (2C)	to forego, do without
v.H. = von hundert	percent
die **Viehzucht** (1)	cattle raising
die **Vielfalt** (2A)	variety
der **Volkswirt-schaftler, -** (I3C)	economist
vollbeschäftigt (5B)	full-time employed
vollständig (2B)	completely
Vorauskasse lei-sten (3A)	to pay in advance
die **Vorausset-zung** (4D)	prerequisite
voraussichtlich (2A)	presumably
vorbereiten (4D)	to prepare
die **Vorbereitung** (I2A#1)	preparation
vorbildlich (5D)	exemplary
die **Vorbildung** (I2A#1)	education and training
vordringlich (Z4A)	urgent
der **Vorgänger, -** (I5B)	predecessor
vorgeblich (5D)	pretended, alleged
vorgesehen für (4B)	provided for
der/die **Vorge-setzte, -n** (5A)	superior, boss
vorhanden (3B)	present, available
der **Vorort** (4A)	suburb
der **Vorrang** (Z2C)	priority
der **Vorrat, ⸚e** (3A)	supply, stock
der **Vorruhe-standsvertrag, ⸚e** (I5C)	early retirement contract
der **Vorschlag, ⸚e** (3C)	proposal; suggestion
vorschlagen (ä), u, a (3C)	to propose, suggest
vorschreiben, ie, ie (I2A#1)	to prescribe
die **Vorschrift, -en** (I2C)	law, regulation

der **Vorschub** (Z3C)	aid, assistance
Vorschub leisten (Dat.)	to give aid
vorsehen (ie), a, e (3C)	to plan, intend
der/die **Vorsitzende, -n** (5C)	chair person
die **Vorsorge, -en** (5D)	provision, care; precaution
der **Vorstand** (5C)	chair; executive board
(sich) vorstellen (5A)	to introduce (oneself)
die **Vorstellung** (1)	ideal, imagination; performance
der **Vorteil, -e** (5C)	advantage
vorteilhaft (4D)	advantageous(ly)
der **Vortrag, ¨e** (A)	presentation; lecture
vorübergehend (3B)	temporari(ly)
einen Vorwurf machen (2B)	to reproach, criticize
vorziehen, zog vor, vorgezogen (Z4A)	to prefer
der **Vorzug, ¨e** (Z4C)	preference

W

die **Waagschale** (Z3C)	scales
wachsen (2A)	to grow, increase
das **Wachstum** (2A)	growth
wahlberechtigt (5C)	entitled to vote
wählen (4B)	to vote, elect; dial
die **Währung** (3B)	currency
der **Währungsausgleich** (I2B)	equation of currency exchange
der **Wald, ¨er** (1)	forest
wandern (1)	to hike
die **Ware, -n** (1)	merchandise, goods
das **Warensortiment, -e** (A)	line of merchandise
die **Wartung** (2A)	maintenance

der **Wechsel, -** (4C)	draft, promissory note
auf jemanden einen Wechsel ziehen, zog, gezogen (4C)	to draw a bill of exchange on s.o.
der **Wechselkurs, -e**	exchange rate
sich **weigern** (5D)	to refuse
bei **weitem** (1)	by far
weiterleiten (5A)	to pass on
der **Werbeblock, ¨e** (I4D)	sequence of advertisement
der **Werbeetat** (I4D)	advertising budget
die **Werbung** (4B)	advertising
die **Werft, -en** (Z5C)	shipyard
werktags (4C)	weekdays
der **Wert, -e** (3D)	value
Wertpapiere, *pl.* (4C)	securities, bonds, shares
wesentlich (2A)	essential
im Wesentlichen (4B)	essentially
der **Wettbewerb** (3B)	competition
der **Wettbewerber, -** (Z4A)	competitor
der **Widerspruch, ¨e** (5C)	contradiction
die **Wiederaufnahme** (Z5C)	resumption
wiedervereinigt (1)	reunited
wirken auf (Acc.) (1)	to have an effect on
wirksam (Z5C)	effective
wirkungslos (A)	ineffective
wirkungsvoll (4D)	effective
die **Wirtschaft** (1)	economy
wirtschaftlich (2C)	economic(ally)
die **Wirtschaftlichkeit** (5B)	economy, profitability
der **Wissenschaftler, -** (5A)	scientist
der **Witz, -e** (A)	joke
wohlhabend (3B)	well-to-do

der **Wohlstand** (3B) — wealth

der **Wohnbedarf** (Z3A) — housing requirements

das **Wunder, -** (5C) — miracle

würdigen (Z2B) — to appreciate

Z

in Zahlung geben (4C) — to trade in

Zahlungsbedingungen, *pl.* — payment terms

das **Zahlungsziel, -e** (I3A) — period of time in which a payment has to be made

die **Zeitform, -en** (A) — tense

die **Zeitschrift, -en** (4B) — periodical; magazine

zerstören (5C) — to destroy

die **Zerstörung** (4A) — destruction

ziehen, zog, gezogen (A) — to draw; to pull

das **Ziel, -e** (2B) — goal; credit
ein Ziel einräumen (4C) — to concede a credit for a limited time

zielen (I3C) — to target

die **Zielsetzung** (I2C) — setting of goals

das **Zink** (2C) — zinc

der **Zins, -en** (3B) — interest; dividend

das **Zinsniveau** (Z4C) — interest level

der **Zinssatz, ⁻e** (5B) — interest rate

der **Zoll** (3B) — customs, duty, toll

zollfrei (3B) — duty free

die **Zollschranke, -n** (3B) — customs barrier

züchten (1) — to raise, grow

zufällig (1) — accidental(ly)

die **Zufuhr, -en** (3B) — supply, delivery

der **Zug, ⁻e** (4A) — train

der **Zugang, ⁻e** (3B) — access

zugestehen, a, a (5C) — to concede, allow

zugunsten (5C) — in favor of

die **Zukunft** (4D) — future

zulassen (ä), ie, a (3C) — to admit

zulegen (Z2A) — to add

der **Zulieferer, -** (3A) — supplier

die **Zunahme** (Z1) — increase

zunehmen (i), a, o (2A) — to grow, increase

die **Zunft, ⁻e** (2A) — guild

zusagen (Z3C) — to promise

der **Zusammenhang ⁻e** (I2C) — connection

zusammenpassen (A) — to match

der **Zusammenschluß, ⁻sse** (3C) — union; integration

zusätzlich (2B) — additional

der **Zuschlag, ⁻e** (4A) — extra pay, bonus; surcharge

der **Zuschuß, ⁻sse** (3B) — subsidy

der **Zuwachs** (Z1) — increase

zur Zeit = z.Z. (2A) — at the time

zuständig (2B) — responsible, competent, in charge

zustehen, a, a (5D) — to be s.o.'s due

zustimmen (Z5D) — to agree

die **Zustimmung** (5C) — agreement, approval

zuteilen (I4D) — allocate

zutreffen (i), a, o (2B) — to be valid

der **Zuwachs** (Z3A) — growth, increase

der **Zweck, -e** (4B) — purpose, end

der **Zweig, -e** (1) — branch, department, section

die **Zweigstelle, -n** (4C) — branch office

die **Zwischenbilanz, -en** (I4A) — interim balance sheet

der **Zwiespalt** (I5D#1) — conflict, discord

zwingen, a, u (4B) — to force

ENGLISH-GERMAN

A

abbreviation die Abkürzung
to be able to in der Lage sein
to abolish abschaffen
abolishment die Abschaffung
absent abwesend
abundance der Überfluß, die Masse
accident der Unfall, ⸚e
accidentally zufällig
accepted draft das Akzept, -e
account das Konto, Konten
  annual account der Jahresabschluß, ⸚sse
  to overdraw an account ein Konto überziehen, überzog, überzogen
accountant der Buchhalter, -
accounting die Buchhaltung
accounting center Rechenzentrum, -zentren
achievable machbar
to achieve leisten
achievement die Leistung
to acknowledge zur Kenntnis nehmen
active (= credit) balance der Aktivsaldo
to add addieren; hinzufügen, zulegen
additional zusätzlich
address (oral) die Anrede, -n (written) die Anschrift, -en
to address each other sich anreden
adequate angemessen
to adjust angleichen, i, i; sich anpassen; sich umstellen
adjustment die Anpassung; die Umstellung

to administrate verwalten
administration die Verwaltung
to admit zulassen (ä), ie, a
to advertise Reklame oder Werbung machen, anpreisen
advertisement die Reklame, -n, die Anzeige, -n, (classified) das Inserat, -e
  brief advertisement die Spotwerbung
  a series of ads der Werbeblock, ⸚e
advertising die Werbung
advertising budget der Werbeetat
advice der Ratschlag, ⸚e, der Tip, -s
  to give advice to s.o. jemanden beraten, jemandem einen Ratschlag geben
affair die Angelegenheit
to afford s.th. sich etwas leisten
affordable erschwinglich
to agree with s.o. jemandem zustimmen
to agree upon s.th. etwas abmachen, ausmachen
agreement das Abkommen, -, die Abmachung, das Einvernehmen, die Vereinbarung, die Zustimmung
  to come to an agreement sich einigen
  in agreement einig
agriculture die Landwirtschaft, Ackerbau und Viehzucht
agricultural landwirtschaftlich

aid die Hilfe, -n; der Vorschub
  to give aid Hilfe/Vorschub leisten
aide der Assistent, -en; die Assistentin
aim das Ziel, -e
to aim for erzielen, anstreben
airplane das Flugzeug, -e
airport der Flughafen, ⸚
to allocate zuteilen
amazing(ly) erstaunlich
to be amazed staunen
ambulance der Peterwagen, -; die Ambulanz
amount der Betrag, ⸚e, die Summe, -n
to amount to betragen (ä), u, a
any jeglich-
apparatus der Apparat, -e; das Gerät, -e
appliance das Gerät, -e
application der Antrag, ⸚e, die Beantragung
to apply for beantragen (ä), u, a
to appoint ernennen
appointment der Termin
  to make an appointment sich anmelden, einen Termin festmachen
to appreciate würdigen
apprentice der Lehrling, -e; der, die Auszubildende, -n
apprenticeship (position) die Lehrstelle, -n
to approach sich annähern
appropriate(ly) entsprechend
approval die Genehmigung
  for approval zur Ansicht
to approve genehmigen, billigen

area das Gebiet, -e, die Gegend, -en

arbitrary willkürlich, herausgegriffen

to arise entstehen, a, a

article der Artikel, -

artistic craftsman der Kunsthandwerker, -

by artistic craftsmanship kunsthandwerklich

to ascertain ermitteln, feststellen

aspect der Gesichtspunkt, -e

to assert oneself sich behaupten

assertion die Behauptung

self-assertion die Selbstbehauptung

assessment die Einschätzung; die Abgabe, -n

assets das Vermögen

association der Verband, ̈-e, die Vereinigung, die Gemeinschaft, der Bund, ̈-e

cooperative association die Genossenschaft

to assume vermuten, annehmen (i), a, o voraussetzen

austerity measures Sanierungsmaßnahmen, *pl.*

authority die Befugnis, -se (agency), die Behörde, -n

auto industry die Kraftfahrzeugindustrie

to attain erzielen, erreichen

attentiveness die Aufmerksamkeit

attitude die Einstellung, die Haltung

attractive attraktiv, ansprechend, anziehend

available vorhanden, bereit, zur Verfügung

to be available zur Verfügung stehen

to have available zur Verfügung haben

to make available zur Verfügung stellen, bereitstellen

average der Durchschnitt; durchschnittlich

on average im Durchschnitt

aware bewußt

B

balance die Bilanz, -en; das Gleichgewicht

balance of an account der Saldo

to balance ausgleichen, i, i

to balance an account ein Konto saldieren

bank die Bank, -en

bank account das Bankkonto, Bankkonten

bank statement der Kontoauszug, ̈-e

banking system das Bankwesen

bankruptcy der Bankrott, der Konkurs

to go bankrupt Bankrott machen

to file bankruptcy Konkurs anmelden

based on aufgrund

basis die Basis, die Grundlage, -n

bearable tragbar

beautification die Verschönerung

bill die Rechnung

billion die Milliarde

binding verbindlich

bodywork der Karosseriebau

bond der Pfandbrief, -e

bonus die Gratifikation, der Zuschlag, ̈-e

to book buchen

booking die Buchung

bookkeeper der Buchhalter, -

bookkeeping die Buchhaltung

border die Grenze, -n

to borrow borgen, leihen, ie, ie

boss der Chef, -s, der, die Vorgesetzte, -n

brakes die Bremse, -n

branch der Zweig, -e; die Branche, -n

branch office die Zweigstelle, -n, die Filiale, -n

brand die Marke, -n; (**type**) die Sorte, -n

broadcasting der Rundfunk

brochure die Broschüre, -n, der Prospekt, -e

broker der Makler, -

broker services der Maklerdienst, -e

budget das Budget, Etat

burden die Last, die Belastung

to burden belasten

business das Geschäft, -e, (**trade**) das Gewerbe, -

business administration die Betriebswirtschaft

business boom die Hochkonjunktur

business failure der Konkurs, der Bankrott

business transaction der Geschäftsvorfall, ̈-e

to buy kaufen, abnehmen, beziehen, bezog, bezogen

buyer der Käufer, -, der Abnehmer, -

C

to calculate errechnen; kalkulieren, einschätzen

canal der Kanal, ̈-e

candidate der Kandidat, -en

capability die Fähigkeit

capable fähig, tüchtig

capital das Kapital, die Gelder *pl.*

car das Auto, -s, der Wagen, -

passenger car der Personenkraftwagen (PKW)

care die Sorge, -n; die Betreuung

to take care of betreuen

what needs to be taken care of was so anfällt

career die Karriere, -n

careful sorgfältig

carelessness der Leichtsinn

cartel das Kartell, -e

cash (in) bar, Bargeld

to cash einkassieren
  to cash a check einen
    Scheck einlösen
cashier die Kasse, -n; (**person**) der Kassierer, -
casual informell, ungezwungen
cattle raising die Viehzucht
ceramics die Keramik
chair person der, die Vorsitzende, -n
challenge die Herausforderung
Chamber of Commerce die Handelskammer, -n
chamber of trades Die Handwerkskammer, -n
chance die Chance, -n, die Gelegenheit
to change ändern, verändern, sich wandeln, wechseln
cheap billig, preisgünstig
check der Scheck, -s
  open or uncrossed check der Barscheck
  voucher check der Verrechnungsscheck
  hot check nicht gedeckter Scheck
  signature on a check das Indossament
to check kontrollieren, überprüfen
checking account das Girokonto, konten
choice die Wahl; die Auswahl
circumstance der Umstand, ⸚e
claim der Anspruch, ⸚e
to claim in Anspruch nehmen, beanspruchen; (**insist**) behaupten
class (social standing) der Stand, ⸚e
clearing house die Girozentrale, -n
clearly eindeutig
clientele der Kundenkreis, die Kundschaft
climate das Klima
to climb steigen, ie, ie, hinaufgehen, i, a

coal die Kohle, -n
codetermination die Mitbestimmung
cognates verwandte Wörter
coin die Münze, -n
collateral Sicherungen *pl.*
to collect sammeln
commission die Provision
commitment die Verpflichtung
  to make a commitment sich verpflichten
committee das Komitee, -s, die Kommission, der Ausschuß, ⸚sse, der Rat, ⸚e
  factory committee der Betriebsrat, ⸚e
common weit verbreitet
commonly used gebräuchlich
communication die Mitteilung
community die Gemeinde, -n
comparable vergleichbar
to compare vergleichen, i, i
compatible vereinbar, verträglich
compensation die Vergütung; das Entgelt; der Ausgleich
competency die Kompetenz; die Zuständigkeit; die Macht
  area of competency das Aufgabengebiet, -e
competent tüchtig, (*in charge*) zuständig
competition die Konkurrenz, der Wettbewerb
competitive konkurrenzfähig, wettbewerbsfähig
competitor der Konkurrent, -en
to complain klagen, sich beklagen
complaint die Beschwerde, -n
complete(ly) vollständig
to complete vervollständigen
compliance die Einhaltung, die Befolgung
comprehension das Verständnis

to comprise umfassen
compromise der Kompromiß, -sse
to concede einräumen, zugestehen, a, a
  to concede a credit ein Ziel einräumen
concern der Belang, -e
to concern betreffen (i), a, o
  to be concerned about sich sorgen um
concerning betreffend
condition die Bedingung; der Zustand, ⸚e
confidence die Zuversicht; das Vertrauen
  self-confidence das Selbstvertrauen
confident zuversichtlich
to confirm bestätigen
conflict der Konflikt, -e, der Zwiespalt; die Reibung
to connect verbinden, a, u
connection die Verbindung, der Anschluß, ⸚sse; der Zusammenhang
consequence die Folge, -n
to consider bedenken, in Betracht/Erwägung ziehen, berücksichtigen
  to consider as betrachten als
considerable beachtlich, erheblich, beträchtlich, ansehnlich
consideration Rücksicht auf, Berücksichtigung, Überlegung, Erwägung
to consist of bestehen aus, sich zusammensetzen aus
constitution die Verfassung
consultant der Berater, -
  corporate consultant der Unternehmensberater, -
to consume konsumieren, verbrauchen
consumer der Verbraucher, -, der Konsument, -en
consumption der Verbrauch, der Konsum
to contain enthalten (ä), ie, a

container der Behälter, -, der Container, -

to continue fortsetzen, weitermachen

contract der Vertrag, ⸚e
   to make contracts Verträge abschließen, o, o

contradiction der Widerspruch, ⸚e

to contribute beitragen (ä), u, a

contribution der Beitrag, ⸚e

to control beherrschen

conversation das Gespräch, -e

conversion die Umstellung

conviction die Überzeugung

cooperative genossenschaftlich

cooperative store der Konsumladen, ⸚

to coordinate koordinieren

to cope with s.th. etwas bewältigen

copy die Kopie, -n, der Durchschlag, ⸚e; das Exemplar, -e

corporate vereinigt, verbunden, inkorporiert, korporativ

multi-corporate enterprise der Konzern, -e

correct richtig

to be correct stimmen

to correct korrigieren, berichtigen; verbessern

costly teuer, hochwertig

cost Kosten, *pl.*
   covering the cost kostendeckend

to count on rechnen mit

counter der Schalter, -

countless unzählig

court of law das Gericht, -e
   in court vor Gericht

to cover (be-)decken

craftsman der Handwerker, -

credit das Guthaben, der Kredit
   good credit die Bonität; kreditwürdig

to credit gutschreiben

credit entry die Gutschrift, -en
   to grant credit Kredit bewilligen, ein Ziel einräumen

creditor der Gläubiger, -

crisis die Krise, -n

to criticize kritisieren

criticism die Kritik

culture die Kultur

currency die Währung
   foreign currency die Devise, -n

custody das Sorgerecht

custom die Sitte, -n, (**habit**) die Gewohnheit

customary üblich

customer der Kunde, -n

customer directory die Kundenkartei, -en

customer service der Kundendienst, -e

customs der Zoll, ⸚e

customs barrier die Zollschranke, -n

customs officer der Zollbeamte, -n

cutback die Kürzung

D

dairy die Meierei, -en

damage der Schaden, ⸚

to damage schaden

data die Daten *pl.*

data processing die Datenverarbeitung

date (**calendar**) das Datum, Daten; die Verabredung
   to make a date sich verabreden

deadline der Termin, -e, die Frist, -en

debate die Debatte, -n

to debit (an account) (ein Konto) belasten

debt collecting das Inkasso, -s

debtor der Schuldner, -

debts die Schulden *pl.*

decade das Jahrzehnt, -e

to decide entscheiden, ie, ie

decision die Entscheidung
   wrong decision die Fehlentscheidung

decisive(ly) entscheidend

decline (**of prices**) der Verfall

to decrease abnehmen (i), a, o; abschwächen, vermindern

decreased vermindert

decree der Erlaß, ⸚sse, die Vorschrift, -en, die Verordnung; der Beschluß, ⸚sse

degree der Grad, -e

deficit das Defizit, -e

to deliver (**s.th.**) etwas (aus)liefern

delivery die Lieferung, (Aus-), (Zu-) lieferung

demand die Nachfrage, der Bedarf; die Forderung
   supply and demand Angebot und Nachfrage
   ascertainment of demand die Bedarfsermittlung
   in keeping with the demand bedarfsgerecht

to demand fordern, verlangen

dense(ly) dicht

department die Abteilung

department store das Kaufhaus, ⸚er

to depend on abhängen von, ankommen auf
   that depends das kommt drauf an

dependable zuverlässig

dependent on abhängig von, angewiesen auf

deposit die Einzahlung; (**down payment**) die Anzahlung
   to make a deposit aufs (eigene) Konto überweisen, ie, ie

to describe beschreiben, ie, ie

designation die Bezeichnung

desire der Wunsch, ⸚e, das Verlangen, -

to desire wünschen, verlangen, begehren
of destination Bestimmungs-
to destroy zerstören
destruction die Zerstörung
detail die Einzelheit; (**minor**) Kleinigkeit
to determine bestimmen
to devalue abwerten
to develop sich entwickeln
development die Entwicklung, die Entfaltung
deviation die Abweichung
device der Apparat, -e
to devote widmen
to dial wählen
diameter der Durchmesser
difficulty die Schwierigkeit
direction die Richtung
disabled arbeitsunfähig
disadvantage der Nachteil, -e
to disappear verschwinden, a, u
discount der Diskont, der Abschlag, der Rabatt
to discourage entmutigen
discrimination die Benachteiligung
to dismiss entlassen (ä), ie, a; absetzen
display window das Schaufenster, -
disposal die Verfügung
   to have at one's disposal verfügen über
to dispute bestreiten, bestritt, bestritten
to disregard außer acht (= unberücksichtigt) lassen
distance die Entfernung; der Abstand, ¨e
to distribute verteilen
to divide (up) (auf)teilen
dividends Dividenden, Habenzinsen *pl.*
division die Teilung
doctor licensed by state health insurance der Kassenarzt, ¨e

doctor's office die Praxis
document das Dokument, -e
documents Unterlagen *pl.*, Dokumente
downpayment die Anzahlung
draft (promissory note) der Wechsel, -, die Tratte, -n
due fällig
due date der Fälligkeitstermin, -e
dues der Beitrag, ¨e, die Prämie, -n
to duplicate verdoppeln
duration die Dauer
duty die Pflicht, -en
duties der Zoll, ¨e
duty-free zollfrei

E

to earn verdienen
   to earn an extra buck dazu verdienen
ecological ökologisch
economic ökonomisch, (volks)wirtschaftlich
economical rationell; ökonomisch
   economical operation die Wirtschaftlichkeit
economics die (Volks)wirtschaft; die Wirtschaftswissenschaft
Federal Department of Economics das Bundeswirtschaftsministerium
   economist der (Volks)wirtschaftler, -; der Wirtschaftswissenschaftler, -
economy die Wirtschaft
education die Bildung, die Ausbildung
effect die Wirkung, die Auswirkung
   to have an effect on (sich aus)wirken auf
effective wirkungsvoll
efficient tüchtig, leistungsfähig; rationell

effort die Anstrengung, die Bemühung
to eliminate beseitigen
emergency der Notfall, ¨e
   in an emergency im Notfall, für den Notfall
to emphasize betonen
to employ beschäftigen, anstellen, einstellen
   fully employed volbeschäftigt
   gainfully employed erwerbstätig
   self-employed selbständig
employee der, die Angestellte, der Arbeitnehmer, -, der, die Beschäftigte, die Hilfskraft, ¨e
employer der Arbeitgeber, -
employer's association der Arbeitgeberverband, ¨o
energy die Energie, -n
to endanger gefährden
to enforce durchsetzen
   to be enforced in Kraft treten
to enjoy genießen, o, o
enterprise das Unternehmen, die Unternehmung
entitled berechtigt
entry der Eintritt; (**door**) der Eingang, ¨e
environment die Umwelt
   compatible with the environment umweltverträglich
environmental protection der Umweltschutz
equal(ly) gleichmäßig
equal rights die Gleichberechtigung
era das Zeitalter, -
essential wesentlich
to establish einrichten, (**facts**) feststellen
establishment die Einrichtung, die Anstalt, -en, die Errichtung
to estimate schätzen
European Community (EC)

Europäische Gemeinschaft
(EG)

European Monetary System
Europäisches Währungs-
system

**European Economic Com-
munity (EEC)** Europäi-
sche Wirtschaftsgemein-
schaft (EWG)

to evaluate bewerten

exception die Ausnahme, -n

to exchange austauschen

exchange der Austausch

exchange rate der Wechsel-
kurs, -e

executive der
Geschäftsführer, -

executive board der
Vorstand, ̈e

to exclude auschließen, o, o

exclusive(ly) ausschließlich

exemplary vorbildlich

to exhibit ausstellen

exhibition die Ausstellung

to expand ausbauen, erweitern

expansion Erweiterung, Aus-
weitung

to expect erwarten

expectation die Erwartung

expenditure der Kostenaufwand; die Aufwendung

expenses Kosten, Unkosten,
Spesen *pl.*

expensive teuer, kostspielig

experience die Erfahrung

experienced erfahren, bewährt

to experiment experimentieren

expert der Fachmann, *pl.*
Fachleute, die Fachkraft,
̈e

explanation Erklärung; Aufklärung

to exploit ausbeuten

exploitation die Ausbeutung

export der Export, -e, die Ausfuhr, -en

to export exportieren, ausführen

exporter der Exporteur, -e

to express ausdrücken

express(ly) ausdrücklich

express freight das Eilgut, das
Expressgut

express letter der Eilbrief, -e

extension die Verlängerung

extensive umfangreich

extent der Umfang

  to this extent in diesem
Umfang

F

to facilitate erleichtern

fact die Tatsache, -n

factory die Fabrik

failure das Versagen, das
Scheitern; (**person**) der
Versager, -

  to prove a failure sich
nicht bewähren

fair die Messe, -n

  specialized (dealers' fair)
die Fachmesse, -n

familiar vertraut

family operation der Familienbetrieb, -e

far weit

  by far bei weitem, weitaus

farm das Gut, ̈er, das Bauern-
gut, ̈er

farmer der Landwirt, -e, der
Bauer, -n

farmers association der
Bauernverband, ̈e

fashion die Mode, -n

favorable günstig

  in favor of zugunsten (*Gen.*)

federal Bundes-; staatlich

  federal state das
Bundesland, ̈er

federation der Bund

fee die Gebühr, -en

to feel fühlen, spüren

fertilizer der Dünger, Düngemittel *pl.*

to finance finanzieren

financial finanziell

  **financial and budgetary
law** das Finanz- u.

Haushaltsrecht

firm die Firma, Firmen, der
Betrieb, -e

to fit passen

flextime gleitende
Arbeitszeit, -en

flow chart das
Flußdiagramm, -e

footnote die Anmerkung

to force zwingen, a, u

to forego verzichten

foreign ausländisch, fremd

foreign country das
Ausland

foreigner der Ausländer, -

foreign policy die
Auslandspolitik

(printed) form das
Formular, -e

to foresee absehen, (ie), a, e

foreseeable absehbar

formal(ly) formell

to found gründen

foundation die Grundlage,
-n

founding die Gründung

freeway die Autobahn, -en

freight die Fracht, -en

freight company die
Spedition

fringe benefits
Nebenlohnkosten, *pl.*

fuel der Brennstoff, -e, der
Betriebsstoff, -e

function die Funktion

functional safety die
Funktionssicherheit

fund das Betriebskapital

to further fördern,
voranbringen, a, a

future die Zukunft

G

gap die Lücke, -n

geared to eingestellt auf

to generalize verallgemeinern

generous großzügig

genuine(ly) echt

to get along auskommen, a, o

gift das Geschnek, -e; das Talent, -e

goal das Ziel, -e, die Zielsetzung

goods die Ware, -n, Güter *pl.*

  finished goods die Fertigware, -n

  half-finished goods die Halbfertigware, -n

government die Regierung, der Staat

grain das Getreide

to grant genehmigen, gewähren

  taken for granted selbstverständlich

graphic graphisch

gratuity die Gratifikation

gross national product das Brutto-Sozialprodukt, die Brutto-Sozialwertschöpfung

to grow wachsen, sich vermehren

growth das Wachstum; der Zuwachs, die Zunahme, -n

guarantee die Garantie, -n

to guarantee garantieren

to guard over wachen über

guest worker der Gastarbeiter, -

guild die Zunft, ⸚e

guild master der Innungsmeister, -

H

habit die Gewohnheit

handicapped behindert

  severely handicapped schwerbehindert

handicraft das Handwerk

to happen geschehen (ie), a, e, passieren

harbor der Hafen, ⸚

harmful schädlich

harvest die Ernte, -n

heading die Überschrift, -en

to heat heizen

to help oneself sich bedienen

to help out einspringen, a, u

hierarchy die Rangordnung

highway die Landstraße, -n

to hike wandern

hint der Tip, -s

  shopping hints Einkauftips

to hire anstellen, einstellen

honor die Ehre, -n

honorary member das Ehrenmitglied

hurry die Eile

I

illustration die Darstellung

import der Import, die Einfuhr, -en

to import importieren

importer der Importeur, -e

impression der Eindruck, ⸚e

to improve verbessern

incentive der Anreiz, -e, der Ansporn

included einbegriffen

income das Einkommen, die Einnahme, -n

  source of income die Einnahmequelle, -n

  increase die Erhöhung, die Vermehrung, die Steigerung

  to increase steigen, ie, ie, vermehren, erhöhen, zunehmen (i), a, o, steigern

independent unabhängig; selbständig

to indicate angeben, (i), a, e, darauf hinweisen, ie, ie

to induce veranlassen

industrial industriell

industry die Industrie, -n

ineffective wirkungslos

influential einflußreich

influence der Einfluß, ⸚sse

to inform informieren

information die Information, die Auskunft

inhabitant der Einwohner, -, der Bewohner, -

injection die Spritze, -n

insecurity die Unsicherheit

to insert einschalten, einschieben, o, o

insight die Einsicht, -en

to insist on bestehen auf (*Dat.*)

to inspect überprüfen, kontrollieren

installments (payments by) die Abzahlung

in installments in Raten

instead of anstelle (*Gen.*), (an)statt (*Gen.*)

institute das Institut, -e

institution die Anstalt, -en

insurance die Versicherung

  accident insurance die Unfallversicherung

  basic insurance die Grundversicherung

  health insurance die Krankenversicherung

  soical insurance die Sozialversicherung

insurance benefits Sozialleistungen *pl.*

to insure versichern

interest der Sollzins, -en

interest level das Zinsniveau

interest rate der Zinssatz, ⸚e

to interfere sich einmischen

interim balance die Zwischenbilanz, -en

to interrupt unterbrechen (i), a, o

to intervene einschreiten, i, i

to introduce oneself sich vorstellen

to invest anlegen, investieren

investment die Investition, die Investierung, die Kapitalanlage

  for investment zum Geldanlegen

item der Posten, -

J

job der Arbeitsplatz, ⸚e, die Stelle, -n, die Stellung

to join (sich) anschließen, o, o

(**an organization**) beitreten (i), a, e

journeyman der Geselle, -n

joint-stock corporation die Aktiengesellschaft

to judge beurteilen

judgment das Urteil, -e

judicial rechtlich

just gerecht

to justify rechtfertigen; begründen

K

to keep behalten, (ä), ie, a

L

largely weitgehend

law das Gesetz, -e, die Verordnung

to lay off entlassen (ä), ie, a

(**paid**) **leave** der Urlaub

lecture der Vortrag, ⸚e

left over übrig

leeway der Spielraum

legal gesetzlich; rechtlich, juristisch

to lend (ver)leihen, ie, ie

to lend itself to sich eignen für

lengthy langwierig

less weniger

to become less nachlassen, (ä), ie, a

level die Ebene, -n, das Niveau

liable haftbar

to be liable haften

liability die Haftung, die Haftpflicht

limited liability corporation Gesellschaft mit beschränkter Haftung (GmbH)

to limit einschränken, beschränken, begrenzen

limitation die Beschränkung, die Begrenzung

limited beschränkt, begrenzt

limited partnership die

Kommanditgesellschaft (KG)

list die Liste, -n

to list verzeichnen, auflisten

living standard der Lebensstandard

to load (be)laden (ä), u, a

loan die Anleihe, -n, das Darlehen, -

to take out a loan ein Darlehen aufnehmen

long distance call das Ferngespräch, -e

loss der Verlust, -e, die Einbuße, -n

to lower herabsetzen, senken

lucrative rentabel

luxury item der Luxusartikel, -

luxury foods Genußmittel *pl.*

M

machine die Maschine,-n

by machine maschinell

magazine die Zeitschrift, -en

mail order house das Versandhaus, ⸚er

main Haupt-

main(ly) hauptsächlich

to maintain aufrechterhalten, (ä), ie, a; beibehalten

maintenance (**of appliances**) die Wartung; (**of people**) der Unterhalt

majority die Mehrheit

management die Geschäftsführung

top management die Geschäftsleitung

manager der Manager, -, der Leiter, -

personnel manager der Personalleiter, -

top manager der Betriebsleiter, - der Geschäftsführer, -

managing director der Geschäftsführer, -

(**good**) **manners** Umgangsformen *pl.*

ill-mannered ungesittet

manufacture die Herstellung

to manufacture herstellen

manufacturer der Hersteller, -, der Fabrikant, -en

market der Markt, ⸚e

market condition die Konjunktur

bullish market die Hochkonjunktur

slack market die Flaute, -n, die Konjunkturflaute, die Rezession

market price der Kurswert, -e

market place der Marktplatz, ⸚e

market place in front of City Hall der Rathausmarkt

market rate of the day der Tageskurs, -e

market research die Marktforschung

markup der Aufschlag, ⸚e; die Preissteigerung

mass die Masse, -n

means Mittel *pl.*

meanwhile mittlerweile

measure das Maß, -e

measurement das Maß, -e

mechanization die Mechanisierung

medical insurance form der Krankenschein, -e

medicine das Medikament, -e

medium das Medium, Medien

meeting die Versammlung, die Tagung

to hold meetings tagen

member das Mitglied, -er

to mention erwähnen

worth mentioning erwähnenswert, nennenswert

menu die Speisekarte, -n

merchandise die Ware, -n

merchant fleet die Handelsflotte, -n

merit der Verdienst, -e

metal das Metall, -e

middleman der Mittelmann, ¨er

minimum das Minimum; mindest-

mining der Bergbau
  mining underground unter Tage

miracle das Wunder, -
  economic miracle das Wirtschaftswunder

missing mangelnd
  to be missing mangeln

to mitigate mildern

modest bescheiden

monopoly das Monopol, -e

moonlighting die Schwarzarbeit

mortgage die Hypothek, -en

movement die Bewegung

N

narrow eng

native heimisch

necessities of life Lebensbedürfnisse *pl.*

need der Bedarf, das Bedürfnis, -se

to need brauchen, bedürfen, benötigen

neediness die Bedürftigkeit

to negotiate verhandeln

negotiation die Verhandlung

network das Netz, -e

new blood der Nachwuchs

noise der Lärm

notice (to quite or lay off) die Kündigung
  to give notice kündigen

noticeable deutlich

to number nummerieren

to nurse pflegen

O

obliged verpflichtet; dankbar

to observe beobachten; (**a law**) einhalten (ä), ie, a

obsolete überholt, rückständig

to obtain beschaffen; erhalten (ä), ie, a

obtainable erhältlich

obvious offensichtlich

occupation die Beschäftigung; der Beruf, -e

to occupy beschäftigen; besetzen

to occupy oneself with sich beschäftigen mit

offer das Angebot, -e, die Offerte, -n

to offer (an)bieten, o, o

office das Amt, ¨er (**place**) das Büro, -s, (**merchant's**) das Kontor, -e

official der Beamte, -n; amtlich, behördlich

to open up erschließen, o, o

opinion die Auffassung, die Meinung

opportunity die Gelegenheit, die Chance, -n

order der Auftrag, die Bestellung

to order (**s.th.**) bestellen; (**s.o.**) beauftragen

ore das Erz, -e

organ das Organ, -e; (**instrument**) die Orgel, -n

orientation die Orientierung

to outline umreißen, i, i

output die Leistung

overdue verfallen

to oversee überwachen

oversupply die Überversorgung

overtime Überstunden *pl.*

to owe (**money**) schulden; verdanken

owner der Inhaber, -, der Besitzer, -

original(ly) ursprünglich

P

package, parcel das Paket, -e
  small package das Päckchen, -

to package verpacken

packaging die Verpackung

panel (committee) das Gremium, Gremien

papers (documents) Unterlagen, *pl.*

parity die Parität

to participate in sich beteiligen an (*Dat.*), teilnehmen an, (i), a, o, mitwirken

participation die Teilnahme

partner der Teilhaber, -, der Partner. -
  general partner der Komplementär, -e
  limited partner der Kommanditist, -en
  general partnership Offene Handelsgesellschaft (OHG)
  limited partnership Kommanditgesellschaft (KG)

pay der Lohn, -e, das Gehalt, ¨er, der Verdienst

pay cuts Lohneinbußen *pl.*

pay raise die Lohnerhöhung, Gehaltserhöhung

loss of pay der Verdienstausfall, ¨e

to pay in advance im voraus bezahlen, Vorauskasse leisten

to pay off sich lohnen

payment terms Zahlungsbedingungen, *pl.*

pension die Altersrente, -n

percent das Prozent, -e = v.H. (= vom Hundert)

percentage der Prozentsatz, ¨e

percentage share der prozentuale Anteil, -e

performance data Leistungsmerkmale, *pl.*

permit die Genehmigung

personnel die Belegschaft, die Angestellten *pl.*

to persuade überreden

in a pinch im Notfall

pioneer der Vorreiter, -

place der Ort, -e
  at the very place an Ort und Stelle

plant die Anlage, -n,
  (industrial) der Betrieb, -e
to plead plädieren
plumber der Klempner, -
to point out aufmerksam
  machen auf (*Acc.*), hervor-
  heben, o, o
politician der Politiker, -
politics die Politik
poll die Umfrage, -n
to pollute verschmutzen
pollution die Verschmutzung
popular beliebt, gängig, begehrt, gefragt
populated besiedelt, bevölkert
port der Hafen, ⸚
postage das Porto
post office das Postamt, ⸚er
poverty die Armut
power die Macht
powerful mächtig
precinct der Bezirk, -e
predominantly vorwiegend
to prefer vorziehen, zog vor,
  vorgezogen
preference der Vorzug, ⸚e; die
  Vorliebe, -n
preferential bevorzugt
premium die Prämie, -n, der
  Beitrag, ⸚e
preparation die Vorbereitung
to prepare vorbereiten
prepared gewillt
prerequisite die Voraussetzung
prescription (medical) das
  Rezept, -e
presence die Gegenwart
presentation der Vortrag, ⸚e
preservation die Erhaltung
to press drücken
pressure der Druck
presumably voraussichtlich
to presuppose voraussetzen
price der Preis, -e
  at any price um jeden Preis
  highest price der
    Höchstpreis, -e
  lowest price der
    Mindestpreis, -e

increase in price
  Preiserhöhung,
  Verteuerung
principle das Prinzip, -ien, der
  Grundsatz, ⸚e
to print drucken
  to reprint abdrucken
printed matter die Drucksa-
  che, -n
priority der Vorrang
private assets das Privatver-
  mögen
privilege das Vorrecht, -e, das
  Privileg, -ien
problem das Problem, -e
proceeds der Erlös, der Ertrag, ⸚e
to process verarbeiten
to procure verschaffen, beschaffen
to produce erzeugen, herstellen, produzieren
to produce competitively
  kostengünstig produ-
  zieren
producer Erzeuger, Hersteller
producer's cooperative die
  Erzeugergemeinschaft
product das Erzeugnis, -se das
  Fabrikat, -e, die Ware, -n
product line die Branche, -n
production die Produktion,
  die Gewinnung, die Her-
  stellung
productive ergiebig, leistungsfähig
profession der Beruf, -e
professional line die Berufssparte, -n
profit der Profit, -e, der
  Gewinn, -e
profitability die Rentabilität;
  die Wirtschaftlichkeit
profitable einträglich, rentabel
program das Programm, -e
progress der Fortschritt, -e
prohibited verboten, untersagt
to promote (a cause) fördern;
  (in rank) befördern; voranbringen

promotion Förderung; Beförderung
proposal der Vorschlag, ⸚e
prospect die Aussicht, -en
prosperity der Wohlstand
to protect beschützen
protection der Schutz
to prove beweisen, sich erweisen, ie, ie
  to prove one's worth sich
    bewähren
to provide for sorgen für
provided that vorausgesetzt,
  daß
provision die Vorsorge
public öffentlich; die Öffentlichkeit
  under public law
    öffentlich-rechtlich
publication die
  Veröffentlichung
to publish veröffentlichen
publisher der Verleger, -
publishing house der
  Verlag, -e
punctuality die
  Pünktlichkeit
purchase der Kauf, der
  Ankauf, der Erwerb
purpose der Zweck, -e
to pursue verfolgen; **(a
  business)** betreiben,
  ie, ie

Q

quality die Qualität
quality assurance die Qualitätssicherung
quality control die Qualitäts-
  kontrolle; das Qualitätswesen
quantity die Menge, -n
quarrels Streitigkeiten *pl.*

R

radio das Radio, -s
to raise erhöhen, steigern, vermehren
rank der Rang
ranking die Rangfolge, -n

rate der Tarif, -e, die Rate, -n
  flat rate der Pauschalpreis, -e
ratio das Verhältnis, -se
raw material der Rohstoff, -e
to react reagieren
readiness die Bereitschaft
real estate recording die Grundbucheintragung
reason der Grund, ̈-e; die Vernunft
reasonable vernünftig; (**in price**) günstig
receipt die Quittung
to receive erhalten (ä), ie, a, empfangen (ä), i, a
receiver der Empfänger, -; (**telephone**) der Hörer, -
recession die Rezession, die Marktflaute, -n
to recommend empfehlen (ie), a, o
recovery der Aufschwung, die Erholung
recreation die Erholung
to reduce reduzieren, abbauen, vermindern, verringern, abschwächen, senken
reduction der Abbau, die Senkung
to refuse ablehnen, sich weigern
regard der Respekt
  in this regard in dieser Beziehung/Hinsicht
region die Gegend, -en, das Gebiet, -e
regular(ly) regelmäßig
regular clientele der Stammkundenkreis
to regulate regulieren, regeln
regulation die Regulierung, die Regulung
relationship das Verhältnis, -se
relative(ly) verhältnismäßig
relaxation die Entspannung
relief die Entlastung

to reload umladen (ä), u, a
remittance die Überweisung
renewal die Erneuerung
rent die Miete, -n
repair die Reparatur, -en
to replace ersetzen, erstatten
report der Bericht, -e
representation die Vertretung
representative der Vertreter, -
represented vertreten
to require erfordern
required erforderlich
research die Forschung
reserves Reserven, *pl.*; Rücklagen, *pl.*
to resolve beschließen, o, o
resolution der Beschluß; ̈-sse
respect der Respekt
  in this respect in dieser Hinsicht
  to show respect Respekt erweisen, ie, ie
responsible verantwortlich
  to sign as the responsible party verantwortlich zeichnen
responsibility Verantwortlichkeit
  to accept responsibility for aufkommen für
to restore restaurieren; wiederherstellen
result das Ergebnis, -se
  results of greater efficiency measures der Rationalisierungseffekt, -e
retail der Kleinhandel, der Einzelhandel
retail dealer der Kleinhändler, -, der Einzelhändler, -
retirement die Pension
retraining die Umschulung
revenue (from investments) die Rendite, -n; das Einkommen
to review überprüfen
to get rid of abschaffen
to ring läuten
risk das Risiko, Risiken

to risk riskieren
risky riskant
role die Rolle, -n
round-trip ticket die Rückfahrkarte, -n
routine die Routine, -n
  routine orders laufende Bestellungen

S

sacrifice das Opfer, -
safety die Sicherheit
salary das Gehalt, ̈-er
sale der Verkauf, ̈-e, der Absatz, ̈-e der Umsatz, ̈-e
  special sale das Sonderangebot, -e
  clearance sale der Ausverkauf, der Schlußverkauf
  sale items die Ausverkaufsware, -n
sales representative der Handelsvertreter, -
to satisfy befriedigen
  to be satisfied sich begnügen
to save sparen
savings Ersparnisse *pl.*; Spar-
scarce knapp, selten
scarcity die Knappheit, die Seltenheit
securities Effekten *pl.*, Wertpapiere *pl.*
season die Saison
security die Sicherheit
to select auswählen
selection die Auswahl, -en
to sell verkaufen, absetzen, vermarkten
sense der Sinn, -e; der Verstand
  to make sense sinnvoll sein
to separate trennen
sequence die Folge, -n, die Rangfolge
to serve dienen
service der Dienst; (**in restaurant or store**) die Bedienung

self-service die Selbstbedienung

to perform services Dienste leisten

services rendered Dienstleistungen *pl.*

session die Sitzung

to set in einsetzen

to settle erledigen; (**an account**) abrechnen, eine Rechnung begleichen, i, i

shadow economy die Schattenwirtschaft

share der Anteil, -e; (**stocks**) die Aktie, -n

ship das Schiff, -e

shipment die Lieferung

shipping die Beförderung; (**navigation**) die Schiffahrt

inland shipping die Binnenschiffahrt

shipyard die Werft, -en

shop der Laden, ⁻, das Geschäft, -e, der Betrieb, -e

to shorten verkürzen

shorthand die Kurzschrift; das Stenogramm

to write in shorthand ein Stenogramm aufnehmen

to shrink schrumpfen

side Neben-

sign das Schild, -er

situation die Situation, die Lage, -n

size die Größe, -n; (**measurements**) das Format, -e

skill das Spezialgebiet, -e; die Geschicklichkeit

skilled worker die Fachkraft, ⁻e

to slow down sich verlangsamen

snack der Imbiß

sociable gesellig

society die Gesellschaft

social sozial; gesellig

social intercourse der Umgang

solution die Lösung

source die Quelle, -n

spa der Kurort, -e

spa visitor der Kurgast, ⁻e

to spare schonen

special besonders, speziell

special area das Fachgebiet, -e

special leave der Sonderurlaub

specialist der Fachmann, die Fachleute, der Spezialist, -en

specialist (doctor) der Facharzt, ⁻e

specific speziell, genau

speech die Ansprache, -n

to spend ausgeben (i), a, e

spoilable verderblich

staff die Belegschaft, das Personal

standard der Standard, das Niveau

state der Staat; staatlich

statement die Aussage, -n

statistics die Statistik, -en

to stimulate anregen, ankurbeln

stock (share) die Aktie, -n; der Bestand, ⁻e, der Vorrat, ⁻e, die Reserve, -n

stockholder der Aktionär, -e; der Gesellschafter, -

stockmarket die Börse, -n

stockmarket rate der Börsenkurs, -e

to stop anhalten (ä), ie, a, aufhören, einstellen

store der Laden, ⁻, das Geschäft, -e

to store lagern

storage der Lagerraum

storehouse das Lager, -

strenuous anstrengend

strike der Streik, -s

to strike streiken

structure der Aufbau, die Struktur

structured (auf)gebaut

study group die Arbeitsgemeinschaft

subordinate untergeben; der Untergebene, -n

to subsidize subventionieren, unterstützen

subsidy die Subvention, der Zuschuß, ⁻sse, die Beihilfe, die Unterstützung

to succeed gelingen, a, u, Erfolg haben

success der Erfolg, -e

successful erfolgreich

to sue verklagen

to suffer leiden, litt, gelitten

to suffice genügen

suitable passend, angemessen

sum die Summe, -n, der Betrag, ⁻e

superior der, die Vorgesetzte, -n

supervision die Aufsicht, die Kontrolle, -n

supervisory board der Aufsichtsrat, ⁻e

supplier der Lieferant, -en, der Lieferer, -

supply (available) der Vorrat, ⁻e, der Bestand, ⁻e

(needed) der Bedarf, die Versorgung, die Zufuhr, -en

supply and demand Angebot und Nachfrage

to supply oneself seinen Bedarf decken

to supply s.o. jemanden versorgen, beliefern

unsupplied unversorgt

support die Unterstützung, die Beihilfe

to support unterstützen, fördern

surcharge der Zuschlag, ⁻e

sure gewiß, sicher

to make sure sich vergewissern

surplus der Überschuß, ⁻sse

survey der Überblick, -e

survival die Existenz, das Überleben

to survive überleben

suspect verdächtig
switchboard die Schalttafel, -n
switchboard room der Schalt-
    raum, ⸚e
synopsis die
    Zusammenfassung
system das System, -e
systematic(ally) systematisch

T

talent das Talent, -e
tape das Tonband, ⸚er
target das Ziel, -e
tariff der Tarif, -e
taste der Geschmack
tax die Steuer, -n
    value-added tax die
      Mehrwertsteuer, -n
    preferential tax status
      steuerbegünstigt
taxable steuerpflichtig
taxpayer der Steuerzahler, -
technical technisch
technology die Technik, -en
telegram das Telegramm, -e
telemedia das Fernkommuni-
    kationsmedium, -ien
telephone das Telefon, -e, der
    Fernsprecher, -
    public telephone
      öffentlicher Fernsprecher
to telephone telephonieren
telephone call das Telefonat,
    -e, der Telefonanruf, -e
telephone booth die Telefon-
    zelle, -n
television das Fernsehen;
    (**set**) der Fernseher, -
telex der Fernschreiber, -
temporarily/temporary vo-
    rübergehend
tentative(ly) vorläufig
term (time) die Frist, -en
    (**condition**) die Bedingung
    long-term langfristig
    short-term kurzfristig
territory das Gebiet, -e, das
    Terrain
testing die Erprobung
thorough gründlich

to threaten (be)drohen
transfer die Übertragung
transfer of title die Übereig-
    nung
time (allowed or prescribed)
    die Frist, -en
    at this time gegenwärtig
top die Spitze, -n
    to get to the top an die
      Spitze kommen
    top executive position die
      Spitzenposition
    top product das
      Spitzenerzeugnis
    total Gesamt-
    in total insgesamt
towing service der Abschlepp-
    dienst
town der Ort, -e, die Stadt, ⸚e
track die Schiene, -n
trade der Handel; (**line of**
    business) das Gewerbe
    domestic trade der
      Innenhandel, der
      Binnenhandel
    foreign trade der
      Außenhandel
    to be active in a trade ein
      Gewerbe treiben, ie, ie
trade balance die Handelsbi-
    lanz, -en
to trade in in Zahlung geben
train die Bahn, -en, der
    Zug, ⸚e
training die Vorbildung
to transact abwickeln
transaction of business Ab-
    wicklung der Geschäfte
to transfer übertragen (ä), u,
    a, (**money**) überweisen,
    ie, ie
transferable übertragbar,
    (**stocks**) fungibel
transition der Übergang
transitional phase die Über-
    gangsphase
to transport befördern, tran-
    sportieren
transportation die Beförde-
    rung, der Transport, -e

means of transportation
    das Transportmittel, -; der
    Verkehrsträger, -
transportation budget der
    Verkehrshaushalt
travel destination das Reise-
    ziel, -e
travel expenses Reisekosten,
    pl.
to treat behandeln
treaty der Vertrag, ⸚e
truck der Lastkraftwagen, -
    (LKW)
to trust trauen (*Dat.*), ver-
    trauen (*Dat.*)
to turn to sich wenden an
turnover der Umsatz, ⸚e

U

unanimous einstimmig
to underestimate unter-
    schätzen
to understand verstehen, ver-
    stand, verstanden, begrei-
    fen, i, i
understanding das Verständ-
    nis, -se, die Einsicht, -en
unemployed arbeitslos
unemployment die Arbeitslo-
    sigkeit
unemployment benefits die
    Arbeitslosenunterstützung
unemployment insurance die
    Arbeitslosenversicherung
unemployment office das Ar-
    beitsamt, ⸚er
unfavorable ungünstig
uniform einheitlich
union die Gewerkschaft, -en
unique einzigartig, einmalig
unit die Einheit
to unite vereinigen, zusam-
    menschließen, o, o
unjust ungerecht
unlimited unbeschränkt, un-
    begrenzt
unreasonable unvernünftig;
    (**price**) ungünstig
up-to-date auf dem neuesten
    Stand

to bring up-to-date auf den neuesten Stand bringen
urgent dringend
use der Gebrauch, die Anwendung, die Benutzung, die Verwendung
  for use Gebrauchs-
to use gebrauchen, benutzen, verwenden, (**knowledge**) anwenden

V

vacation Ferien *pl.*, der Urlaub
valid gültig
  to be valid gültig sein; zutreffen, (i), a, o
value der Wert, -e
of high value (quality) hochwertig
  to increase the value aufwerten
to value schätzen
value-added tax die Mehrwertsteuer, -n
variety die Vielfalt
vice president (corporate) der Geschäftsführer, -
to vote wählen
  entitled to vote wahlberechtigt

W

weekdays werktags
weight das Gewicht
  to carry weight ins Gewicht fallen

wholesale der Großhandel
wholesale dealer der Großhändler, -
willing gewillt, bereit
wireless der Funk
word processor der Schreibautomat, -en
work die Arbeit, -en
  shortened work hours die Kurzarbeit
to work arbeiten; (*e.g.* **a farm**) bewirtschaften
to work to capacity ausgelastet sein
working conditions Arbeitsbedingungen *pl.*
to worsen verschlechtern
worry die Sorge, -n